실무에 바로 적용하는 AI 대비 파이썬 기초 입문서

실무에 바로 적용하는

AI 대비 파이썬 기초 입문서

파이썬 기초부터 웹스크래핑, 통계 실무,
데이터 분류, 예측, 객체 탐지까지

강봉주 지음

자유아카데미

서문

이 책은 AI를 수행하는 프로그램 중 가장 잘 알려진 파이썬을 익히기 위한 기초 입문서이다. 파이썬은 고수준 언어이며 일반 독자도 쉽게 코딩을 할 수 있는 언어로, 최신 AI의 흐름을 따라잡기 위해서는 반드시 거쳐야 하는 언어이자 전 세계적으로 가장 많은 사람이 배우고 있는 언어이기도 하다.

그동안 저자는 독자들이 파이썬의 기초를 이미 안다는 가정하에서 파이썬의 응용 단계에 해당하는 통계분석, 인공지능 등에 대한 강의와 프로젝트를 해왔다. 그런데 실제로 강의를 진행하다 보면 아직 기초가 갖추어져 있지 않아 이를 위한 추가적인 강의에 시간을 투자해야 하는 경우가 많았다. 이에 강의를 위한 파이썬이 아니라 적용을 위한 파이썬이 필요하다는 판단이 들었다. 이 책은 이런 관점을 바탕으로 하여 그동안의 프로젝트에서 실제로 사용한 예를 중심으로 구성하였다. 내용상으로 의미는 있지만 실제로 잘 사용되지는 않는 함수, 메소드, 메소드 내의 전달인자는 과감히 생략하여 기본 형식에 충실하였다. 때론 특정 메소드를 공들여 설명하는 경우도 있는데, 그만큼 실무에서 자주 사용된다는 의미이니 주의 깊게 살펴보길 바란다.

이 책은 2개의 파트로 구성되어 있다. 하나는 파이썬 언어의 기본과 잘 알려진 패키지를 익히는 〈파이썬 기초〉 과정이며 또 하나는 실제 프로젝트 사례를 중심으로 살펴보는 〈파이썬 응용〉 과정이다.

〈파이썬 기초〉는 일종의 쿡북(cookbook)처럼 구성하였다. 찾고자 하는 정보를 곧 바로 찾을 수 있도록 목차를 세분화하였으며, 따로 색인을 두지 않았다.

〈파이썬 응용〉은 기초 지식만이 아니라 더 많은 AI 지식과 패키지가 필요해 복잡해 보일 수 있지만 〈파이썬 기초〉에서 다룬 내용들이 어떤 식으로 응용되는지 파악하는 단계이니 차근차근 읽으며 감을 익히면 될 것이다. 이 과정을 거쳐 '어려워 보이는 프로그램도 기초 지식만 잘 익히면 문제없이 다룰 수 있구나'라는 자신감이 생긴다면 성공이라고 생각한다.

파이썬 기초 지식과 연습 문제를 익히며 시나브로 전문가가 되어갈 독자의 모습을 기대해본다.

끝으로 나의 가족에게 감사의 말을 전한다.

저자 강봉주

차례

CHAPTER 11 예측

CHAPTER 12 객체 탐지

PART 1

파이썬 기초

1장 실습 환경 구축하기

2장 파이썬 언어 이해

3장 넘파이 이해

4장 판다스 이해

5장 맷플롯립 패키지 이해

CHAPTER 1

실습 환경 구축하기

01 구글 콜랩

이 장에서는 파이썬 언어를 익히기 위한 실습 환경을 구축하고 이용하는 방법을 살펴보기로 한다.

구글 콜랩(Google Colab: Google Colaboratory)은 구글 아이디를 이용하여 브라우저에서 파이썬을 작성하고 실행할 수 있는 개발 환경이다. 예를 들어 저자의 bonjour.kang@gmail.com 아이디를 이용하여 콜랩 환경으로 들어가는 과정을 살펴보자.

그림 1-1
구글 이메일의 우측 상단의 메뉴

그림 1-1은 일반적으로 구글 이메일에 접속한 경우에 우측 상단에 나타나는 메뉴이다. 여기서 **캔디 박스(⠿)**는 구글 앱을 나타내는 메뉴이며 이를 클릭해보자.

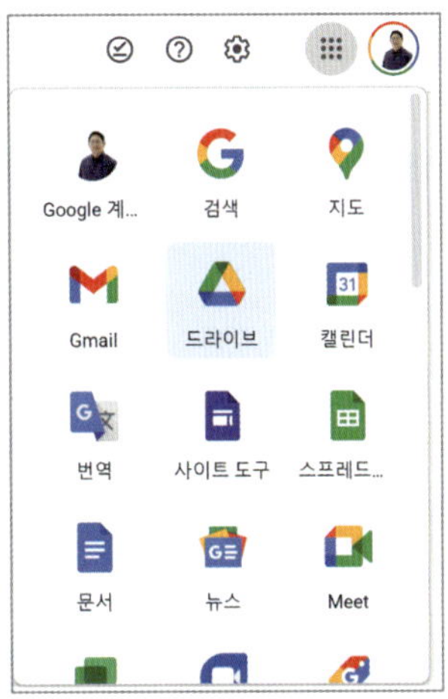

그림 1-2
구글 앱 메뉴

구글 앱 메뉴 중에서 **드라이브(drive)**를 선택한다.

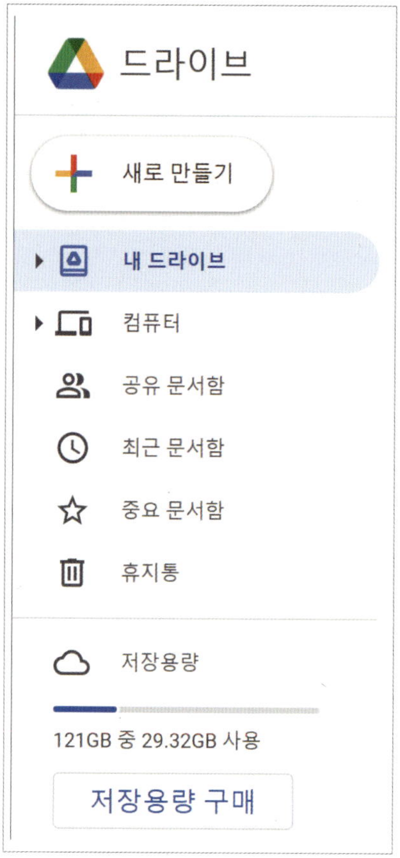

그림 1-3
구글 드라이브 메뉴

그림 1-3은 구글 드라이브의 메뉴 화면이다. 메뉴 중에서 **새로 만들기**를 클릭하여 테스트를 위한 폴더를 생성한다.

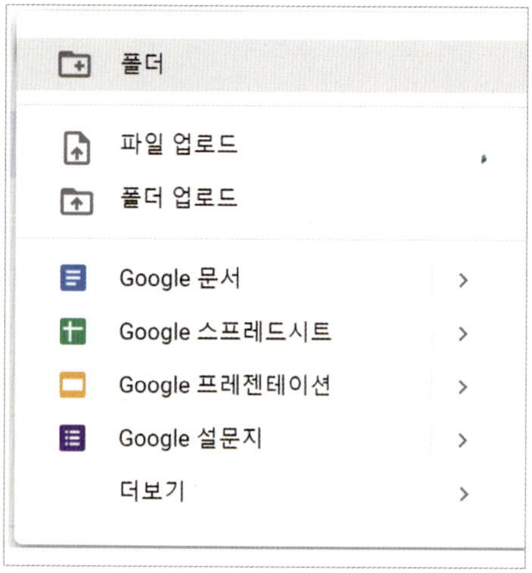

그림 1-4
폴더 선택

그림 1-5와 같이 "Python for AI"를 입력 후 만들기를 클릭하고, 구글 드라이브에서 해당 폴더를 더블 클릭 후 이동한다.

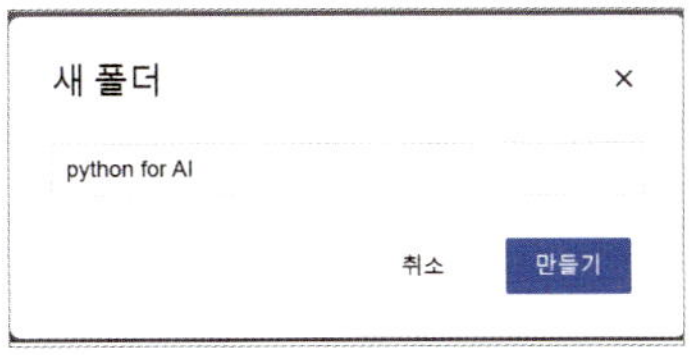

그림 1-5
폴더 이름 지정

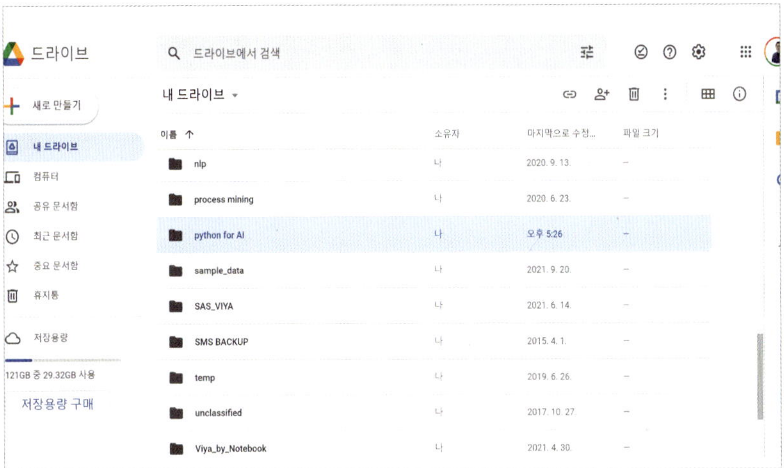

그림 1-6
폴더 생성 확인

그림 1-7
신규 폴더 내부

그림 1-7은 신규 생성된 내부 화면이다. 신규 폴더 내부에 새로운 콜랩 노트북 파일을 생성해보자.

그림 1-8은 드라이브의 새로 만들기 메뉴를 클릭 후 구글 콜랩 노트북 파일을 생성하는 과정이다. 여기서 구글 콜랩 메뉴가 보이지 않는 경우에는 하단의 "**+ 연결한 앱 더보기**" 메뉴를 클릭하여 구글 콜랩 앱을 추가한 후 선택하면 된다.

그림 1-8
콜랩 노트북 파일 생성 메뉴

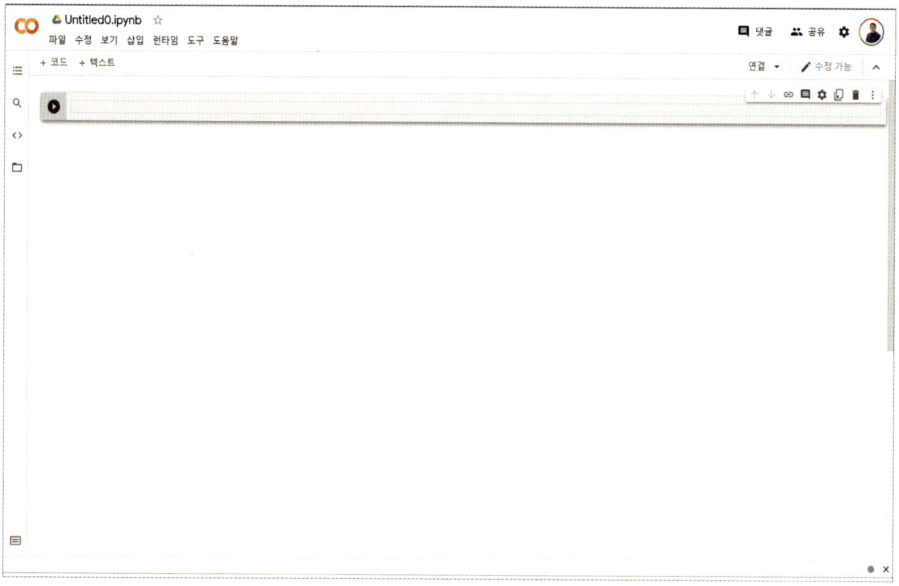

그림 1-9 콜랩 노트북 초기 환경

그림 1-9는 콜랩 노트북 초기 환경이다.

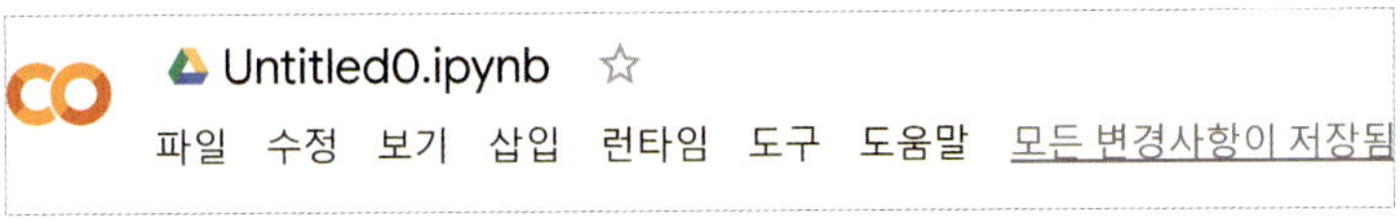

그림 1-10
콜랩 메뉴

그림 1-10은 콜랩 메뉴와 파일명이 표시되어 있다. 디폴트 파일명은 "Untitled0.ipynb"으로 설정되어 있다. 해당 이름을 변경하고자 한다면 파일명 위치에 마우스를 클릭하여 이름을 변경한다.

그림 1-11
파일명 변경

메뉴 각각의 구체적인 쓰임새를 살펴보기 전에 먼저 코드와 텍스트를 입력할 수 있는 셀을 살펴보기로 하자.

그림 1-12
셀

콜랩은 프로그램 코드를 입력할 수 있는 셀과 텍스트를 입력할 수 있는 셀로 구성되어 있다.

1.1 텍스트 셀

콜랩의 텍스트 셀은 마크다운(Markdown)이라는 마크업(markup) 언어를 사용하여 입력한다. 마크다운의 쓰임새를 살펴보기로 하자.

주어진 셀에서 텍스트 셀을 추가하는 방법 중의 하나는 작업창에서 "**+ 텍스트**"

버튼을 누르거나 셀을 삽입하고자 하는 곳으로 마우스를 움직이는 것이다.

그림 1-13
셀 추가 방법 1

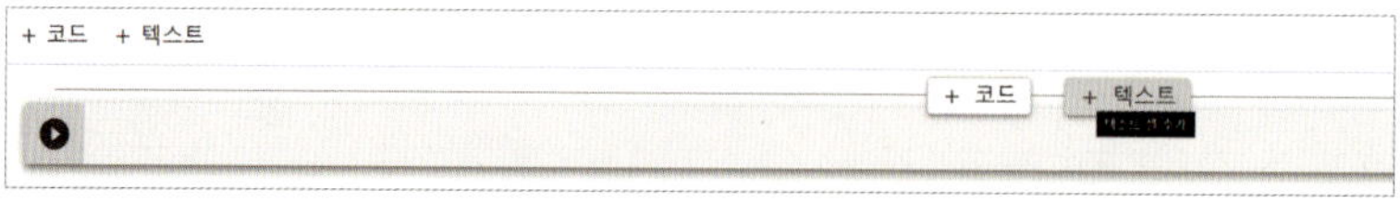

그림 1-14
셀 추가 방법 2

그림 1-15
셀 추가 후 모습

그림 1-15는 텍스트 셀을 추가한 후 모습이다. 텍스트를 입력하고자 하는 경우는 마우스를 더블 클릭한다.

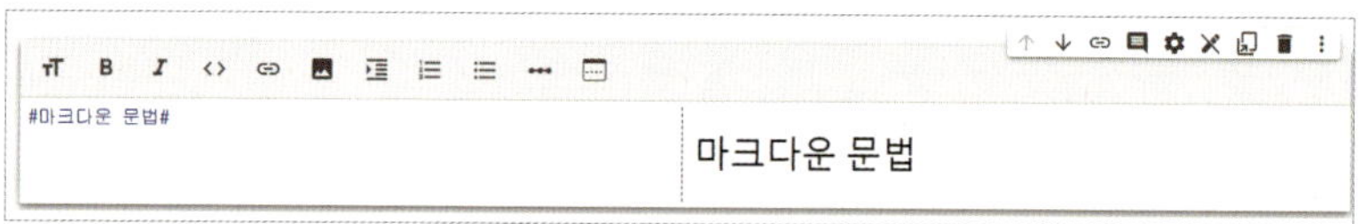

그림 1-16
마크다운 입력

그림 1-16의 왼쪽 부분은 실제 입력한 값이며, 오른쪽 부분은 실제 결과 모습을 미리보기 해준다. 아래 또는 위에 셀을 추가하게 되면 텍스트 셀이 실행되어 아래와 같은 결과를 보여준다.

그림 1-17
마크다운 실행 결과

마크다운 문법을 이해하지 않아도 텍스트 셀 자체의 메뉴를 통하여 익힐 수 있다.

그림 1-18
텍스트 셀 메뉴

텍스트 셀 메뉴는 왼쪽에서부터 **"제목전환"**, **"굵게"**, **"기울임꼴"**, **"코드로 형식 지정"**, **"링크 삽입"**, **"이미지 삽입"**, **"들여쓰기"**, **"번호매기기 목록 추가"**, **"글머리 기호 목록 추가"**, **"가로줄 추가"**, **"마크다운 미리보기 위치 변경"**으로 구성되어 있다. 이러한 메뉴를 이용하여 마크다운 언어의 형식을 살펴보면 된다. 예를 들어 제목1을 만들어 내고 싶다면 다음과 같은 절차를 거쳐서 만든다.

그림 1-19
제목전환 버튼 활용

그림 1-19의 텍스트 셀에서 "제목1"을 입력하고 난 후 글자를 선택하고 **"제목전환"** 버튼을 클릭하면 아래의 그림과 같이 가장 큰 제목 문자로 바뀐다. 결과를 보면 앞에 "#" 기호가 붙어 있는데 바로 이 문자가 마크다운 언어의 기호인 것이다. 메뉴를 이용하는 방식과 직접 기호를 입력하여 표시하는 방식은 동일하기 때문에 기호를 이용하여 문장에서 사용하는 다양한 서식을 만들어 보자.

그림 1-20의 왼쪽은 실제 입력한 값이며, 오른쪽은 입력한 결과에 대한 미리보기(preview)이다. 간단한 문법이므로 쉽게 적용할 수 있다.

마크다운의 중요한 특징 중의 하나는 수식 언어인 LaTeX를 사용할 수 있다는 것이다. LaTeX 자체를 배우는 것이 목적이 아니므로 이용할 수 있다는 것만 확인하도록 하자.

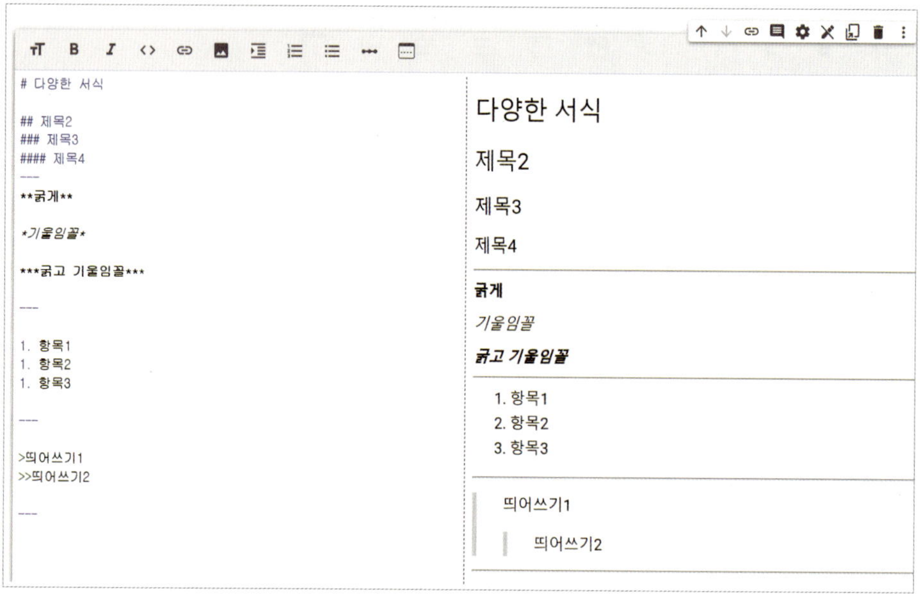

그림 1-20 마크다운 서식

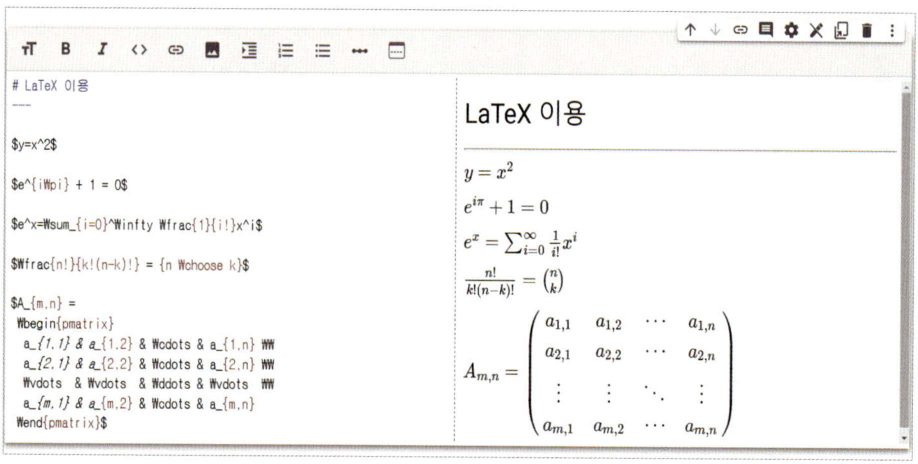

그림 1-21 LaTeX 적용

그림 1-21을 보면 $와 $ 기호 사이에 LaTeX 문법이 사용됨을 확인할 수 있다.

콜랩의 텍스트 셀은 주로 코드 셀을 설명하거나 전체의 줄거리를 구성하기 위하여 많이 사용된다. 지금까지 입력된 텍스트 셀에 대하여 좌측 메뉴의 목차 셀을 클릭하면 다음과 같은 목차가 자동 생성된다.

그림 1-22를 보면 각 텍스트 셀의 첫 번째 입력된 문자의 특성에 따라 제목을 자동 생성해주고 있다. 따라서 프로그램을 만들 때 적절한 제목과 소제목을 구성하면 전체적인 프로그램의 줄거리를 한눈에 파악할 수 있다.

그림 1-22
목차 생성

1.2 코드 셀

코드 셀은 프로그램 코드를 입력하는 셀이다. 코드는 파이썬 언어로 구성해야 하기 때문에 파이썬 코드를 입력하고 실행하고 그 결과를 보는 셀이다.

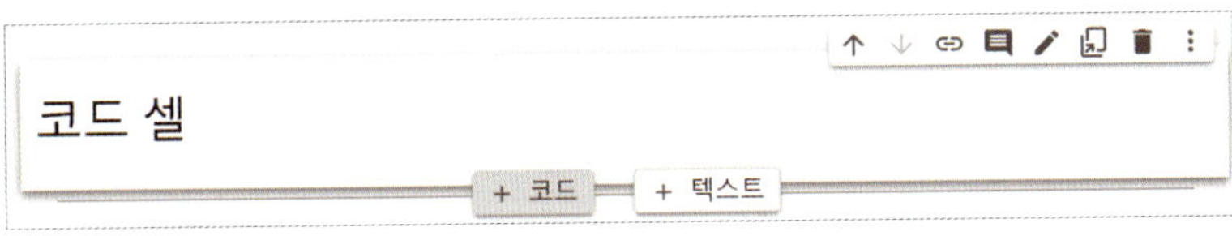

그림 1-23
코드 셀 추가

코드 셀을 추가하는 방법은 프로그램 셀 창에서 "**+ 코드**"를 클릭하거나 원하는 곳 근처에서 마우스를 움직여서 "**+ 코드**"를 클릭하는 것이다.

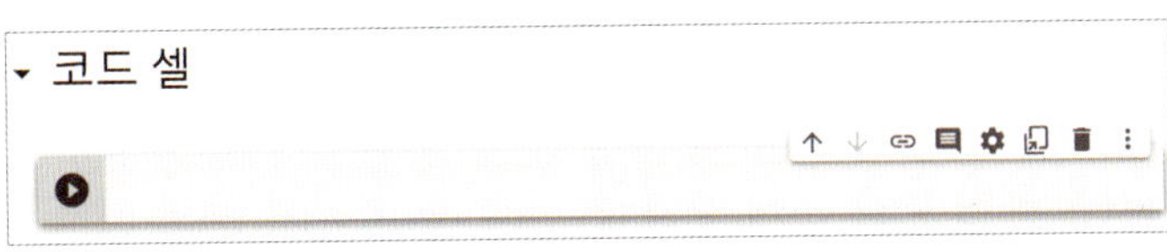

그림 1-24
코드 셀 추가 후 결과

그림 1-24와 같은 상태에서 해당 셀에 마우스를 클릭 후 파이썬 코드를 입력하게 된다.

그림 1-25
코드 입력

코드를 입력 후 이를 실행하면 결과를 얻을 수 있는데 프로그램을 실행하는 방법에 대하여 살펴보자.

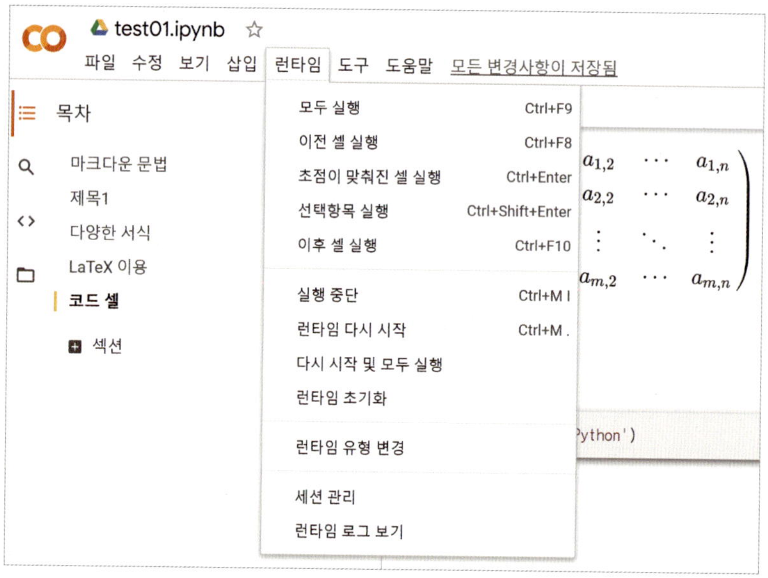

그림 1-26
코드 셀 실행 방법

그림 1-26을 보면 상단의 **"런타임"** 메뉴에서 다양한 방법으로 실행할 수 있음을 알 수 있다. 대부분의 프로그래머들은 메뉴를 하나하나 누르면서 작업을 진행하지 않고 단축키를 많이 사용한다. 단축키는 꼭 외울 필요는 없지만 많이 사용하다 보면 자연스럽게 알게 된다. 이 중에서 **"초점이 맞춰진 셀 실행"**은 'Ctrl+Enter'로 단축키가 설정되어 있다. 즉, Ctrl 키를 누른 상태에서 Enter 키를 동시에 누른다는 의미이다. 프로그램을 만들 때 입력하는 셀이 바로 초점이 맞춰진 셀이므로 해당 셀의 결과를

바로 보고 싶다면 입력을 완료한 후 'Ctrl+Enter' 단축키를 실행하면 된다. 해당 셀을 실행해보자.

그림 1-27
셀 실행 후 결과

그림 1-27을 보면 코드 셀이 실행되고 난 후 결과를 출력한 것이다. 이후의 파이썬 언어에서 배우겠지만 `print()` 함수를 이용하여 특정 문자열인 'Hello! Python'을 출력한 것이다. 또 다른 셀을 추가하고자 한다면 앞과 동일하게 해당 셀의 아래 중간에 마우스를 움직이고 코드 셀을 추가한다.

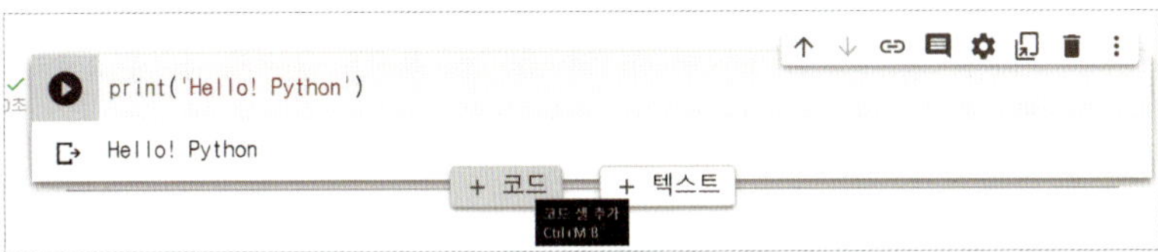

그림 1-28
코드 셀 추가

코드 셀 추가도 또한 단축키가 있음을 알 수 있다. 즉, Ctrl 키를 누른 후 M과 B 문자를 동시에 누른다.

그림 1-29
주석 표기

주석(comment)은 프로그램의 의미를 명확히 하기 위하여 추가로 설명한 말이다. 즉 해당 코드는 실행이 되지 않는다. 파이썬 언어에서는 "#" 기호를 사용하여 주석을 처리한다. # 기호는 하나의 줄에서 해당 기호 이후는 코드가 아닌 주석임을 표시하는 것이다.

그림 1-30
셀 삭제 메뉴

만약 해당 셀을 삭제하고자 하면 셀 메뉴의 휴지통 아이콘을 클릭한다.

그림 1-31
셀 이동 메뉴

셀의 위치를 변경하고자 한다면 셀 메뉴의 화살표 위와 아래를 이용하여 한 칸씩 이동시킬 수 있다.

1.3 콜랩 메뉴

콜랩의 상단 메뉴는 다음과 같이 구성되어 있다.

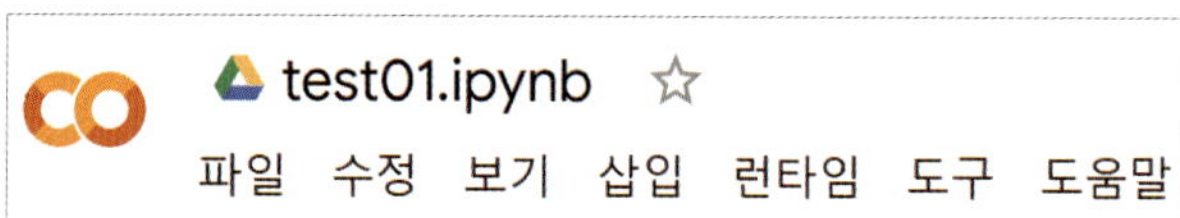

그림 1-32
콜랩 상단 메뉴

각각의 메뉴를 클릭하면 하위 메뉴 구조를 볼 수 있다. 각 메뉴는 실제 하나하나 어렵지 않게 이해할 수 있고 필요하면 실행하여 그 결과를 확인해볼 수 있다.

1.4 콜랩 설정

콜랩의 모양과 폰트 크기 등은 콜랩 설정으로 정할 수 있다.

그림 1-33
콜랩 설정 열기

콜랩 우측 상단에서 **설정** 아이콘을 클릭하여 '설정' 윈도우를 호출한다.

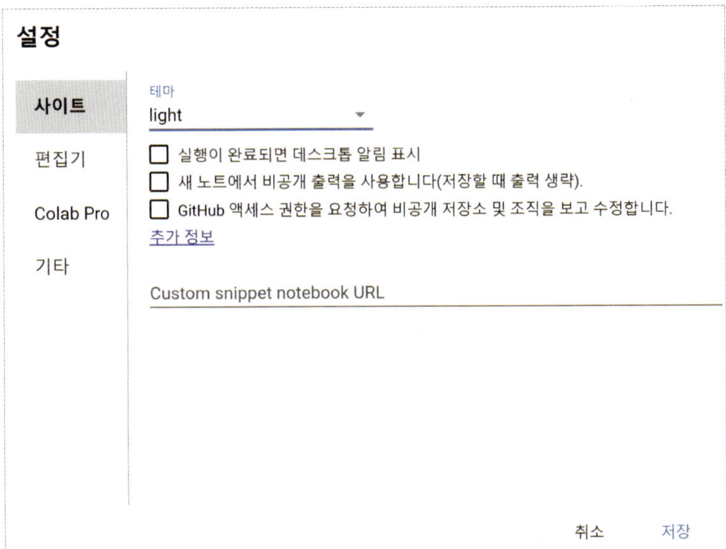

그림 1-34
콜랩 설정

그림 1-34는 콜랩 설정을 위한 화면이다. 사이트 테마에서부터 시작하여 편집기 속성 등을 편집할 수 있다. 설정 전/후를 비교하여 자기에게 맞는 콜랩 화면을 설정한다.

CHAPTER

2

파이썬 언어 이해

01 개요

왜 파이썬 언어를 배워야 할까? 물론 머신러닝을 포함한 AI 프로젝트를 수행할 때는 대부분 파이썬 언어를 사용하지만 일반적인 프로그래밍 언어로 배울 가치가 있는 것인가? 참고 사이트 [STACK-2021]에 따르면 2021년에 약 83,000명의 개발자에게 가장 인기있는 기술 중에서 프로그래밍 언어에 대한 설문조사를 실시하였다. 그 결과를 간단히 살펴보자.

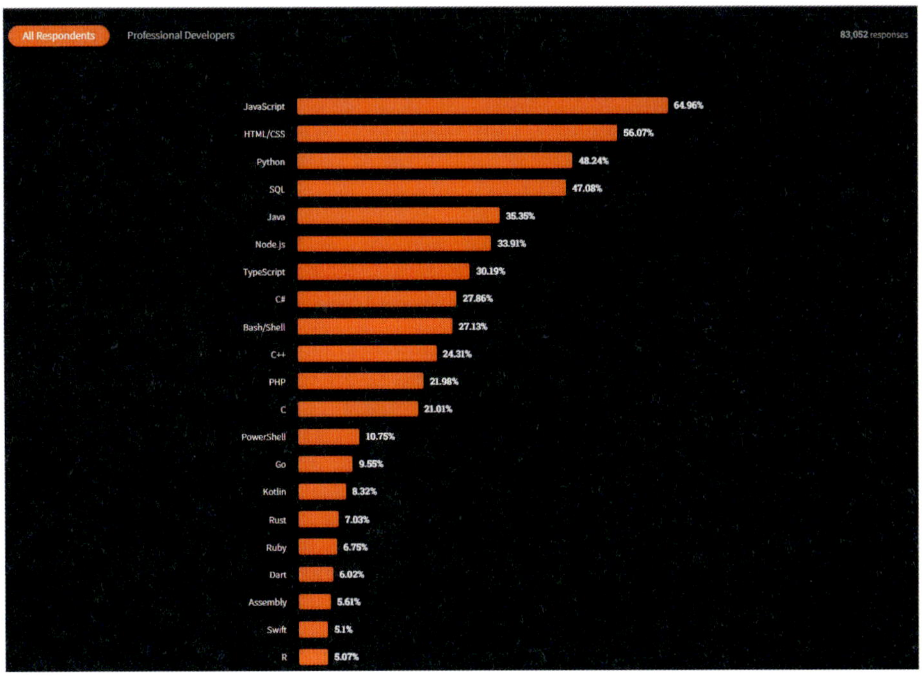

그림 2-1 가장 인기있는 프로그래밍 언어 순위

그림 2-1은 가장 인기있는 프로그래밍 언어 순위를 조사한 결과 화면이다. 파이썬 언어는 3위를 차지하고 있고 2020년 설문조사 때보다 순위가 점점 올라가고 있다. 개발자 사이의 언어로도 그만큼 대중적이라는 것을 확인할 수 있다.

동일한 설문조사에서 가장 사랑스러운 언어와 가장 두려운 언어의 비율을 나타내는 순위에서도 파이썬 언어는 수위를 차지하고 있음을 알 수 있다. 이런 이유가 무엇일까? 무엇보다도 배우기가 쉽고 모든 분야에 적용 가능한 통합된 특징을 갖추고 있기 때문이다. 또한 많은 커뮤니티 사이트가 있어서 내가 원하는 코드 예들을 쉽게 찾아볼 수 있는 것도 중요한 이유 중의 하나이다. 파이썬의 창시자인 Guido van Rossum은 다음과 같이 파이썬 언어를 설명하였다.

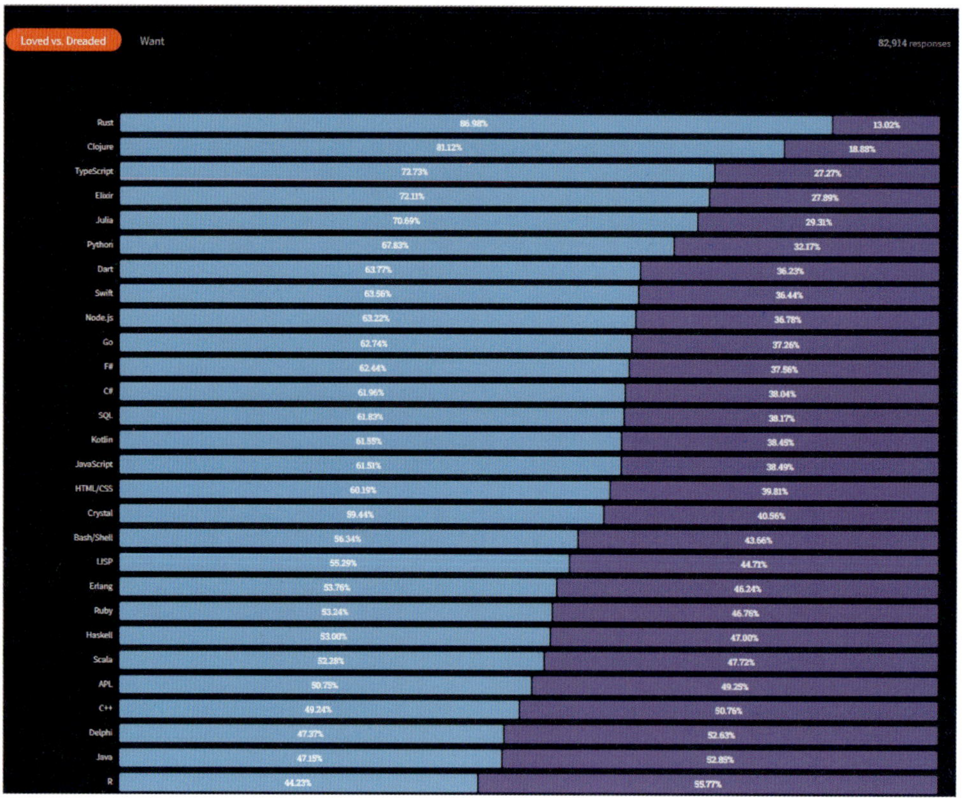

그림 2-2 가장 사랑하고 두렵고 원하는 프로그래밍 언어 순위

"고수준(high-level) 언어이며, 핵심적인 설계 철학은 프로그래머가 몇 줄 안 되는 코드로 개념을 표현할 수 있는 구문(syntax)과 코드 판독성이 전부이다"

즉 파이썬은 자질구레한 많은 선언들을 없애고 쉽게 짤 수 있고 남들도 쉽게 이해할 수 있도록 설계되었다는 것이다.

파이썬은 어떠한 언어적인 특징을 갖추고 있을까? 파이썬 언어의 가장 중요한 특징은 객체지향(object oriented) 프로그래밍 언어라는 점이다. 객체는 어떠한 행위(action)를 하기 위한 대상이다. 객체는 속성(attribute), 즉 데이터를 가지며 이러한 속성을 정의하기 위해서는 데이터 유형과 디폴트 데이터 값이 무엇인지가 정의되어야 한다. 또한 객체는 행동(behavior) 또는 메소드(method)를 갖고 있다. 객체를 자동차라고 가정해보자. 자동차는 차의 유형, 배기량, 바퀴 개수, 문 개수 등이 정의되어 있으며 멈춤, 달림, 남은 연료 보여주기 등의 행동을 할 수 있다. 이처럼 객체는 속성과 메소드를 갖고 있다고 정의할 수 있다. 이때 클래스(class)는 개별 객체를 찍어내는 인화지 역할을 하는 것이라고 생각할 수 있다. 즉, 클래스가 정의되면 해당 클래스의 실제인 메모리상의 인스턴스인 객체가 생성될 수 있다. 이런 의미에서 속성과 메소드를 갖는 클래스가 정의된다면 필요할 때마다 해당 클래스를 이용하여 객체를 생성할 수 있다. 자동차라는 클래스가 있을 때 특정한 속성 값을 갖는 실제 자동차가 객체가 되는 것이다.

파이썬 언어를 공부할 때 인스턴스(instance)라는 단어가 자주 등장한다. 사전적인 의미는 특정한 예를 의미하며 프로그래밍에서는 특정 클래스가 메모리상에 적재되는 것을 의미하며 곧 객체가 되는 것이다. 클래스는 어떤 속성도 갖고 있지 않고 따라서 어떤 행동도 갖지 않을 수도 있다. 그러나 일반적으로 클래스는 특정한 속성을 갖고 있고 속성을 정의하기 위해서는 속성이 어떤 유형의 값을 가질 수 있는지를 정의해야 한다. 즉, 각 속성의 값마다 데이터 유형이 정의되어야 한다. 이런 의미에서 프로그래밍 언어의 시작은 해당 언어가 제공하는 데이터 유형의 이해이다. 그럼에도 불구하고 모든 언어의 시작은 "안녕하세요?"부터 출력하니 이것부터 시작해 보자.

```
# 모든 언어의 시작
print('안녕하세요 파이썬!')
```

```
안녕하세요 파이썬!
```

print() 함수를 이용하여 특정 문장을 출력한 것으로, "#"은 주석(comment)을 달기 위한 것이다.

02 문장 구성

파이썬 문장(statement)은 한 줄에 하나의 문장을 구성하며 끝을 의미하는 어떠한 표식도 하지 않는다. 여러 개의 문장을 구성하고자 할 때 종속 관계가 있는 경우에는 들여쓰기(indentation)로 그 관계를 표현한다. 들여쓰기란 문장의 시작을 일정한 공백 또는 탭(tab)으로 시작하는 것을 말한다. 이때 중요한 것은 들여쓰기 간격은 일정해야 한다는 것이다. 동일한 들여쓰기 간격을 갖는 문장은 직전의 문장에 종속된다. 종속되지 않는 경우에는 들여쓰기를 해제하면 된다.

```
부모 문장:
  문장1
  ...
  문장n
      문장1
      ...
      문장k
```

띄어쓰기는 한 칸만 해도 되지만, 일반적으로 4개의 공백으로 표현한다.

```
if (0 == 0):
    print((0 == 0))
    if not (0 > 1):
        print (not (0 > 1))
print((0 > 1) and (0 > 1))
```

```
True
True
False
```

만약 첫 번째 문장에서 한 칸 띄어쓰기를 하면 어떻게 될까?

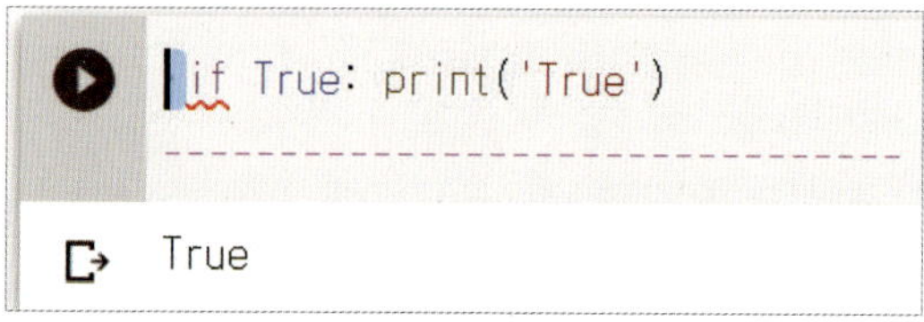

그림 2-3
공백 삽입 결과

그림 2-3과 같이 프로그램의 첫 번째 문장을 띄어쓰기하면 오류는 없으나 이후 문장의 진행에서는 동일하게 띄어쓰기를 해야 한다.

연습 문제

1 인용부호(‘, “”)를 이용하여 자기 소개를 하고 그 결과를 출력해보자.

03 기본 데이터 형

파이썬 버전 3에서 제공하는 데이터 형은 표 2-1과 같이 정리할 수 있다.

표 2-1 파이썬 데이터 형 요약

구분	클래스	내용	비고
None	NoneType	값 없음	반환 값이 없는 경우
숫자(number)	int	정수	
	bool	논리값	True, False
	float	실수	
	complex	복소수	
순서열(sequence)	str	문자열(string)	원소 변경 불가능(immutable)
	tuple	튜플(tuple)	원소 변경 불가능(immutable)
	bytes	바이트	원소 변경 불가능(immutable)
	list	리스트	변경 가능(mutable)
	bytearray	바이트 배열	변경 가능(mutable)
집합(set)	set	집합	
	frozenset	냉동집합	원소 변경 불가능(immutable)
매핑(mapping)	dict	사전(dictionary)	
호출가능(callable)	function	함수	
	method	메소드	
	class	클래스	
모듈(module)	module	모듈	

표 2-1의 데이터 형(data type)을 보면 숫자인 경우는 클래스가 int, bool, float, complex이다. 이러한 데이터 형을 하나하나 살펴보기로 하자. 여기서 주의할 점은 데이터 형 자체는 클래스로 정의되고 있다는 것이다. 따라서 각각의 데이터 형에 맞는 메소드가 존재하는 것이다.

```
# int
x = 100
print('x=', x)
------------------------------------------------------------
x= 100
```

프로그램을 보면 "#" 문자를 볼 수가 있다. # 문자는 해당 줄에 대한 주석(comment)임을 표시한다. 주석으로 설정될 경우 해당 줄은 실행이 되지 않는다. 파이썬이 고수준 언어임을 알려주는 것은 x라는 변수(variable)이다. 이는 사전에 어떠한 데이터 유형도 정의하지 않고 단지 데이터 값을 할당함으로써 자동으로 정수형 데이터가 되며 해당 값을 저장하는 역할을 한다. 여기서 print() 함수의 추가적인 예를 살펴보자.

```
# 연속으로 출력
print(x, x, 10)
------------------------------------------------------------
100 200 10
```

연속으로 값을 출력하고자 할 때는 쉼표를 이용하여 출력하고자 하는 값을 지정하면 된다. 이때 x가 어떠한 클래스인지, 즉 어떠한 데이터 형인지는 어떻게 확인할 수 있을까?

```
# int
x = 100
type(x)
```

```
int
```

간단히 type() 함수를 이용하여 데이터 형을 확인할 수 있다. 만약 변수를 생성하지 않고 바로 데이터 형을 확인하고자 하는 경우는 아래와 같이 해당 값을 type() 함수에 전달인자(argument)로 입력하면 된다.

```
# 변수 생성하지 않고 출력하기
type(100)
```

```
int
```

3.1 정수형

정수형의 데이터에 대하여 사칙연산을 적용하여 그 결과가 정수형이 되는지를 확인해보자.

```
# 정수형의 사칙연산
x = 1
y = -1
print('x+y= ', x+y, type(x+y))
print('x-y= ', x-y, type(x-y))
print('x*y: ', x*y, type(x*y))
print('y/x: ', y/x, type(y/x))
```

```
x+y=  0 <class 'int'>
x-y=  2 <class 'int'>
x*y:  -1 <class 'int'>
y/x:  -1.0 <class 'float'>
```

결과를 보면 +, −, *의 결과는 정수형이지만 나눗셈(/)인 경우는 실수형(float)임을 알 수 있다. 내부적으로 나눗셈을 하는 경우는 자동으로 형 변환(cast)을 하고 있다.

정수형의 특별한 유형 중에 논리(bool) 데이터 형이 있다. 논리형은 참(True)과 거짓(False)만을 가지며 이는 숫자로 표현하면 정수값 1과 0이다. True, False는 예약어(reserved word)이며 변수명 등으로 사용할 수 없다.

```
# 논리형(bool)
x = True
print(x)
print(type(x))
------------------------------------------------------------
True
<class 'bool'>
```

논리형에 대한 사칙연산의 결과를 확인해보자.

```
# 논리형의 사칙연산
x = True
y = False
print('x+y= ', x+y, type(x+y))
print('x-y= ', x-y, type(x-y))
print('x*y: ', x*y, type(x*y))
print('y/x: ', y/x, type(y/x))
------------------------------------------------------------
x+y=  1 <class 'int'>
```

```
x-y=  1 <class 'int'>
x*y:  0 <class 'int'>
y/x:  0.0 <class 'float'>
```

결과를 보면 정수형의 사칙연산과 동일한 결과임을 확인할 수 있다.

3.2 실수형

숫자형에서 많이 사용하는 실수형에 대하여 살펴보기로 하자.

```
# 실수형(float)
x = 0.0
y = 0
print(type(x), type(y))
------------------------------------------------------------
<class 'float'> <class 'int'>
```

실수형인 경우는 반드시 소수점 이하 값을 입력해야만 원하는 데이터 형을 정의할 수 있다. 결과를 보면 소수점 이하 값이 없는 경우는 자동으로 정수형의 데이터 형으로 정의하고 있다.

```
# 실수형의 사칙연산
x = 1.0
y = -1.0
print('x+y= ', x+y, type(x+y))
print('x-y= ', x-y, type(x-y))
print('x*y: ', x*y, type(x*y))
print('y/x: ', y/x, type(y/x))
```

```
x+y=  0.0 <class 'float'>
x-y=  2.0 <class 'float'>
x*y:  -1.0 <class 'float'>
y/x:  -1.0 <class 'float'>
```

결과를 보면 모든 사칙연산의 결과는 실수형임을 알 수 있다. 그런데 만약 0으로 나눈다며 어떤 결과가 나올까?

```
# 0으로 나누기
print(1.0/0.0)
```

```
ZeroDivisionError                         Traceback (most recent call last)
<ipython-input-46-dda66916853b> in <module>()
      1 # 0으로 나누기
----> 2 print(1.0/0.0)

ZeroDivisionError: float division by zero
```

결과를 보면 0으로 나누는 경우는 오류가 발생했음을 표시해주고 있다.

3.3 복소수형

복소수(complex number)는 일반적으로 a+bj형으로 표시를 한다. 여기서 a, b는 실수값이며 $j^2=-1$이다. 특히 a를 실수부(real part), b를 허수부(imaginary part)라고 한다.

```
# 복소수형(complex)
x = 1+2j
```

```
y = 3j
print(type(x), type(y))
------------------------------------------------------------
<class 'complex'> <class 'complex'>
```

복소수형의 사칙연산을 확인해보자.

```
# 복소수형의 사칙연산
x = 1+2j
y = 3j
print('x+y= ', x+y, type(x+y))
print('x-y= ', x-y, type(x-y))
print('x*y: ', x*y, type(x*y))
print('y/x: ', y/x, type(y/x))
------------------------------------------------------------
x+y=  (1+5j) <class 'complex'>
x-y=  (1-1j) <class 'complex'>
x*y:  (-6+3j) <class 'complex'>
y/x:  (1.2+0.6j) <class 'complex'>
```

복소수의 사칙연산의 결과에 대해 간략히 정리하면 다음과 같다.

$$(1+2j)+(0+3j)=(1+0)+(2+3)j=1+5j$$

$$(1+2j)-(0+3j)=(1-0)+(2-3)j=1-j$$

$$(1+2j)\times(0+3j)=1\times0+1\times3j+2j\times0+2j\times3j=0+3j+0-6=-6+3j$$

$$\frac{(0+3j)}{(1+2j)}=\frac{(0+3j)\times(1-2j)}{(1+2j)\times(1-2j)}=\frac{1}{5}(0+3j)\times(1-2j)=\frac{1}{5}(6+3j)=1.2+0.6j$$

3.4 문자열형

정수, 실수, 복소수의 정의 및 연산에 대하여 살펴보았고 이제 문자 데이터에 대한 표현을 알아보기로 하자. 문자 클래스, 즉 문자 데이터의 기본 데이터 형은 문자 순서열(str: character sequence)이다.

```
# 문자열형(str)
x = '안녕하세요! AI를 위한 파이썬 기초에 온 것을 환영합니다.'
print(x)
print(type(x))
-----------------------------------------------------------------
안녕하세요! AI를 위한 파이썬 기초에 온 것을 환영합니다.
<class 'str'>
```

문자열은 작은따옴표, 큰따옴표로 정의할 수 있다. 예에서는 작은따옴표를 사용하였는데 아래의 경우도 동일한 결과를 얻을 수 있다.

```
# 문자열형(str): 큰따옴표 사용
x = "안녕하세요! AI를 위한 파이썬 기초에 온 것을 환영합니다."
print(x)
print(type(x))
-----------------------------------------------------------------
안녕하세요! AI를 위한 파이썬 기초에 온 것을 환영합니다.
<class 'str'>
```

결과는 따옴표가 제거된 형태로 출력됨을 알 수 있다. 그런데 문자열에도 숫자와 같은 사칙연산이 적용될 수 있을까? 예를 들어 '아버지가' + '방에' + '들어가신다'의 결과는 어떻게 될까?

```
# 문자열 사칙연산(+ 연산인 경우)
x = '아버지가'
y = '방에'
z = '들어가신다'
print('x+y+z=', x+y+z)
print(type(x+y+z))
-----------------------------------------------------------------
x+y+z= 아버지가방에들어가신다
<class 'str'>
```

결과를 보면 공백이 없이 일종의 문자열 연결의 역할을 해주는 것을 확인할 수 있다. 결과 또한 문자열임을 알 수 있다. 만약 사이에 공백을 넣고자 하면 다음과 같이 처리하면 된다.

```
# 문자열: '+' 연산
x = '아버지가'
y = '방에'
z = '들어가신다'
b = ' ' # 공백 표현
print('x+y+z=', x+b+y+b+z)
-----------------------------------------------------------------
x+y+z= 아버지가 방에 들어가신다
```

프로그램에서 주석 표시인 '#' 은 해당 줄의 특정 부분에서 정의할 수 있다. 효과는 해당 줄의 주석 표식 이후는 수행되지 않는다. 공백은 따옴표 안에 하나의 공백으로 정의할 수 있다. 즉, 공백도 문자이다. 이와 유사하게 나머지 사칙연산도 정의될 수 있을까? 문자열은 덧셈만 정의될 뿐 나머지는 정의되지 않았고 정의될 수도 없다. 덧셈은 일반적으로 숫자에만 정의되지만 이와 같이 숫자가 아님에도 불구하고 정의될 수 있는 것이다. 일종의 과적재(overload)인 것이며 객체지향 언어의 주요한 특징 중의 하나이다.

3.5 바이트형

전송되는 데이터 양을 표현하는 측정 단위로는 비트(bit, binary digit)와 바이트(byte)가 있다. 비트는 0이나 1 값만을 저장할 수 있고 1바이트는 8비트를 의미한다. 이외에도 키로바이트(KB), 메가바이트(MB), 기가바이트(GB) 등이 있다. 1바이트는 8비트이므로 0에서부터 255까지의 숫자를 저장할 수 있다. 이를 이용하여 문자는 특수문자, 숫자, 영문 대소문자를 비롯하여 1바이트로 정의할 수 있고 이는 ASCII 코드표에 0부터 127까지의 숫자로 정의되어 있다. 바이트 문자열은 어떻게 정의되는지 알아보자.

```
# 바이트형 (bytes): 바이트 문자열
x = b'abc012xyz'
print(x)
print(type(x))
--------------------------------------------------------------
b'abc012xyz'
<class 'bytes'>
```

영문 문자나 숫자인 경우는 1바이트로 저장되기 때문에 복호화(decoding)를 해도 결과는 동일하다.

```
# 복호화
x = b'abc012xyz'
y = x.decode()
print(y)
print(type(y))
--------------------------------------------------------------
abc012xyz
<class 'str'>
```

프로그램에서는 바이트형 데이터의 메소드인 decode()를 사용하여 복호화를 한 것이다. 이후에 설명을 하겠지만 클래스의 메소드는 점(.)을 이용하여 계속적으로 적용할 수 있다. 결과를 보면 저장되는 방식이나 실제 문자열과는 어떤 차이도 없음을 알 수 있다. 그런데 한글인 경우, 즉 2바이트 이상의 문자 집합인 경우는 저장을 위해서 최소 2바이트 또는 3바이트가 필요하다.

```
# 한글 저장
x = '강'
y = x.encode(encoding='utf-8') # 디폴트
print(y)
----------------------------------------
b'\xea\xb0\x95'
```

결과를 보면 백슬래시(backslash)와 x 문자 뒤에 ea, b0, 95가 있다. 이는 16진법으로 표현된 값이다. 16진법은 숫자를 0, 1, 2, …, 9, a, b, c, d, e, f로 표현하는 것을 의미한다. 16진법을 10진법으로 바꿔보자.

\xea = $14\times16^1+10\times16^0=234$

\xb0 = $11\times16^1+0\times16^0=176$

\x95 = $9\times16^1+5\times16^0=149$

즉, '강'이라는 문자는 3바이트로 저장되며 저장되는 각각의 값은 [234, 176, 149]이다.

한글을 2바이트로 저장하는 부호화(encoding) 방법 중에는 'euc-kr'이 있다.

```
# 한글 저장(2바이트)
x = '강'
y = x.encode(encoding='euc-kr')
print(y)
----------------------------------------
b'\xb0\xad'
```

줄 바꿈을 나타내는 특수문자는 '\n'이며 ASCII 코드표에서 10이다. 16진법으로 표현하면 '\x0a'이다. 이를 이용하여 줄 바꿈의 효과를 확인해보자.

```
# 특수문자: \n
x = b'\x0a'
print('1 line'+x.decode()+'2 line')
-----------------------------------------------------------------
1 line
2 line
```

결과를 보면 줄 바꿈이 실행된 것을 볼 수 있다. 물론 이런 방법을 사용하지 않고 다음과 같이 일반적인 방법을 사용해도 동일한 결과를 얻을 수 있다.

```
# 줄 바꿈의 일반적인 방법
print('1 line'+'\n'+'2 line')
-----------------------------------------------------------------
1 line
2 line
```

기본 데이터 형은 값을 변경할 수 없다. 즉, 변경 불가능(immutable)이다. 여기서 "\n"은 인용 부호 내에서의 줄 바꿈을 나타내는 특수 문자를 표시한 것이다.

1 x = 1, y = 1.0일 때 두 변수의 사칙연산을 한 경우에 결과 데이터 형을 출력해보자.

2 본인 한글 이름을 3바이트로 인코딩 하여 저장하고 그 결과를 출력해보자.

3 3 * 'ha'를 출력해보자.

4 3 * 3 * 'ha'의 결과와 3 * 'ha' * 3의 결과가 동일한지 확인해보자.

5 x // y 에서 "//" 연산자를 x / y 를 한 후 정수 값을 반환해주는 연산자라고 하자. 이때 3 // 2와 3 // 2.의 결과가 동일한지 확인하고 결과 값의 데이터 형을 출력해보자.

04 컨테이너 데이터 형

기본 데이터 형을 원소로 하여 만들어지는 데이터 형을 컨테이너(container) 데이터 형이라고 한다. 컨테이너 데이터 형은 리스트(list), 튜플(tuple), 사전(dict), 집합(set)이 있다.

4.1 리스트

리스트는 대괄호([]) 안에 기본 데이터 형의 데이터를 원소로 갖는 데이터 형을 의미한다.

```
# 리스트: []
x = [1,2,3]
print(x)
print(type(x))
-----------------------------------------------
[1, 2, 3]
<class 'list'>
```

리스트 안의 각 원소는 어떠한 데이터 형도 가능하다.

```
# 리스트와 각 원소의 데이터 형
x = ["a",2.3,3, b"bong"]
print(x)
print(type(x))
print(type(x[0]))
print(type(x[1]))
print(type(x[2]))
print(type(x[3]))
--------------------------------------------------------------
['a', 2.3, 3, b'bong']
<class 'list'>
<class 'str'>
<class 'float'>
<class 'int'>
<class 'bytes'>
```

프로그램을 보면 각 원소의 값을 가져오기 위하여 색인(index)을 사용하였다. 이에 대한 상세한 내용은 순서가 있는 열, 즉 순서열(sequence)의 색인 절에서 다루기로 하자. 여기서는 첫 번째 원소는 리스트명[0], 두 번째 원소는 리스트명[1], … 과 같이 가져올 수 있다는 정도로 이해하자. 결과를 보면 전체는 리스트이지만 각 원소는 원래의 데이터 형임을 확인할 수 있다. 리스트를 이용하면, 이름, 성별, 키 등과 같은 데이터를 저장할 수 있다.

```
# 리스트 예
x = ['강봉주', '남자', 170]
print(x)
--------------------------------------------------------------
['강봉주', '남자', '170']
```

그런데 리스트는 어떠한 데이터 형도 원소로 받을 수 있다고 가정했기 때문에 리스트를 원소로 가질 수도 있다.

```
# 리스트를 원소로 갖는 예
x = [['강봉주', '남자', 170], ['강아들', '남자', 175]]
print(x)
print(x[0])
print(x[1])
---------------------------------------------------------------
[['강봉주', '남자', 170], ['강아들', '남자', 175]]
['강봉주', '남자', 170]
['강아들', '남자', 175]
```

결과를 보면 리스트 데이터 형은 일반적으로 알고 있는 데이터베이스의 테이블과 매우 유사함을 알 수 있다.

4.2 튜플

튜플은 괄호(()) 안에 데이터를 배열한 데이터 형을 의미한다.

```
# 튜플(tuple): ()
x = (1,2,"3")
print(x)
print(type(x))
---------------------------------------------------------------
(1, 2, '3')
<class 'tuple'>
```

튜플도 리스트와 같이 순서열이다. 즉, 원소의 위치, 다시 말해 순서가 있다는 것이다.

```
# 순서열의 의미
(1, 2) == (2, 1)
-----------------------------------------------------------------
False
```

여기서 "==" 기호의 의미는 논리적으로 같은지를 평가하는 연산자이다. 즉, 순서가 뒤바뀐 튜플은 서로 다르다는 것을 의미한다. 만약 (1, 2)가 평면상의 좌표라고 생각한다면 당연히 (2, 1) 좌표와는 다르다는 것을 쉽게 알 수 있다.

```
# 튜플 데이터 형의 예
x = 2,
print(x)
print(type(x))
-----------------------------------------------------------------
(2,)
<class 'tuple'>
```

"2, "는 튜플 데이터 형임을 알 수 있다. 튜플도 순서열이므로 리스트와 동일하게 색인 방식으로 특정 원소의 값을 가져올 수 있다.

```
# 튜플 원소 가져오기: 인덱스 이용
x = (1, 2, 'bong')
print(x[2])
-----------------------------------------------------------------
bong
```

색인은 0부터 시작하기 때문에 3번째 원소는 색인값 2를 이용하여 가져온다.

4.3 사전

사전(dict) 데이터 형은 데이터를 키(key)와 데이터 값으로 정의한다. 키는 열쇠라는 의미이므로 키에 의하여 정의된 데이터는 키를 갖고 있어야만, 즉 키 값을 알고 있어야만 해당 데이터 값을 가져올 수 있다. 기본적인 형식은 중괄호({})를 이용하여 정의한다.

```
# 사전(dict)
x = {"key1": 100, "key2": 200}
print(x)
print(type(x))
-----------------------------------------------------------------
{'key1': 100, 'key2': 200}
<class 'dict'>
```

형식을 보면 사전 안의 하나의 원소는 "키: 데이터"로 구성되어 있다. 여기서 데이터는 아무 데이터 형이나 가능하다.

```
# 사전의 데이터
x = {"a": [1, 2, 3], "b": ['male', 'female', 'female'], "c": '2021-09-29'}
print(x)
-----------------------------------------------------------------
{'a': [1, 2, 3], 'b': ['male', 'female', 'female'], 'c': '2021-09-29'}
```

사전도 순서가 있는 것일까?

```
# 사전도 순서열?
{'x':1, 'y':2} == {'y':2, 'x':1}
---------------------------------------------------------------
True
```

결과를 보면 사전은 순서가 없다. 따라서 리스트나 튜플처럼 색인을 이용하여 원소를 가져올 수 없다. 사전은 키가 있기 때문에 키를 이용하여 데이터를 가져올 수 있다.

```
# 사전의 원소
x = {"key1": 100, "key2": 200}
print(x['key1'])
---------------------------------------------------------------
100
```

4.4 집합

집합(set) 데이터 형은 중괄호({})를 이용하여 정의한다.

```
# 집합(set)
x = {"abc", 100, (1, 2, 3)}
print(x)
print(type(x))
---------------------------------------------------------------
{'abc', 100, (1, 2, 3)}
<class 'set'>
```

집합의 원소로 가능한 데이터 형은 숫자, 문자열, 튜플 등이며 리스트와 사전은 불가능하다. 이후 장에서 설명하겠지만 원소로 가능한 데이터 형은 해시 가능(hashable)한 경우만 된다. 집합의 원소가 중복되는 경우는 어떻게 될까?

```
# 원소의 중복 경우
x = {1, 2, 3, 3}
print(x)
------------------------------------------------------------
{1, 2, 3}
```

결과를 보면 집합의 원소들은 모두 유일(unique)하다는 것을 알 수 있다.

4.5 문자열

문자열(str)은 기본 데이터 형이면서 동시에 컨테이너 데이터 형이라고 할 수 있다. 즉, 자기 자신을 기본 데이터 형으로 하고 있다고 볼 수 있다.

```
# 문자열(str)
x = "bong ju kang"
print(x)
print(type(x))
print(x[1])
print(type(x[1]))
------------------------------------------------------------
bong ju kang
<class 'str'>
o
<class 'str'>
```

프로그램에서는 문자열도 순서가 있기 때문에 색인을 이용하여 원소를 가져오는 것을 확인할 수 있다. 이와 유사하게 바이트(bytes) 데이터 형 또한 기본 데이터 형도 되지만 컨테이너 데이터 형도 된다.

원소의 값을 변경할 수 있는 경우는 변경 가능(mutable)이라고 하고 변경할 수 없는 경우는 변경 불가능(immutable)이라고 한다. 컨테이너 형 중 튜플, 문자열, 바이트는 값을 변경할 수 없기 때문에 변경 불가능이라고 한다.

```
# 변경 불가능(immutable)
x = "bong ju kang"
x[0] = 'B'
```

```
TypeError                                 Traceback (most recent call last)
<ipython-input-52-e775f4f26029> in <module>()
      1 # 변경 불가능(immutable)
      2 x = "bong ju kang"
----> 3 x[0] = 'B'

TypeError: 'str' object does not support item assignment
```

연습 문제

1 [[1], [2], [3, 4, 5]]인 리스트에서 [3, 4, 5] 원소를 추출해보자.

2 {1, 2, 4}, {'name': 'bj'}으로 구성된 리스트를 만들어보자.

3 {'bong', 'ju', 'kang', 'Kang'}으로 구성된 집합의 원소의 개수를 구해보자.

4 국어, 수학, 영어 점수가 각각 90, 85, 95으로 구성된 사전을 구성해보자. 구성된 사전에서 영어 점수를 추출해보자.

5 x = '대한민국은 민주 공화국이다.'일 때 '민'라는 단어를 출력해보자.

05 식별자 표기

파이썬 변수(variable)는 값이 할당됨으로써 비로소 그 정체가 파악이 되고 메모리에서 그 위치를 찾는다. 그런데 변수 이름으로 아무 문자나 숫자가 다 가능한 것일까? 이후에 배우게 될 함수 이름, 모듈 이름, 클래스 이름 등도 일종의 식별자(identifier) 역할을 하는데 어떠한 규칙이 있을까? 모든 식별자의 이름은 밑줄(underscore) 또는 영문자로 시작하고 이후 숫자, 영문자와 밑줄을 사용하여 조합한다. 예약된 키워드는 사용할 수 없고 대/소문자는 구별한다. 한글도 사용 가능하나 가급적 사용하지 않는다. 길이에는 제한이 없지만 너무 길게 쓰지 않는다.

```
# 가능한 변수 이름
a100 = 'abc'
Abc_ = 100
_100 = 10
_abc = 1000
_Abc = 999
print(a100)
print(Abc_)
print(_100)
print(_abc)
print(_Abc)
```

```
abc
100
10
1000
999
```

예약된 키워드 중에서 앞에서 True, False는 배웠다. 이 외에도 다음과 같은 예약된 키워드가 있다.

def, if, raise, None, del, import, return, elif, in, try, and, else, is, while, as, except, lambda, with, assert, finally, nonlocal, yield, break, for, not, , class, from, or, continue, global, pass

```
# 예약어 사용
True = 100
```

```
File "<ipython-input-58-0491e304563d>", line 2 True = 100 ^ SyntaxError: can't assign to keyword
```

결과를 보면 예약어를 변수로 사용할 수 없다는 메시지를 확인할 수 있다.

06 값 할당

파이썬의 변수란 할당되는 객체에 이름을 부여하는 것을 의미한다. 이때 변수의 클래스는 할당되는 값 또는 객체에 의해서 자동으로 결정된다. 이는 앞 절에서 type() 함수를 통하여 확인하였다. 일반적인 프로그래밍 언어에서는 할당을 하기 전에 어떤 클래스에 속하는지를 사전에 정의하는 경우가 많다. 파이썬은 고수준 언어이므로 이를 고려할 필요가 없다. 값의 할당은 "=" 기호를 이용하며 "=" 기호의 우변의 값을 평가하여 유효한 경우에 이를 좌변의 변수에 할당하게 된다. 예를 통하여 살펴보기로 하자.

```
# 기본 할당
x = 1 + 1.2
print(type(x))
print(x)
---------------------------------------------------------------
<class 'float'>
2.2
```

기본 할당은 우변의 값을 계산한 후 좌변의 변수에 값을 할당하는 것이다. x 변수는 우변의 데이터 형이 실수형이므로 따라서 실수형이 된다.

```
# 같은 값 할당
x = y = 0
print((x, y))
----------------------------------------------------------------
(0, 0)
```

같은 값 할당인 경우를 살펴보면 먼저 x를 기준으로 우변의 결과를 참조해야 하는데, 우변도 y를 기준으로 우변의 값이 0이므로 y 또한 0값을 할당받고 따라서 x값도 0을 할당받는다. 여기서 print 함수에서 입력 값은 (x, y)이다. 이는 앞서 정의한 튜플형으로 데이터를 정의한 것이다.

```
# 각각 해당 값 할당
x, y = 1, 0.9
print((x, y))
----------------------------------------------------------------
(1, 0.9)
```

좌변에서 받는 변수의 개수와 우변에서 넘겨주고자 하는 값의 개수가 동일한 경우 프로그램과 같이 각각의 값을 별도로 받을 수 있다. 여기서 1, 0.9의 의미가 다음과 같이 튜플임을 알 수 있다.

```
# 1, 0.9의 해석
1, 0.9
----------------------------------------------------------------
(1, 0.9)
```

프로그램에서는 따로 print 함수를 사용하지 않고 출력하였다. 콜랩이나 주피터 노트북인 경우에는 객체이름만 있고 실행하는 경우에 해당 객체가 갖고 있는 값을 출력한다. 아래의 예를 통하여 확인하자.

```
# 프린트 함수를 사용하지 않는 예
x, y = (1, 2.0)
x, y
-------------------------------------------------------------------
(1, 2.0)
```

좌변과 우변의 주고받는 개수가 동일한 경우를 이용하여 값을 변경하는 간단한 예를 아래 프로그램에서 확인하자.

```
# 값 바꾸기
x, y = 1, 0.9
x, y = y, x
(x, y)
-------------------------------------------------------------------
(0.9, 1)
```

값 할당에서 많이 이용되는 예 중에는 "+=", "-=" 연산자를 이용하여 값 증가시키거나 감소시키는 것이다.

```
# 값 증가
x = 0
x += 2
x
-------------------------------------------------------------------
2
```

```
# 값 감소
x = 0
x -= 3
x
---------------------------------------------------------------
-3
```

값을 할당할 때 사전에 어떠한 데이터 형을 할당할 수 없는 경우가 있을 수 있다. 일종의 어떠한 값도 우변에서 넘어오지 않는 경우가 이에 해당한다. 즉, 일종의 "값 없음"을 정의할 필요가 있는 경우에 "None" 예약어를 사용한다. 중요한 것은 정의되지 않은 변수와 정의된 변수의 차이이다. 특히 함수나 클래스를 정의할 때 많이 사용된다.

```
# 정의는 되었지만 값 없음
x = None
print(x)
print(type(x))
---------------------------------------------------------------
None
<class 'NoneType'>
```

x의 클래스는 "NoneType", 즉 아무것도 없는 데이터 형이다. 만약 정의되지 않은 변수를 사용하게 되면 어떻게 될까?

```
# 미 정의 변수
new_variable
---------------------------------------------------------------
```

```
NameError                                 Traceback (most recent call last)
<ipython-input-33-d84edeca2cf9> in <module>()
      1 # 미 정의 변수
----> 2 new_variable

NameError: name 'new_variable' is not defined
```

결과를 보면 해당 변수가 정의되어 있지 않다는 오류 메시지를 출력한다. 변수를 제거할 때는 "del" 키워드를 사용한다. 기 할당된 변수를 제거하는 것은 메모리 할당을 없애는 것이다. 그만큼 메모리를 절약할 수 있다.

```
# 변수 제거
x = 100
del x
```

연습 문제

1 if = 100 할당문의 결과 if 값을 출력할 수 있는지 알아보자. 출력할 수 없다면 어떤 오류인지 확인해보자.

2 x = y = z = 1의 결과로 x의 값은 얼마인가?

3 c += 7의 값은 얼마인가? 만약 값이 출력되지 않았다면 이유는 무엇인가?

07 형 변환

데이터 형, 즉 데이터 클래스의 종류를 보기 위한 함수는 type()이다. 이때 주어진 데이터 형에서 다른 데이터 형으로 변환하는 것을 형 변환(type conversion, type casting)이라고 한다. 형 변환을 하는 이유는 특정 연산을 하는 경우에 피연산자(operand)가 같은 데이터 형일 때만 가능한 경우가 많기 때문이다. 또한 함수나 클래스에서 반드시 특정 데이터 형인 경우만 입력을 받고 출력을 하는 경우도 많기 때문에 형 변환이 필요하다. 형 변환은 함수를 이용한 명시적(explicit) 변환과 함수를 이용하지 않는 암묵적(implicit) 형 변환이 있다. 명시적 형 변환에 사용하는 함수로는 int(), float(), bool(), str(), chr(), bytes(), list(), dict(), set() 등이 있다.

7.1 명시적 형 변환

명시적 형 변환은 함수를 이용하여 데이터 형을 변환시키는 것을 의미한다. 예를 통해서 살펴보자.

```
# 문자열에서 정수로
int("100"), ord('\n')
```

```
(100, 10)
```

“100”은 문자열이므로 명시적으로 숫자인 정수형으로 바꾸기 위하여 int() 함수를 사용하였다. ord() 함수는 지구상의 모든 문자를 표현하는 유니코드 체계에서의 위치(code point, code position)를 숫자로 표현해준다. 즉, ‘\n’의 유니코드 체계상의 위치는 10인 것이다. ord() 함수는 순서값(ordinal value)을 의미한다. 2개의 함수의 결과는 정수 값으로 변환되는 것을 확인할 수 있다. 16진법으로 표시된 문자인 경우에 이를 정수로 변환하는 경우에도 int() 함수를 사용한다. 즉, 디폴트는 base=10임을 알 수 있다.

```
# 16진법으로 표시된 문자열을 정수로
int("ff", base=16)
---------------------------------------------------------------
255
```

정수를 실수로 바꾸는 경우와 그 반대로 실수를 정수로 바꾸는 경우를 살펴보자.

```
# 정수를 실수로
float(0), float(12)
---------------------------------------------------------------
(0.0, 12.0)
---------------------------------------------------------------
# 실수를 정수로
int(2.1), int(13.5), round(13.5)
---------------------------------------------------------------
(2, 13, 14)
```

실수를 정수로 바꿀 때 int() 함수를 사용하는 경우에는 자동으로 소수점 이하 자리를 무시하지만 반올림 함수인 round() 함수를 사용하는 경우에는 반올림 원칙에 따라 정수 값을 반환해준다. 반대로 정수나 실수를 문자열로 바꾸는 경우에는 str() 함수를 이용한다.

```
# 정수, 실수를 문자로
[str(100), str(100.0)]
```

```
['100', '100.0']
```

문자 한 개를 변환할 때는 chr() 함수를 이용한다.

```
# 정수를 문자로
chr(97)
```

```
a
```

정수 값을 이용하여 바이트 문자열을 생성할 수 있다.

```
# 정수 숫자를 바이트로
print(bytes(3)) # 바이트 0인 객체 3개로 구성된 바이트 문자열 생성
print(bytes([99])) # 99값을 갖는 바이트 객체 생성
print(bytes([97,98,99,100])) # 리스트를 이용하여 바이트 문자열 생성
```

```
b'\x00\x00\x00'
b'c'
b'abcd'
```

이외에도 다양한 명시적 형 변환이 있다.

```
# 문자열을 리스트로
list("abc")
```

```
['a', 'b', 'c']
```

```
# 리스트와 튜플을 이용한 사전으로
dict([(1, "abc"), (2, "cde")])
```

```
{1: 'abc', 2: 'cde'}
```

```
# 문자열을 집합으로
set("abcde")
```

```
{'a', 'b', 'c', 'd', 'e'}
```

```
# 리스트를 문자열로
x = "-".join(['bong', 'ju', 'kang'])
x
```

```
bong-ju-kang
```

```
# 문자열을 리스트로
x = 'bong-ju-kang'
x.split("-")
```

```
['bong', 'ju', 'kang']
```

```
# NoneType을 bool로
bool(None)
```

```
False
```

```
# 정수를 논리값으로
bool(0), bool(1)
```

```
(False, True)
```

```
# 0이 아닌 숫자 논리값
bool(-1.3)
```

```
True
```

```
# False 논리값
bool(False)
----------------------------------------
False
----------------------------------------
# True 논리값
bool(True)
----------------------------------------
True
----------------------------------------
# 널 문자열 논리값
bool("")
----------------------------------------
False
```

7.2 암묵적 형 변환

암묵적(implicit) 형 변환은 함수를 사용하지 않고 어떤 연산을 사용할 때 자동으로 형 변환이 일어나는 것을 말한다.

```
# 정수+실수, 정수*실수
x = 1 + 1.1
y = 1 * 0.0
(x, type(x), y, type(y))
----------------------------------------
(2.1, float, 0.0, float)
```

정수는 실수에 포함되기 때문에 정수와 실수의 사칙연산은 실수가 된다. 이런 경우를 암묵적 형 변환이라고 할 수 있다. 특정 연산에 대하여 형 변환을 하더라도 안

되는 경우에는 형 오류 메시지를 확인할 수 있다.

```
# 문자와 정수의 "+" 연산
x = '100' + 200
x
---------------------------------------------------------------------------
TypeError                                 Traceback (most recent call last)
<ipython-input-97-f1b75319b000> in <module>()
      1 # 문자와 정수의 "+" 연산
----> 2 x = '100' + 200
      3 x

TypeError: can only concatenate str (not "int") to str
```

연습 문제

1 탭을 의미하는 '\t' 와 공백을 의미하는 ' '의 유니코드상의 번호를 구해보자.

2 2진수 111의 정수값을 구해보자.

3 16진수 0D의 값과 0d값의 정수값을 구해보자.

4 정수값을 16진수 값으로 변환하는 함수는 hex()이다. 이를 이용하여 255의 16진수 값을 구해보자.

5 정수값을 2진수 값으로 변환하는 함수는 bin()이다. 이를 이용하여 255의 2진수 값을 구해보자.

6 '대한민국'의 각 원소로 구성된 리스트를 구해보자.

7 '대한민국'의 각 원소로 구성된 집합을 구해보자.

8 ['대', '한', '민', '국']의 각 원소로 구성된 문자열 '대한민국'을 만들어보자.

9 bool(1) + bool(−1)의 값을 구해보자.

10 True * 3 − False * 2의 값을 구해보자.

11 bool(' ') + bool(None) 값을 구해보자.

12 [1, 2, 3] * 2의 출력결과와 데이터 유형을 확인해보자.

08 순서열 색인

데이터 형에서 순서열(sequence)을 포함하는 경우는 문자열(str), 리스트(list), 튜플(tuple)이다. 이런 경우에 색인(index)을 통하여 원소(element)의 값을 정의하거나 가져올 수 있다. 색인은 각각의 원소에 접근할 수 있는 숫자로 된 목록, 즉 리스트라고 할 수 있다.

x = [2, 4, 6, 8, 10] 인 리스트인 경우에 0과 양수 색인과 음수 색인의 쓰임새를 알아보자. 색인의 원소는 0부터 시작하며 음수 색인은 −1부터 시작한다. 따라서 x 리스트의 각각의 원소에 접근할 수 있는 0과 양수 색인은 [0, 1, 2, 3, 4]이고 음수 색인은 [−5, −4, −3, −2, −1]이 된다.

```
# 순서열(sequence)을 갖는 데이터 정의
x = [2, 4, 6, 8, 10]
len(x) # 원소의 개수
```

```
5
```

len() 함수는 객체가 갖고 있는 원소의 개수를 의미한다. 이렇게 정의된 순서열 데이터에 대하여 색인을 이용하여 원소의 값을 구해보자. 색인의 구조는 다음과 같다.

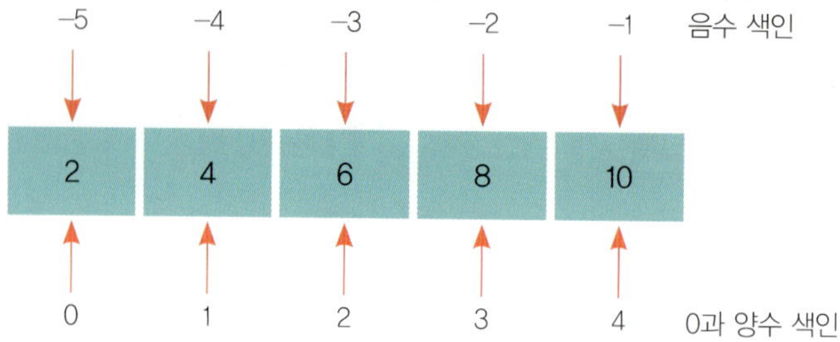

그림 2-4
색인 구조

즉, 순방향으로 볼 때는 [0, 1, 2, 3, 4]이며 역방향으로 볼 때는 [-5, -4, -3, -2, -1]이 된다.

색인을 이용하여 하나의 원소값을 가져오는 방법은 "객체[색인원소값]" 형식을 이용한다.

```
# 해당 위치 값 가져오기: 0과 양수 색인
x[0], x[4]
```

```
(2, 10)
```

```
# 음수 색인
x[-1], x[-len(x)]
```

```
(10, 2)
```

그런데 만약 색인 원소값이 색인에 속하지 않는 경우, 즉 범위를 벗어나는 경우에는 색인 오류가 발생한다.

```
# 색인 오류: 해당 위치가 인덱스의 범위에 벗어남
x[5]
```

```
IndexError                                Traceback (most recent call last)
<ipython-input-5-9159695f5b8e> in <module>()
      1 # 인덱스 오류: 해당 위치가 인덱스의 범위에 벗어남
----> 2 x[5]

IndexError: list index out of range
```

지금까지 색인을 이용하여 순서열을 갖는 데이터 형의 값을 하나씩 검색하는 방법을 알아보았다. 여기서부터는 색인의 부분집합을 이용하여 검색하는 방법을 알아보자.

색인의 부분집합을 이용하여 검색하는 방법 중의 하나는 조각내기(slicing)이다. 조각내기는 주어진 순서열의 일부를 조각처럼 반듯하게(일정한 규칙에 의하여) 자르는 것을 의미한다. 조각내기를 하려면 시작과 끝 그리고 한걸음(step)이 정의되어야 한다. 조각내기 부호로는 쌍점(:)을 사용하며 형식은 "[시작: 끝: 한걸음]"으로 정의한다. 한걸음을 명시하지 않으면 1이고, 시작을 명시하지 않으면 처음부터 시작하며 끝을 명시하지 않으면 마지막까지를 의미한다. 끝의 명시된 값은 해당 값을 포함하지 않은 작은 값으로 정의한다. 조각내기는 원래의 순서열을 조각내는 것이므로 결과 또한 원래의 데이터 순서열의 데이터 형과 같게 된다. 다양한 예를 통하여 조각내기의 쓰임새를 알아보자.

```
# 조각내기
x[1:2]
------------------------------------------------------------------------
[4]
```

[1:2]의 의미는 [1:2:1]과 같이 한걸음의 단위가 1이다. 따라서 1부터 (2−1)까지 1한걸음씩 색인을 취하게 된다. 결론은 1부터 1까지 1한걸음이므로 1만 선택되게 된다.

```
# 조각내기: -1 사용
x[1:-1]
-----------------------------------------------------------------
[4, 6, 8]
```

[1:-1]을 풀어서 표현하면 1부터 끝 바로 전까지(−1−1) 1한걸음씩을 표현하는 색인이다. 따라서 색인 결과는 [1, 2, 3]이 되며 이에 부합되는 데이터를 얻을 수 있다.

```
# 처음부터 마지막 직전까지
x[:-1]
-----------------------------------------------------------------
[2, 4, 6, 8]
```

[:-1]은 처음부터 끝 바로 직전까지 1한걸음씩 표현하는 색인이다. 따라서 색인 결과는 [0, 1, 2, 3]이 되며 해당 색인의 데이터를 확인할 수 있다.

```
# 3보다 작은 색인
x[:3]
-----------------------------------------------------------------
[2, 4, 6]
```

[:3]은 처음부터 (3−1), 즉 2까지 1한걸음씩 색인을 구성한 것이다. 즉, 색인은 [0, 1, 2]이다.

```
# 데이터 전체 가져오기
x[::], x[:]
-----------------------------------------------------------------
([2, 4, 6, 8, 10], [2, 4, 6, 8, 10])
```

[::]은 처음부터 끝까지 1한걸음씩을 구성하는 색인이다. 따라서 [0, 1, 2, 3, 4]이므로 전체 색인과 동일하다. [:]은 한걸음 부분이 생략되어 있고 이런 경우 기본은 1한걸음이므로 앞과 동일한다.

```
# 한걸음이 양수인 경우: 2씩 증가하며 처음부터 끝까지
x[::2]
---------------------------------------------------------------
[2, 6, 10]
```

[::2]는 처음부터 끝까지 2한걸음씩 움직이는 것을 말한다. 따라서 색인은 [0, 2, 4]이다. 결과는 해당 색인의 데이터 값을 출력한 것이다.

```
# 한걸음이 음수인 경우: 끝에서부터 시작
x[::-1]
---------------------------------------------------------------
[10, 8, 6, 4, 2]
```

[::-1]인 경우는 한걸음의 값이 음수이다. 이런 경우는 맨 뒤에서부터 시작한다는 뜻이며 따라서 맨 뒤에서부터 처음까지 1한걸음을 의미한다. 따라서 색인은 [4, 3, 2, 1, 0]이 된다. 결과는 해당 색인값에 따라 거꾸로 데이터 값이 출력됨을 확인할 수 있다.

```
# 한걸음 음수 추가 예
x[::-2]
---------------------------------------------------------------
[10, 6, 2]
```

[::-2]는 앞의 예와 같이 맨 뒤에서부터 시작하여 처음까지 2한걸음씩 이동하는

것을 의미한다. 따라서 색인은 [4, 2, 0]이다. 결과는 해당 색인의 데이터가 출력되었다.

```
# 한걸음 음수와 시작/끝 조합
x[-1:-3:-1], x[1:3:-1], x[1:0:-1]
-----------------------------------------------------------------
([10, 8], [], [4])
```

[-1:-3:-1]은 한걸음이 음수이므로 시작은 −1이며 −3의 끝이 된다. 이때 끝은 직전까지이므로 뒤에서부터 시작할 때 −3의 직전까지는 −3+1=−2가 된다. 따라서 색인은 [−1, −2], 즉 [4, 3]이 되는 것이다. x[1:3:-1]은 한걸음이 음수이므로 끝에서 1부터 3까지이다. 그런데 끝이 1이면 남아 있는 색인값은 0만 남았는데 현재 3이기 때문에 만족하는 색인이 없게 된다. 따라서 결과는 아무 원소도 없는 리스트가 나타나게 된다. x[1:0:-1]은 한걸음이 음수이므로 뒤쪽에서부터 시작하며 1에서부터 0보다 직전까지이므로 결국 1에서부터 1까지가 되는 것이다. 따라서 만족하는 색인은 [1]이 된다.

```
# 순서열 원소 제거: 처음부터 2보다 작은 값까지
x = [2, 4, 6, 8, 10]
del x[:2]
x
-----------------------------------------------------------------
[6, 8, 10]
```

[:2]는 처음부터 2 직전까지, 즉 순방향으로 볼 때 색인은 [0, 1]이 된다. 결과는 해당 데이터 값이 제거되고 난 후 남은 데이터를 출력하였다.

순서열을 갖는 데이터의 원소값은 변경 가능(mutable)한 경우가 있고 변경 불가능(immutable)한 경우가 있다. 문자열, 튜플은 변경 불가능하며 리스트는 변경 가능한 순서열이다.

연습 문제

x = ['a', 'b', 'c', 'd', 'e']에 대하여 색인을 이용하여 다음의 리스트를 출력해보자.

1 ['e', 'd', 'c', 'b', 'a']

2 ['b', 'c', 'd']

3 ['a', 'c', 'e']

4 ['e', 'c', 'a']

5 ['d', 'e']

09 연산자

파이썬 연산자(operator)는 피연산자(operand)에 대한 연산을 행하기 위하여 사용되며, 종류로는 산술(arithmetic), 할당(assignment), 비교(comparison), 논리(logical), 항등(identity), 구성원자격(membership), 비트단위(bitwise) 연산자가 있다.

9.1 산술 연산자

연산자	설명	예
+	더하기	x + y
–	빼기	x – y
*	곱하기	x * y
/	나누기	x / y
**	거듭제곱	x ** y
%	나머지	x % y
//	버림 나누기	x // y

```
# 산술 연산자: +–*/%**//
x = 2.0
y = 3

print(f'{x} + {y}:', x + y)
```

```
print(f'{x} - {y}:', x - y)
print(f'{x} * {y}:', x * y)
print(f'{x} / {y}:', x / y)
print(f'{x} ** {y}:', x ** y)
print(f'{x} % {y}::' x % y)
print(f'{x} // {y}::' x // y)
-----------------------------------------------------------------------
2.0 + 3: 5.0
2.0 - 3: -1.0
2.0 * 3: 6.0
2.0 / 3: 0.6666666666666666
2.0 ** 3: 8.0
2.0 % 3: 2.0
2.0 // 3: 0.0
```

print() 함수에서 사용한 f'{x} + {y}'는 인용부호 내에서 변수의 값을 중괄호를 이용하여 사용하는 방법이다.

"**" 연산자는 거듭제곱 연산자이다. 즉, x**y=x^y를 의미하며 y=0인 경우는 x가 어떤 실수값이라도 결과는 1이 된다. 즉, x=0 이어도 0**0=0^0=1이다.

"%" 연산자는 나머지 연산자이다. 즉, x % y=나머지(x/y)이다. 나머지는 항상 정수값이 아니기 때문에 정수값으로 변환하기 위해서는 형 변환을 해주어야 한다.

```
# 나머지 예
4 % 3, 4.2 % 3, int(4.2 % 3)
-----------------------------------------------------------------------
(1, 1.2000000000000002, 1)
```

"//" 연산자는 버림 나누기(floor division) 연산자이다. 즉, 나머지는 버리고 몫을 취하는 연산자이다.

```
# 버림 나누기 예
4 // 3, 4.2 // 3, 7.7 // 2, -3.2 // 2, -4.1 // 2, -4.1 / 2
--------------------------------------------------------------------------------
(1, 1.0, 3.0, -2.0, -3.0, -2.05)
```

−4.1 // 2 = −2.05 = −2 + (−0.05) = −2 −1 + 1 +(−0.05) = −3 + 0.95이다. 즉 나머지가 음수인 경우는 양수로 만들고 나서 나머지를 버려야 하므로 −4.1 // 2 = −3이 된다.

9.2 할당 연산자

할당(assignment) 연산자는 객체의 값을 변수에 할당하기 위하여 사용된다. 앞 절에서 할당 연산자의 몇 가지를 배웠고 이 절에서는 이를 제외한 다른 할당 연산자에 대해서도 살펴보기로 하자.

연산자	설명	예
=	값 할당	x = 2
+=	자기 자신에 값 더한 후 할당	x += 2
−=	자기 자신에 값 뺀 후 할당	x −= 2
*=	자기 자신에 값 곱한 후 할당	x *= 2
/=	자기 자신에 값 나눈 후 할당	x /= 2
%=	자기 자신에 값 나머지 할당	x %= 2
//=	자기 자신에 값 버림 나누기 할당	x //= 2
**=	자기 자신에 값 거듭제곱 할당	x **= 2

```
# 할당 연산자
x = 10.0
print('x = 10.0:', x)

x = 10.0
x += 2
print('x += 2:', x)

x = 10.0
x -= 2
print('x -= 2:', x)

x = 10.0
x *= 2
print('x *= 2:', x)

x = 10.0
x /= 2
print('x /= 2:', x)

x = 10.0
x %= 2
print('x %= 2:', x)

x = 10.0
x //= 2
print('x //= 2:', x)

x = 10.0
x **= 2
print('x **= 2:', x)
```

```
x = 10.0: 10.0
x += 2: 12.0
x -= 2: 8.0
x *= 2: 20.0
x /= 2: 5.0
x %= 2: 0.0
x //= 2: 5.0
x **= 2: 100.0
```

x += 2는 x = x + 2와 같이 x **= 2는 x = x**2이다. 즉, 우변에서 자기 자신과 값에 대하여 주어진 연산을 한 후 할당하는 것을 의미한다. 결과값의 데이터 형은 앞서 설명한 암묵적 형 변환에 의한 데이터 형으로 전환된다. 연산자는 **, (*, /), … 순으로 우선 적용된다.

9.3 비교 연산자

비교(comparison) 연산자는 좌우 2개의 값을 비교하기 위하여 사용된다.

연산자	설명	예
==	같다	x == y
!=	같지 않다	x != y
>	보다 크다	x > y
<	보다 작다	x < y
>=	크거나 같다	x >= y
<=	작거나 같다	x <= y

비교 연산의 결과는 참(True)과 거짓(False)이다. 즉, 논리값을 반환한다.

```
# 비교 연산자 예
x = 2.0
y = 3

print(f'{x} == {y}:', x == y)
print(f'{x} != {y}:', x != y)
print(f'{x} > {y}:', x > y)
print(f'{x} < {y}:', x < y)
print(f'{x} >= {y}:', x >= y)
print(f'{x} <= {y}:', x <= y)
```

```
2.0 == 3: False
2.0 != 3: True
2.0 > 3: False
2.0 < 3: True
2.0 >= 3: False
2.0 <= 3: True
```

결과를 보면 모두 논리값을 반환하고 있다.

9.4 논리 연산자

논리 연산자는 좌우의 두 개의 값을 먼저 논리적으로 판단한 후 합쳐서 하나의 논리값을 계산한다.

연산자	설명	예
and	그리고	x < 10 and x > 3
or	또는	x > 10 or x < 3
not	아니다	not (x <10 and x >3)

```
# 논리 연산자: and, or, not
x = 5
print(f'{x} < 10 and {x} > 3:', x < 10 and x > 3)
print(f'{x} > 10 or {x} < 3:', x > 10 or x < 3)
print(f'not({x} > 10 or {x} < 3):', not (x <10 and x >3))
```

```
5 < 10 and 5 > 3: True
5 > 10 or 5 < 3: False
not(5 > 10 or 5 < 3): False
```

"and" 연산자는 좌우(즉, 대상이 되는 피연산자)가 참일 때만 참이고 나머지는 거짓이다. "or" 연산자는 둘 중의 하나만 참이면 참이다. "not" 연산자는 참은 거짓, 거짓은 참으로 결과를 보여준다. 피연산자를 명확히 하기 위하여 일반적으로 아래와 같이 표현한다.

```
# 괄호의 사용
x = 5
(x < 10) and (x > 3)
----------------------------------------------------------------
True
```

9.5 항등 연산자

항등(identity) 연산자는 객체의 동일 여부를 판단하기 위한 것이다.

연산자	설명	예
is	동일하다	x is y
is not	동일하지 않다	x is not y

```
# 항등 (identity) 연산자
x = (1,2,3)
y = (1,2,3)

print(x == y) # 값이 같은지
print(x is y) # 동일한 객체인지

True
False
```

결과를 보면 값이 같기 때문에 비교 연산자는 참이지만 동일한 객체 여부를 확인한 경우는 거짓일 수 있다. 동일한 객체의 정의는 일반적으로 같은 메모리를 공유하는, 즉 식별자(identifier) 값이 동일한 것을 의미한다. 메모리 주소가 같으면 동일한 것으로 간략히 정의하자.

```
# ID 파악
x = (1,2,3)
y = (1,2,3)

print(id(x))
print(id(y))

140240572086704
140240641262128
```

결과를 보면 2개 객체의 식별자가 틀린 값임을 알 수 있다.

9.6 비트단위 연산자

비트단위(bitwise) 연산자는 이진(binary) 숫자에 적용된다.

연산자	설명	예
&	모두 1인 경우만 1 아니면 0 (and)	x & y
|	하나라도 1인 경우는 1 아니면 0 (or)	x | y
^	하나만 1인 경우는 1 아니면 0 (xor)	x ^ y
~	1은 0, 0은 1로 (not)	~x
<<	좌로 이동, 좌로 이동되는 숫자 값만큼 0 채우기	x << 2
>>	우로 이동, 우로 이동되는 숫자 값만큼 좌는 0으로 채우기	x >> 2

먼저 이진법으로 표현하는 방법을 알아보자.

```
# 이진법으로 표현
x = 0b101
y = 0b110

print(f'0b101:', x)
print(f'0b110:', y)
----------------------------------------------------------------
0b101: 5
0b110: 6
```

이진법(binary scale)으로 표현된 숫자는 "0b" 키워드를 사용하여 정의한다. 0b101은 이진수 101을 의미한다. 해당 숫자를 10진법으로 변환하면 5가 된다.

$$1 \times 2^2 + 0 \times 2^1 + 1 \times 2^0 = 5$$

```
# 십진법을 이진법으로 변환
x = 5
y = 6
print(f'{x}:', bin(x))
print(f'{y}:', bin(y))
----------------------------------------------------------------
5: 0b101
6: 0b110
```

이진법으로 표현할 때는 bin() 함수를 이용한다. 해당 함수는 이진수를 표현하는 문자열을 반환한다. 십진수를 이진수로 변환할 때는 다음과 같은 규칙으로 계산한다.

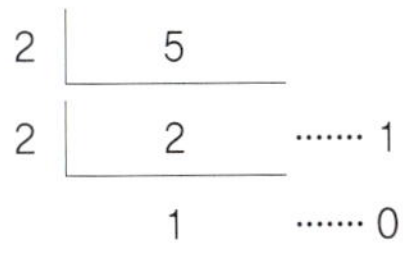

주어진 수를 계속 2로 나누고 난 나머지를 연결하면 이진수로 표현된다. 즉, $5=(101)_2$이다. 이진수의 각 자릿수는 0과 1만을 갖는 값이기 때문에 정보 단위로는 비트(bit)가 된다.

보수(complement number)를 생성하는 보수 연산자인 "~"의 의미를 알아보자. 숫자는 2개의 비트로 표현하고 부호가 앞 1비트(양수는 1, 음수는 0)를 차지한다고 가정한다. 3개의 비트를 사용하고 부호까지 고려한다면 정수를 어떤 방식으로 표현하는지 확인해보자. 앞자리가 1인 경우는 음수라고 하자.

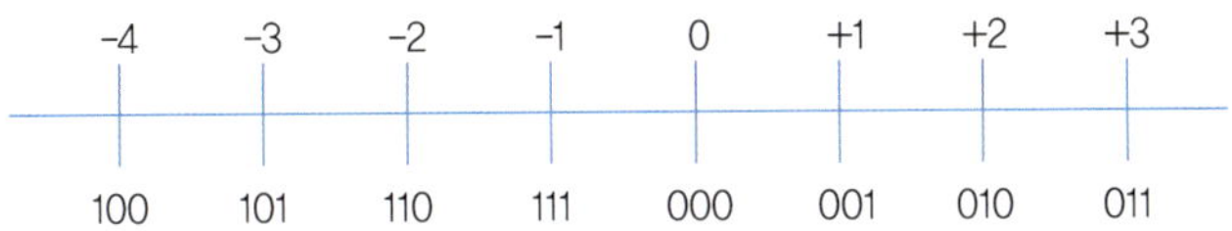

그림 2-5
정수의 이진법 표현

그림 2-5를 보면 양수 부분은 000부터 시작하여 1씩 증가하면서 값을 정의하였다. 음수 부분도 음수를 정의한 부분을 제외하고 가장 작은 값에서 1씩 증가하면서 값을 정의하였다. 음수 부분을 다른 방식으로 정의하면 0부터 시작하여 부호 부분을 제외하고 1씩 감소시키면서 정의하는 것과 동일하다.

3개의 비트를 사용하는 경우 부호를 제외하면 0과 양수는 0, 1, 2, 3이 되고 음수는 0이 없으므로 −4, −3, −2, −1을 지정할 수 있는 것이다. 이때 $0=000_2$의 보수는 $-1=111_2$이고 $1=001_2$의 보수는 $-2=110_2$이다. 즉, x의 보수는 $-(x+1)$이 된다. 숫자는 16비트, 32비트, 64비트 등으로 다양하게 표현할 수 있기 때문에 출력되는 비트 문자열 값만을 보고 보수임을 확인하기는 어렵다.

```
# 비트 연산
x = 0b101 # 5
y = 0b110 # 6
print(f'{bin(x)} & {bin(y)}:', bin(x&y))
print(f'{bin(x)} | {bin(y)}:', bin(x|y))
print(f'{bin(x)} ^ {bin(y)}:', bin(x^y))
print(f'{x}의 보수:', bin(~x), ~x)
print(f'{bin(x)} >> 2:', bin(x>>2))
print(f'{bin(x)} << 2:', bin(x<<2))
------------------------------------------------------------
0b101 & 0b110: 0b100
0b101 | 0b110: 0b111
0b101 ^ 0b110: 0b11
5의 보수: -0b110 -6
0b101 >> 2: 0b1
0b101 << 2: 0b10100
```

9.7 구성원자격 연산자

구성원자격(membership) 연산자는 순서열 데이터 형이 대상 객체에 속하는지 여부를 판단하는 연산자이다.

연산자	설명	예
in	순서열의 값이 객체에 있으면 참	x in y
not in	순서열의 값이 객체에 없으면 참	x not in y

```
# 구성원자격 연산자: 문자열
x = 'ka'
y = 'bong ju kang'
```

```
x in y, x not in y
```

```
(False, True)
```

'ka' 문자열, 즉 순서열이 객체인 y에 존재하는지 여부를 판단한 것이다.

```
# 구성원자격 연산자: 리스트
x = ['aaa', 'bbb']
y = [['aaa', 'bbb'], 'ccc']
z = ['aaa', 'bbb', 'ccc']
x  in y, x in z, x in x
```

```
(True, False, False)
```

['aaa', 'bbb']는 리스트이다. 즉, 해당 순서열이 객체인 y, z, x에 존재하는지 여부이다. y 객체는 해당 순서열이 구성원으로써 존재하기 때문에 참이고 나머지는 구성원이 아니다. 즉, x는 x의 원소가 아니다.

연습 문제

1 'bong-ju' , 'kang' 문자열을 결합하여 'bong-ju kang' 문자열을 생성해보자.

2 -3.4 % 2의 결과를 예측해보자.

3 -3.4 // 2의 결과를 예측해보자.

4 (–100)**0, –100**0의 값의 결과가 같은지 확인해보자. 만약 같지 않다면 이유가 무엇인지 설명해보자.

5 (100/100) * 5, 100 / (100*5), 100 / 100 * 5의 결과가 같은지 확인해보자. 만약 같지 않다면 이유가 무엇인지 설명해보자.

6 True == 1, False == 0, True == 3의 결과를 예측해보자.

7 True == 1 and False == 0의 결과를 확인해보자.

8 True == (1 and False) == 0의 결과를 예측해보자.

9 (True == (1 and False)) == 0의 결과를 예측해보자.

10 not True == 1의 결과를 예측해보자.

11 x = y = 10에 대하여 x is y, id(x), id(y)를 확인해보자.

12 [True, False, False] and [True, True, False]의 결과를 예측해보자.

13 0b101 & 0b111의 결과를 2진수로 출력하고 결과를 해석해보자.

14 0b101 | 0b111의 결과를 2진수로 출력하고 결과를 해석해보자.

15 ('a') in ('a')의 결과를 예측해보자.

16 ['a'] in ['a']의 결과를 예측해보자.

10 모듈과 패키지

파이썬은 해석기(interpreter) 방식의 언어이므로 한 줄씩 대화형으로 프로그램을 만든 후 수행할 수 있다. 이때 프로그램에서 변수나 함수 등을 선언하고 활용하다가 파이썬 환경에서 벗어나게 되면 이를 재활용할 수 없게 된다. 또한 매번 한 줄 이상의 프로그램인 스크립트(script)를 사전에 수행하거나 현재의 프로그램에 복사해서 수행해야 한다. 이러한 번거로움을 해결하는 방법은 해석기에게 해당 파일의 존재를 알려주는 방법이다. 즉, 사전에 수행되어야 할 파일의 정보를 정의하는 것이다. 이때 외부에 존재하는 파일, 즉 일종의 코드 파일을 모듈(module)이라고 한다.

파이썬은 모듈과 모듈들을 잘 정리한 패키지가 있다. 각 모듈은 하나의 파일 또는 모듈 이름의 디렉토리의 `__init__.py`와 동일하다. 패키지는 패키지 이름의 디렉토리가 있고 해당 디렉토리 이름에 `__init__.py`가 있어서 패키지임을 표시한다. 하나의 모듈은 패키지가 될 수 있지만 모든 모듈이 패키지는 아니다. 모듈 내부에는 클래스와 메소드, 함수가 정의되어 있고, 이러한 클래스와 메소드, 함수를 이용하여 파이썬 프로그래밍을 한다.

모듈을 사용하기 위해서는 `import`라는 키워드를 사용하며, 모듈 내의 특별한 클래스만을 가져오기 위해서는 `from` 키워드를 사용한다. 이때 해당 파일들은 파이썬 경로(path)에 모두 존재해야 한다. 이를 확인하기 위해서는 `sys.path`로 확인한다. `import numpy as np` 문장은 `sys.path`에 나타나는 모든 경로에서 `numpy.py`가 존재하거나, `numpy`라는 디렉토리가 존재하는 것을 의미한다. 만약 디렉토리인 경우에는 해당 디렉토리의 `__init__.py`가 그 역할을 대신한다.

```
# 모듈 탐색을 위한 경로 확인
import sys
sys.path
```

```
['',
 '/content',
 '/env/python',
 '/usr/lib/python37.zip',
 '/usr/lib/python3.7',
 '/usr/lib/python3.7/lib-dynload',
 '/usr/local/lib/python3.7/dist-packages',
 '/usr/lib/python3/dist-packages',
 '/usr/local/lib/python3.7/dist-packages/IPython/extensions',
 '/root/.ipython']
```

```
# numpy 패키지의 가져오기, 그리고 별명으로 np를 사용
import numpy as np
np
```

```
<module 'numpy' from '/usr/local/lib/python3.7/dist-packages/numpy/__init__.
py'>
```

```
# 파이썬 경로의 matplotlib 디렉토리 밑의 pyplot 파일을 지칭
import matplotlib.pyplot as plt
plt
```

```
<module 'matplotlib.pyplot' from '/usr/local/lib/python3.7/dist-packages/
matplotlib/pyplot.py'>
```

결과를 보면 패키지 이름의 디렉토리가 존재하거나 파일이 존재함을 알 수 있다.

연습 문제

1 pandas 패키지의 __init__.py의 절대 경로를 확인해보자.

11 함수

함수(function)는 문장들의 블록이라고 정의한다. 복수의 문장이 반복적으로 사용될 때 해당 문장들을 하나의 블록으로 구성하여 사용하기 위한 것이다. 함수의 기본 구문은 다음과 같은 형식이다.

```
def 함수이름(매개변수):
        """ 함수 설명 """
        문장1
        문장2
        ...
        문장k
        return 표현식
```

11.1 함수 정의

함수 이름은 변수 이름을 만드는 규칙과 동일하다.

```
# 함수정의
def myfunc(x, y):
  """ 2개의 값을 더하는 함수 """
```

```
    print(f'x={x}')
    print(f'y={y}')
    return print(f'x+y={x+y}')
```

함수 이름은 myfunc이며, x, y는 함수 내에서 사용되는 매개변수(parameter)이고 반환되는 값은 x+y이다.

11.2 함수 호출

함수를 호출해보자.

```
# 함수호출
myfunc(2, 3)
-----------------------------------------------------------------
x=2
y=3
x+y=5
```

프로그램에서 2, 3은 함수에 값을 전달한다는 의미에서 전달인자(argument)라고 한다. 함수 입장에서는 매개변수(parameter)이고 함수를 호출하는 입장에서는 전달해주는 값이기 때문에 전달인자라고 한다. 매개변수와 전달인자 값이 서로 대응된다는 것을 알 수 있고 굳이 매개변수 이름을 특정하지 않아도 해당 위치의 값이 전달될 것이라고 유추할 수 있다. 이러한 방식으로 함수에 값을 전달하는 인자를 위치(positional) 전달인자라고 한다. 전달인자는 정의된 함수의 매개변수의 개수만큼 호출 시 넘겨주어야 한다.

```
# 전달인자의 개수
myfunc(2)
```

```
TypeError                                 Traceback (most recent call last)
<ipython-input-62-7f581e61deb4> in <module>()
      1 # 전달인자의 개수
----> 2 myfunc(2)

TypeError: myfunc() missing 1 required positional argument: 'y'
```

결과를 보면 위치 전달인자 y가 필요함을 알 수 있다.

```
# 키워드 전달인자
myfunc(y=3, x=2)
```

```
x=2
y=3
x+y=5
```

어떤 경우에는 매개변수 이름을 특정하여 값을 넘겨줄 수도 있다. 이런 경우의 전달인자는 키워드 전달인자라고 부른다. 키워드 자체로 인식하기 때문에 위치에는 상관없이 정의할 수 있다. 키워드와 위치를 혼용하여 사용하고자 하는 경우에는 반드시 위치 전달인자가 키워드 전달인자보다 앞에 있어야 한다.

```
# 위치와 키워드 인자 혼용
myfunc(2, y=3)
```

```
x=2
y=3
x+y=5
```

만약 키워드 전달인자가 앞서는 경우에는 다음과 같은 오류 메시지를 확인할 수 있다.

```
# 키워드 전달인자가 앞서는 경우: 오류
myfunc(x=2, 3)
----------------------------------------------------------------------
File "<ipython-input-64-39eba5b5bdf1>", line 2 myfunc(x=2, 3) ^ SyntaxError:
positional argument follows keyword argument
```

11.2.1 *args

함수를 정의할 때 매개변수를 일일이 선언하지 않고 진행하는 경우가 있다. 대표적으로 매개변수 개수 자체가 일정하지 않은 경우이다. 이때 사용하는 키워드는 "*"이다. * 키워드는 개수가 정해져 있지 않은 다중(multiple) 위치인자를 넘겨주고자 하는 경우에 사용된다.

```
# *args: 다중 위치 전달인자
def myfunc(*args):
  print(args)
  for value in args:
    print(value)
```

```
# 함수 호출
myfunc('bong-ju', 'kang')
----------------------------------------------------------------------
('bong-ju', 'kang')
bong-ju
kang
```

결과를 보면 args는 위치 전달인자를 튜플 데이터 형으로 한번에 받는 역할을 하고 있음을 알 수 있으며, 함수 호출 시에 위치 전달인자는 계속 추가되어 늘어날 수 있음 또한 확인할 수 있다.

11.2.2 **kwargs

*args는 여러 개의 위치 전달인자를 받기 위해서 사용되는데 이와 유사하게 다중 키워드 전달인자를 받기 위해서는 "**" 키워드를 사용한다. 키와 데이터 값의 명칭이나 개수가 명확하지 않을 때 사용된다.

```
# **kwargs: 다중 키워드 전달인자
def myfunc(**kwargs):
  print(kwargs)
  for key, value in kwargs.items():
    print(f'key={key}, value={value}')

# 함수 호출
myfunc(first='bong-ju', last='kang')
------------------------------------------------------------
{'first': 'bong-ju', 'last': 'kang'}
key=first, value=bong-ju
key=last, value=kang
```

결과를 보면 다중 키워드 및 데이터 값의 개수와 상관없이 계속 넘겨줄 수 있음을 알 수 있으며, 또한 kwargs는 키워드 전달인자를 사전 데이터 형으로 받고 있음을 확인할 수 있다.

11.2.3 *args와 **kwargs 혼합

*args와 **kwargs는 혼합하여 사용할 수 있다. 그런데 위치 전달인자는 항상 키워드 전달인자보다 앞에 있어야 하는 규칙을 준수해야 한다.

```
# *args, **kwargs 혼합
def myfunc(*args, **kwargs):
  print(args)
  print(kwargs)

# 함수 호출
myfunc('bong-ju', 'kang', birth='20220101', age=1)
--------------------------------------------------------------
('bong-ju', 'kang')
{'birth': '20220101', 'age': 1}
```

11.2.4 기본 매개변수값

함수의 매개변수값은 기본(default)값을 사전에 정의할 수 있다. 사전에 정의되어 있기 때문에 만약 해당 매개변수에 대응하는 전달인자값이 없는 경우에는 이를 기본값으로 대체하여 사용하며 전달인자값이 주어지는 경우에는 기본값을 대체하여 사용된다.

```
# 기본 매개변수값 주기
def myfunc(x, y, z=0):
  print(x+y+z)

# 함수 호출
myfunc(1, 2)
myfunc(1, 2, 3)
--------------------------------------------------------------
3
6
```

기본 매개변수값이 정의된 경우에는 호출 시 해당 매개변수에 대한 전달인자값을 주지 않아도 오류를 발생시키지 않는다.

11.2.5 pass

함수를 정의할 때 당장 구체화된 함수를 정의할 수 없는 경우가 있다. 그럼에도 불구하고 이후에 해당 함수를 호출하여 쓰고자 하는 경우에 오류가 발생하지 않도록 해야 하는 경우가 있다. 이때 빈 함수를 정의하게 되며, “pass” 문장을 사용한다.

```
# 빈 함수: pass
def myfunc():
  pass

# 함수 호출
myfunc()
```

호출된 결과는 오류가 없으며 어떠한 값도 출력하지 않는다.

연습 문제

1 x, y를 전달인자로 하고 x**y를 출력하는 함수를 작성하고 출력해보자.

2 base, power를 키워드로 하여 base**power를 출력하는 함수를 작성하고 출력해 보자.

12 람다 함수

람다(lambda) 함수는 간단히 함수를 정의할 때 많이 사용된다. 간단히 사용하는 것이기 때문에 단 한 개의 표현식만을 가진다. 구문 형식은 다음과 같다.

```
lambda 전달인자: 표현식
```

몇 가지 예를 통하여 알아보기로 하자.

```
# 함수 정의 및 실행
y = lambda a: a*10
y(2)
-------------------------------------------------------------
20
```

표현식은 a*10이고 전달인자의 값이 2이기 때문에 결과는 2*10, 즉 20이 된다. 여기서 y는 단지 계산식이라는 사실을 주의해야 한다. 즉, 인자를 넘겨주기까지는 단지 계산식만을 갖고 있다고 생각할 수 있다.

```
# 전달인자의 개수: 제한 없음
y = lambda a, b: abs(a) + b
y(-2, 2)
-------------------------------------------------------------
4
```

전달인자의 개수는 제한이 없으나 표현식은 1개이어야 한다.

람다 함수가 특별히 유용하게 사용되는 이유는 함수를 정의할 때 함수 안에서 간단히 정의할 수 있기 때문이다.

```
# 람다함수의 유용성
def myfunc(power):
  return lambda x: x**power
```

프로그램에서는 전달인자 x가 들어오면 x**power 값을 반환한다. 여기서 power만 정의되어 있고 반환된 것은 계산식이므로 추가적인 전달인자인 x값도 전달되어야 한다.

```
# 함수 호출
calc = myfunc(3) # 계산식 호출됨
calc(2)
-----------------------------------------------------------------------
8
```

myfunc 함수에 의하여 람다 함수가 호출되고 호출된 후 전달인자 값인 2를 넘겨줌으로써 2**3 값이 계산된 것이다.

연습 문제

1 2개의 리스트 [1, 2, 3], [1, 0, 0]를 입력으로 하여 앞 전달인자 리스트를 반환하는 람다 함수를 구성해보자.

13 클래스와 객체

앞 절에서 다양한 데이터 형(type)을 학습하였다. 파이썬에서는 모든 것이 객체(object)이다. 즉, 다양한 데이터 형으로부터 생성된 모든 것은 전부 다 객체이다.

```
# 클래스와 객체
x = int(3)
y = str('bnn')
print(type(int))
print(type(str))
print(type(x))
print(type(y))
```

```
<class 'type'>
<class 'type'>
<class 'int'>
<class 'str'>
```

int, str은 데이터 형인데 각각은 type이라는 클래스임을 알 수 있고 구체적인 x, y는 각각 int, str 클래스임을 알 수 있다. 간단히 표현하면 객체는 클래스라는 템플릿 또는 설계도(blueprint)에 의하여 만들어지고 메모리를 할당받은 인스턴스(instance)라고 할 수 있다. int, str의 클래스는 type이기 때문에 새로운 데이터 형을 만든다는 것은 새로운 클래스를 만든다고 볼 수 있다.

```
isinstance(int, object), isinstance(str, object), isinstance(x, int)
-----------------------------------------------------------------
(True, True, True)
```

isinstance 함수를 이용하여 어떤 객체가 어떤 클래스에 속하는지를 확인할 수 있다. 결과를 보면 모든 클래스는 객체(object) 클래스에 속한다. 객체에 대하여 한걸음 더 나아가기로 해보자.

이 세상에는 많은 물체가 있다. 이러한 물체를 객체라고 해보자. 간단히 자동차 객체를 생각해보자. 자동차와 자동차를 구별하기 위해서는 각각의 자동차를 적절한 기준하에 분류할 필요가 있다. 어떤 것이 있을까? 모델, 제조사, 색상, 연식, 내연기관여부, 배기량, 길이, 적재인원 등 다양한 기준으로 분류할 수 있다. 이러한 기준들은 자동차라면 반드시 갖고 있는 일종의 속성(data attribute, property, state)이라고 할 수 있다. 사과 객체도 품종, 출하지역, 크기, 색깔 등과 같은 속성을 갖는다. 고객이 위와 같은 속성만 입력하면 알아서 자동차나 사과 등 온갖 객체를 만들어낼 수 있는 미래세계의 어떤 만능 기계가 있다고 가정해보자. 아마도 이 기계는 일종의 3D 프린터처럼 고객의 주문서에 입각하여 자동차1, 자동차2, … 등을 찍어낼 것이다. 이때 이러한 객체 생성기(object constructor)를 프로그램 용어로는 클래스(class)라고 한다. 프로그램에서 객체는 클래스에 의하여 생성되어 메모리에 할당된 것을 의미한다. 그런데 단지 이러한 데이터 속성만을 정의하는 것으로 클래스라고 한다면 객체지향(object oriented) 프로그래밍에서 주장하는 장점이 없을 것이다. 객체지향 프로그래밍에서 가장 중요한 것은 객체 간의 통신이다. 객체가 어떻게 정의되었든 상관없이 객체를 필요에 의하여 이용할 수만 있으면 된다.

자동차 클래스의 예에서 보듯이 자동차 안이 얼마나 복잡하게 구성되어 있는지 모르지만 자동차를 사서 이용, 즉 운전만 할 수 있으면 된다. 즉, 시동(start), 이동(move), 정지(stop) 등과 같은 자동차의 기능(functionality, procedural attribute, behavior)을 이용할 수 있기만 하면 되는 것이다. 이러한 기능을 클래스의 메소드

(method)라고 한다. 즉, 해당 객체가 할 수 있는 행동(behavior)이다. 이런 의미에서 클래스는 데이터 속성과 행동 속성을 결합(bundle)한 것이라고 한다.

저자에 따라서 클래스를 데이터와 함수의 결합, 속성과 메소드의 결합, 변수와 메소드의 결합 등 다양하게 표현한다. 이 책에서는 클래스를 속성(property, data attribute)과 메소드(method)의 묶음으로 정의한다.

13.1 클래스 생성

클래스를 생성한다는 것은 새로운 형(type)의 객체(object)를 만드는 것이며 이를 이용하여 새로운 인스턴스(instance)를 생성할 수 있다는 것을 의미한다. 클래스를 생성하는 구문 형식은 다음과 같다.

```
class 클래스이름():
        """클래스 설명"""
        문장1
        ...
        문장k
```

일반적으로 클래스 이름의 첫 자는 대문자로 시작한다.

13.1.1 클래스 생성

가장 단순한 클래스를 생성해보자.

```
# 빈 클래스 생성
class Car():
  pass
```

```
# 생성 클래스 위치
print(Car)
--------------------------------------------------------------------
<class '__main__.Car'>
```

현재의 프로그램에서 클래스를 생성했기 때문에 __main__ 모듈에 클래스로 위치하게 된다. 클래스를 정의할 때 빈 괄호로 생성하지만 사실은 디폴트로 모든 클래스의 상위 클래스라고 할 수 있는 객체(object) 클래스를 첫 번째 전달인자로 입력한 것을 생략한 것이다.

```
# 암묵적 생략
class Car(object):
  pass
```

빈 클래스에 의하여 생성되는 인스턴스(instance), 즉 객체를 생성해보자.

```
# 객체 생성
car = Car()
print(car)
--------------------------------------------------------------------
<__main__.Car object at 0x7f23a6c93a90>
```

하나의 객체인 인스턴스는 클래스명을 호출함으로써 생성된다. 여기서 전달인자가 하나도 없기 때문에 빈 괄호로 호출한다. 결과를 보면 특정 메모리 영역에 위치함을 알 수 있다. 즉, 객체는 클래스에 의하여 생성되고 특정 메모리를 할당받은 것이라고 정의할 수 있는 것이다. 같은 클래스에 의하여 생성된 객체이어도 서로 다른 메모리를 할당받았기 때문에 동일하지 않다.

```
# 객체 간의 관계
a = Car()
b = Car()
print(a)
print(b)
a == b, a is b

<__main__.Car object at 0x7fbb18f011d0>
<__main__.Car object at 0x7fbb18f01710>
(False, False)
```

몇 가지 데이터 속성이 있는 클래스를 생성해보자.

```
# 속성이 있는 클래스
class Car():

  # 데이터 속성 정의
  def __init__(self, model=None, company=None, year=None, color='RED'):
    self.model = model
    self.company = company
    self.year = year
    self.color = color

  # 메소드 정의
  def print_color(self):
    print(f'Car color is:{self.color}')
```

프로그램에서는 4가지 속성을 갖는 Car 클래스를 생성하였다. 여기서 속성을 정의하기 위하여 __init__ 함수를 사용하였다. 클래스 내의 함수는 모든 메소드로 부르기로 했기 때문에 메소드라고 하자. 여기서 밑줄은 이중(double) 밑줄(underscore)이다. 던더(dunder: double underscore)라고 부르기도 한다. 클래스 메소드로 흔히 나오는 기본(default) 메소드들은 대부분 던더를 사용한다.

13.1.2 __init__ 메소드

__init__ 메소드는 일반적으로 클래스 생성자(constructor)라고 불리기도 한다. 생성자는 객체 속성값을 초기화하는 데 많이 사용된다. __init__ 메소드는 클래스의 인스턴스, 즉 객체가 생성될 때 자동으로 실행되며 객체에 대한 속성값을 할당하는 데 사용된다.

__init__ 메소드의 첫 번째 매개변수는 self이다. self는 클래스에 의하여 생성된 인스턴스, 즉 객체를 의미한다. self는 어떠한 값도 줄 필요가 있다. 객체 생성 시 파이썬에서 자동으로 값을 제공한다. 대부분 자기자신이라는 이유 때문에 self를 사용하지만 다른 이름을 사용해도 무방하다. 단, 반드시 첫 번째 매개변수(parameter)이어야 한다.

__init__ 메소드를 정의할 때 전달인자의 디폴트값은 정의할 수도 있고 안 할 수도 있다. 단, 디폴트값을 선언하는 경우에는 가급적 전부 정의하도록 한다.

속성이 정의된 후에는 속성값을 이용한 메소드를 정의할 수 있다. 프로그램에서는 간단히 속성값 중 색깔을 프린트하는 메소드를 정의하였다. 객체를 생성하고 메소드를 호출해보기로 하자.

```
# 객체 생성과 속성값 보기
morning = Car('Morning', 'KIA', '2022', 'RED')
avante = Car('Avante', 'Hyundai', '2022', 'GRAY')
print(morning.__dict__)
print(avante.color)
--------------------------------------------------------------
{'model': 'Morning', 'company': 'KIA', 'year': '2022', 'color': 'RED'}
GRAY
```

객체를 생성할 때 전달인자인 self의 값을 넘겨주지 않았다. 호출함으로써 자동으로 배정하기 때문에 전달인자의 값을 정의할 필요가 없다. 즉, self를 제외한 전달인자 값은 정의를 해주어야 한다. 디폴트 값이 정의되어 있지 않은 경우에는 하나라도 빠지면 객체를 생성하지 않는다.

현재 호출 방식은 위치 전달인자 값으로 표현했지만 키워드 전달인자 형식으로 넘겨주어도 가능하다. 단, 위치 전달인자와 키워드 전달인자를 사용하는 경우에는 반드시 위치 전달인자가 키워드 전달인자보다 앞서 정의되어야 한다. 객체의 속성값은 객체.속성변수 형식으로 볼 수 있다. 메소드를 실행하는 방법은 객체.메소드 형식이다.

```
# 메소드 실행하기
morning.print_color()
avante.print_color()

Car color is:RED
Car color is:GRAY
```

속성값을 변경하고자 하는 경우에는 직접 속성값을 변경하면 된다.

```
# 속성값 변경
morning.color = 'black'
morning.color

black
```

속성값 전체를 보고자 할 때는 __dict__와 같은 특별 속성(special attribute)을 사용한다.

```
# 모든 속성값 보기: __dict__
morning.__dict__

{'color': 'black', 'company': 'KIA', 'model': 'Morning', 'year': '2022'}
```

이러한 객체도 필요한 경우에 삭제할 수 있다.

```
# 객체 제거: del
del morning
```

del 키워드는 객체 삭제만 아니라 객체의 특정한 속성을 제거할 때도 사용된다.

13.2 객체지향 프로그래밍의 4가지 기둥

객체지향 프로그래밍을 떠받치는 4가지 기둥은 추상화(abstraction), 캡슐화(encapsulation), 상속(inheritance), 다형성(polymorphism)이다. 파이썬은 위 4가지 기둥을 모두 지원하고 있다. 추상화는 앞서 정의한 클래스를 만드는 것 자체가 현실의 객체가 갖고 있는 다양한 속성 중에 가장 잘 설명할 수 있는 속성과 메소드를 정의하는 것, 즉 객체가 갖고 있는 이미지(image)의 일반적인 속성을 추출하는 것이므로 따로 설명하지 않기로 한다.

13.2.1 캡슐화

캡슐화(encapsulation)는 뭔가를 캡슐(capsule)에 넣거나 넣어진 상태를 의미한다. 앞서 클래스 정의에서 보았듯이 클래스는 데이터 속성과 메소드의 결합으로 구성되어 있다. 캡슐화는 정보를 은닉 또는 보호하는 것이기 때문에 데이터 속성과 메소드 전부를 은닉할 수 있다. 그런데 왜 정보 은닉을 하고자 하는가? 외부에서 쉽게 데이터 속성값을 변경시켜서 의도하지 않은 결과를 생성시키는 것을 방지하기 위함이다. 이렇게 함으로써 객체에 포함된 정보의 손상과 오용을 막을 수 있고 데이터가 설사 변경되더라도 외부에서는 이를 모르기 때문에 해당 객체를 사용하는 데 전혀 지장이 없다. 파이썬에서는 이러한 캡슐화를 위해서 “__” 기호를 이용하여 변수를 생성한다. 어떻게 보호하는지 간단히 살펴보기로 하자.

```
# 정보은닉: use __
class Cat():
  def __init__(self):
    self.__sound = 'ya-ong'
    self.color = 'white and black'
```

Cat 클래스의 데이터 속성 중에 sound 앞에 2연속 밑줄인 "__"와 결합하여 해당 변수를 보호하였고 color는 정상적으로 정의하였다. 이때 통상적으로 데이터 속성 값을 보기 위하여 다음과 같은 문장을 사용하였다.

```
# 데이터 속성 보기
cat = Cat()
cat.__sound
---------------------------------------------------------------------------
AttributeError                            Traceback (most recent call last)
<ipython-input-33-e994ea59beab> in <module>()
      1 # 데이터 속성 보기
      2 cat = Cat()
----> 3 cat.__sound

AttributeError: 'Cat' object has no attribute '__sound'
```

결과를 보면 아예 그런 속성이 없다고 속성오류를 출력하고 있다. 실제 모든 속성 값을 출력을 해보자.

```
# 실제 속성값은 어디로?
print(cat.__dict__)

{'_Cat__sound': 'ya-ong', 'color': 'white and black'}
```

결과를 보면 __sound로 정의된 속성이 _Cat__sound로 변경되어 저장되어 있음을 알 수 있다. 즉, 완전히 접근을 못하게 하는 것이 아니라 이름을 변경하여 쉽게 접근하지 못하게 하는 것이다. 이처럼 정보를 은닉하고 해당 속성을 전혀 접근 못하게 할 수도 있지만 만약 해당 정보에 접근하고자 한다면 적절한 접근자(getter) 메소드가 필요하다.

```
# 접근하는 방법: getter
class Cat():
  def __init__(self):
    self.__sound = 'ya-ong'
    self.color = 'white and black'

  # getter method
  def get_sound(self):
    return self.__sound
```

클래스 정의 내에서는 해당 인스턴스 변수를 사용할 수 있기 때문에 이를 이용하여 접근자 메소드를 정의할 수 있다.

```
# 객체 호출 및 접근
cat = Cat()
print(cat.get_sound())
-----------------------------------------------------------------
ya-ong
```

필요한 경우에는 인스턴스 값을 변경할 수도 있는데 이때에는 설정자(setter) 메소드를 사용하여 변경한다.

```python
# 변경하는 방법: setter
class Employee():
  def __init__(self, name='BNN'):
    self.__salary = 0

  # getter method
  def get_salary(self):
    return self.__salary

  # setter method
  def set_salary(self, salary):
    if salary  > 0:
      self.__salary = salary
    else:
      print(f'{salary} salary is not allowed')
```

설정자를 이용하면 데이터 속성값을 변경시키고자 할 때 적절한 데이터 조건을 정의할 수도 있다. 즉, 외부에서 임의의 값을 넣었을 때 이를 방지할 수 있다.

```python
# 설정자(setter) 적용 후 결과
emp = Employee()
print(f'Before: {emp.get_salary()}')
emp.set_salary(100)
print(f'After: {emp.get_salary()}')
-----------------------------------------------------------------------
Before: 0
After: 100
```

설정자 적용 후 원하는 방식으로 속성값이 변경되었음을 확인할 수 있다.

만약 원하지 않은 값으로 변경하고자 하는 경우에는 어떻게 될까?

```
# 설정자에 의한 데이터 검증
emp.set_salary(-100)
-----------------------------------------------------------------
-100 salary is not allowed
```

의도한 대로 오류 내용을 출력하였다.

13.2.2 상속

상속(inheritance)은 상위(super, parent) 클래스가 갖고 있는 속성과 메소드를 하위(derived, child) 클래스에서 사용할 수 있도록 하는 것을 말한다. 상속은 동물의 속성이 인간에게도 그대로 상속되는 것처럼 현실 세계를 잘 반영하며 기 작성된 코드를 재사용(reusability)할 수 있게 해준다. 기 정의된 부모 클래스로부터 상속을 받은 후 더 필요한 속성이 있으면 추가하면 된다. 예를 통하여 살펴보기로 하자.

```
# 상위(super) 클래스 정의
class Person(object):

  # 생성자
  def __init__(self, name):
    self.name = name

  # 접근자
  def get_name(self):
    return self.name

  # 직원여부 메소드
  def is_employee(self):
    return False
```

Person 클래스는 상위 클래스인 object 클래스로부터 상속받았음을 표현해주고 있다. object 클래스는 모든 클래스의 상위 클래스이다. 즉, 하위 클래스 생성 방법은 클래스명(상위클래스명)이다. Person 클래스는 이름 속성을 갖고 있고 get_name, is_employee 메소드를 갖고 있다. Person 클래스의 하위 클래스를 만들어보자.

```
# 상속(subclass) 클래스
class Employee(Person):

  # 속성값 변경
  def is_employee(self):
    return True
```

하위 클래스인 Employee는 상위 클래스의 모든 속성을 상속받고 추가적으로 상위 클래스의 메소드를 이용하여 결과값을 변경하였다. 상속된 결과를 확인해보자.

```
# 상속 확인
emp = Person("BJK") # Person 객체
print(emp.get_name(), emp.is_employee())

emp = Employee("HSK") # Employee 객체
print(emp.get_name(), emp.is_employee())
------------------------------------------------------------------------
BJK False
HSK True
```

Employee 객체는 따로 name 속성을 정의하지 않았고 get_name 메소드를 정의하지 않았음에도 불구하고 Person으로부터 상속받아 그 결과값을 출력하였다. is_employee 메소드의 결과값은 변경한 대로 출력되었다.

이제 하위 클래스가 상위 클래스의 데이터 속성을 전달 인자로 넘겨주고 받는 방법에 대하여 알아보기로 하자.

```
# 상위 클래스 정의
class Person(object):

  # 생성자
  def __init__(self, name, gender):
    self.name = name
    self.gender = gender

  # 메소드
  def print_data(self):
    print(self.name)
    print(self.gender)

# 하위 클래스 정의
class Employee(Person):

  # 생성자
  def __init__(self, name, gender, id, salary):
    self.id = id
    self.salary = salary
    Person.__init__(self, name, gender)
```

상위 클래스 Person의 name, gender 데이터 속성은 하위 클래스의 정의에서 해당 생성자 메소드를 호출함으로써 객체에 그 값이 전달된다. 객체를 생성하여 그 값을 확인해보자.

```
# 하위 클래스 객체 생성 및 결과 확인
emp = Employee('BJK', 'M', '001', '100')
emp.print_data()
---------------------------------------------------------------
BJK
M
```

위의 예에서 만약 상위 클래스의 생성자 메소드를 호출하지 않으면 name, gender 속성값을 사용할 수 없다.

상속을 받는 형식에는 하나의 상위 클래스로만 상속받는 경우, 즉 단일(single) 상속과 복수의 상위 클래스로부터 상속받은 다중(multiple) 상속이 있다. 앞의 예들은 주로 단일 상속에 대한 예이므로 다중 상속의 예를 살펴보기로 하자.

```
# 상위 클래스 생성
class Tiger(object):
  def __init__(self):
    self.str1 = "TG"
    print("Tiger")

class Lion(object):
  def __init__(self):
    self.str2 = "LN"
    print("Lion")

# 다중 상속 하위 클래스 생성
class Liger(Tiger, Lion):
  def __init__(self):
    Tiger.__init__(self)
    Lion.__init__(self)
    print("Liger")
  def print_str(self):
    print(self.str1, self.str2)
```

상위 클래스인 Tiger, Lion을 생성하였고 다중 상속을 받는 클래스인 Liger를 생성하였다. 예에서 보듯이 다중 상속의 형식은 클래스명(상위클래스명1, 상위클래스명2, ….)이다. 하위 클래스 객체를 생성하여 그 결과를 확인해보자.

```
# 하위 클래스 호출 및 다중 상속 결과 확인
liger = Liger()
liger.print_str()
--------------------------------------------------
Tiger
Lion
Liger
TG LN
```

결과를 보면 예측한 대로 하위 클래스가 생성시 각 상위 클래스 생성자가 실행되므로 "Tiger", "Lion"이 출력되었고 하위 클래스의 print 함수에 의하여 "Liger"가 출력되었다. 하위 클래스의 메소드인 print_str에는 상위 클래스의 속성값들이 할당되어 있기 때문에 그 값을 출력하게 된 것이다.

13.2.3 다형성

다형성(polymorphism)은 여러 가지 모습(form)을 갖고 있다는 것을 의미한다. 프로그램에서 다형성은 같은 연산, 메소드이지만 다양한 클래스에서 사용되는 것을 의미한다. 다형성의 간단한 예를 살펴보자.

```
# 다형성의 예: + 연산자
print(1+2)
print('a'+'b')
--------------------------------------------------
3
ab
```

+ 연산자는 정수(int)와 문자열(str) 클래스에 적용되었다. 각각의 클래스의 메소드에는 "__add__"와 같은 동일한 이름으로 각각을 정의한 것이다. 정수에서는 2개의

값을 더한 것으로, 문자열에서는 2개의 값을 연결(concatenate)하는 것으로 정의된 것이다.

```
# 다형성의 예: len
print(len('abc'))
print(len([1, 2, 3, 4]))
------------------------------------------------------------------
3
4
```

다형성은 함수에도 마찬가지로 적용된다. len 함수가 문자열과 리스트 객체에 동일한 이름으로 적용된 것이다. 클래스에서 다형성을 정의하는 예를 살펴보기로 하자.

```
# 클래스 생성
class Korea():
  def capital(self):
    print("Seoul is the capital of Korea.")

  def language(self):
    print("Hangul is the primary language of Korea.")

  def status(self):
    print("Korea is a developed country.")

class USA():
  def capital(self):
      print("Washington, D.C is the capital of USA.")

  def language(self):
    print("English is the primary language of USA.")

  def status(self):
    print("USA is a developed country.")
```

Korea, USA 클래스를 생성하였는데 메소드는 capital, language, status와 같이 동일하게 구성하였다. 이렇게 구성하면 클래스가 다름에도 불구하고 동일한 메소드를 호출할 수 있는 것이다.

```
# 다형성의 장점
ko = Korea()
usa = USA()
for country in (ko, usa):
  country.capital()
  country.language()
  country.status()
```

```
Seoul is the capital of Korea.
Hangul is the primary language of Korea.
Korea is a developed country.
Washington, D.C is the capital of USA.
English is the primary language of USA.
USA is a developed country.
```

결과를 보면 객체에 상관없이 동일한 메소드를 호출하여 적용함을 알 수 있다. 물론 다형성을 적용할 때는 서로 다른 클래스, 즉 객체에 적용하는 것이므로 동일한 메소드가 적용된 클래스의 예를 살펴서 가급적 유사하게 정의하는 것이 좋다.

13.3 이름공간과 범위

모든 객체는 이름을 갖고 있다. 변수, 함수 또는 메소드 형식 또한 모두 이름을 갖고 있다. 이러한 이름은 모두 식별이 가능하게 유일한 이름을 갖는 시스템, 즉 체계가 필요한데 이를 이름공간(namespace)이라 한다. 이름공간은 이름과 이름에 부여된 값 간의 매핑 관계라고 이해할 수 있다. bnn.txt 파일을 예로 들어 c:\bnn.txt, c:\bnn\bnn.txt 파일이 있다고 한다면 절대 위치로 볼 때는 모두 유일한 값을 갖고 있다. 즉, 동일한 이름이지만 위치에 따라 유일하다고 생각할 수 있는 것이다. 해당 파일을 검색할 때 검색하는 위치가 c:\bnn이라면 제일 먼저 c:\bnn\bnn.txt를 찾을 것이다.

이와 유사하게 파이썬은 몇 가지 구분되는 이름공간을 갖고 있고 검색하는 순서가 있다. print는 내장(built-in) 함수이다. 만약 사용자가 print 함수를 정의하지 않았다면 내장 함수를 호출하여 처리할 것이다. 이러한 내장 함수는 내장 이름공간을 구성한다. 만약 사용자가 모듈을 생성하였다면 전역 이름공간에 등록될 것이며 모듈 내 함수 또는 클래스의 변수들은 지역 이름공간에 등록된다. 이런 의미에서 이름공간은 크게 내장 이름공간, 전역 이름공간, 지역 이름공간으로 구분된다.

13.3.1 내장 이름공간

내장(build-in) 이름공간은 내장된 객체에 대한 이름으로 구성되어 있다. 예를 들어 사전 예약된 키워드 abs, all, any, ascii, bin, bool, … 과 에러나 예외처리 등으로 구성되어 있다. 파이썬 코드가 실행되면 내장 이름공간을 구성하고 끝날 때까지 존재한다.

```
# 내장 이름공간
dir(__builtin__)[:5], dir(__builtin__)[-5:]
-------------------------------------------------------------------

(['ArithmeticError',
  'AssertionError',
  'AttributeError',
  'BaseException',
  'BlockingIOError'],
 ['super', 'tuple', 'type', 'vars', 'zip'])
```

처음 5개, 끝에서 5개의 내장 이름공간의 이름만을 출력한 예이다. 여기서 사용한 dir 함수는 모듈에서 정의된 속성과 메소드 이름을 출력해주는 함수이다. 정의된 속성값을 보고자 하면 __dict__ 메소드를 사용한다.

```
# 정의된 속성값 보기
i=0
for key, value in __builtin__.__dict__.items():
  i += 1
  if i > len(__builtin__.__dict__)-5:
      print(f"key={key}, value={value}")

key=display, value=<function display at 0x7f590f6d5290>
key=execfile, value=<function execfile at 0x7f58efcfc9e0>
key=runfile, value=<function runfile at 0x7f58ef9b1320>
key=get_ipython, value=<bound method InteractiveShell.get_ipython of <google.
colab._shell.Shell object at 0x7f58f5499bd0>>
key=dreload, value=<function _dreload at 0x7f58f54bbe60>
```

프로그램에서는 마지막 5개의 값만을 출력하였다.

13.3.2 전역 이름공간

전역 이름공간은 __main__ 모듈이 실행될 때 생성되는 이름공간이다. __main__ 모듈은 .py 파일을 직접적으로 실행하면 반드시 실행이 된다. 프로그램이 한 줄이라도 실행되면 생기는 이름공간이기 때문에 내장 이름공간은 전역 이름공간의 부분집합이 된다.

```
# 전역 이름공간 변수
v = 100
```

```
# 전역 이름공간 함수
def add(x, y):
  return x+y

# 전역 이름공간 원소 확인: globals
globals()['v'], globals()['__name__'], globals()['Add']

(100, '__main__', <function __main__.Add>)
```

전역 이름공간은 globals 함수를 이용하여 구성원을 확인해볼 수 있다. 현재 프로그램에서 선언된 변수와 함수 등이 전역 이름공간의 구성원이 되며 결과는 사전 데이터 형이기 때문에 이름으로 그 값을 확인할 수 있다. 여기서 __name__은 현재 실행되는 프로그램 모듈을 확인하기 위한 전역 변수이다.

13.3.3 지역 이름공간

지역 이름공간은 함수가 실행될 때 내부에 사용되는 모든 지역변수의 이름공간이다. 다음과 같이 함수를 만들었다고 해보자.

```
# 함수 생성
def f(x, y):
  # 지역 이름공간 변수
  print(f'{x}+{y}={x+y}')
  print(locals())

  # 지역 이름공간 함수
  def g():
    # 지역 이름공간 변수
    z = 2
    print(f'{x}*{y}*{z}={x*y*z}')
    print(locals())
  g()
```

```
# g() 함수 외부에서 지역 이름공간 변수와 함수
 print(locals())
```

함수 정의 후 다음과 같이 실행하였다.

```
# 함수 실행
f(2, 4)
-----------------------------------------------------------------
2+4=6
{'x': 2, 'y': 4}
2*4*2=16
{'z': 2, 'x': 2, 'y': 4}
{'g': <function f.<locals>.g at 0x7fda401ed3b0>, 'x': 2, 'y': 4}
```

실행된 결과를 보면 f 함수 내에서 정의된 x, y는 f 함수 입장에서 보면 지역변수 이름이다. g 함수 내부에 있는 z도 함수 내부의 또 다른 함수 내부에서 정의되었기 때문에 지역함수이다. g 함수와 동일한 수준에서 보면 그 때의 지역변수에서는 g 함수의 내부에서 선언된 z는 지역함수가 되지 않는다. 즉, 더 이상 참조할 수가 없다.

13.3.4 범위

다양한 이름공간으로 서로 구분하는 이유는 똑같은 이름, 즉 동일 이름이지만 서로 다른 인스턴스를 대변하는 경우에 어떤 값을 사용해야 하는지를 정의하기 위함이다.

```
# 함수 정의
def f(x, y, z=3):
  return x + y + z
```

```
# 함수 호출
z = 7
f(x=1, y=2)
----------------------------------------
6
```

결과를 보면 z 이름은 함수 내에서도 존재하고 함수 밖에서도 존재한다. 동일한 이름이지만 실제로 수행된 결과는 함수 내의 지역이름의 값으로 대체되어 계산되었다. 즉, 범위(scope)는 이름을 찾는 순서를 정의한 것이라고 볼 수 있으며, 다음과 같은 범위 원칙이 적용된다.

① 지역 이름 최우선 검색

② 지역 내의 상위 지역 이름 검색

③ 현재 모듈의 전역 이름을 검색

④ 내장 이름공간 검색

연습 문제

1 보험계약(policy)을 하기 위해서는 보험계약자(policyholder), 피보험자(insured), 보험료(premium)가 필요하다고 할 때 보험계약 클래스를 정의해보자. 단, 보험료의 초깃값은 0원이며 보험료는 보험료를 출력할 수 있는 메소드가 있다.

2 보험계약 클래스에 대하여 객체를 생성하고 해당 객체의 모든 속성을 출력해보자.

3 보험계약 클래스의 객체가 갖고 있는 보험료를 "객체.메소드" 형식으로 출력해보자.

14 조건 문장

파이썬의 조건 문장은 다음과 같은 형식이다.

```
if 논리 조건:
    문장 블록
```

여기서 주의해야 할 사항은 논리 조건 뒤에는 쌍점(colon)인 ":"을 반드시 입력해야 한다는 점이다.

```
# 간단한 조건문
if True:
  print("참 조건문")
```

참 조건문

조건이 만족하지 않은 경우에 계속 분기하기 위해서는 elif, elif, ..., else을 사용한다.

```
if 논리 조건:
    문장 블럭
```

```
elif 논리조건:
    문장 블럭
else:
    문장 블록
```

```python
# 조건문 구조
income = 100
if income < 100:
    grade = "low"
elif income < 200:
    grade = "middle"
else:
    grade = "high"

grade
```

```
middle
```

15 조건반복 문장

조건반복(loop) 문장은 특정 조건을 만족하는 경우에만 반복을 허용하는 문장이다. 키워드는 while, for가 있다. 형식은 다음과 같다.

```
while 논리 조건:
    문장 블록
for 변수 in 반복가능객체:
    문장 블록
```

여기서 반복가능 객체의 대표적인 예는 list, dict, set, str, bytes, tuple, range 등이 있다. 특정 객체가 반복가능한 객체인지를 판별하는 방법은 다음과 같다.

```
# 반복가능 객체 확인
from collections import Iterable
x = 'bong ju kang'
isinstance(x, Iterable)
-----------------------------------------------------------------------
True
```

반복가능의 의미는 순차적으로 호출 가능하다는 것을 의미한다.

15.1 While 반복문

While 반복문을 예제를 통해서 살펴보기로 하자.

```
# while 반복문
value = 0
index = 1
while index <= 10:
    value += index
    index += 1

f"value={value},  index={index}"
------------------------------------------------------------
value=55, index=11
```

프로그램에서 index 값은 1부터 시작하며 조건인 index <= 10을 만족할 때까지 반복문 밑의 문장 블록이 실행된다. 만약 index=11이 되면 주어진 조건을 만족하지 않으므로 문장 블록이 실행되지 않고 탈출하게 된다. 결국 value는 1부터 10까지 합이 되면 탈출되며 index 값은 11이 된다.

15.2 for 반복문

for 반복문에서는 반복가능(iterable) 객체가 반드시 필요하다. 반복가능 객체의 구체적인 사용 예를 살펴보기로 하자.

```
# 반복가능 객체 사용 예: str
x = 'Bong Ju'
for a in x:
  print(a)
--------------------------------------------------------------------------------
B
o
n
g

J
u
```

문자열(string)의 각 원소의 값이 반복적으로 a 변수에 할당되어 프린트됨을 알 수 있다.

```
# 반복가능 객체 사용 예: range
x = range(5)
print(x)
for a in x:
  print(a)
--------------------------------------------------------------------------------
range(0, 5)
0
1
2
3
4
```

range 함수는 0부터 시작하여 5 미만까지의 값을 순차적으로 반환함을 알 수 있다. 어떤 경우에는 반복가능 객체가 갖고 있는 값을 순차적으로 받을 때 관련된 색인(index)값도 받아야만 되는 경우도 있다. 이때 enumerate 함수를 사용한다.

```
# 색인과 값을 받는 방법: enumerate
x = list('Bong Ju')
print(x)
for index, a in enumerate(x):
  print(f'{index}: {a}')
```

```
['B', 'o', 'n', 'g', ' ', 'J', 'u']
0: B
1: o
2: n
3: g
4:  
5: J
6: u
```

연습 문제

1 x = [1, 2, 3, 4, 5]일 때 for, if를 사용하여 짝수만 출력해보자.

16 컨테이너 데이터 형 일반 연산

컨테이너 데이터 형은 내부에 기본 데이터 형을 포함하는 경우를 말하며 순차호출 가능한 데이터 형이다. 이런 경우에 공통적으로 일반 연산(generic operation)을 적용할 수 있다. 대표적인 일반 연산은 len, min, max, sorted, enumerate, zip, all, any 등이 있다. 특수한 경우로는 값 in 등이 있다. 각각의 쓰임새를 알아보기로 하자.

16.1 len

len 함수는 데이터 객체의 원소의 개수를 의미한다. 집합 데이터 형인 경우에는 중복된 데이터가 있으면 자동으로 유일한 데이터만을 갖고 있으므로 유일한 원소의 개수를 의미한다.

```
# 일반 연산: len
strn = "BONG JUU"
lst = list(strn)
lstset = set(strn)
lstdict = {key: value for key, value in enumerate(lst)}
print(lstdict)

len(strn), len(lst), len(lstset), len(lstdict)
```

```
{0: 'B', 1: 'O', 2: 'N', 3: 'G', 4: ' ', 5: 'J', 6: 'U', 7: 'U'}
(8, 8, 7, 8)
```

16.2 min, max

min, max 함수는 원소 중에 최솟값과 최댓값을 반환해준다. 사전 데이터 형인 경우에는 키 값을 기준으로 한다.

```
# 일반 연산: min, max
max(strn), max(lst), max(lstset), max(lstdict)
--------------------------------------------------------------------
('U', 'U', 'U', 7)
```

16.3 sorted

sorted 함수는 원소를 정렬(sorting)하는 함수이다. 기본은 오름차순이다. 사전 데이터 형은 키 값을 기준으로 하여 정렬한다.

```
# 일반 연산: sorted
sorted(strn), sorted(lst), sorted(lstset), sorted(lstdict)
--------------------------------------------------------------------
([' ', 'B', 'G', 'J', 'N', 'O', 'U', 'U'],
 [' ', 'B', 'G', 'J', 'N', 'O', 'U', 'U'],
```

```
[' ', 'B', 'G', 'J', 'N', 'O', 'U'],
[0, 1, 2, 3, 4, 5, 6, 7])
```

16.4 enumerate

enumerate 함수는 원소의 순서번호와 값을 동시에 출력해주는 함수이다. 순서번호와 값을 동시에 사용하고자 할 때 사용하는 함수이다.

```
# 일반 연산: enumerate
{key:value for key, value in enumerate(sorted(lstset))}
------------------------------------------------------------------
{0: ' ', 1: 'B', 2: 'G', 3: 'J', 4: 'N', 5: 'O', 6: 'U'}
```

16.5 zip

zip 함수는 2개의 객체를 같은 순서로 묶어서 해당 값을 반환한다. 프로그램을 보면 name의 원소의 개수는 7이고 index의 원소의 개수는 5이다. 따라서 5까지만 같은 순서로 묶여서 그 값을 반환하게 되는 것이다. 묶일 수 있어야 하므로 순차호출가능 객체를 대상으로 하며 반환되는 결과는 튜플이다.

```
# 일반 연산: zip
name = "BONG JU"
```

```
index = range(5)
[val for val in zip(name, index)]
-----------------------------------------------
[('B', 0), ('O', 1), ('N', 2), ('G', 3), (' ', 4)]
```

16.6 all

all 함수는 객체의 모든 원소에 대하여 논리연산을 해서 그 결과값을 반환한다. 즉, 모든 원소가 참이면 참을 하나라도 거짓이 있으면 거짓을 반환한다.

```
# 일반 연산: all
all(strn), all(lst), all(lstset), all(lstdict)
-----------------------------------------------
(True, True, True, False)
-----------------------------------------------
# 모든 원소가 참인지 확인
[bool(x) for x in lstdict]
-----------------------------------------------
[False, True, True, True, True, True, True, True, True, True, True, True]
```

lstdict은 사전 데이터 형이며 원소는 키 값으로 구성되어 있으므로 키 값을 반환해주고 있다. 처음 값이 0이기 때문에 거짓이 출력되었다. 즉, 하나라도 거짓이기 때문에 전체적으로 거짓을 반환한 것이다.

16.7 any

any 함수는 원소 중에서 하나라도 참이면 참이고 모두 거짓인 경우에만 거짓이다.

```
# 일반 연산: any
any(strn), any(lst), any(lstset), any(lstdict)
------------------------------------------------------------
(True, True, True, True)
```

16.8 in, not in

in은 순차호출가능 객체에 대하여 원소의 존재 여부를 파악하는 연산자이다. 해당 원소가 존재하면 참을, 아니면 거짓을 반환한다.

```
# 일반 연산자: in
x ='b'
name = "bong ju kang"
name_index = {key: value for key, value in enumerate(name)}
x in name, 0 in name_index
------------------------------------------------------------
(True, True)
------------------------------------------------------------
# 일반 연산자: not in
name = "bong ju kang"
'z' not in name
------------------------------------------------------------
True
```

`not in`은 `in` 연산자와 정반대의 역할을 한다. 해당 원소가 없으면 참 아니면 거짓을 반환한다.

연습 문제

x = "대한민국은 민주 공화국이다."

1 x 문자열을 이용하여 문자열 원소를 원소로 갖는 리스트를 생성해보자.

2 x 문자열을 이용하여 문자열 원소를 원소로 갖는 집합을 생성해보자.

3 x 문자열의 색인값을 키, 내용을 값으로 하는 사전을 생성해보자.

4 앞에서 정의된 문자열, 리스트, 집합, 사전 각각의 원소의 개수를 구해보자.

5 앞에서 정의된 문자열, 리스트, 집합, 사전 모두를 집(zip)으로 묶었을 때 순차호출 되는 건수를 구해보자.

17 리스트 연산

리스트는 컨테이너 형의 데이터이며 원소 간의 순서가 있다. 리스트의 원소값은 서로 다른 데이터 형의 값을 가질 수 있다. 이러한 리스트에 대하여 내부 값을 수정, 추가, 제거하는 등의 연산을 수행할 수 있다. 즉 메소드로서 처리할 수 있다.

17.1 리스트 생성

아무 원소도 없는 빈(empty) 리스트를 생성하거나 원소를 갖는 리스트를 생성할 수 있다.

```
# 리스트 생성
null_lst = []
null_lst2 = list()
null_lst, null_lst2
----------------------------------------------------------------
([], [])
```

리스트 부호([])를 사용하거나 list를 사용하여 빈 리스트를 생성한다.

```
# 리스트 생성
last_names = ['KANG', 'KIM', 'LEE']
```

```
last_names
-----------------------------------------------------------------
['KANG', 'KIM', 'LEE']
```

원소가 있는 리스트는 리스트 부호([])를 사용하여 해당 원소값을 입력하여 생성한다.

```
# 리스트 원소
name = 'bong ju kang'
name_list = list(name)
name_dict = {'first name': 'bong ju', 'last name': 'kang'}
[name, name_list, name_dict]
-----------------------------------------------------------------
['bong ju kang',
 ['b', 'o', 'n', 'g', ' ', 'j', 'u', ' ', 'k', 'a', 'n', 'g'],
 {'first name': 'bong ju', 'last name': 'kang'}]
```

리스트의 원소는 어떤 데이터 형도 가능하다.

17.2 리스트 조회

기 구성된 리스트에 대하여 원소값을 조회하는 방법에 대하여 살펴보기로 하자. 원소 간에 순서가 있기 때문에 색인을 이용하여 가져오는 방법이 가장 일반적이다.

```
# 리스트 조회: 색인 이용
value = list('banene')
print(f'전체 리스트: {value}')
print(f'첫 번째 원소: {value[0]}')
```

```
print(f'마지막 원소: {value[-1]}')
print(f'처음부터 색인번호 2까지: {value[:3]}')
```

```
전체 리스트: ['b', 'a', 'n', 'e', 'n', 'e']
첫 번째 원소: b
마지막 원소: e
처음부터 색인번호 2까지: ['b', 'a', 'n']
```

17.3 리스트 관리

리스트의 원소는 추가, 수정, 삭제가 가능하다.

17.3.1 리스트 추가

```
# 리스트 원소 추가: append
value = []
for x in 'bnn':
  value.append(x)
value
```

```
['b', 'n', 'n']
```

빈 리스트를 구성한 후 원소를 하나씩 추가하는 방법이다.

```
# 리스트 원소 추가: extend
value = list('bnn')
value.extend('banene')
value
```

```
['b', 'n', 'n', 'b', 'a', 'n', 'e', 'n', 'e']
```

리스트의 원소를 하나하나 추가하는 것이 아닌 한 번에 추가하는 방법이다. 이 방법은 다음과 같이 처리할 수도 있다.

```
# 리스트 원소 추가: +
value = list('bnn')
value_add = list('banene')
value + value_add
---------------------------------------------------------------
['b', 'n', 'n', 'b', 'a', 'n', 'e', 'n', 'e']
```

17.3.2 리스트 수정

리스트의 수정은 색인 번호와 색인 조각을 이용하여 수정할 수 있다.

```
# 리스트 원소 수정: 색인 번호 이용
value = list('bong ju kang')
value[0] = 'B'
value
---------------------------------------------------------------
['B', 'o', 'n', 'g', ' ', 'j', 'u', ' ', 'k', 'a', 'n', 'g']
```

하나의 원소를 수정하는 방법은 원소의 색인 번호를 이용하며, 다음과 같이 색인 조각을 이용하면 여러 개의 원소를 수정할 수 있다.

```
# 리스트 원소 수정: 색인 조각 이용
value = list('bong ju kang')
value[-4:] = 'KANG'
```

```
value
--------------------------------------------------------------------------------
['b', 'o', 'n', 'g', ' ', 'j', 'u', ' ', 'K', 'A', 'N', 'G']
```

17.3.3 리스트 제거

리스트 원소를 제거하는 방법은 원소값을 이용하는 방법과 역순으로 하는 방법이 있다.

```
# 리스트 원소 제거: remove
value = list('bong ju kang')
value.remove('g')
value
--------------------------------------------------------------------------------
['b', 'o', 'n', ' ', 'j', 'u', ' ', 'k', 'a', 'n', 'g']
```

결과를 보면 'g' 문자를 1개 제거하였다. 즉, 순서상 제일 처음 나오는 값이 제거되었다. 결과를 보면 마지막 'g'는 제거되지 않았다.

```
# 리스트 마지막 값 제거: pop
value = list('BANENE')
value.pop()
value
--------------------------------------------------------------------------------
['B', 'A', 'N', 'E', 'N']
```

리스트의 마지막 값을 제거하는 방법은 pop 함수를 이용하여 제거한다. 이때 특정한 위치에 있는 값을 제거할 때는 해당 값의 색인번호를 입력하여 제거한다.

```
# 리스트 원소 위치 값 제거: pop
value = list('BANENE')
value.pop(0)
value
----------------------------------------------------------------------
['A', 'N', 'E', 'N', 'E']
```

17.3.4 리스트 정렬

리스트는 순서가 있기 때문에 내림차순 또는 오름차순으로 정렬(sorting)할 수 있다.

```
# 리스트 정렬: sort
value = list('banene')
value.sort()
value
----------------------------------------------------------------------
['a', 'b', 'e', 'e', 'n', 'n']
```

여기서 주의할 사항은 정렬을 하게 되면 리스트의 순서가 바뀌기 때문에 원래 리스트를 복원할 수 없다는 점이다. 또한 value.sort()의 결과는 원래 리스트의 순서를 바꾸는 역할만 할 뿐이지 결과가 리스트인 것은 아니다. 다음과 같이 reverse 전달인자를 이용하여 내림차순 정렬을 할 수 있다.

```
# 리스트 정렬: sort, 내림차순 정렬
value = list('banene')
value.sort(reverse=True)
value
----------------------------------------------------------------------
['n', 'n', 'e', 'e', 'b', 'a']
```

순서를 역순으로 정렬하는 경우가 있는데 이는 색인을 이용하는 방법과 reverse 메소드를 이용하는 방법이 있다.

```
# 리스트 역순 정렬: 색인 이용
value = list('banene')
rev_value = value[::-1]
rev_value
```

```
['e', 'n', 'e', 'n', 'a', 'b']
```

```
# 리스트 역순 정렬: reverse
value = list('banene')
value.reverse()
value
```

```
['e', 'n', 'e', 'n', 'a', 'b']
```

연습 문제

1 pos = ['명사', '대명사', '형용사', '부사', '동사'] 리스트를 생성해보자.

2 pos의 길이를 구해보자.

3 pos를 내림차순으로 정렬하여 3번째 이후 모든 원소를 추출해보자.

4 pos의 원소는 문자열이다. 각 문자열을 리스트로 변환하고 변환된 리스트를 원소로 하는 리스트를 생성해보자.

5 앞 문제에서 생성된 리스트의 길이를 구해보자. 길이의 변화가 있는지 확인하자.

18 사전 연산

사전(dictionary)도 리스트와 마찬가지로 추가, 제거 등을 할 수 있는 메소드(method)가 있다. 사전도 순차호출가능(iterable)이지만 원소 간의 순서는 키가 정의된 순서를 따른다.

18.1 사전 생성

사전 생성은 사전 기호인 중괄호 "{}"을 사용하거나 dict 함수를 사용하여 생성한다. 빈(empty) 사전은 다음과 같이 생성한다.

```
# 빈(empty) 사전 생성
score ={}
score2 = dict()
score, score2
```

```
({}, {})
```

원소가 있는 사전은 빈 사전과 유사한 방법으로 생성한다.

```
# 사전 생성: 기호 사용
score = {'lang':80, 'math':90, 'hist':75}
score
```

```
{'hist': 75, 'lang': 80, 'math': 90}
```

```
# 사전 생성: dict 사용
score = dict(lang=80, math=90, hist=75)
score
```

```
{'hist': 75, 'lang': 80, 'math': 90}
```

사전을 정의할 때 키 이름으로 사용할 수 있는 경우는 변경 불가능한(immutable) 경우만 가능한다. 예를 들어 다음의 프로그램에서 0.123, _ 등은 키 값으로 사용 가능하다.

```
# 키(key) 조건: 변경 불가능(immutable)
dictcase = {'0.123':100, '_': 200}
dictcase
```

```
{'0.123': 100, '_': 200}
```

그런데 변경 불가능한 이름을 어떻게 판별할 수 있을까?

```
# 변경 불가능 체크: 정수값 할당 여부
hash('0.123'), hash('_')
```

```
(3139371605770347802, 6641902519553168243)
```

hash 함수는 변경 불가능한 경우에 정수값을 할당해주기 때문에 그렇지 않은 경우에는 해시 불가능 메시지를 출력한다.

```
# 해시값이 할당되지 않는 경우: unhashable
hash(list('banene'))
------------------------------------------------------------------
TypeError                                 Traceback (most recent call last)
<ipython-input-45-8737614f8236> in <module>()
      1 # 해쉬값이 할당되지 않는 경우: unhashable
----> 2 hash(list('banene'))

TypeError: unhashable type: 'list'
```

사전 데이터 형의 원소는 어떤 데이터 형도 다 정의될 수 있다.

```
# 사전 데이터 형의 원소
dict_case = {'name':list('banene'),
             'address':'Songpa Gu',
             'employee':('KANG', 'Choi', 'Kwon')}
dict_case
------------------------------------------------------------------
{'address': 'Songpa Gu',
 'employee': ('KANG', 'Choi', 'Kwon'),
 'name': ['b', 'a', 'n', 'e', 'n', 'e']}
```

18.2 사전 조회

사전은 키 값과 데이터 값으로 구성되어 있으며 구성 원소를 조회하고자 할 때는 반드시 키 값으로 조회해야 한다.

```
# 사전 데이터 형의 원소
dict_case = {'name':'banene',
             'address':'Songpa Gu',
             'employee':('KANG', 'Choi', 'Kwon'),
             'years':(17, 8, 12)}

# 사전 키 확인
dict_case.keys()
------------------------------------------------------------
dict_keys(['name', 'address', 'employee', 'years'])
```

keys 메소드를 통하여 사전의 키 값을 확인할 수 있다. 이때 특정한 키 값의 데이터를 확인하고자 하는 경우에는 다음과 같이 대괄호 "[]"에 키 값을 입력한다.

```
# 데이터 값 확인
dict_case['name']
------------------------------------------------------------
banene
```

메소드 get을 이용하여 조회할 수도 있다.

```
# 데이터 값 확인: get
dict_case.get('name')
------------------------------------------------------------
banene
```

사전 데이터는 복수의 키 값으로 데이터를 조회할 수 없다. 즉, 하나의 키 값으로만 데이터를 조회할 수 있다. 전체 데이터 값을 조회하고자 하는 경우에는 values 메소드를 사용한다.

```
# 데이터 값 전체 확인: values
dict_case.values()
-----------------------------------------------------------------
dict_values(['banene', 'Songpa Gu', ('KANG', 'Choi', 'Kwon'), (17, 8, 12)])
```

조회되는 값은 주어진 키 순서대로 출력됨을 알 수 있다.

18.3 사전 관리

사전의 원소는 추가, 수정, 삭제가 가능하다.

18.3.1 사전 추가

사전은 키를 정의해야만 데이터를 추가할 수 있기 때문에 사전의 원소를 추가한다는 것은 키와 데이터 값을 추가한다는 의미이다.

```
# 사전 원소 추가: 키와 데이터 추가
score = {'lang':80, 'math':90, 'hist':75}
score['at'] = '2022-03-31'
score
-----------------------------------------------------------------
{'at': '2022-03-31', 'hist': 75, 'lang': 80, 'math': 90}
```

결과를 보면 키 값을 기준으로 하여 오름차순 정렬로 보여주고 있다. 단, 실제 키 값의 순서는 키가 정의된 순서이다.

```
# 키 순서 확인
score.keys()
---------------------------------------------------------------------
dict_keys(['lang', 'math', 'hist', 'at'])
```

18.3.2 사전 삭제

키는 한번 정의되고 나면 수정할 수 없다. 만약 수정하고자 한다면 해당 키를 삭제하고 새로운 키와 데이터 값을 정의해야 한다.

```
# 키 제거
score = {'lang':80, 'math':90, 'hist':75}
del score['lang']
score

{'hist': 75, 'math': 90}

# 신규 키와 데이터
score['kolang'] = 80
score
---------------------------------------------------------------------
{'hist': 75, 'kolang': 80, 'math': 90}
```

18.3.3 사전 초기화

사전 전체를 초기화하는 방법은 clear 메소드를 사용한다.

```
# 사전 초기화
score = {'lang':80, 'math':90, 'hist':75}
score.clear()
score
---------------------------------------------------------------------
{}
```

18.4 사전 순차 호출

사전의 원소를 순차 호출하기 위해서는 keys 메소드와 items 메소드를 사용한다.

```
# 사전 순차 가져오기: keys
score = {'lang':80, 'math':90, 'hist':75}
for s in score.keys():
    print(f'key={s}, value={score[s]}')
-----------------------------------------------------------------
key = lang, value=80
key = math, value=90
key = hist, value=75
```

keys 메소드는 사전의 키 값을 가져온 후 이를 이용하여 데이터 값을 조회하는 방식이다.

사전 객체 자체를 순차 호출 시에 사용할 수도 있다. 즉, keys 메소드를 생략해도 기본은 키 값을 호출한다.

```
# 사전 순차 가져오기: keys 생략
score = {'lang':80, 'math':90, 'hist':75}
for s in score:
    print(f'key={s}, value={score[s]}')
-----------------------------------------------------------------
key = lang, value=80
key = math, value=90
key = hist, value=75
```

items 메소드는 한 번에 키와 데이터 값을 조회하는 방식이다.

```
# 사전 순차 가져오기: items
score = {'lang':80, 'math':90, 'hist':75}
for key, value in score.items():
    print(f'key={key}, value={value}')
```

```
key = lang, value=80
key = math, value=90
key = hist, value=75
```

연습 문제

1 sido = {'':0, '[UNK]':1, '서울':2, '제주':3, '기타':99} 사전을 생성해보자.

2 sido 사전의 키 값을 원소로 하는 리스트를 생성해보자.

3 sido 사전의 키 값을 내림차순으로 정렬할 수 있는지 생각해보자. 만약 정렬할 수 없다면 그 이유는 무엇일까?

4 sido_list = ['서울', '제주', '광주']가 있을 때 각 원소의 이름을 sido의 키를 이용하여 sido 값으로 대체한 값 리스트를 생성해보자. 단 '광주'는 키 값으로 없기 때문에 1값을 할당한다.

5 sido의 값들로 구성된 리스트를 만들어보자.

19 집합 연산

집합 연산은 합집합(|), 교집합(&), 차집합(-) 등의 연산자를 이용하며, 집합 간의 포함 관계는 <, <=, ==, >, >= 연산자를 이용하여 확인할 수 있다. 또한 메소드를 이용하여 집합의 값을 추가, 수정, 복제, 삭제할 수 있으며 집합 데이터 형은 순차호출 가능하다.

19.1 집합 생성

집합은 set 메소드를 이용하여 빈 집합을 생성한다.

```
# 집합의 생성
A = set()
A
-------------------------------------------------------------
set()
```

집합은 중괄호({})를 이용하여 원소를 한 번에 정의할 수 있다.

```
# 집합의 생성
A = {1, 2, 3}
```

```
A
```

```
{1, 2, 3}
```

집합은 add 메소드를 이용하여 하나씩 원소를 추가한다.

```
# 집합의 생성
A = set()
for i in range(10):
    A.add(i)
A
```

```
{0, 1, 2, 3, 4, 5, 6, 7, 8, 9}
```

집합의 원소가 되기 위해서는 원소들이 서로 달라야 한다. 즉, 반드시 해시 가능(hashable)해야 한다. 해시 가능하다는 것은 숫자나 변경 불가능한(immutable) 컨테이너 데이터인 경우를 의미한다. 즉, 객체가 적절한 정수값으로 특정될 수 있다는 것을 의미하기 때문에 변경 가능한 경우에는 하나의 정수값으로 해당 객체를 특정할 수 없다. 따라서 집합, 사전, 리스트 데이터 형은 집합의 원소가 될 수 없다.

```
# 해시 가능 확인
hash(1), hash('banene')
```

```
(1, -6628086945143581182)
```

19.2 집합 조회

집합은 원소 간에 순서도 없고 원소를 특정할 수 있는 키도 없지만 순차호출이 가능하기 때문에 한 번에 하나씩 데이터를 조회할 수 있다.

```
# 집합 조회
A = {1, 2, 3, (1, 2, 3)}
for a in A:
  print(a)
```

```
1
2
3
(1, 2, 3)
```

19.3 집합 관리

집합은 다른 데이터 형과 달리 집합이기 때문에 산술적인 다양한 연산이 있다. 즉, 합집합, 교집합, 차집합 연산이 있으며 집합 간의 포함관계를 확인할 수 있는 연산이 있다.

```
# 집합 정의
A = {'a', 'b', 'c'}
B = {'b', 'c', 'd', 'e'}
A, B
```

```
({'a', 'b', 'c'}, {'b', 'c', 'd', 'e'})
```

19.3.1 합집합

합집합은 수직선(|) 기호를 사용하거나 union 메소드를 사용한다.

```
# 합집합: |
A = {'a', 'b', 'c'}
B = {'b', 'c', 'd', 'e'}
A | B, A.union(B)
```

```
{'a', 'b', 'c', 'd', 'e'}
```

19.3.2 교집합

교집합은 꽈배기(&) 기호를 사용하거나 intersection 메소드를 사용한다.

```
# 교집합: &
A = {'a', 'b', 'c'}
B = {'b', 'c', 'd', 'e'}
A & B, A.intersection(B)
```

```
{'b', 'c'}
```

19.3.3 차집합

차집합은 빼기(–) 기호를 사용하거나 difference 메소드를 사용한다.

```
# 차집합: -
A = {'a', 'b', 'c'}
B = {'b', 'c', 'd', 'e'}
A - B, A.difference(B)
```

```
{'a'}
```

19.3.4 집합 포함관계

집합 간에 포함관계를 확인할 수 있는 연산은 <, >, == 가 있다.

```
# 집합 포함관계: <, >, ==
A = {'a', 'b', 'c'}
B = {'b', 'c', 'd', 'e'}
C = A | B
A < C, A < B, B < C, A == B
-----------------------------------------------------------------
(True, False, True, False)
```

19.3.5 집합 추가

집합의 원소를 추가하고자 할 때 여러 개의 원소를 갖는 집합을 추가하는 방법은 합집합 연산을 이용하거나 update 메소드를 이용한다.

```
# 집합 추가
A = {'a', 'b', 'c'}
A.update({1, 2, 3})
A | {1, 2, 3}, A
-----------------------------------------------------------------
({1, 2, 3, 'a', 'b', 'c'}, {1, 2, 3, 'a', 'b', 'c'})
```

19.3.6 집합 삭제

특정 원소를 수정하는 방법은 삭제 후 새로운 값으로 대체한다.

```
# 원소 제거 후 추가
A = {1, 2, 3, 'a', 'b', 'c'}
A.remove(3)
A.add(4)
```

```
A
-----------------------------------------------
{1, 2, 4, 'a', 'b', 'c'}
```

19.3.7 집합 초기화

집합 전체를 초기화하고자 하는 경우에는 clear 메소드를 이용한다.

```
# 집합 초기화
A = {1, 2, 3}
A.clear()
A
-----------------------------------------------
set()
```

19.3.8 집합 복사

집합은 필요에 따라 복사하는 경우가 있다. 이때 주의해야 할 사항은 복사를 하지 않고 사용할 시 복사 대상 객체가 본의 아니게 값이 변경될 수 있다는 점이다. 복사를 할 때는 copy 메소드를 사용한다.

```
# 집합 복사: copy
A = {1, 2, 3, 'a', 'b', 'c'}
C = A
D = A.copy()
C.remove('a')
D.remove(1)
A, C, D
-----------------------------------------------
({1, 2, 3, 'b', 'c'}, {1, 2, 3, 'b', 'c'}, {2, 3, 'a', 'b', 'c'})
```

프로그램의 결과를 보면 복사하지 않고 사용하는 경우에는 복사된 집합의 변경 사항이 그대로 원래 집합에 반영되지만 copy 메소드를 이용하여 복사하는 경우에는 원래 집합에 반영되지 않는다.

연습 문제

다음과 같이 정의된 2개의 리스트가 있다.

A = list('aabbc')

B = list('bcdeeeff')

1 A, B를 집합으로 변환해보자.

2 A, B의 각각의 길이를 구해보자.

3 A, B의 교집합으로 구성된 리스트를 구해보자.

4 A, B의 차집합으로 구성된 리스트를 구해보자.

5 A, B의 합집합으로 구성된 리스트를 구하고 오름차순 정렬을 해보자.

20 문자열 연산

문자열(string)의 연산은 생성, 조회, 관리(추가, 제거, 정렬) 등을 의미한다. 이를 수행하기 위하여 다양한 메소드가 제공된다. 대표적으로 strip, count, index, is..., upper, lower, split, join 등이 있다.

20.1 문자열 생성

문자열은 인용부호('', "")나 str() 함수를 사용하여 생성한다.

```
# 문자열 생성: 인용부호
name1 = ''
name2 = ""
name1, name2, type(name1), type(name2)
```

```
('', '', str, str)
```

```
# 문자열 생성
name = 'bong ju kang'
name, type(name)
```

```
('bong ju kang', str)
```

```
# 문자열 생성: str()
name = str()
name, type(name)
-----------------------------------------------------------------
('', str)
```

문자열을 생성하는 방법 중에는 인용부호 3개(' ' ' 또는 " " ")를 사용하는 방법이 있다. 이런 경우는 한 줄 이상의 문자열을 생성하는 데 사용된다.

```
#  복수 줄 문자열 생성
txt = '''
대한민국은 민주 공화국이며…
모든 권력은 국민에게 있다.
'''
txt
-----------------------------------------------------------------
\n대한민국은 민주 공화국이며...\n모든 권력은 국민에게 있다.\n
```

20.2 문자열 조회

문자열은 리스트 객체와 동일하게 대괄호([])와 색인을 이용하여 원소값을 조회할 수 있다. 색인의 적용하는 방법은 “순서열 색인” 절을 참조한다.

20.2.1 색인 기반 조회

```
# 문자열 원소 가져오기
name = 'Kang, Bong Ju'
```

```
name[:], name[0], name[:-1], name[:4], name[::2]
----------------------------------------------------------------------------
('Kang, Bong Ju', 'K', 'Kang, Bong J', 'Kang', 'Kn,Bn u')
```

문자열 자체는 일종의 배열(array)이기 때문에 반복해서 값을 가져올 수 있다.

```
# 문자열 1개씩 가져오기
for i, x in enumerate('Kang, Bong Ju'):
  print(f'x[{i}]', x)
----------------------------------------------------------------------------
x[0] K
x[1] a
x[2] n
x[3] g
x[4] ,
x[5]
x[6] B
x[7] o
x[8] n
x[9] g
x[10]
x[11] J
x[12] u
```

20.2.2 값 기준 조회

문자열을 조회할 때 조회할 문자 또는 문자열이 있는지를 확인하는 경우가 있다.

```
# 문자 위치 조회: index
name = "Bong Ju Kang"
name.index('g') # 처음 출현하는 색인번호
----------------------------------------------------------------------------
8
```

```
# 문자열 위치 조회: find
name = "Bong Ju Kang"
name.find('ng') # 문자열 검색
-----------------------------------------------------------------
2
```

문자열을 검색할 때 특정한 숫자나 문자로만 구성되었는지를 확인하고자 할 때는 isalnum 메소드를 사용한다.

```
# 숫자, 문자로만 구성된 문자열인지 확인; isalnum()
'Bonjour Kang 2020!'.isalnum()
-----------------------------------------------------------------
False
```

20.2.3 문자열 분리

주어진 문자열에 대하여 특정 문자를 기준으로 분리해서 검색하고자 하는 경우에는 split 메소드를 사용한다.

```
# 문자열 분리: split
split_rslt = 'Kang, Bonjour, Dr.'.split(',')
split_rslt, type(split_rslt)
-----------------------------------------------------------------
(['Kang', ' Bonjour', ' Dr.'], list)
```

split 메소드의 결과는 리스트 클래스로 변환되어 표현됨을 알 수 있다.

20.3 문자열 관리

문자열 자체는 변경 불가능한 객체이므로 수정을 할 수 없다. 다만, 기존 문자열을 변경하여 새로운 객체를 구성할 수 있다.

20.3.1 문자열 추가

+ 연산자와 join 메소드를 사용하여 새로운 문자열을 추가한다.

```
# 문자열 추가: +
first_name = 'Bong Ju'
last_name = "Kang"

last_name + "," + ' ' + first_name
----------------------------------------------------------------
Kang, Bong Ju
----------------------------------------------------------------
# 문자열 추가: join 메소드
first_name = 'Bong Ju'
last_name = "Kang"

", ".join([first_name, last_name])
----------------------------------------------------------------
Kang, Bong Ju
```

20.3.2 문자열 제거

strip 메소드는 문자열의 앞과 뒤의 공백문자(white space)를 제거한다. 공백문자는 집합적으로 아스키(ASCII) 코드 8번에서 13번까지 그리고 공백인 32번을 의미한다.

```
# 문자열 수정: 화이트 스페이스 제거
name = '\n\t bong ju kang\r'
```

```
print(name)
name.strip(), name
-------------------------------------------------------------------------
       bong ju kang
('bong ju kang', '\n\t bong ju kang\r')
-------------------------------------------------------------------------
# 화이트스페이스의 종류

# chr(8) # 뒷 제거(backspace), '\b'
# chr(9) # 수평 탭(tab), '\t'
# chr(10) # 라인피드(line feed), '\n'
# chr(11) # 수직 탭, '\x0b'
# chr(12) # 폼피드(form feed), '\x0c'
# chr(13) # 캐리지리턴(carriage return), '\r'
# chr(32) # 공백(space), ' '

# 개행 문자 테스트
print(f'#13 is {chr(10)} New line here...')
print(f'#13 is \n New line here...')
-------------------------------------------------------------------------
#13 is
 New line here...
#13 is
 New line here...
```

20.3.3 대소문자 변환

문자열에 대하여 대소문자 변환은 lower, upper 메소드를 사용하며 서로 변환하는 경우에는 swapcase를 사용한다.

```
# 대소문자 변환: lower, upper
name = 'Bong Ju Kang'
name.upper(), name.lower()
-------------------------------------------------------------------------
```

```
('BONG JU KANG', 'bong ju kang')
```

```
# 대소문자 서로 변환: swapcase
'Kang, Bong Ju'.swapcase()
```

```
kANG, bONG jU
```

20.3.4 문자열 대체

문자열에 있는 특정 문자 또는 문자열은 replace 메소드를 통하여 대체할 수 있다. 형식은 repalce(old_string, new_string)이다.

```
# 문자열 대체
txt = '''
대한민국은 민주 공화국이며...
모든 권력은 국민에게 있다.
'''
txt, txt.replace('\n', '')
```

```
('\n대한민국은 민주 공화국이며…\n모든 권력은 국민에게 있다.\n', '대한민국은 민주 공화국이
며… 모든 권력은 국민에게 있다.')
```

20.3.5 문자열 정렬

문자열 정렬이란 해당 문자열을 변경하는 것이기 때문에 바로 정렬을 할 수 없다. 이를 위해서는 sorted 함수와 join 메소드를 사용한다.

```
# 문자열 정렬: 내림차순
res = sorted('Kang, Bong Ju', reverse=True) # 기본: reverse=False

print(res)
```

```
print(type(res))
''.join(res)
```

```
['u', 'o', 'n', 'n', 'g', 'g', 'a', 'K', 'J', 'B', ',', ' ', ' ']
<class 'list'>
uonnggaKJB,
```

20.3.6 문자열 형식

문자열 형식(format)을 지정한다는 것은 아무 데이터 형 또는 지정된 특별한 형식으로 문자열을 만들어 주는 것을 말한다. 파이썬 버전 3.6 이후부터는 f-string 방식의 문자열 형식을 지정하기 때문에 이에 대하여 다루기로 하자. 과거의 문자열 형식은 복잡하고 가독성이 떨어지기 때문에 과거 버전은 생략하기로 한다. f-string 방식은 "f" 문자를 키워드로 사용한다.

```
# f-string 기본:{}
last_name = "Kang"
first_name = "Bong Ju"
res = f'Full name is {last_name}, {first_name}'
print(res)
print(type(res))
```

```
Full name is Kang, Bong Ju
<class 'str'>
```

결과를 보면 중괄호({}) 안에 데이터 객체명만 넘겨주고 있음을 알 수 있다. 또한 결과는 문자열이다. 중괄호 안에서는 다양한 연산이 가능하다.

```
# f-string: {}내의 연산
f'2 + 3 = {2+3}', f'{"Bong".upper()}'
--------------------------------------------------------------------------
('2 + 3 = 5', 'BONG')
```

중괄호 안의 결과에 대하여 다양한 문자 형식을 지정하여 넘겨줄 수 있다.

```
# f-string: 형식 지정
value = 123456789.1234
f'{value: .2f}', f'{value: ,.2f} $', f'{value: <,.2f}'
--------------------------------------------------------------------------
(' 123456789.12', ' 123,456,789.12 $', '123,456,789.12')
```

문자 형식을 지정할 때는 ":" 기호를 사용하여 지정한다. ".2f"는 소수점 이하 둘째 자리까지만을 반올림하여 표시하는 형식 지정이고 ","는 콤마 형식을 지정한 것이며 "<"은 왼쪽 정렬을 의미한다.

20.3.7 날짜 시간 형식

형식 중에서는 날짜 형식이 특히 많이 활용되므로 이에 대하여 살펴보기로 하자.

```
# 시간관리 패키지 가져오기
from datetime import datetime

today = datetime.today()

f'Today is {today: %Y-%m-%d}', f'Today is {today: %A}'
--------------------------------------------------------------------------
<class 'datetime.datetime'>
('Today is  2022-04-08', 'Today is  Friday')
```

프로그램에서는 시간 관리와 관련된 datetime 패키지를 이용하였다. 날짜와 관련된 문자 형식은 다음과 같다.

표 2-2 날짜 시간 형식

형식	내용
%d	0을 채운 10진수 표기로 날짜를 표시
%m	0을 채운 10진수 표기로 월을 표시
%y	0을 채운 10진수 표기로 2자리 년도
%Y	0을 채운 10진수 표기로 4자리 년도
%H	0을 채운 10진수 표기로 시간(24시간 표기)
%I	0을 채운 10진수 표기로 시간(12시간 표기)
%M	0을 채운 10진수 표기로 분
%S	0을 채운 10진수 표기로 초
%f	0을 채운 10진수 표기로 마이크로 초(6자리)
%A	요일
%a	요일(단축 표기)
%B	월
%b	월(단축 표기)
%j	0을 채운 10진수 표기로 연중 몇 번째 일인지 표시
%U	0을 채운 10진수 표기로 연중 몇 번째 주인지 표시(일요일 시작 기준)
%W	0을 채운 10진수 표기로 연중 몇 번째 주인지 표시(월요일 시작 기준)

연습 문제

1 s = '저축성 보험인 줄 알았는데 보장성 보험이네요. 계약 취소 때문에 전화했어요.'를 생성해보자.

2 s에 대하여 "."을 빈 문자열 ""으로 대체해보자.

3 대체된 s 문자열을 공백으로 분리한 리스트를 구성해보자.

4 리스트에서 각 원소의 길이가 1보다 큰 원소들만으로 구성된 리스트를 구성해보자.

5 결과 리스트의 원소를 공백 ' '으로 결합하여 문자열을 생성해보자.

6 columns = ['CAT', 'catName', 'Complaints'] 리스트를 생성해보자.

7 columns 리스트의 원소를 공백으로 결합한 문자열을 생성해보자.

8 결과 문자열을 소문자로 바꾸어보자.

9 소문자로 바뀐 문자열을 공백으로 구분한 리스트를 생성해보자.

참고문헌

1. https://docs.python.org/3/tutorial/index.html
2. [KANG-ML]

   강봉주(2019), 파이썬으로 실무에 바로 적용하는 머신러닝, 에이콘출판사
3. [KANG-BASICS]

   강봉주(2020), 파이썬 기반의 AI를 위한 기초수학, 확률 및 통계, 자유아카데미
4. [KANG-AUTOML]

   강봉주(2020), SAS Viya 기반의 실무에 바로 적용하는 AutoML, 자유아카데미
5. [STACK-2021]

   https://insights.stackoverflow.com/survey/2021
6. https://en.wikipedia.org/wiki/List_of_data_structures
7. https://colab.research.google.com/notebooks/markdown_guide.ipynb#scrollTo=5Y3CStVkLxqt
8. https://www.w3schools.com/python/python_operators.asp
9. https://medium.com/swlh/understanding-python-class-42ee41f8c220
10. https://www.geeksforgeeks.org/python-functions/
11. https://docs.python.org/3/reference/datamodel.html
12. https://www.geeksforgeeks.org/namespaces-and-scope-in-python/?ref=gcse

CHAPTER

3

넘파이 이해

01 개요

넘파이(NumPy)는 파이썬의 과학 계산을 위한 가장 기본적인 패키지이다. 다차원 배열(multidimensional array)과 이에 기반한 파생 객체(예: 행렬)를 제공하며 다음과 같은 특징을 갖고 있다.

- 벡터, 행렬 그리고 고차원 배열의 구현
- 배열 기반 계산: 벡터 연산, 높은 효율성, 반복(loop) 제거, 원소별 계산 제거
- 넘파이 패키지: c로 구현, 배열의 처리
- 리스트 형식이지만 동일한 데이터 형과 고정된 크기의 데이터
- 파이썬의 거의 모든 후방(backend) 수치 연산 담당

넘파이 사용을 위해서는 해당 패키지를 호출해야 하며 다음과 같은 구문을 이용한다.

```
import numpy as np
```

이때 np는 일종의 별명이므로 다양한 이름으로 사용해도 되지만, 일반적으로 np를 많이 사용한다.

02 배열 생성

넘파이 배열은 동일한 데이터 유형의 다차원 배열(homogenous multidimensional array)로, 동일한 데이터 유형이 아니어도 생성 가능한 리스트와 같은 배열과는 근본적인 차이가 있다. 넘파이 배열의 데이터 형은 ndarray 클래스이다. 즉, 다차원 배열이다. 이러한 배열의 생성 방법은 다양하지만 기본적으로는 array 함수를 사용한다. 배열이 갖고 있는 다양한 속성들은 ndarray 메소드인 dtype, ndim, shape 등을 통하여 확인할 수 있다.

표 3-1 ndarray 클래스 기본 속성

속성	내용
shape	배열의 각 축의 원소의 개수를 튜플 형으로 반환
size	배열의 전체 원소의 개수를 반환
ndim	배열의 축 또는 차원의 개수를 반환
nbytes	데이터를 저장하기 위한 바이트 수를 반환
dtype	배열의 데이터 형을 반환

표 3-1은 ndarray 클래스의 기본 속성을 정리한 것이다.

넘파이 배열의 생성은 여러 가지 방법이 있으나 간단하게는 순서 열인 리스트나 튜플을 이용한다.

```
# 리스트나 튜플을 이용하여 다차원 배열의 생성
a = np.array([1, 2, 3, 4])
```

```
b = np.array((4, 5, 6, 7))
type(a), a, b
-------------------------------------------------------------------
(numpy.ndarray, array([1, 2, 3, 4]), array([4, 5, 6, 7]))
```

결과를 보면 다차원 배열(numpy.ndarray) 데이터 형임을 알 수 있다. 다차원 배열이므로 1차원 이상의 배열은 어떻게 생성하는지 살펴보자.

```
# 2차원 배열의 생성
x = np.array([[1, 2],
              [3, 4]])
x
-------------------------------------------------------------------
array([[1, 2],
       [3, 4]])
```

리스트는 길이만을 갖고 있지만 넘파이 배열은 길이 외에도 차원(dimension)을 갖고 있다. 차원은 배열의 값을 정의하기 위하여 필요한 축의 개수를 의미한다.

```
# 배열 차원
a = np.array([1, 2, 3, 4])
x = np.array([[1., 2.],
              [3., 4.4]])
a.ndim, x.ndim
-------------------------------------------------------------------
(1, 2)
```

축의 개수는 dim 메소드를 이용한다. x 배열인 경우는 "[["와 같이 2개의 대괄호로 시작함을 알 수 있고 따라서 첫 번째 대괄호를 정의할 수 있는 축(axis)과 두 번째 대괄호를 정의할 수 있는 축이 필요하다. 이런 의미에서 차원이 2라고 한다. 즉, 차원의 수는 다차원 배열이 처음 시작하는 대괄호의 개수이다. 축은 파이썬의 색인과 동일하게 0부터 시작한다. 즉, 축0, 축1, … 또는 0축, 1축, … 과 같이 명명한다.

```
# 배열 모양(shape)
a = np.array([1, 2, 3, 4])
x = np.array([[1., 2.],
              [3., 4.4]])
a.shape, x.shape
```

```
((4,), (2, 2))
```

배열의 모양의 결과는 튜플 데이터 형으로 출력된다. 각 축의 원소의 개수가 배열의 모양(shape)이 된다. 1차원인 경우에 (4,)와 같이 반환되는데, 이는 넘파이 배열이 행(row) 우선임을 알 수 있다.

```
# 배열 원소의 데이터 형
a = np.array([1, 2, 3, 4])
x = np.array([[1., 2.],
              [3., 4.4]])
a.dtype, x.dtype
```

```
(dtype('int64'), dtype('float64'))
```

넘파이 배열의 각 원소는 동일한 데이터 형만을 허락하기 때문에 각 배열은 1개의 데이터 형만을 가질 수 있다. 프로그램에서는 dtype 메소드를 이용하여 데이터 형을 파악하였다. 넘파이 배열 생성 시 데이터 형을 사전에 지정할 수 있다.

표 3-2는 넘파이 배열에서 사용할 수 있는 기본 데이터 형을 정리하였다.

표 3-2 넘파이 기본 데이터 형

데이터 형 범주	데이터 형	내용
int	int8, int16, int32, int64	정수
unit	unit8, unit16, unit32, unit64	비음수(unsigned) 정수
bool	Bool	불(Boolean)
float	float16, float32, float64, float128	실수
complex	complex64, complex128, complex256	복소수

```
# 데이터 형 지정
a = np.array([1, 2, 3, 4], dtype=np.float64)
a, a.dtype
```

```
(array([1., 2., 3., 4.]), dtype('float64'))
```

03 배열 생성자

리스트나 튜플을 이용하지 않고도 배열을 생성하는 다양한 함수, 즉 생성자(constructor)를 이용하여 생성할 수 있다. 즉, array 이외에도 arange, linspace, zeros, ones, identity, empty 등이 있으며 분포에 따른 난수를 발생하는 난수(random) 함수가 있다.

3.1 arange

arange 함수는 arange(start, stop, step) 형식이다. start에서 stop보다 작은 값까지 step만큼의 한걸음으로 값을 생성한다.

```
# start, stop, step 형식으로 구성됨. 단 stop보다 작은 값까지만 유효함
np.arange(0, 10, 2)
```

```
array([0, 2, 4, 6, 8])
```

프로그램에서 arange의 전달인자는 0부터 10 미만까지 2씩 증가하는 배열을 출력하라는 의미이다. 만약 step 값이 없는 경우는 기본값이 1이다.

```
# 정수가 아닌 경우에는 stop보다 작은 값이 아닌 경우가 있음
np.arange(1.5, 2.7, 0.3)
-----------------------------------------------------------------
array([1.5, 1.8, 2.1, 2.4, 2.7])
-----------------------------------------------------------------
# 하나의 값만 있는 경우는 stop 값으로 인식
np.arange(10)
-----------------------------------------------------------------
array([0, 1, 2, 3, 4, 5, 6, 7, 8, 9])
```

3.2 zeros

zeros 함수의 기본 형식은 zeros(shape)이다. 여기서 모양은 튜플 형식으로 지정한다.

```
# 튜플 형식으로 크기를 입력
np.zeros((3,))
-----------------------------------------------------------------
array([0., 0., 0.])
-----------------------------------------------------------------
# 2차원 모양
np.zeros((3, 2))
-----------------------------------------------------------------
array([[0., 0.], [0., 0.], [0., 0.]])
```

2차원 모양을 보면 첫 번째 축의 원소는 3개, 두 번째 축의 원소는 2개이다. 결과를 보면 첫 번째 대괄호의 원소가 3개 있으며 두 번째 대괄호에는 2개가 있다. 그래서 (3, 2)가 되는 것이다.

3.3 ones

ones 함수의 기본 형식은 ones(shape)이다. 여기서 모양은 튜플 형식으로 지정한다.

```
# 1 행렬 (np.ones)
np.ones((3, 4)).astype(np.float)
------------------------------------------------------------
array([[1., 1., 1., 1.],
       [1., 1., 1., 1.],
       [1., 1., 1., 1.]])
```

astype 메소드는 생성된 이후에 데이터 형을 변경하는 메소드로, 적용하는 클래스가 생성된 후 점(.)을 이용하여 바로 적용할 수 있다.

3.4 linspace

linspace는 특정 구간을 균등 구간으로 나누는 값을 반환하는 함수이다. linspace 함수의 기본 형식은 linspace(start, stop, num=50)이다. start에서 stop까지 num개의 등분 값을 생성한다. 즉, start에서 stop까지 num-1 등분을 하고자 할 때 사용한다. num 값을 입력하지 않으면 디폴트로 50-1 등분을 한다.

```
# 시작부터 끝까지 n-1개로 균등하게 나눌 때의 점을 반환
np.linspace(0, 1, 5)
------------------------------------------------------------
array([0.  , 0.25, 0.5 , 0.75, 1.  ])
```

결과를 보면 0에서 1까지 5-1, 즉 4등분을 할 때 각 점을 반환하였다. 4등분이므로 한걸음 길이는 0.25가 된다.

```
# 9등분 예
np.linspace(0, 1, 10).round(4)
----------------------------------------------------------------------
array([0.  , 0.1111, 0.2222, 0.3333, 0.4444, 0.5556, 0.6667, 0.7778, 0.8889, 1.  ])
----------------------------------------------------------------------
# num 생략 결과
np.linspace(1, 10)
----------------------------------------------------------------------
array([ 1.        ,  1.18367347,  1.36734694,  1.55102041,  1.73469388,  1.91836735,
        2.10204082,  2.28571429,  2.46938776,  2.65306122,  2.83673469,  3.02040816,
        3.20408163,  3.3877551 ,  3.57142857,  3.75510204,  3.93877551,  4.12244898,
        4.30612245,  4.48979592,  4.67346939,  4.85714286,  5.04081633,  5.2244898 ,
        5.40816327,  5.59183673,  5.7755102 ,  5.95918367,  6.14285714,  6.32653061,
        6.51020408,  6.69387755,  6.87755102,  7.06122449,  7.24489796,  7.42857143,
        7.6122449 ,  7.79591837,  7.97959184,  8.16326531,  8.34693878,  8.53061224,
        8.71428571,  8.89795918,  9.08163265,  9.26530612,  9.44897959,  9.63265306,
        9.81632653, 10.        ])
```

3.5 full

full의 기본 형식은 full(shape, fill_value)이다.

```
# 특정값 채우기(np.full)
np.full((2, 3), 1)
----------------------------------------------------------------------
array([[1, 1, 1],
       [1, 1, 1]])
```

full 함수의 첫 번째 전달 인자는 모양을, 두 번째 전달 인자는 채우는 값을 의미한다.

3.6 diag

diag의 기본 형식은 diag(v)이다. 여기서 v는 1차원 이상의 배열 또는 유사 배열이다. 유사 배열은 순서가 있는 열인 튜플, 리스트 등이다. v가 1차원 배열이면 v의 원소를 대각으로 하는 2차원 배열이며 나머지 원소의 값은 0으로 채워진다. 이러한 배열을 대각행렬(diagonal matrix)이라 한다. v가 2차원 배열이면 대각 원소로 이루어진 1차원 배열을 구성한다.

```
# 대각 행렬(np.diag)
A = np.diag([1, 2, 3])
A, np.diag(A)
---------------------------------------------------------------
(array([[1, 0, 0],
        [0, 2, 0],
        [0, 0, 3]]),
 array([1, 2, 3]))
---------------------------------------------------------------
# 모양이 (n, n)이 아닌 경우
A = np.array([[0, 1, 2],
              [3, 4, 5]])
np.diag(A)
---------------------------------------------------------------
array([0, 4])
```

3.7 identity, eye

identity, eye의 형식은 eye(n)이다. (n, n) 모양의 배열을 반환하며 대각원소의 값은 모두 1이다. 이러한 배열은 항등행렬(identity matrix)이라 한다.

```
# 항등 행렬
np.identity(3), np.eye(3)
```

```
(array([[1., 0., 0.],
        [0., 1., 0.],
        [0., 0., 1.]]),
 array([[1., 0., 0.],
        [0., 1., 0.],
        [0., 0., 1.]]))
```

3.8 meshgrid

meshgrid의 기본 형식은 meshgrid(x1, x2, …, xk)이다. 여기서 각 x는 축을 구성하는 1차원 배열이다. 가령 meshgrid(x, y)의 결과값은 x의 모든 값에 대하여 y의 모든 값으로 좌표를 구성하고, 구성된 각 격자 점에 대하여 x의 값으로 구성된 2차원 배열 X, 그리고 y의 값으로 구성된 2차원 배열 Y를 반환한다.

```
# 격자점 좌표 행렬 (np.meshgrid)
x = np.arange(1, 3)
y = np.arange(3, 5)
X, Y = np.meshgrid(x, y)
```

```
print(f'x={x}')
print(f'y={y}')
print(f'X={X}')
print(f'Y={Y}')
```

```
x=[1 2]
y=[3 4]
X=[[1 2]
 [1 2]]
Y=[[3 3]
 [4 4]]
```

그림 3-1의 격자 점은 {(1, 3), (2, 3), (1, 4), (2, 4)}이다. 이 점에 대하여 X는 각 점이 x축 좌표값을 표시하며 Y는 대응되는 y축 좌표값을 출력한다.

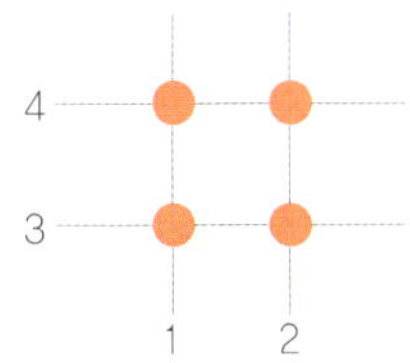

그림 3-1
격자 좌표

3.9 난수

난수(random number)는 random 모듈의 함수를 이용하여 생성한다. seed 함수는 난수를 발생시킬 때 사용하는 씨앗값이며 동일한 씨앗값인 경우에는 난수가 동일하게 발생된다. 프로그램 구성 시에 동일한 결과를 얻고자 하는 경우에는 씨앗값을 지정해주어야 한다.

3.9.1 random.rand

rand 함수의 기본 형식은 rand(do, d1, …)이다. d는 각 축의 크기이다. rand는 0과 1 사이의 임의의 수, 즉 난수를 생성하는 함수이다. 통계학에서는 이를 균등

분포(uniform distribution)의 난수라고 한다.

```
# 난수 발생
np.random.seed(123)
np.random.rand(3)
-----------------------------------------------------------------------
array([0.69646919, 0.28613933, 0.22685145])
```

만약 특정 구간, 예를 들어 (2, 4)에서 난수를 발생시키고자 하는 경우에는 (0, 1) 난수를 발생시킨 후 다음의 예와 같은 변환으로 구성한다.

```
# (2, 4)에서 난수 발생
np.random.seed(123)
z = np.random.rand(5)
x = (4-2)*z + 2
x
-----------------------------------------------------------------------
array([3.39293837, 2.57227867, 2.45370291, 3.10262954, 3.43893794])
```

결과를 보면 2만큼 평행이동하고 각각의 값을 폭 길이만큼 늘려주었다. 2차원 모양의 난수는 다음과 같이 생성한다.

```
# 모양(shape)
np.random.seed(123)
np.random.rand(2, 3)
-----------------------------------------------------------------------
array([[0.69646919, 0.28613933, 0.22685145], [0.55131477, 0.71946897,
0.42310646]])
```

3.9.2 random.randint

rand 함수는 특정 구간에서 실수값을 갖는 난수라고 할 때 randint는 정수값을 갖는 난수를 생성하는 경우에 사용된다. 기본 형식은 randint(low, high, size)이다. low에서 high(미포함)까지의 임의의 정수를 size만큼 발생한다.

```
# np.random.randint: [low, high) 추출
np.random.seed(123)
np.random.randint(0, 10, 5)
-----------------------------------------------------------------
array([2, 2, 6, 1, 3])
-----------------------------------------------------------------
# 모양
np.random.seed(123)
np.random.randint(0, 10, (2, 3))
-----------------------------------------------------------------
array([[2, 2, 6], [1, 3, 9]])
```

3.9.3 random.choice

choice 함수의 기본 형식은 choice(a, size, replace=True)이다. 1차원 배열 a에서 size만큼 복원추출(with replacement)하는 것이다. 복원추출은 추출된 값을 다시 넣어서 선택하는 것이므로 원래 배열의 변화 없이 계속 추출하는 것을 의미한다. 비복원추출(without replacement)은 한 번 추출된 값은 다시 넣지 않으므로 다시 추출되지 않는다.

```
# choice(a, size, replace): 복원추출
np.random.seed(123)
np.random.choice([1, 2, 3], 10)
-----------------------------------------------------------------
array([3, 2, 3, 3, 1, 3, 3, 2, 3, 2])
-----------------------------------------------------------------
```

```
# choice(a, size, replace): 비복원추출
np.random.seed(123)
np.random.choice(np.arange(12), 10, replace=False)
--------------------------------------------------------------
array([ 5, 0, 4, 9, 8, 7, 10, 3, 1, 6])
```

결과를 보면 복원추출은 같은 값이 반복됨을 확인할 수 있다.

3.9.4 random.normal

정규분포에서 난수를 발생시키는 함수는 normal이다. normal 함수의 기본 형식은 normal(loc=0.0, scale=1.0, size)이다. 정규분포는 평균과 표준편차를 모수로 갖는 분포이다. loc은 평균, scale은 표준편차를 의미하는 전달인자이다. 기본값 (0, 1)은 평균이 0이고 표준편차가 1이므로 표준정규분포(standard normal distribution)를 의미한다.

```
# 표준정규분포
np.random.seed(123)
np.random.normal(size=10)
--------------------------------------------------------------
array([-1.0856306 , 0.99734545, 0.2829785 , -1.50629471, -0.57860025,
1.65143654, -2.42667924, -0.42891263, 1.26593626, -0.8667404 ])
--------------------------------------------------------------
# 모양
np.random.seed(123)
np.random.normal(size=(2, 3))
--------------------------------------------------------------
array([[-1.0856306 , 0.99734545, 0.2829785 ], [-1.50629471, -0.57860025,
1.65143654]])
```

만약 평균이 2이고 표준편차가 1인 정규분포에서 난수를 발생시킬 때는 전달인자인 loc, scale 값을 정해주어야 한다.

```
# 평균, 표준편차
np.random.seed(123)
np.random.normal(loc=2, scale=1, size=(2, 3))
```

```
array([[0.9143694 , 2.99734545, 2.2829785 ], [0.49370529, 1.42139975, 3.65143654]])
```

연습 문제

1 1부터 10까지(미포함)의 2걸음 크기의 정수값 배열을 생성해보자.

2 모양이 (3, 4)인 모든 값이 1인 배열을 생성해보자.

3 0과 1 사이를 10등분하고자 할 때 등분값 배열을 생성해보자.

4 표준정규분포에서 크기가 (3,)인 난수 배열을 생성하고 이를 대각원소로 갖는 배열을 생성해보자. 단, 씨앗값은 1이다.

5 크기가 3인 항등행렬을 생성해보자.

6 (0, 1) 구간에서 크기가 3인 실수값 난수 배열을 x라고 할 때 (x, x)로 구성된 격자배열 X, Y를 구해보자. 단, 씨앗값은 123이다.

7 1에서 100까지(미포함)의 정수값 중에서 비복원추출로 10개의 난수 배열을 구성해보자. 단, 씨앗값은 123이다.

8 평균이 10, 표준편차가 3인 정규분포에서 크기가 5인 난수 배열을 생성해보자. 단, 씨앗값은 123이다.

9 다음의 프로그램의 결과로 출력되는 x, y의 값이 동일한 값인지 확인해보고, 그 모양을 비교해보자.

```
np.random.seed(123)
x = np.random.rand(3, 1)
np.random.seed(123)
y = np.random.rand(3)
x, y
```

04 배열 조회

넘파이 배열은 리스트 데이터 형과 동일하게 대괄호([]) 기호를 이용하여 조회할 수 있다.

4.1 1차원 배열

1차원 배열은 한 개의 대괄호를 사용하여 원소의 값을 조회할 수 있다. 리스트와 마찬가지로 0과 양수를 이용하여 순차적으로 정의하는 방법도 있고 음수를 이용하여 정의하는 방법도 있다.

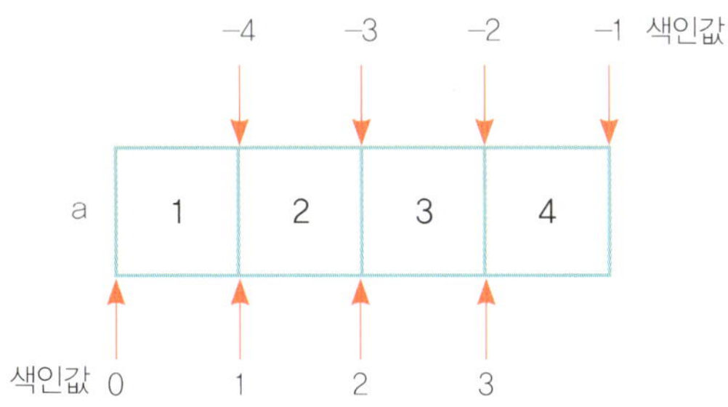

그림 3-2
1차원 배열과 색인

그림 3-2는 넘파이 배열과 색인 값과의 관련성을 도식화한 것이다. 이를 프로그램을 통해 구체적으로 확인해보자.

```
# 배열 원소 가져오기
a = np.array([1,2,3,4])

a[0], a[1], a[-1]
```

```
(1, 2, 4)
```

```
# 배열 원소값 수정하기
a = np.array([1,2,3,4])
a[1] = 0.9
a, a.dtype
```

```
(array([1, 0, 3, 4]), dtype('int64'))
```

결과를 보면 0.9값을 입력했음에도 불구하고 0으로 입력되어 있음을 알 수 있다. 이는 원래 a 배열 원소의 데이터 형이 정수라 입력 시 변환되었기 때문이다. 따라서 원래의 결과를 얻고자 한다면 미리 해당 배열을 실수값으로 전환 후 입력해야 한다.

```
# 배열 데이터 형 변경
a = np.array([1, 2, 3, 4]).astype(np.float64)
a[1] = 0.9
a, a.dtype
```

```
(array([1. , 0.9, 3. , 4. ]), dtype('float64'))
```

```
# 모든 원소값을 하나의 값으로 대체하기
a = np.array([1,2,3,4])
a.fill(-10)
a
```

```
array([-10, -10, -10, -10])
```

4.2 다차원 배열

다차원 배열은 차원의 수가 많다는 것을 의미한다. 하나의 차원, 즉 행만 있는 차원이 아닌 것을 의미한다.

그림 3-3
넘파이 축(차원)

그림 3-3은 1차원, 2차원, 3차원 축에 대한 도식화이다. 축의 색인 값은 0, 1, 2, … 순으로 표현한다. 즉, 1차원은 축 0만 있는 경우이며 2차원은 축 0과 1이 있는 경우이다.

2차원 배열은 행과 열이 있는 배열이다. 즉, 행의 원소가 또 하나의 배열임을 의미하는 것이다. 특히 2차원 배열을 행렬(matrix)이라고 한다. 행렬 중에 특수한 경우, 즉 하나의 축이 1인 경우를 벡터(vector)라고 한다.

```
# 다차원 배열
a = np.array([[1, 2, 3, 4], [5, 6, 7, 8]])
a
```

```
array([[1, 2, 3, 4],
       [5, 6, 7, 8]])
```

다차원 배열은 그림 3-4와 같이 구성된다.

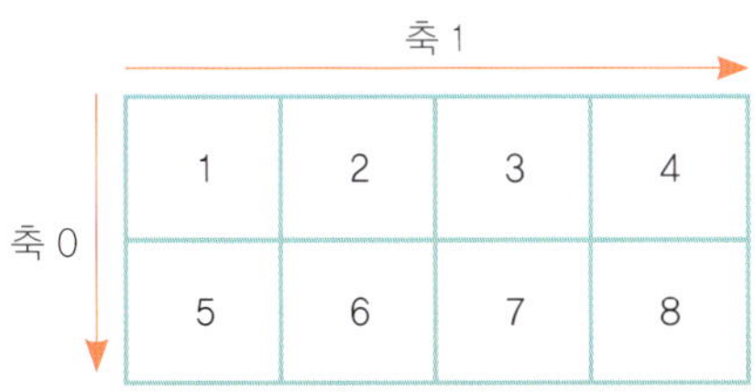

1	2	3	4
5	6	7	8

그림 3-4
넘파이 다차원 배열

축 0에서 보면 [1, 2, 3, 4], [5, 6, 7, 8]인 2개의 원소를 갖고 있다. 즉, 축 0의 길이는 2가 된다. 축 0이 지정되고 난 후, 축 1을 보면 [1, 2, 3, 4]와 같이 4개의 원소를 갖고 있다. 즉, 축 1의 길이는 4가 된다. 다차원 배열이므로 하나의 값을 조회하고자 한다면, a[i, j]와 같은 방식으로 한다. 여기서 i는 차원 0에 대한 색인 값, j는 차원 1에 대한 색인 값을 의미한다.

그림 3-5
넘파이 3차원 배열

그림 3-5는 3차원인 경우에 각각의 차원이 어떻게 구성되는지를 보여준다. 3차원인 경우에는 a[i, j, k] 방식으로 접근할 수 있다.

```
# 색인 값에 의한 원소 가져오기
a = np.array([[1, 2, 3, 4], [5, 6, 7, 8]])

a.shape, a.ndim, a[0,0], a[-1, -1], a[-1]
```

```
((2, 4), 2, 1, 8, array([5, 6, 7, 8]))
```

a[-1]인 경우는 배열이 행 우선이므로 마지막 행을 출력하게 된다.

4.3 배열 조각내기

배열 조각내기(slicing)는 조각을 내서 전체 배열의 부분 영역의 값을 가져오는 것을 말한다. 이는 리스트의 연산과 동일한 구조이다. 조각내기의 일반적인 구조는 다음과 같다.

시작: 끝: 한걸음

이는 각 축에 대하여 시작에서부터 (끝−1)까지 한걸음 단위의 값들을 색인으로 반환한다는 것이다. 예를 들어 "1: 10: 2"는 1부터 9까지 한걸음이 2이므로 {1, 3, 5, 7, 9} 값을 색인으로 반환하게 된다.

시작, 끝, 한걸음은 모두 생략 가능하며 생략 시에는 기본값으로 대체된다. 예를 들어 ":"만 입력한 경우에는 "시작: 끝+1: 1"과 동일한 의미이다. "::"를 입력한 경우도 동일하다. "::2"인 경우는 "시작: 끝+1:2"와 동일한 의미이다.

보폭이 음수인 경우는 모든 것이 뒤로부터 시작된다. 예를 들어 "::−1"은 "−1: −(배열의 길이 + 1): −1"을 의미한다.

조각내기는 각 차원별로 적용이 가능하다. 예를 들어 a[:, 1:3]이라고 하면, 축 0인 경우는 모든 영역이, 축 1인 경우는 1부터 시작하여 2까지 값을 가져오는 것을 의미한다.

```
# 값 하나 가져오기
a = np.arange(10)
a, a[(3,)], a[3]
```

```
(array([0, 1, 2, 3, 4, 5, 6, 7, 8, 9]), 3, 3)
```

```
# a[m:n:p]: 인자 생략
a = np.arange(10)
a, a[:], a[::]
```

```
(array([0, 1, 2, 3, 4, 5, 6, 7, 8, 9]),
 array([0, 1, 2, 3, 4, 5, 6, 7, 8, 9]),
 array([0, 1, 2, 3, 4, 5, 6, 7, 8, 9]))
```

```
# 역 배열
a = np.arange(10)
a[::], a[::-1]
```

```
(array([0, 1, 2, 3, 4, 5, 6, 7, 8, 9]), array([9, 8, 7, 6, 5, 4, 3, 2, 1, 0]))
```

```
# 시작:끝 정의
a = np.arange(10)
a, a[:2], a[3:]
```

```
(array([0, 1, 2, 3, 4, 5, 6, 7, 8, 9]),
 array([0, 1]),
 array([3, 4, 5, 6, 7, 8, 9]))
```

```
# 한걸음(step)
a = np.arange(10)
a, a[::2], a[::-2]
```

```
(array([0, 1, 2, 3, 4, 5, 6, 7, 8, 9]),
 array([0, 2, 4, 6, 8]),
 array([9, 7, 5, 3, 1]))
```

```
# 시작:끝:한걸음
a = np.arange(10)
a, a[1::2]
```

```
(array([0, 1, 2, 3, 4, 5, 6, 7, 8, 9]), array([1, 3, 5, 7, 9]))
```

```
# 보폭이 음수인 경우
a = np.arange(5)
a[::-1], a[-1:-6:-1], a[-2::-1]
----------------------------------------------------------------
(array([4, 3, 2, 1, 0]), array([4, 3, 2, 1, 0]), array([3, 2, 1, 0]))
```

참고로 하나의 조각은 원래 배열을 참조한다. 즉, 새로 생성된 조각 값을 변경하면, 원래 배열의 값도 변경된다. 즉 복사되지 않는다는 것을 의미한다.

```
# 조각 참조
a = np.arange(10)
b = a[:5]

# 값 변경
b[:] = np.zeros(len(b))

# 결과
a, b
----------------------------------------------------------------
(array([0, 0, 0, 0, 0, 5, 6, 7, 8, 9]), array([0, 0, 0, 0, 0]))
```

이처럼 의도하지 않은 결과를 가져올 수 있으므로 이후 배열 조각에 대하여 독립적으로 연산하고자 한다면 copy 메소드를 이용한다.

```
# 조각 참조 방지: copy

# 조각 복사
a = np.arange(10)
b = a[:5].copy()

# 값 변경
```

```
b[:] = np.zeros(len(b))

# 결과
a, b
---------------------------------------------------------------
(array([0, 1, 2, 3, 4, 5, 6, 7, 8, 9]), array([0, 0, 0, 0, 0]))
```

다차원 배열의 조각내기도 1차원 배열과 동일하게 각 축에 적용하면 된다.

```
# 조각내기: 특정 열만 선택하기 1
A = np.array(
    [[ 1,  2,  3,  4,  5],
     [ 6,  7,  8,  9, 10],
     [11, 12, 13, 14, 15],
     [16, 17, 18, 19, 20],
     [21, 22, 23, 24, 25]]
     )
A[:, :2]
---------------------------------------------------------------
array([[ 1,  2],
       [ 6,  7],
       [11, 12],
       [16, 17],
       [21, 22]])
```

프로그램에서 행은 모든 행을 선택하고 열은 ":2"만 선택, 즉 [0, 1] 열만 선택할 것을 명시하였다.

```
# 조각내기: 특정 열만 선택하기 2
A = np.array(
    [[ 1,  2,  3,  4,  5],
```

```
     [ 6,  7,  8,  9, 10],
     [11, 12, 13, 14, 15],
     [16, 17, 18, 19, 20],
     [21, 22, 23, 24, 25]]
     )
A[:, :5:2]
```
```
array([[ 1,  3,  5],
       [ 6,  8, 10],
       [11, 13, 15],
       [16, 18, 20],
       [21, 23, 25]])
```

프로그램에서 행은 모든 행을 선택하고 열은 ":5:2"만 선택, 즉 [0, 2, 4] 열만 선택하도록 하였다.

```
# 조각내기: 특정 행만 선택하기
A = np.array(
    [[ 1,  2,  3,  4,  5],
     [ 6,  7,  8,  9, 10],
     [11, 12, 13, 14, 15],
     [16, 17, 18, 19, 20],
     [21, 22, 23, 24, 25]]
     )
A[:3:2, :]
```
```
array([[ 1,  2,  3,  4,  5],
       [11, 12, 13, 14, 15]])
```

프로그램에서 행은 ":3:2", 즉 [0, 2] 행만 선택하고 열은 모든 열을 선택하도록 하였다.

```
# 조각내기: 특정 행과 열만 선택하기 1
A = np.array(
    [[ 1,  2,  3,  4,  5],
     [ 6,  7,  8,  9, 10],
     [11, 12, 13, 14, 15],
     [16, 17, 18, 19, 20],
     [21, 22, 23, 24, 25]]
     )
A[:2, :2]
```

```
array([[1, 2],
       [6, 7]])
```

프로그램에서 행은 [0, 1] 행의 모든 열의 값을 선택한 후 그중에서 [0, 1] 열을 선택하도록 하였다.

```
# 조각내기: 특정 행과 열만 선택하기 2
A = np.array(
    [[ 1,  2,  3,  4,  5],
     [ 6,  7,  8,  9, 10],
     [11, 12, 13, 14, 15],
     [16, 17, 18, 19, 20],
     [21, 22, 23, 24, 25]]
     )
A[3:, 3:]
```

```
array([[19, 20],
       [24, 25]])
```

[3, 4] 행의 모든 열을 선택한 후 [3, 4] 열을 선택하도록 하였다.

4.4 팬시 색인화

팬시 색인화((fancy indexing)는 색인 자체를 배열로 넘겨주는 것을 의미한다. 배열은 색인 배열이거나, 색인 위치의 논리값(Boolean Value)으로 표현하는 배열이다. 팬시 색인화를 함으로써 한 번에 여러 원소 값을 처리하는 것이 가능하다. 팬시 색인화를 하는 경우에는 원래 배열을 복사하여 처리하므로 값을 변경해도 원래 배열의 값이 변경되지 않는다.

```
# 팬시 색인화: 리스트 이용
a = np.array(
    [[ 1,  2,  3,  4,  5],
     [ 6,  7,  8,  9, 10],
     [11, 12, 13, 14, 15],
     [16, 17, 18, 19, 20],
     [21, 22, 23, 24, 25]]
     )
findex = [0, 2, 4]
a[findex]
-------------------------------------------------------------
array([[ 1,  2,  3,  4,  5],
       [11, 12, 13, 14, 15],
       [21, 22, 23, 24, 25]])
-------------------------------------------------------------
# 팬시 색인화: 배열 이용
a = np.array(
    [[ 1,  2,  3,  4,  5],
     [ 6,  7,  8,  9, 10],
     [11, 12, 13, 14, 15],
     [16, 17, 18, 19, 20],
     [21, 22, 23, 24, 25]]
     )
-------------------------------------------------------------
findex = np.array([0, 2, 4])
```

```
findex = np.array([0, 2, 4])
a[findex]
-----------------------------------------------------------------
array([[ 1,  2,  3,  4,  5],
       [11, 12, 13, 14, 15],
       [21, 22, 23, 24, 25]])
-----------------------------------------------------------------
# 팬시 색인화: 정수 순차열 이용
a = np.array(
    [[ 1,  2,  3,  4,  5],
     [ 6,  7,  8,  9, 10],
     [11, 12, 13, 14, 15],
     [16, 17, 18, 19, 20],
     [21, 22, 23, 24, 25]]
    )
findex = np.arange(4)
a[findex]
-----------------------------------------------------------------
array([[ 1,  2,  3,  4,  5],
       [ 6,  7,  8,  9, 10],
       [11, 12, 13, 14, 15],
       [16, 17, 18, 19, 20]])
-----------------------------------------------------------------
# 논리(Boolean) 배열 예1
a = np.array(
    [[ 1,  2,  3,  4,  5],
     [ 6,  7,  8,  9, 10],
     [11, 12, 13, 14, 15],
     [16, 17, 18, 19, 20],
     [21, 22, 23, 24, 25]]
    )
a > 5, a[a>5]
-----------------------------------------------------------------
(array([[False, False, False, False, False],
        [ True,  True,  True,  True,  True],
```

```
        [ True,  True,  True,  True,  True],
        [ True,  True,  True,  True,  True],
        [ True,  True,  True,  True,  True]]),
 array([ 6,  7,  8,  9, 10, 11, 12, 13, 14, 15, 16, 17, 18, 19, 20, 21, 22,
23, 24, 25]))
```

여기서 a > 5는, a는 배열이고 5는 배열이 아닌 스칼라임에도 불구하고 모든 a의 원소의 값과 5를 비교하는 것을 의미한다. 이는 배열 방송이라고 하는데 다음의 절에서 다루기로 한다. 다만, 이것의 의미는 다음과 같이 비교하는 것이다.

```
# a > 5 의 의미
a = np.array([ 1,  2,  3,  4,  6])
a > np.full(a.shape, 5)
-------------------------------------------------------------------
array([False, False, False, False,  True])
```

프로그램에서는 full 함수를 이용하여 모든 원소의 값이 5인 배열을 생성하였다. 생성된 배열과 비교하고자 하는 a의 배열의 대응되는 각 원소별로 비교하여 그 결과를 출력하였다.

```
# 논리 배열 예2
a = np.arange(10)
bool_mask = np.array([0, 0, 0, 1, 1, 1, 0, 0, 0, 0], dtype=bool)
a, bool_mask, a[bool_mask]
-------------------------------------------------------------------
(array([0, 1, 2, 3, 4, 5, 6, 7, 8, 9]),
 array([False, False, False,  True,  True,  True, False, False, False,
        False]),
 array([3, 4, 5]))
```

bool_mask는 색인값이 3, 4, 5인 경우만 참(True)이기 때문에 색인에 해당하는 값만을 출력하였다.

```
# 팬시 색인화 예: 특정 행과 열
A = np.array(
    [[ 1,  2,  3,  4,  5],
     [ 6,  7,  8,  9, 10],
     [11, 12, 13, 14, 15],
     [16, 17, 18, 19, 20],
     [21, 22, 23, 24, 25]]
     )
A[[0, 1], [0, 3]], A[:2, [0, 3]]
------------------------------------------------------------
(array([1, 9]), array([[1, 4],
        [6, 9]]))
```

프로그램에서 행의 색인은 [0, 1]이며 열의 색인은 [0, 3]이다. 따라서 (0, 0), (1, 3)에 해당하는 2차원 배열의 값을 출력한다. 주의할 사항은 행의 색인을 [0, 1]을 출력하는 ":2"를 사용하는 경우에는 결과값이 틀리다는 것이다. 배열 조각내기는 조각낸 행과 열의 모든 값에 대응되지만 특정 행과 열을 지정하는 경우에는 마치 좌표처럼 하나의 값만을 반환하기 때문이다.

```
# 조각내기와 팬시 색인화 결합 예1
A = np.array(
    [[ 1,  2,  3,  4,  5],
     [ 6,  7,  8,  9, 10],
     [11, 12, 13, 14, 15],
     [16, 17, 18, 19, 20],
     [21, 22, 23, 24, 25]]
     )
A[0:2, [1, 3]]
------------------------------------------------------------
array([[2, 4],
       [7, 9]])
```

행에 대해서는 조각내기 "0:2"를 적용하고 열에는 [1, 3]의 색인 배열을 넘겨주었다.

```
# 조각내기와 팬시 색인화 결합 예2
A = np.array(
    [[ 1,  2,  3,  4,  5],
     [ 6,  7,  8,  9, 10],
     [11, 12, 13, 14, 15],
     [16, 17, 18, 19, 20],
     [21, 22, 23, 24, 25]]
     )
A[:, 1]
```

```
array([ 2,  7, 12, 17, 22])
```

행에 대해서는 조각내기 ":"을 적용하고 열에는 "1"의 팬시 색인 값을 넘겨주었다. 결과는 차원이 1인 배열이 출력되었다.

```
# 조각내기와 팬시 색인화 결합 예3
A = np.array(
    [[ 1,  2,  3,  4,  5],
     [ 6,  7,  8,  9, 10],
     [11, 12, 13, 14, 15],
     [16, 17, 18, 19, 20],
     [21, 22, 23, 24, 25]]
     )
A[:, [1]]
```

```
array([[ 2],
       [ 7],
       [12],
       [17],
       [22]])
```

행에 대해서는 조각내기 ":"을 적용하고 열에는 [1]의 색인 배열을 넘겨주었고 결과는 차원이 2인 배열이 출력되었다. 앞의 예 2와 비교하여 그 차이점이 있다는 것을 알 수 있다.

연습 문제

```
A = np.array(
    [[ 1,  2,  3,  4,  5],
     [ 6,  7,  8,  9, 10],
     [11, 12, 13, 14, 15],
     [16, 17, 18, 19, 20],
     [21, 22, 23, 24, 25]]
     )
```

1 A 행렬을 생성해보자.

2 A의 모양(shape)을 출력해보자.

3 19 값을 추출해보자.

4 조각내기를 이용하여 [[1, 2], [6, 7]] 값을 추출해보자.

5 조각내기를 이용하여 [[19, 20], [24, 25]] 값을 추출해보자.

6 조각내기를 이용하여 [[13, 14], [18, 19]] 값을 추출해보자.

7 조각내기를 이용하여 0축의 첫 번째 행과 두 번째 행을 추출해보자.

8 조각내기를 이용하여 1축의 마지막 열과 마지막 직전 열을 추출해보자.

9 팬시 색인화를 이용하여 0축의 홀수 행을 추출해보자.

10 팬시 색인화를 이용하여 [7, 19] 값을 추출해보자.

11 팬시 색인화를 이용하여 [16, 17, 18, 19, 20, 21, 22, 23, 24, 25] 값을 추출해보자.

05 모양 변경

배열의 모양 변경(reshaping)을 한다는 것은 배열 원소의 개수는 일정하지만 그 모양(shape)을 바꾼다는 것을 의미한다. 주로 reshape, newaxis 메소드 등을 이용한다.

5.1 기본 모양 변경

모양을 변경하는 가장 쉬운 방법은 reshape 함수 또는 메소드를 사용하는 것이다. reshape의 기본 형식은 reshape(a, newshape)이다. 여기서 a는 바꿀 대상인 배열이며 newshape은 새로운 모양을 의미한다. 메소드를 사용하는 경우 a는 자기 자신이므로 새로운 모양만 정의하면 된다.

```
# 모양 변경: 크기 유지
A = np.arange(10)
B = A.reshape(2, 5)
A.size, B.size, A.shape, B.shape, A, B
------------------------------------------------------------
(10,
 10,
 (10,),
 (2, 5),
 array([0, 1, 2, 3, 4, 5, 6, 7, 8, 9]),
 array([[0, 1, 2, 3, 4],
        [5, 6, 7, 8, 9]]))
```

배열 모양의 출력값은 모두 튜플로 표현되며 특별히 1차원 배열인 경우는 (10,)과 같은 형식으로 출력됨을 알 수 있다. 이때 (10,)과 (10, 1)은 데이터 개수가 같아도 모양이 같지 않다는 점을 주의해야 한다.

```
# (n, ) 과 (n, 1)의 모양
A = np.arange(5)
B = A.reshape(len(A), 1)
print(f'Shape={A.shape}')
print(f'{A}')
print(f'Shape={B.shape}')
print(f'{B}')
---------------------------------------------------------------
Shape=(5,)
[0 1 2 3 4]
Shape=(5, 1)
[[0]
 [1]
 [2]
 [3]
 [4]]
```

reshape 메소드를 사용할 때 전달인자 값으로 −1을 넘겨주는 경우가 있다. 이는 해당 축의 길이는 나머지 모양을 결정한 후 전체 데이터 개수와 동일하게 구성하라는 의미이다. 주의할 점은 전달인자로서 −1은 한 번만 사용할 수 있다는 것이다.

```
# 모양 구성: -1 사용하기
A = np.arange(2*2*3).reshape(2, 2, 3)
A = A.reshape(-1, 1, 2)
A
---------------------------------------------------------------
array([[[ 0,  1]],
       [[ 2,  3]],
```

```
        [[ 4,  5]],
        [[ 6,  7]],
        [[ 8,  9]],
        [[10, 11]]]])
```

원래 모양은 2*2*3이지만 축 1과 축 2의 길이를 각각 1, 2로 지정하여 전체 데이터 개수는 12개이므로 축 0의 길이는 6이 된다.

5.2 1차원 배열 만들기

기존 모양이 어떻게 생기든 상관없이 1차원 배열, 즉 축 0으로만 구성된 배열은 flatten, ravel 메소드를 사용한다.

```
# 1차원 배열 만들기
A = np.arange(2*5).reshape(2, 5)
a = A.flatten()
print(f'A={A}')
print(f'a={a}')
------------------------------------------------------------
A=[[0 1 2 3 4]
 [5 6 7 8 9]]
a=[0 1 2 3 4 5 6 7 8 9]
```

flatten 메소드를 이용하여 1차원 배열로 변환하였다. 주의할 사항은 축 순서대로 1차원 배열을 구성한다는 것이다. 즉, 축 0, 축 1, 축 2, … 과 같은 순서로 구성된다는 의미이다.

```
# 1차원 배열의 순서
A = np.arange(2*3*4).reshape(2, 3, 4)
a = A.flatten()
print(f'A={A}')
print(f'a={a}')
-----------------------------------------------------------------------
A=[[[ 0  1  2  3]
  [ 4  5  6  7]
  [ 8  9 10 11]]

 [[12 13 14 15]
  [16 17 18 19]
  [20 21 22 23]]]
a=[ 0  1  2  3  4  5  6  7  8  9 10 11 12 13 14 15 16 17 18 19 20 21 22 23]
```

뷰(view)를 만든다는 것은 A, a가 서로 연결되어 참조된다는 것을 의미하며 한쪽의 값이 변경되면 다른 쪽도 값이 변경되는 것을 의미한다.

```
# 1차원 뷰 배열 만들기
A = np.arange(2*5).reshape(2, 5)
a = A.ravel()
a[-1] = 100
A, a
-----------------------------------------------------------------------
(array([[  0,   1,   2,   3,   4],
        [  5,   6,   7,   8, 100]]),
 array([  0,   1,   2,   3,   4,   5,   6,   7,   8, 100]))
```

5.3 축 제거 및 생성

reshape 메소드를 이용하여 축을 생성하거나 제거할 수도 있지만 특별한 경우에 이를 대체하는 메소드가 있다.

```
# 길이가 1인 차원 제거
A = np.arange(1*1*10).reshape(1, 1, 10)
c = np.squeeze(A)
A, c
-----------------------------------------------------------------
(array([[[0, 1, 2, 3, 4, 5, 6, 7, 8, 9]]]),
 array([0, 1, 2, 3, 4, 5, 6, 7, 8, 9]))
```

결과를 보면 squeeze 메소드를 이용하여 길이가 1인 축이 전부 사라지고 축 0만 남은 1차원 배열이 되어 있음을 알 수 있다. 이와는 반대로 길이가 1인 축을 추가하는 방법을 알아보자.

```
# 길이가 1인 차원 추가
a = np.arange(5)

# 축0 추가
A = np.expand_dims(a, axis=0)
a, A
-----------------------------------------------------------------
(array([0, 1, 2, 3, 4]), array([[0, 1, 2, 3, 4]]))
```

길이가 1인 축을 추가하는 또 다른 방법은 넘파이 상수(constant)인 newaxis를 사용하는 것이다.

```
# 차원 추가하는 다른 방법
a = np.arange(5)

# 축1 추가: 열 벡터 구성
a[:, np.newaxis]
```

```
array([[0],
       [1],
       [2],
       [3],
       [4]])
```

```
# 차원 추가하는 다른 방법
a = np.arange(5)


# 축0 추가: 행 벡터 구성
a[np.newaxis, :]
```

```
array([[0, 1, 2, 3, 4]])
```

5.4 행과 열 바꾸기

배열의 행과 열을 바꾸는 것을 전치(transpose)라고 한다. 이는 "transpose" 또는 "T" 메소드를 이용한다. 2차원 배열은 전치(transpose)를 하게 되면 (i, j) 원소가 전치된 배열의 (j, i)로 변경된다. 예를 들어 A 배열의 (1, 2) 원소의 값이 5이면 이는 전치된 행렬의 (2, 1) 원소의 값이다.

transpose의 형식은 transpose(a, axes)이다. a는 대상 배열이며 axes는 전치변환 규칙을 의미한다. 기본값은 axes=range(a.ndim)[::-1]이다. 즉, 만약

축이 3개라면 차원은 3이 되고 axes=[2, 1, 0]이 된다. 이를 기준으로 하여 전치변환을 보면 axes[0]=2이므로 변환된 축 0은 a의 축 2를 의미한다. 따라서 a[i, j, k] 원소는 전치된 배열의 [k, j, i] 원소가 된다.

```
# 배열의 전치(transpose)
A = np.arange(2*3).reshape(2, 3)
B = A.T
print(f'A={A}, A.shape={A.shape}')
print(f'B={B}, B.shape={B.shape}')
```

```
A=[[0 1 2]
 [3 4 5]], A.shape=(2, 3)
B=[[0 3]
 [1 4]
 [2 5]], B.shape=(3, 2)
```

```
# 2차원 이상의 배열의 전치
C = np.arange(2*3*4).reshape(2, 3, 4)
C.shape, C.T.shape, C[1, 2, 3], C.T[3, 2, 1]
```

```
((2, 3, 4), (4, 3, 2), 23, 23)
```

연습 문제

A = array([[[0, 1], [2, 3], [4, 5]], [[6, 7], [8, 9], [10, 11]]])

1 A 배열을 생성해보자.

2 A 배열의 모양과 크기를 출력해보자.

3 A의 모양을 (3, 2, 1)로 변경해보자. 변경이 안 되는 경우 그 이유를 설명해보자.

4 A의 모양을 (3, 2, 2)로 변경해보자.

5 A를 1차원 배열로 구성해보자.

6 A.reshape(-1, 2, 3)으로 구성했을 때 축 0의 원소의 개수는 얼마인가?

7 A를 1차원 배열로 구성한 후 축 1을 추가해보자.

8 A[i, j, k]를 전치 변환된 행렬 B의 [j, i, k] 원소로 대응시키는 전치 변환 배열을 구한 후 A[1, 0, 1]의 값과 B[0, 1, 1] 값을 비교해보자.

06 배열 쌓기

배열 쌓기(stacking)는 원하는 축으로 쌓을 수 있는 배열을 추가하는 것이다. 쌓을 수 있다는 것은 쌓는 방향으로 모양(shape)이 동일해야 한다는 의미이다. 주로 vstack, hstack, dstack, concatenate 함수와 클래스 r_, c_을 사용한다.

6.1 vstack, r_

vtack은 수직으로, 즉 축 0으로 배열을 쌓기 위한 함수이다. 기본 형식은 vstack(tup)이다. 여기서 tup은 대상 배열 이름을 튜플 또는 리스트로 명시한다.

```
# 0 축에 배열 쌓기
a = np.arange(5)
b = np.arange(5, 10)
c = np.vstack((a, b))
a, b, c
```

```
(array([0, 1, 2, 3, 4]), array([5, 6, 7, 8, 9]),
array([[0, 1, 2, 3, 4],
       [5, 6, 7, 8, 9]]))
```

a 배열과 b 배열은 0 축을 제외한 모양이 동일하기 때문에 쌓을 수 있다. vstack

함수에서 전달인자는 튜플 또는 리스트 형식임을 주의해야 한다. vstack 함수와 동일하게 첫 번째 축, 즉 0 축에 대하여 쌓는 클래스로 r_가 있다. r_은 함수가 아니며 연결하고자 하는 배열을 명시할 때는 대괄호를 이용한다.

```
# np.r_
a = np.arange(2*5).reshape((2, 5))
b = np.arange(2*5).reshape((2, 5))
np.r_[a, b], np.vstack((a, b))
```

```
(array([[0, 1, 2, 3, 4],
        [5, 6, 7, 8, 9],
        [0, 1, 2, 3, 4],
        [5, 6, 7, 8, 9]]),
 array([[0, 1, 2, 3, 4],
        [5, 6, 7, 8, 9],
        [0, 1, 2, 3, 4],
        [5, 6, 7, 8, 9]]))
```

쌓을 수 있는 배열의 몇 가지 예를 살펴보자.

```
# 쌓을 수 있는 배열
a = np.arange(5)
b = np.array([1]*5)
c = np.vstack((a, b))
a, b, c
```

```
(array([0, 1, 2, 3, 4]), array([1, 1, 1, 1, 1]),
array([[0, 1, 2, 3, 4],
       [1, 1, 1, 1, 1]]))
```

a 배열과 이어서 쌓기 위해서는 형식, 즉 쌓은 축으로 모양이 동일해야 한다.

```
# 2차원 배열 쌓기
a = np.arange(2*3).reshape(2, 3)
b = a
c = np.vstack((a, b))
c, a.shape, b.shape, c.shape
```

```
(array([[0, 1, 2],
        [3, 4, 5],
        [0, 1, 2],
        [3, 4, 5]]),
(2, 3), (2, 3), (4, 3))
```

6.2 hstack, c_

두 번째 축, 즉 1축에 대하여 배열을 쌓고자 하는 경우에는 hstack 함수 또는 c_ 클래스를 사용한다.

```
# 1축에 배열 쌓기: 1차원 배열
a = np.arange(5)
b = np.arange(5, 10)
c = np.hstack((a,b))
a, b, c, a.shape, c.shape
```

```
(array([0, 1, 2, 3, 4]),
 array([5, 6, 7, 8, 9]),
 array([0, 1, 2, 3, 4, 5, 6, 7, 8, 9]),
 (5,),
 (10,))
```

```
# 3차원 배열: 1축으로 쌓기
a = np.arange(2*3*4).reshape(2, 3, 4)
b = a
c = np.hstack((a,b))
a, c, c.shape
```

```
(array([[[ 0,  1,  2,  3],
         [ 4,  5,  6,  7],
         [ 8,  9, 10, 11]],

        [[12, 13, 14, 15],
         [16, 17, 18, 19],
         [20, 21, 22, 23]]]),
array([[[ 0,  1,  2,  3],
         [ 4,  5,  6,  7],
         [ 8,  9, 10, 11],
         [ 0,  1,  2,  3],
         [ 4,  5,  6,  7],
         [ 8,  9, 10, 11]],

        [[12, 13, 14, 15],
         [16, 17, 18, 19],
         [20, 21, 22, 23],
         [12, 13, 14, 15],
         [16, 17, 18, 19],
         [20, 21, 22, 23]]]),
 (2, 6, 4))
```

결과를 보면 2축의 크기만 2배임을 알 수 있다.

6.3 dstack

2축에 배열을 쌓는 경우에는 dstack 함수를 사용한다.

```
# 2축에 배열 쌓기
a = np.arange(2).reshape(1, 2, 1)
b = np.arange(2, 2+2).reshape(1, 2, 1)
c = np.dstack((a,b))
a, b, c, a.shape, c.shape
```

```
(array([[[0], [1]]]), array([[[2], [3]]]), array([[[0, 2], [1, 3]]]), (1, 2,
1), (1, 2, 2))
```

결과를 보면 2축의 크기만 2배임을 알 수 있다.

6.4 concatenate

임의의 축에 대하여 배열을 쌓고자 하는 경우에는 concatenate 함수를 사용한다. 기본 형식은 concatenate(arrays, axis=None)이다. 여기서 arrays는 튜플 형식으로 배열을 지정하며, axis는 기본값이 0이고 해당 축을 따라서 배열을 쌓는다는 것을 지정한다.

```
# 배열 쌓기: concatenate, 0축
a = np.arange(1*3).reshape(1, 3)
b = np.arange(2*3).reshape(2, 3)
c = np.concatenate((a, b), axis=0)
```

```
c, a.shape, b.shape, c.shape
```

```
(array([[0, 1, 2],
        [0, 1, 2],
        [3, 4, 5]]), (1, 3), (2, 3), (3, 3))
```

```
# 배열 쌓기: concatenate, 1축
a = np.arange(2*3).reshape(2, 3)
b = np.arange(2*2).reshape(2, 2)
c = np.concatenate((a, b), axis=1)
c, a.shape, b.shape, c.shape
```

```
(array([[0, 1, 2, 0, 1],
        [3, 4, 5, 2, 3]]), (2, 3), (2, 2), (2, 5))
```

각각의 경우에서 보듯이 해당 축으로 쌓기 위해서는 해당 축을 제외한 모양이 동일해야 한다.

연습 문제

A = [[0 1 2], [3 4 5]], B=[[0 1 2]], C=[[0], [1]]

1 A, B, C 배열을 생성하고 각각의 모양을 확인해보자.

2 A와 0축으로 쌓을 수 있는 배열을 선택하고 쌓은 후 결과를 확인해보자.

3 A와 1축으로 쌓을 수 있는 배열을 선택하고 쌓은 후 결과를 확인해보자.

4 a = np.arange(5), b = np.arange(5, 10)에 대하여 0축 쌓기와 1축 쌓기를 해보자.

5 a = np.arange(1*2*3).reshape(1, 2, 3), b = np.arange(3*2*1).reshape(3, 2, 1)에 대하여 2축 쌓기가 가능한지 확인해보자. 만약 쌓을 수 없다면 이유는 무엇인가?

07 배열 축과 집계

배열의 축은 생성되는 순서, 즉 참조되는 순서에 의하여 결정되며, 축은 0부터 시작된다. 이러한 축 개념을 이용하면 다차원 배열에 대하여 다양한 방향으로 요약 또는 함수 계산 등을 할 수 있다.

그림 3-6 배열 축 예시

가령 2차원 배열 3×4인 a에 대하여 `np.sum(a, axis=0)`은 0 축을 따라서 합을 구하는 것이기 때문에 해당 축은 사라지고 (4,)인, 즉 열별로 합이 나오게 된다. 만약 행별로 합을 구하고자 한다면, `np.sum(a, axis=1)`와 같이 입력한다. 다음은 넘파이 배열에 대한 집계함수 표이다.

표 3-3 넘파이 집계함수

넘파이 함수	내용	내용
np.mean	평균 값 반환	
np.std	표준편차 값 반환	나누는 값을 지정하는 경우에는 전달 인자 ddof 이용
np.var	분산 값 반환	
np.sum	합계 값 반환	

np.prod	배열의 모든 원소의 곱 값 반환	
np.cumsum	누적합 값 반환	결과 배열의 위치별로 누적 값 반환
np.cumprod	누적곱 값 반환	결과 배열의 위치별로 누적 값 반환
np.min	최솟값 반환	
np.max	최댓값 반환	
np.median	중간값 반환	
np.quantile	분위수 값 반환	백분위를 지정하는 전달인자 q값을 지정해야 함
np.argmin	최솟값을 주는 색인 값 반환	
np.argmax	최댓값을 주는 색인 값 반환	
np.all	배열의 모든 원소의 값이 0이 아니면 참 값을 반환	
np.any	배열의 원소의 값 중 하나라도 0이 아니면 참 값을 반환	

```
# 축을 명시하지 않으면, 전체의 합이 나옴
a = np.arange(2*5).reshape((2, 5))
a, a.sum()
```

```
(array([[0, 1, 2, 3, 4],
        [5, 6, 7, 8, 9]]), 45)
```

```
# 0축을 따라서 합을 구함. 모든 열별로 합이 나옴
a = np.arange(2*5).reshape((2, 5))
c = a.sum(axis=0)
a, c, c.shape
```

```
(array([[0, 1, 2, 3, 4],
        [5, 6, 7, 8, 9]]),
array([ 5,  7,  9, 11, 13]),
(5,))
```

```
# 1축을 따라서 합을 구함. 모든 행별로 합이 나옴
a = np.arange(2*5).reshape((2, 5))
c = a.sum(axis=1)
a, c, c.shape
```

```
(array([[0, 1, 2, 3, 4],
        [5, 6, 7, 8, 9]]),
array([10, 35]),
(2,))
```

기본 집계함수는 합, 평균, 표준편차 등을 의미한다. 각각의 결과는 축을 따라 집계된 결과를 보여준다. 표준편차를 구하는 경우에는 분모를, 데이터 건수로 나누는 경우에는 ddof=0 옵션을 사용하고 데이터 건수−1을 사용하는 경우에는 ddof=1을 명시한다.

```
# 기본 집계함수
a = np.arange(2*5).reshape((2, 5))
a, a.sum(axis=0), a.mean(axis=0), a.std(axis=0, ddof=0)
```

```
(array([[0, 1, 2, 3, 4],
        [5, 6, 7, 8, 9]]),
 array([ 5,  7,  9, 11, 13]),
 array([2.5, 3.5, 4.5, 5.5, 6.5]),
 array([2.5, 2.5, 2.5, 2.5, 2.5]))
```

분위수 함수는 데이터를 크기 순서대로 나열했을 때 몇 %에 해당하는 데이터 값인지 구하는 함수이다. 중간값(median)은 전체 데이터의 50%에 해당하는 데이터를 의미한다. 분위수 함수를 일반적으로 구하는 경우에는 `quantile` 함수를 이용한다. `quantile` 함수의 형식은 `quantile(a, q, axis=None)`이다. 여기서 a는 배열이고 q는 배열 형식의 0과 1 사이의 실수값으로 확률 값을 지정한다. 예를 들어 확률 75%에 대응하는 분위수를 구하고자 하면 q=0.75값을 입력하며 25%, 50%, 75%에 대응하는 분위수를 구하려면 q=[0.25, 0.5, 0.75]를 입력해야 한다.

```
# 분위수 함수
a = np.arange(2*5).reshape((2, 5))
a.min(axis=1), a.max(axis=1), np.median(a, axis=1), np.quantile(a, q=0.5, axis=1)
```

```
(array([0, 5]), array([4, 9]), array([2., 7.]), array([2., 7.]))
```

연습 문제

```
# 데이터 생성
np.random.seed(1234)
a = np.random.normal(size=10).reshape(5, 2)
b = np.arange(5)[:, np.newaxis]
c = np.hstack((a, b))
```

1 c 배열에 대하여 0축을 따라서 합, 평균값을 구해보자.

2 c 배열에 대하여 1축을 따라서 합, 평균값을 구해보자.

3 c 배열의 모든 열에 대하여 25%, 75% 확률에 대응하는 분위수를 구해보자.

08 배열 연산

배열의 연산은 배열과 배열의 어떤 연산이 가능하고 어떻게 실행되는지를 정의한 것이다. 넘파이 배열의 연산은 각각 대응하는 원소별 연산이 실행된다는 점이 가장 큰 특징이다. 따라서 일반적인 프로그램에서 사용하는 for문의 사용을 상당 부분 해소해준다.

8.1 산술 연산

산술 연산은 흔히 알고 있는 사칙 연산을 의미한다. 예를 통하여 살펴보기로 하자.

```
# 원소별 덧셈
x = [1,2,3,4]
y = [10,20,30,40]

a = np.array(x)
b = np.array(y)
```

```
x + y, a + b
```

```
([1, 2, 3, 4, 10, 20, 30, 40], array([11, 22, 33, 44]))
```

결과를 보면 리스트의 덧셈은 리스트가 추가되지만 배열은 원소별로 합한 결과가 출력된다. 넘파이 배열의 표현식을 보면 마치 수학의 벡터처럼 자동으로 원소별 합의 결과를 출력하고 있음을 알 수 있다. 이런 의미에서 벡터 표현식(vectorized expression)이라고 할 수 있다.

```
# 원소별 곱셈
a = np.array([1, 2])
b = np.array([3, 4])
a * b
-------------------------------------------------------------------
array([3, 8])
-------------------------------------------------------------------
# 원소별 뺄셈
a = np.array([1, 2])
b = np.array([3, 4])
a - b
-------------------------------------------------------------------
array([-2, -2])
-------------------------------------------------------------------
# 원소별 나누기
a = np.array([1, 2])
b = np.array([3, 4])
a/b
-------------------------------------------------------------------
array([0.33333333, 0.5        ])
-------------------------------------------------------------------
# 원소별 정수 나누기: 결과값을 넘지 않는 최대 정수
a = np.array([2, 5])
b = np.array([3, 4])
b//a
-------------------------------------------------------------------
array([1, 0])
-------------------------------------------------------------------
# 원소별 거듭제곱
```

```
a = np.array([1, 2])
b = np.array([3, 4])
a**b
-----------------------------------------------------------------
array([ 1, 16])
```

넘파이 산술 연산을 위한 연산자는 다음과 같이 정리할 수 있다.

표 3-4 넘파이 산술 연산

연산자	연산
+, +=	더하기
*, *=	곱하기
-, -=	빼기
/, /=	나누기
//, //=	정수 나누기
**, **=	거듭제곱

8.2 배열 방송

배열 방송(broadcasting)은 두 개의 배열 모양이 맞지 않음에도 불구하고 작은 모양의 배열이 큰 배열의 모양에 맞추기 위하여 동시에 해당 배열이 필요한 곳곳에 던져지는(casting) 것을 의미한다. 하나의 내용이 곳곳에 방송되는 셈이다. 이때 작은 모양의 배열이 복사 없이 진행되므로 자원 효율적이다. 예를 들어보자. 4×3 크기의 배열이 있다고 한다면, 1×3, 4×1 방송이 가능하다. 그러나 2×3은 방송이 불가능하다. 왜냐하면 해당 배열을 좌우 1칸씩 이동하면 큰 배열을 중첩하여 덮을 수 있기 때문이다.

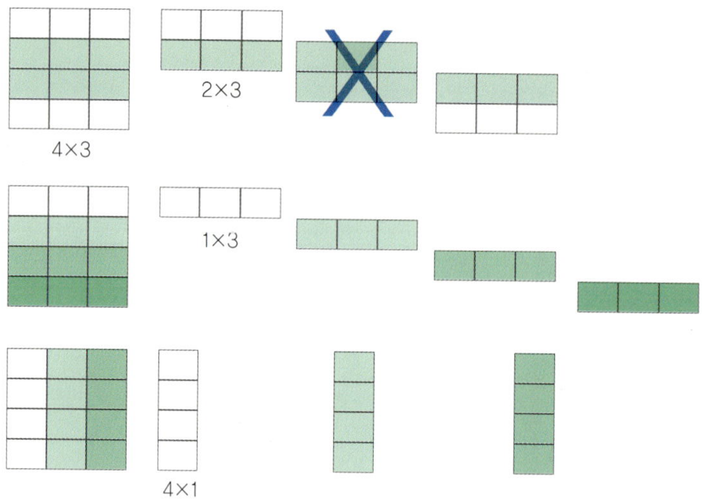

그림 3-7
배열 방송 구조

그림 3-7에서 2×3인 경우에는 1칸씩 움직여서 서로 겹치지 않게 덮을 수 없다.

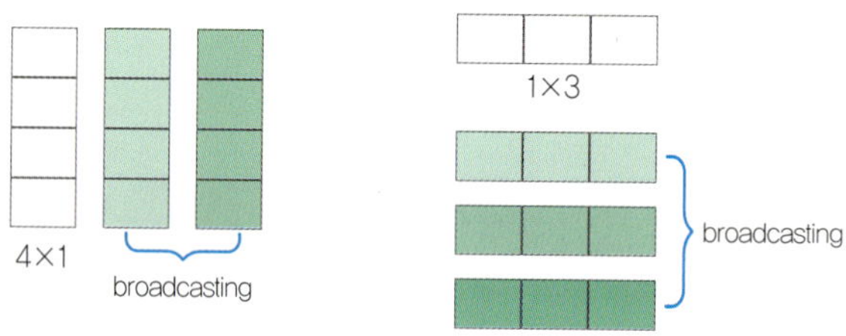

그림 3-8
배열 방송의 예

```
# 배열 + 스칼라
a = np.arange(5)
b = 1
a, b, a + b
```

```
(array([0, 1, 2, 3, 4]), 1, array([1, 2, 3, 4, 5]))
```

```
# 2차원 배열 + 스칼라
a = np.arange(2*3).reshape(2, 3)
b = 1
a, b, a + b
```

```
(array([[0, 1, 2],
        [3, 4, 5]]),
1,
array([[1, 2, 3],
        [4, 5, 6]]))
```

```
# 2차원 배열 + 1차원 배열: 0 축
a = np.arange(2*3).reshape(2, 3)
b = np.ones(3)
a, b, a + b
```

```
(array([[0, 1, 2],
        [3, 4, 5]]),
array([1., 1., 1.]),
array([[1., 2., 3.],
        [4., 5., 6.]]))
```

```
# 2차원 배열 + 1차원 배열: 1축
a = np.arange(2*3).reshape(2, 3)
b = np.ones(2)[:, np.newaxis]
a, b, a + b
```

```
(array([[0, 1, 2],
        [3, 4, 5]]),
array([[1.],
        [1.]]),
array([[1., 2., 3.],
        [4., 5., 6.]]))
```

```
# 2차원 배열 * 1차원 배열
a = np.arange(2*3).reshape(2, 3)
```

```
b = np.arange(3)
a, b, a * b
```

```
(array([[0, 1, 2],
        [3, 4, 5]]),
array([0, 1, 2]),
array([[ 0,  1,  4],
        [ 0,  4, 10]]))
```

```
# 배열 방송 불가
a = np.arange(4*3).reshape(4, 3)
b = np.arange(2*3).reshape(2, 3)
a + b
```

```
ValueError: operands could not be broadcast together with shapes (4,3) (2,3)
```

8.3 원소별 함수

배열을 벡터처럼 취급하여 벡터 연산을 하듯이 수학 함수도 각 원소별로 적용하여 결과값을 출력한다.

8.3.1 수학 함수

수학 함수를 예를 통하여 살펴보기로 하자.

```
# 삼각함수: sin
theta = np.array([0, 1/6, 1/3, 1/2, 1, 2])*np.pi
theta.round(3), np.sin(theta).round(3)
```

```
(array([0.    , 0.524, 1.047, 1.571, 3.142, 6.283]),
 array([ 0.    ,  0.5  ,  0.866,  1.    ,  0.    , -0.   ]))
```

프로그램에서 np.pi는 넘파이 상수이며 원주율(π) 상수를 의미한다. round(k) 메소드는 소수점 k자리 이하는 반올림하는 함수이다.

```
# 삼각함수의 역함수
theta = np.array([0, 1/6, 1/3, 1/2, 1, 2])*np.pi
y = np.sin(theta)
x = np.arcsin(y)
x.round(3), theta.round(3)
```

```
(array([ 0.    ,  0.524,  1.047,  1.571,  0.    , -0.   ]),
 array([0.    , 0.524, 1.047, 1.571, 3.142, 6.283]))
```

삼각함수의 역함수는 arc 접두사를 사용한다. 즉, arcsin, arccos, arctan 등이 된다.

```
# 쌍곡탄젠트: hyperbolic tangent
x = np.linspace(-1, 1, 10)
y = np.tanh(x)
a = np.exp(x)
b = np.exp(-x)
y2 = (a-b)/(a+b)
y.round(3), y2.round(3)
```

```
(array([-0.762, -0.651, -0.505, -0.322, -0.111,  0.111,  0.322,  0.505,
         0.651,  0.762]),
 array([-0.762, -0.651, -0.505, -0.322, -0.111,  0.111,  0.322,  0.505,
         0.651,  0.762]))
```

쌍곡(hyperbolic) 함수 중에 쌍곡탄젠트 함수이다. $\tanh(x) = \frac{e^x - e^{-x}}{e^x + e^{-x}}$이다. exp 함수는 자연상수(오일러 수)인 e를 밑으로 하는 지수함수이다.

```
# 로그 함수: 자연 로그
x = np.linspace(0.1, 0.9, 5)
y = np.log(x)
y.round(3)
-------------------------------------------------
array([-0.105, -0.357, -0.693, -1.204, -2.303])
```

log 함수는 자연상수를 밑으로 한다. 만약 밑이 자연상수가 아닌 경우에는 $\log_a(x) = \frac{\log(x)}{\log(a)}$ 식을 사용하여 계산한다.

```
# 밑이 2인 경우: 자연 로그와 변환식 이용
x = np.linspace(0.1, 0.9, 5)
log2_Y = np.log(x)/np.log(2)
log2_Y.round(3), np.log2(x).round(3)
-------------------------------------------------
(array([-3.322, -1.737, -1.   , -0.515, -0.152]),
 array([-3.322, -1.737, -1.   , -0.515, -0.152]))
```

특별히 밑이 2 또는 10인 경우에는 log2, log10 함수를 사용한다.

표 3-5는 기초 수학 함수를 정리한 것이다.

표 3-5 수학 함수

넘파이 함수	내용
np.sin, np.cos, np.tan	삼각함수
np.arcsin, np.arccos, np.arctan	역 삼각함수
np.sinh, np.cosh, np.tanh	쌍곡 삼각함수
np.arcsinh, np.arccosh, np.arctanh	역 쌍곡 삼각함수
np.sqrt	제곱근 함수
np.exp	지수 함수
np.log, np.log2, np.log10	로그 함수

8.3.2 논리 배열과 조건 표현식

특정 조건을 만족할 때만 연산을 수행하는 경우가 있다. 대표적으로 팬시 색인화에서 다루었던 논리 배열을 이용하는 경우이다. 많이 사용되는 함수는 where이다. 예를 통하여 살펴보기로 하자.

```
# 논리 배열: 논리값을 갖는 배열
x = np.arange(-5, 5)
x, x > 0, x[x>0]
------------------------------------------------------------------
(array([-5, -4, -3, -2, -1,  0,  1,  2,  3,  4]),
 array([False, False, False, False, False, False,  True,  True,  True,
         True]),
 array([1, 2, 3, 4]))
```

x>0에 대한 논리 배열의 결과를 보면 모든 원소를 0값과 비교하여 각 원소에 대한 참/거짓을 출력해준다. 따라서 x>0은 팬시 인덱스 역할을 하며 x[x>0]은 x>0의 결과가 참인 원소값만 반환해준다.

```
# 논리 배열 연산
x = np.arange(-5, 5)
(x>0).sum(),  1 * (x>0)
------------------------------------------------------------------
(4, array([0, 0, 0, 0, 0, 0, 1, 1, 1, 1]))
```

논리 배열에서 참/거짓은 1/0과 같이 숫자로 생각하여 연산이 수행된다.

```
# 논리 합, 논리 곱: |, &
x = np.arange(-5, 5)
logical_or = (x > 0) | (x > 1)
logical_and = (x > 0) & (x > 1)
logical_or, logical_and
----------------------------------------------------------------------
(array([False, False, False, False, False, False,  True,  True,  True,
         True]),
 array([False, False, False, False, False, False, False,  True,  True,
         True]))
```

논리 합과 곱을 정의하는 연산자는 |, &이다.

```
# 논리 배열의 결과를 이용한 조건 표현식: np.where
x = np.arange(-5, 5)
x , np.where(x>0, 'x>0', 'x<=0')
----------------------------------------------------------------------
(array([-5, -4, -3, -2, -1,  0,  1,  2,  3,  4]),
 array(['x<=0', 'x<=0', 'x<=0', 'x<=0', 'x<=0', 'x<=0', 'x>0', 'x>0',
        'x>0', 'x>0'], dtype='<U4'))
```

논리 배열의 결과를 이용하여 새로운 배열을 정리해보았다.

논리 배열과 관련된 함수는 표 3-6에 정리하였다.

표 3-6 조건 및 논리 표현식

넘파이 함수 또는 연산자	내용
|, np.logical_or	논리 합
&, np.logical_and	논리 곱
np.nonzero	0이 아닌 원소의 색인번호 출력
np.where	논리 배열의 결과에 따라 값 선택하기

8.4 집합 연산

배열 각각의 원소별 연산이 아닌 배열의 원소들로 구성된 집합에 대한 연산을 수행할 수 있다.

```
# 집합 연산: 유일(unique) 원소 찾기
x = np.hstack(([1]*3, [0]*5)).reshape(2, 4)
x, np.unique(x)
```

```
(array([[1, 1, 1, 0],
        [0, 0, 0, 0]]), array([0, 1]))
```

주어진 배열의 모든 원소로 집합을 구성하고 유일한 원소를 찾기 위해서는 unique 함수를 이용한다.

```
# 집합 연산: 포함여부 파악하기
x = np.arange(3*3)
x, np.in1d(np.array([1, 2]), x)
```

```
(array([0, 1, 2, 3, 4, 5, 6, 7, 8]), array([ True,  True]))
```

프로그램에서는 [1, 2] 배열의 각 원소가 x 배열의 집합에 속하는지 여부를 판단한다. 결과는 판단 대상 배열의 각 원소별로 포함 여부 결과를 출력한다.

```
# 집합 연산

# 반환 값은 항상 1차원 배열
x = np.arange(3*3).reshape(3, 3)
```

```
bindx = np.in1d(np.array([[1, 2], [11, 12]]), x)
bindx, bindx.shape
-----------------------------------------------------------------
(array([ True,  True, False, False]), (4,))
```

출력된 결과를 보면 판단 대상 배열을 행 기준으로 1차원 배열을 구성한 후 각 원소별로 포함 여부를 판단하여 결과를 출력하였음을 알 수 있다.

```
# 집합 연산: 차집합
x = ['apple', 'banana','grape']
y = ['apple']
np.setdiff1d(x, y), np.setdiff1d(y, x)
-----------------------------------------------------------------
(array(['banana', 'grape'], dtype='<U6'), array([], dtype='<U5'))
```

각각의 원소를 집합으로 구성한 후 차집합을 구하기 위하여 setdiff1d 함수를 사용하였다.

```
# 집합 연산: 합집합
x = ['apple', 'banana','grape']
y = ['apple', 'oragne']
np.union1d(x, y)
-----------------------------------------------------------------
array(['apple', 'banana', 'grape', 'oragne'], dtype='<U6')
-----------------------------------------------------------------
# 집합 연산: 교집합
x = ['apple', 'banana','grape']
y = ['apple', 'oragne']
np.intersect1d(x, y)
-----------------------------------------------------------------
array(['apple'], dtype='<U6')
```

집합과 관련된 연산은 표 3-7에 요약하였다.

표 3-7 집합 연산 함수

넘파이 함수	내용
np.unique	유일 원소 배열 생성
np.in1d	포함 여부 논리 배열 생성
np.setdiff1d	차집합 배열 생성
np.union1d	합집합 배열 생성
np.intersect1d	교집합 배열 생성

연습 문제

```
a = np.random.RandomState(123).rand(10).reshape(5, 2)
b = np.random.RandomState(123).normal(size=10).reshape(5, 2)
```

1 a, b 배열에 대하여 사칙 연산의 결과를 구해보자.

2 b > 0의 결과 합을 구해보자.

3 b > 0을 만족하는 b의 원소를 출력해보자.

4 b > 0을 만족하는 b의 원소와 이에 대응하는 동일한 색인의 a와 곱을 구해보자.

5 rad = np.pi * np.array([1/2, 1])의 sin 함수 값을 구해보자.

```
c = np.random.RandomState(123).normal(size=10).reshape(5, 2)
d = np.ones((5, 1))
e = np.ones((1, 2))
```

6 c + d가 가능한지 여부를 살펴보자. 가능하다면 그 이유를 설명해보자.

7 c + e가 가능한지 여부를 살펴보자. 가능하다면 그 이유를 설명해보자.

8 배열 b에서 b의 원소가 양수일 때는 '+', 음수일 때는 '–', 둘 다 조건을 만족하지 않으면 '0'값을 갖는 배열을 생성해보자.

09 행렬과 벡터 연산

넘파이 배열은 다차원 배열이므로 수학적으로는 벡터, 행렬 등으로 정의된 것이라고 볼 수 있다. 따라서 넘파이 배열에 대하여 행렬과 벡터 연산을 적용할 수 있다. 행렬 연산 중에 대표적으로 벡터 간의 내적(inner)을 정의하는 연산과 행렬곱 등이 있다. 대표적인 연산 함수를 정의한 후 각각의 쓰임새를 예시와 함께 살펴보기로 하자.

넘파이 함수	내용
np.inner	벡터 간의 내적 연산
np.dot	벡터, 행렬 등의 점적 연산
np.matmul, @	행렬 곱 연산
np.outer	백터 간의 외적 연산
np.einsum	아인슈타인 합 연산

9.1 내적

내적은 inner 함수를 이용한다. inner 함수의 기본 형식은 inner(a, b)이며 a, b는 배열 형식이다. 내적이 정의되기 위해서는 a, b 배열의 마지막 축의 길이가 같아야 한다.

```
# 내적
A = np.arange(3)
B = np.arange(3, 3+3)

A, B, np.inner(A, B), np.sum(A*B), np.dot(A, B)
```

```
(array([0, 1, 2]), array([3, 4, 5]), 14, 14, 14)
```

2개의 1차원 배열의 내적은 원소별 곱한 후 합으로 정의된다. 즉, 내적은 프로그램과 같이 `np.sum(A*B)`이다. 1차원 배열 간의 내적은 점적(dot)으로 표현할 수 있다. 점적은 이후 절에서 자세히 설명하기로 한다.

9.2 행렬 곱

C = AB인 경우에 C의 (i,j) 원소는 `C[i,j] = np.inner(A[i,:],B[:, j])`으로 정의한다. 즉, A의 i번째 행과 B의 j번째 열의 곱의 합이다. 따라서 행렬 곱이 정의되기 위해서는 A의 1축 모양과 B의 0축 모양이 동일해야 한다.

행렬 곱은 `matmul` 함수 또는 `@` 기호를 이용한다. `matmul` 함수의 기본적인 형식은 `matmul(x1, x2)`이다. 여기서 `x1`, `x2`는 배열이며 스칼라(실수값)는 허용되지 않는다.

```
# 행렬 곱
A = np.arange(2*2).reshape(2, 2)
B = np.arange(2*2, 2*2*2).reshape(2, 2)
A, B, np.matmul(A, B), A @ B, np.dot(A, B)
```

```
(array([[0, 1],
```

```
[2, 3]]), array([[4, 5],
[6, 7]]), array([[ 6,  7],
[26, 31]]), array([[ 6,  7],
[26, 31]]), array([[ 6,  7],
[26, 31]]))
```

행렬 곱은 넘파이 사칙연산 중의 하나인 "*"와 혼동하지 말아야 한다. "*" 연산자는 원소별 곱을 의미한다.

9.3 점적

점적 연산(dot operation)은 내적, 행렬 곱 등에 사용되는데 np.dot(A, B)의 경우와 결과를 요약하면 다음과 같다.

표 3-8 np.dot(A, B)의 경우와 결과 요약

A	B	
	1차원 배열	2차원 이상 배열
1차원 배열	내적	B의 마지막에서 2번째 축을 따라 원소별 곱한 후 합
2차원 이상 배열	A의 마지막 축을 따라서 원소별 곱한 후 합	A의 마지막 축과 B의 마지막에서 2번째 축을 따라서 원소별 곱한 후 합. 둘 다 2차원인 경우에는 행렬곱

```
# A: 1d, B: >= 2d
A = np.arange(2)
B = np.arange(2*3).reshape(2, 3)
A, B, np.dot(A, B)
```

```
(array([0, 1]), array([[0, 1, 2],
        [3, 4, 5]]), array([3, 4, 5]))
```

결과를 보면 B의 마지막에서 두 번째 축은 0축이므로 0축을 따라서, 즉 [0, 3], [1, 4], [2, 5]와 A의 [0, 1]과 각각의 곱한 후 합한 값임을 알 수 있다.

```
# A: >=2d, B: 1d
A = np.arange(2*3).reshape(2, 3)
B = np.arange(3)
A, B, np.dot(A, B)
-----------------------------------------------------------------
(array([[0, 1, 2],
        [3, 4, 5]]), array([0, 1, 2]), array([ 5, 14]))
```

결과를 보면 A의 마지막 축을 따라, 즉 1축을 따라서 [0, 1, 2], [3, 4, 5]와 B와 곱한 후 합한 값임을 알 수 있다.

9.4 아인슈타인 합

아인슈타인 합은 넘파이 배열의 연산을 아인슈타인의 합을 표현하는 방식을 따라서 정의하는 것이다. einsum의 기본 형식은 einsum(subscritps, *operands)이다. 여기서 subscripts는 색인값의 관계를 표현하는 첨자이며 규칙->결과 형식으로 되어 있다. *operands는 이름이 지정되지 않은 배열 목록이다. 즉, 배열을 입력으로 받는다는 것을 의미한다. 첨자 규칙이 무엇인지 간단히 살펴보자. 예를 들어 "i,i -> "의 의미는 np.sum(A[i,]*B[i,])이다. 즉, 2개의 벡터의 내적이다.

```
# A: 1d, B: 1d
A = np.arange(3)
B = np.arange(3)

np.einsum('i, i -> ', A, B), np.dot(A, B), np.inner(A, B)
```

```
(5, 5, 5)
```

"ij, j -> i"의 의미는 결과 배열의 C[i] = np.sum(A[i,:], B[:])이다.

```
# A: >=2d, B: 1d
A = np.arange(2*3).reshape(2, 3)
B = np.arange(3)

np.einsum('ij, j -> i', A, B), np.dot(A, B)
```

```
(array([ 5, 14]), array([ 5, 14]))
```

"ij, jk -> ik"인 경우는 결과 배열의 C[i, k] = np.sum(A[i, :], B[:, k])임을 의미한다. 즉, 행렬 곱을 의미한다.

```
# A:>=2d, B: >= 2d
A = np.arange(2*3).reshape(2, 3)
B = np.arange(3*2).reshape(3, 2)

np.einsum('ij, jk->ik', A, B), np.dot(A, B)
```

```
(array([[10, 13],
        [28, 40]]), array([[10, 13],
        [28, 40]]))
```

연습 문제

```
a = np.arange(3)
b = np.random.RandomState(123).rand(3)
A = np.vstack((a, b))
B = np.hstack((a[:, np.newaxis], b[:, np.newaxis]))
```

1 a, b의 내적을 구해보자.

2 a의 원소를 제곱하고 그들의 합을 구하는 것을 내적을 이용하여 구해보자.

3 A*a와 A@a의 결과 값이 동일한지 비교해보자.

4 A의 모양과 B의 모양을 구해보자.

5 A와 B의 행렬곱을 구해보자. 즉, A@B를 구해보자.

6 B와 A의 행렬곱을 구해보자. 즉, B@A를 구해보자.

7 A@B와 B@A의 결과가 동일한지 살펴보자.

8 A@B와 A와 B의 점적(dot product)이 동일한지 살펴보자.

9 A의 전치행렬을 einsum으로 구해보자.

10 A.T @ A의 대각원소의 합을 einsum으로 구해보자.

참고문헌

1. https://numpy.org/doc/stable/user/quickstart.html
2. https://numpy.org/doc/stable/user/basics.html
3. Robert Johansson(2019), Numerical Python: Scientific Computing and Data Science Applications with Numpy, SciPy and Matplotlib, Springer Science+Business Media New York
4. [KANG-ML]
   강봉주(2019), 파이썬으로 실무에 바로 적용하는 머신러닝, 에이콘출판사
5. [KANG-BASICS]
   강봉주(2020), 파이썬 기반의 AI를 위한 기초수학, 확률 및 통계, 자유아카데미
6. [KANG-AUTOML]
   강봉주(2020), SAS Viya 기반의 실무에 바로 적용하는 AutoML, 자유아카데미

CHAPTER 4

판다스 이해

01 개요

판다스(pandas)는 미시경제학에서 사용하는 "panel data"에서 나온 말이며 주로 정형화된(structured) 데이터 처리와 분석에 사용되는 파이썬 라이브러리이다. 행과 열을 갖춘 데이터 형식에 특히 많이 적용되면서 표준화된 툴로 자리잡고 있다. 넘파이 배열은 동일한 데이터 형에만 적용되는 것에 반해 판다스는 서로 다른 데이터 형을 하나의 데이터 구조로 정의하여 분석할 수 있다. 또한 시리즈(Series)와 데이터프레임(DataFrame)이라는 데이터 클래스를 갖고 있으며, 다양한 데이터 포맷을 갖는 데이터에 접근할 수 있고, 모양을 바꾸거나, 피벗팅, 데이터 결합이나 연결 등의 기능을 갖고 있다. 판다스를 사용하기 위해서는 다음의 패키지를 적재해야 한다.

```
import pandas as pd
```

여기서 pd는 가장 많이 사용하는 별명이다.

1.1 사용 데이터

이 장에서는 자동차보험의 보험금청구(claim) 관련 데이터를 사용하기로 한다.

#	변수	유형	설명	한글 설명
1	id	categorical	ID number	식별 번호
2	child_driv	numeric	No of driving children	운전가능 자녀 수
3	age	numeric	Age	나이
4	children	numeric	Number of children	자녀 수
5	yoj	numeric	Years on Job	재직연수
6	income	numeric	Income	수입금액
7	house_val	numeric	Housing value	주택 가격
8	status	categorical	Marital Status	결혼 상태
9	gender	categorical	Gender of driver	운전자 성별
10	edu_level	categorical	Highest Education	교육 수준
11	job	categorical	Occupation of driver	운전자 직업
12	distance	numeric	Work distance	직장 거리
13	car_use	categorical	Car use (y/n)	차량 이용 여부
14	vehicle_val	numeric	Vehicle value	차량 가격
15	vehicle_type	categorical	Type of Car	차량 유형
16	clm_freq	numeric	No of claims (10yrs)	10년 내 보험 청구 건수
17	revoked	categorical	License revoked (10yrs)	10년 내 면허취소 건수
18	mvr_pts	numeric	Motor Vehicle Record points	운전자 운전 이력 점수
19	claim_amount	numeric	Claim amount	보험 청구 금액
20	vehicle_age	numeric	Age of Vehicle	차량 연식
21	claim_ind	categorical	Claim flag	보험 청구 여부
22	area	categorical	Home/Work area	지역
23	state_code	categorical	State code	주코드

해당 데이터는 다음과 같이 구성한다.

```
# [claim] 데이터
url = 'https://github.com/bong-ju-kang/data/blob/master/claim.csv?raw=true'
df = pd.read_csv(url)
df.shape

(10300, 23)
```

데이터는 행의 개수가 10300, 열의 개수가 23개임을 알 수 있다. 외부 데이터를 읽어서 데이터프레임 객체를 만드는 방법은 이후의 절에서 자세히 다루기로 한다.

예는 csv(comma-separated values: 콤마-구분 값) 외부 파일을 읽어서 데이터프레임 객체를 구성한 것이다.

```
# 클래스 확인
type(df)

pandas.core.frame.DataFrame
```

df 클래스는 판다스의 "DataFrame" 클래스이다.

1.2 데이터프레임 구조

생성된 데이터프레임 구조를 보면 0, 1, 2, … 값을 갖는 색인(index)과 열(column)로 구성되어 있다. 즉 행 레이블(label)이라고 할 수 있는 색인과 열 레이블 그리고 데이터 영역으로 구성되어 있다. 이러한 구조는 shape, index, columns,

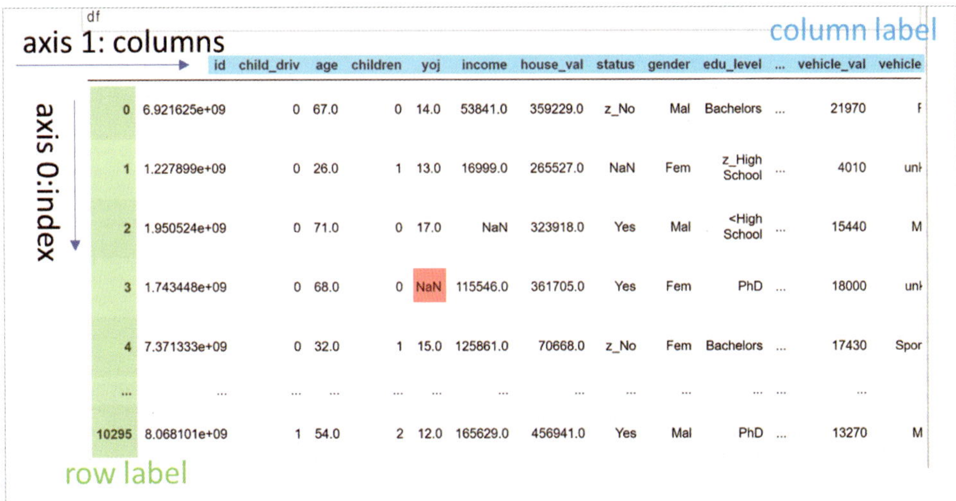

그림 4-1 판다스 데이터 구조

dtypes, info 등을 통하여 확인할 수 있다. 또한 결측값은 NaN 등과 같은 문자로 표시되어 있다. 분석 관점에서 보면 행은 관측값(observation), 열은 변수(variable)로 해석할 수 있다.

1.3 데이터 보기

데이터프레임 객체에 대하여 일부 데이터를 보는 방법은 head, tail 메소드를 이용한다.

```
# 데이터프레임 일부 보기
df.head()
```

	id	child_driv	age	children	yoj	income	house_val	status	gender	edu_level	...	vehicle_val	vehicle_type	clm_freq	revoked	mvr_pts	claim_amount
0	6.921625e+09	0	67.0	0	14.0	53841.0	359229.0	z_No	Mal	Bachelors	...	21970	Family	0	No	2	294
1	1.227899e+09	0	26.0	1	13.0	16999.0	265527.0	NaN	Fem	z_High School	...	4010	unknown	4	No	7	292
2	1.950524e+09	0	71.0	0	17.0	NaN	323918.0	Yes	Mal	<High School	...	15440	Minivan	0	No	0	387
3	1.743448e+09	0	68.0	0	NaN	115546.0	361705.0	Yes	Fem	PhD	...	18000	unknown	4	Yes	3	308
4	7.371333e+09	0	32.0	1	15.0	125861.0	70668.0	z_No	Fem	Bachelors	...	17430	Sports Car	0	No	0	3221

그림 4-2 데이터보기 결과(일부 화면 캡처)

그림 4-2는 데이터프레임의 5개의 행에 대하여 일부 결과를 나타낸 것이다.

1.4 색인 보기

데이터프레임의 기본 구조를 구성하는 행과 열 레이블은 index, columns 메소드를 이용한다.

```
# 메소드: 열 레이블(컬럼명)
df.columns
---------------------------------------------------------------
Index(['id', 'child_driv', 'age', 'children', 'yoj', 'income', 'house_val',
       'status', 'gender', 'edu_level', 'job', 'distance', 'car_use',
       'vehicle_val', 'vehicle_type', 'clm_freq', 'revoked', 'mvr_pts',
       'claim_amount', 'vehicle_age', 'claim_ind', 'area', 'state_code'],
      dtype='object')
```

열 레이블에 대한 정보를 주고 있으며 인덱스(Index) 객체로 표현된다.

```
# 색인 확인
df.index, type(df.index)
---------------------------------------------------------------
(RangeIndex(start=0, stop=10300, step=1), pandas.core.indexes.range.RangeIndex)
```

행 레이블에 대한 정보이다. 행은 디폴트로 범위색인(RangeIndex) 클래스에 속하며 이는 색인(Index) 클래스의 하위 클래스이다.

1.5 메타정보 보기

데이터의 메타정보는 데이터 값 자체가 아니라 데이터의 구조와 값의 속성을 정의하는 정보를 의미한다. 데이터 값의 속성으로 대표적인 것이 데이터 유형(type)이다. 이러한 정보를 보기 위한 메소드는 info, dtypes 등이 있다.

```python
# 메소드: 구조 정보
df.info()
```

```
<class 'pandas.core.frame.DataFrame'>
RangeIndex: 10300 entries, 0 to 10299
Data columns (total 23 columns):
 #   Column        Non-Null Count  Dtype
---  ------        --------------  -----
 0   id            10300 non-null  float64
 1   child_driv    10300 non-null  int64
 2   age           10293 non-null  float64
 3   children      10300 non-null  int64
 4   yoj           9752 non-null   float64
 5   income        9730 non-null   float64
 6   house_val     9725 non-null   float64
 7   status        10298 non-null  object
 8   gender        10300 non-null  object
 9   edu_level     10300 non-null  object
 10  job           9635 non-null   object
 11  distance      10300 non-null  int64
 12  car_use       10300 non-null  object
 13  vehicle_val   10300 non-null  int64
 14  vehicle_type  10300 non-null  object
 15  clm_freq      10300 non-null  int64
 16  revoked       10300 non-null  object
 17  mvr_pts       10300 non-null  int64
 18  claim_amount  10300 non-null  int64
 19  vehicle_age   9661 non-null   float64
 20  claim_ind     10300 non-null  int64
 21  area          10300 non-null  object
 22  state_code    10300 non-null  object
dtypes: float64(6), int64(8), object(9)
memory usage: 1.8+ MB
```

데이터 구조 정보는 열에 대하여 이름, 널(null)이 아닌 데이터 건수 그리고 데이터 형을 보여주고 있다. 데이터의 널(null)은 결측값(missing value)을 의미하는 것이며 데이터 값 자체가 없는 것을 의미한다. 결측값을 표시하는 방법 등은 이후 절에서 자세히 설명하기로 한다.

데이터 형은 int64, float64, boolean, object, datetime64, timedelta, string, category 등이 있다. object 데이터 형은 문자열 또는 문자열을 포함한 혼합된 데이터 형을 의미한다. 데이터 유형만을 확인할 때는 dtypes 메소드를 이용한다.

```
# 메소드: 데이터 유형 확인
df.dtypes
------------------------------------------------------------
id               float64
child_driv         int64
age              float64
children           int64
yoj              float64
income           float64
house_val        float64
status            object
gender            object
edu_level         object
job               object
distance           int64
car_use           object
vehicle_val        int64
vehicle_type      object
clm_freq           int64
revoked           object
mvr_pts            int64
claim_amount       int64
vehicle_age      float64
claim_ind          int64
area              object
state_code        object
dtype: object
```

1.6 열 선택

특정 열을 선택하고자 할 때는 df[['column_index_1', ..., 'column_index_n']] 형식을 이용한다. 이 방법 외에도 많이 있지만 이후의 절에서 자세히 다루기로 한다.

```
# 1개의 컬럼 선택
df['status']
------------------------------------------------------------------------
0         z_No
1          NaN
2          Yes
3          Yes
4         z_No
          ...
10295      Yes
10296      Yes
10297      Yes
10298      Yes
10299      Yes
Name: status, Length: 10300, dtype: object
```

```
# 1개의 컬럼 선택
df.status
------------------------------------------------------------------------
0         z_No
1          NaN
2          Yes
3          Yes
4         z_No
          ...
10295      Yes
10296      Yes
10297      Yes
10298      Yes
10299      Yes
Name: status, Length: 10300, dtype: object
```

1개의 컬럼을 선택할 때는 "[]" 안에 열 이름을 직접 입력하거나 "." 이후의 열 이름을 입력하여 사용할 수도 있다.

```
# 2개 이상의 컬럼 선택
df[['age', 'status']]
```

	age	status
0	67.0	z_No
1	26.0	NaN
2	71.0	Yes
3	68.0	Yes
4	32.0	z_No
...	...	...
10295	54.0	Yes
10296	49.0	Yes
10297	64.0	Yes
10298	63.0	Yes
10299	69.0	Yes

10300 rows × 2 columns

다중 열을 지정하는 경우에는 리스트를 이용하여 열 이름을 지정한다.

1.7 시리즈 클래스

시리즈(Series) 클래스는 판다스 데이터프레임의 하나의 열에 대한 데이터 클래스이다. 시리즈 클래스는 데이터프레임의 속성과 메소드를 대부분 공유하고 있지만 자기만의 속성과 메소드가 있다.

```
# 시리즈 객체
type(df['status'])
```

```
pandas.core.series.Series
```

하나의 열은 시리즈 객체임을 확인할 수 있다. 시리즈의 구조를 살펴보면 색인은 동일하게 데이터프레임과 공유하지만 열 이름, 변수 형을 확인하는 메소드는 데이터프레임과 다른 메소드를 사용한다.

```
# 시리즈 구조: 색인
df['status'].index
```

```
RangeIndex(start=0, stop=10300, step=1)
```

색인 결과를 보면 데이터프레임과 동일한 색인을 공유하고 있다.

```
# 시리즈 구조: 이름
df['status'].name
```

```
status
```

```
# 시리즈 데이터 형
df['status'].dtype
```

```
dtype('O')
```

결과를 보면 데이터프레임과는 조금 다른 메소드를 이용하여 이름과 데이터 유형을 파악할 수 있음을 알 수 있다. 이때 열이 한 개라는 사실을 유의해야 한다.

```
# 계열 메소드, 데이터프레임 메소드, 중첩 메소드
srs_methods = dir(df['status'])
df_methods = dir(df)
len(srs_methods), len(df_methods), len(set(srs_methods).intersection(set(df_
methods)))
```

```
(420, 448, 370)
```

결과를 보면 시리즈 객체와 데이터프레임 객체의 중첩되는 메소드가 370개임을 알 수 있다.

연습 문제

```
# 필요한 패키지
import numpy as np
import pandas as pd

url = 'https://github.com/bong-ju-kang/data/raw/master/bank.csv'
```

1 url을 이용하여 판다스 데이터프레임 객체를 생성하고 모양(shape)을 출력해보자.

2 데이터 내용 일부를 출력해보자.

3 데이터의 행 레이블을 출력해보자.

4 데이터의 열 레이블을 출력해보자.

5 데이터의 열의 데이터 유형을 출력해보자.

6 데이터 열 레이블 중에서 'job'을 추출하고 내용 일부를 출력해보자.

7 데이터 열 레이블 중에서 'job'을 추출한 결과 데이터의 클래스를 출력해보자.

8 데이터 열 레이블 중에서 ['age', 'job', 'marital']을 추출하고 내용 일부를 출력해보자.

9 데이터 열 레이블 중에서 ['age', 'job', 'marital']을 추출한 결과 데이터의 클래스를 출력해보자.

02 데이터프레임 생성

데이터프레임을 생성하는 많은 방법 중에 사전 데이터, 리스트 데이터, 외부에 있는 파일에 접근하여 생성하는 방법을 알아보자.

2.1 리스트와 사전

데이터프레임을 생성하는 클래스는 DataFrame이다. DataFrame의 기본 형식은 DataFrame(data, index, columns)이다. 여기서 data는 배열, 반복가능객체, 사전, 리스트 등이며 index는 생성 데이터프레임의 행 레이블이고 columns는 열 레이블을 지정한다.

```
# 리스트와 사전을 이용
dict_data = {'name':['bjk', 'hsk', 'dsk'], 'age':[55, 25, 24]}
tdf = pd.DataFrame(dict_data)
tdf
```

	name	age
0	bjk	55
1	hsk	25
2	dsk	24

```
# 데이터 형
tdf.dtypes
```

```
name     object
age       int64
dtype: object
```

생성된 데이터 형을 보면 디폴트로 문자열인 경우에는 object, 정수 숫자인 경우는 int64로 정의되어 있다.

```
# 리스트 이용
tdf = pd.DataFrame([[1., 2., 3.],
                    [4, 5, 6]],
                    columns=['x', 'y', 'z'])
tdf
```

```
     x      y      z
0    1.0    2.0    3.0
1    4.0    5.0    6.0
```

```
# 데이터 형
tdf.dtypes
```

```
x    float64
y    float64
z    float64
dtype: object
```

데이터 형을 보면 실수값을 갖는 경우에 float64가 디폴트로 정의되어 있다.

2.2 외부 파일

외부 파일이나 데이터베이스에서 데이터프레임을 생성하고자 하는 경우에는 read_csv, read_excel, read_html, read_json, read_hdf, read_sql 등의 함수를 이용한다.

2.2.1 CSV 파일

CSV 파일을 읽는 함수는 read_csv이다. read_csv의 기본 형식은 read_csv(file_path, sep=',', header='infer', ...)이다. 여기서 file_path는 읽어야 할 파일의 경로를 의미하고 sep는 분리자, 기본은 ","이며 헤더(header)는 열 레이블이 첫 번째 행에 있는지 여부를 설정한다. 헤더가 있는지 없는지는 판다스가 알아서 추론한다는 것이 기본으로 설정되어 있다. 만약 헤더가 없다면 header=None으로 지정하면 된다.

```
# 외부 URL 이용: [claim] 데이터
url = 'https://github.com/bong-ju-kang/data/blob/master/claim.csv?raw=true'
df = pd.read_csv(url)
df.columns
------------------------------------------------------------------
<class 'pandas.core.frame.DataFrame'>
RangeIndex: 10300 entries, 0 to 10299
Data columns (total 23 columns):
 #   Column       Non-Null Count  Dtype
---  ------       --------------  -----
 0   id           10300 non-null  float64
 1   child_driv   10300 non-null  int64
 2   age          10293 non-null  float64
 3   children     10300 non-null  int64
 4   yoj          9752 non-null   float64
 5   income       9730 non-null   float64
 6   house_val    9725 non-null   float64
```

```
 7   status         10298 non-null  object
 8   gender         10300 non-null  object
 9   edu_level      10300 non-null  object
 10  job            9635 non-null   object
 11  distance       10300 non-null  int64
 12  car_use        10300 non-null  object
 13  vehicle_val    10300 non-null  int64
 14  vehicle_type   10300 non-null  object
 15  clm_freq       10300 non-null  int64
 16  revoked        10300 non-null  object
 17  mvr_pts        10300 non-null  int64
 18  claim_amount   10300 non-null  int64
 19  vehicle_age    9661 non-null   float64
 20  claim_ind      10300 non-null  int64
 21  area           10300 non-null  object
 22  state_code     10300 non-null  object
dtypes: float64(6), int64(8), object(9)
memory usage: 1.8+ MB
```

CSV 파일을 읽을 때 첫 번째 행이 각각의 열 정보를 갖고 있는 경우에는 열 이름으로 사용할 수 있다. 만약 첫 번째 행이 열에 대한 정보가 없는 경우에는 옵션을 사용하여 지정한다.

```
# 열 정보가 없는 경우
url = 'https://github.com/bong-ju-kang/data/blob/master/claim_no_header.csv?raw=true'
df = pd.read_csv(url, header=None)
df.info()
-------------------------------------------------------------------------------
<class 'pandas.core.frame.DataFrame'>
RangeIndex: 10300 entries, 0 to 10299
Data columns (total 23 columns):
 #   Column  Non-Null Count  Dtype
---  ------  --------------  -----
```

```
 0   0       10300 non-null  int64
 1   1       10300 non-null  int64
 2   2       10293 non-null  float64
 3   3       10300 non-null  int64
 4   4       9752 non-null   float64
 5   5       9730 non-null   float64
 6   6       9725 non-null   float64
 7   7       10298 non-null  object
 8   8       10300 non-null  object
 9   9       10300 non-null  object
 10  10      9635 non-null   object
 11  11      10300 non-null  int64
 12  12      10300 non-null  object
 13  13      10300 non-null  int64
 14  14      10300 non-null  object
 15  15      10300 non-null  int64
 16  16      10300 non-null  object
 17  17      10300 non-null  int64
 18  18      10300 non-null  int64
 19  19      9661 non-null   float64
 20  20      10300 non-null  int64
 21  21      10300 non-null  object
 22  22      10300 non-null  object
dtypes: float64(5), int64(9), object(9)
memory usage: 1.8+ MB
```

결과를 보면 자동으로 0에서부터 시작하는 숫자로 열 이름을 지정함을 알 수 있다. 물론 이러한 값으로 이후 분석을 진행할 수도 있지만 각 열에 대하여 아래와 같이 적절한 이름을 지정할 필요가 있다.

```
# 열 이름 추가 지정
df.columns = ['id', 'child_driv', 'age', 'children', 'yoj', 'income', 'house_val',
       'status', 'gender', 'edu_level', 'job', 'distance', 'car_use',
```

```
       'vehicle_val', 'vehicle_type', 'clm_freq', 'revoked', 'mvr_pts',
       'claim_amount', 'vehicle_age', 'claim_ind', 'area', 'state_code']

df.columns
------------------------------------------------------------------------
Index(['id', 'child_driv', 'age', 'children', 'yoj', 'income', 'house_val',
       'status', 'gender', 'edu_level', 'job', 'distance', 'car_use',
       'vehicle_val', 'vehicle_type', 'clm_freq', 'revoked', 'mvr_pts',
       'claim_amount', 'vehicle_age', 'claim_ind', 'area', 'state_code'],
      dtype='object')
```

외부 파일을 읽을 때 문자를 저장하는 인코딩(encoding) 방식에 따라 오류가 발생하는 경우가 있다. 즉, 문자가 깨지는 등의 문제가 발생할 수 있다. 일반적으로는 유니코드 방식의 "UTF-8"로 저장되는 경우가 많으나 간혹 "EUC-KR" 등으로 저장되는 경우가 있다.

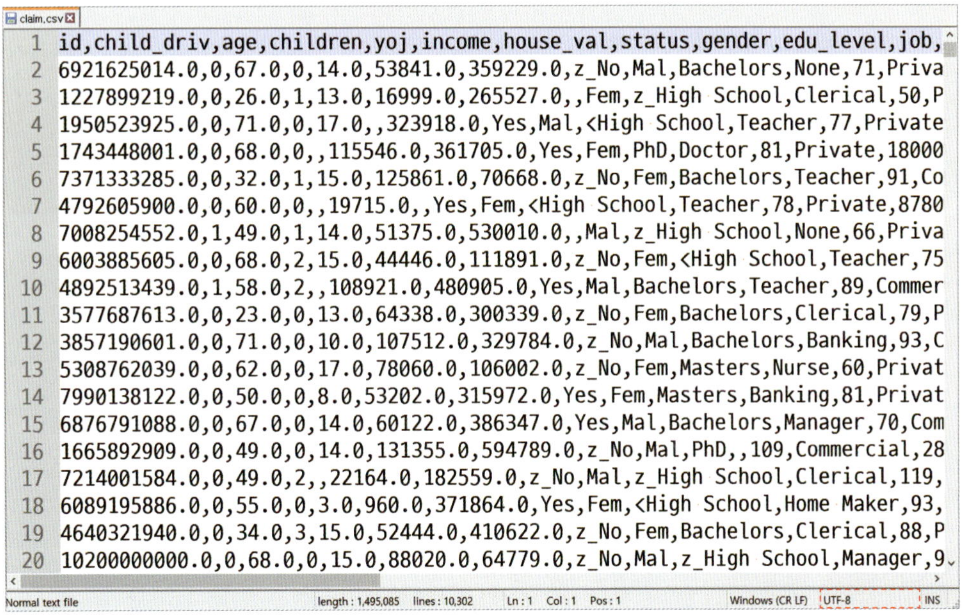

```
id,child_driv,age,children,yoj,income,house_val,status,gender,edu_level,job,
6921625014.0,0,67.0,0,14.0,53841.0,359229.0,z_No,Mal,Bachelors,None,71,Priva
1227899219.0,0,26.0,1,13.0,16999.0,265527.0,,Fem,z_High School,Clerical,50,P
1950523925.0,0,71.0,0,17.0,,323918.0,Yes,Mal,<High School,Teacher,77,Private
1743448001.0,0,68.0,0,,115546.0,361705.0,Yes,Fem,PhD,Doctor,81,Private,18000
7371333285.0,0,32.0,1,15.0,125861.0,70668.0,z_No,Fem,Bachelors,Teacher,91,Co
4792605900.0,0,60.0,0,,19715.0,,Yes,Fem,<High School,Teacher,78,Private,8780
7008254552.0,1,49.0,1,14.0,51375.0,530010.0,,Mal,z_High School,None,66,Priva
6003885605.0,0,68.0,2,15.0,44446.0,111891.0,z_No,Fem,<High School,Teacher,75
4892513439.0,1,58.0,2,,108921.0,480905.0,Yes,Mal,Bachelors,Teacher,89,Commer
3577687613.0,0,23.0,0,13.0,64338.0,300339.0,z_No,Fem,Bachelors,Clerical,79,P
3857190601.0,0,71.0,0,10.0,107512.0,329784.0,z_No,Mal,Bachelors,Banking,93,C
5308762039.0,0,62.0,0,17.0,78060.0,106002.0,z_No,Fem,Masters,Nurse,60,Privat
7990138122.0,0,50.0,0,8.0,53202.0,315972.0,Yes,Fem,Masters,Banking,81,Privat
6876791088.0,0,67.0,0,14.0,60122.0,386347.0,Yes,Mal,Bachelors,Manager,70,Com
1665892909.0,0,49.0,0,14.0,131355.0,594789.0,z_No,Mal,PhD,,109,Commercial,28
7214001584.0,0,49.0,2,,22164.0,182559.0,z_No,Mal,z_High School,Clerical,119,
6089195886.0,0,55.0,0,3.0,960.0,371864.0,Yes,Fem,<High School,Home Maker,93,
4640321940.0,0,34.0,3,15.0,52444.0,410622.0,z_No,Fem,Bachelors,Clerical,88,P
10200000000.0,0,68.0,0,15.0,88020.0,64779.0,z_No,Mal,z_High School,Manager,9
```


그림 4-3 인코딩 확인

그림 4-3의 빨간 영역은 특정 파일의 저장 방식을 표시한 것이다. 이와 같이 어떻게 저장되어 있는지를 확인하고 필요한 경우 옵션을 이용하여 지정할 수 있다.

```
# 인코딩 방식 지정
url = 'https://github.com/bong-ju-kang/data/blob/master/claim.csv?raw=true'
df = pd.read_csv(url, encoding='UTF-8')
df[['status', 'gender']].head()
---------------------------------------------------------------------
     status  gender
0    z_No    Mal
1    NaN     Fem
2    Yes     Mal
3    Yes     Fem
4    z_No    Fem
```

2.2.2 엑셀 파일

엑셀 파일(xls, xlsx, xlsm, xlsb, odf, ods 등)은 read_excel 함수를 이용한다. read_excel 함수의 기본 형식은 read_excel(io, sheet_name=0, header=0, ...)이다. 여기서 io는 엑셀 파일 경로, 유사 파일 객체 등을 의미하고 shee_name은 엑셀 파일 내의 시트(sheet)명, 0부터 시작하는 정수값인 경우는 엑셀 내의 시트 순서를 가리킨다. headers는 열 레이블이 어디에 있는지를 지정한다. header=0이라는 것은 첫 번째 행이며 header=2는 세 번째 행에 있다는 것을 의미한다.

```
# 엑셀 파일 읽기
url = 'https://github.com/bong-ju-kang/data/blob/master/claim.xlsx?raw=true'
df = pd.read_excel(url, sheet_name='Sheet1')
df.info()
---------------------------------------------------------------------
<class 'pandas.core.frame.DataFrame'>
RangeIndex: 10300 entries, 0 to 10299
```

```
Data columns (total 23 columns):
 #   Column         Non-Null Count  Dtype
---  ------         --------------  -----
 0   id             10300 non-null  int64
 1   child_driv     10300 non-null  int64
 2   age            10293 non-null  float64
 3   children       10300 non-null  int64
 4   yoj            9752 non-null   float64
 5   income         9730 non-null   float64
 6   house_val      9725 non-null   float64
 7   status         10298 non-null  object
 8   gender         10300 non-null  object
 9   edu_level      10300 non-null  object
 10  job            9635 non-null   object
 11  distance       10300 non-null  int64
 12  car_use        10300 non-null  object
 13  vehicle_val    10300 non-null  int64
 14  vehicle_type   10300 non-null  object
 15  clm_freq       10300 non-null  int64
 16  revoked        10300 non-null  object
 17  mvr_pts        10300 non-null  int64
 18  claim_amount   10300 non-null  int64
 19  vehicle_age    9661 non-null   float64
 20  claim_ind      10300 non-null  int64
 21  area           10300 non-null  object
 22  state_code     10300 non-null  object
dtypes: float64(5), int64(9), object(9)
memory usage: 1.8+ MB
```

read_excel 메소드를 이용하여 엑셀 파일을 읽었으며 전달인자로 시트명을 지정해주었다.

2.2.3 ZIP 파일

외부에 zip 파일로 구성된 파일이 있는 경우에 이를 데이터프레임으로 변환하는 과정을 살펴보자. CSV 파일의 용량이 커서 zip 파일로 그대로 압축한 경우는 read_csv 함수를 이용한다.

```
# zip 파일이 csv 파일을 그대로 압축한 경우
url = 'https://github.com/bong-ju-kang/data/blob/master/HFWS_2019.zip?raw=true'
zipdf = pd.read_csv(url, encoding='euc-kr', compression='zip')
zipdf.info()
------------------------------------------------------------------------
<class 'pandas.core.frame.DataFrame'>
RangeIndex: 18406 entries, 0 to 18405
Columns: 153 entries, 조사연도 to 가구주 은퇴시_생활비 재원마련(2014년~)
dtypes: float64(21), int64(113), object(19)
memory usage: 21.5+ MB
```

만약 zip 파일이 다수의 파일로 압축된 경우에는 다음과 같은 절차를 거쳐야 한다.

```
# 일반적인 zip 파일을 읽는 경우
import io
import zipfile
import requests

# 원천 파일 경로 지정
zip_url = 'https://github.com/bong-ju-kang/data/raw/master/bank.zip'

# HTTP 요청 및 스트림 또는 파일형식의 데이터 가져오기
get_data = requests.get(zip_url).content

# 데이터 형은 bytes, 이진 파일
type(get_data)
------------------------------------------------------------------------
bytes
```

데이터 원천에 접근하여 이진 파일 형식으로 데이터를 가져오는 역할을 한다.

```
# 바이트 형의 파일 데이터 읽기
strm_data = io.BytesIO(get_data)

# 이진 zip 파일 읽기
z = zipfile.ZipFile(strm_data)
z
-----------------------------------------------------------------
<zipfile.ZipFile file=<_io.BytesIO object at 0x7f023af3f470> mode='r'>
```

결과는 이진 zip 파일을 읽은 후 메모리에 적재된 결과를 보여준다.

```
# zip 파일 구성원 보기
z.infolist()
-----------------------------------------------------------------
[<ZipInfo filename='bank-full.csv' compress_type=deflate filemode='-rw-r--r--'
external_attr=0x4000 file_size=4610348 compress_size=514234>,
 <ZipInfo filename='bank-names.txt' compress_type=deflate filemode='-rw-r--r--'
external_attr=0x4000 file_size=3864 compress_size=1665>,
 <ZipInfo filename='bank.csv' compress_type=deflate filemode='-rw-r--r--'
external_attr=0x4000 file_size=461474 compress_size=62692>]
```

zip 파일은 3개의 파일(bank-full.csv, bank-names.txt, bank.csv)로 구성되어 있음을 알 수 있다.

```
# 특정 파일 일부 보기
z.open('bank.csv').read().decode()[:200]
-----------------------------------------------------------------
"age";"job";"marital";"education";"default";"balance";"housing";"loan";"co
ntact";"day";"month";"duration";"campaign";"pdays";"previous";"poutcome";
"y"\n30;"unemployed";"married";"primary";"no";1787;"no
```

z.open('bank.csv').read()는 bytes 클래스이므로 이를 문자로 변환한 후 결과를 보았다. 결과를 보면 ";" 기호로 열이 분리되고 첫 번째 행이 열 레이블임을 알 수 있다.

```
# 특정 파일 가져오기
zdf = pd.read_csv(z.open('bank.csv'), sep=';')
zdf.info()
```

```
<class 'pandas.core.frame.DataFrame'>
RangeIndex: 4521 entries, 0 to 4520
Data columns (total 17 columns):
 #   Column     Non-Null Count  Dtype
---  ------     --------------  -----
 0   age        4521 non-null   int64
 1   job        4521 non-null   object
 2   marital    4521 non-null   object
 3   education  4521 non-null   object
 4   default    4521 non-null   object
 5   balance    4521 non-null   int64
 6   housing    4521 non-null   object
 7   loan       4521 non-null   object
 8   contact    4521 non-null   object
 9   day        4521 non-null   int64
 10  month      4521 non-null   object
 11  duration   4521 non-null   int64
 12  campaign   4521 non-null   int64
 13  pdays      4521 non-null   int64
 14  previous   4521 non-null   int64
 15  poutcome   4521 non-null   object
 16  y          4521 non-null   object
dtypes: int64(7), object(10)
memory usage: 600.6+ KB
```

bank.csv의 분리자(separator)가 ";" 임을 확인하였기 때문에 CSV 파일을 읽는 방법과 동일하게 적용한다.

2.2.4 JSON 파일

JSON(Java Script Object Notation, 제이슨)은 속성-값 쌍 또는 키-값 쌍으로 이루어진 데이터 객체를 전달하기 위한 개방형 표준 포맷이다.

```
import json

# JSON 파일 만들기
dict_file = {'name':['bj', 'jy', 'hs', 'ds'], 'age':[65, 63, 33, 31]}

json_format = json.dumps(dict_file)
json_format
-----------------------------------------------------------------------
{"name": ["bj", "jy", "hs", "ds"], "age": [65, 63, 33, 31]}
```

JSON 형식은 사전과 동일하나 모두 큰따옴표를 사용한다. JSON 파일은 함수 loads를 사용한다. loads의 기본 형식은 loads(s)이다. 여기서 s는 JSON 문서를 갖고 있는 문자열, 바이트 등을 의미한다.

```
# JSON 파일 읽기
json.loads(json_format)
-----------------------------------------------------------------------
{'age': [65, 63, 33, 31], 'name': ['bj', 'jy', 'hs', 'ds']}
```

결과는 사전 형식으로 변환되어 있고 큰따옴표는 작은따옴표로 변환되어 있다.

2.2.5 PARQUET 파일

parquet(파케이) 파일은 하둡(Hadoop)에서 열 방식으로 파일을 저장하기 위한 포맷이다. 열 방식으로 저장되기 때문에 열 연산, 즉 일종의 벡터 연산에 적합하여 속도가 빠르며 압축 효율도 매우 좋다.

```
# parquet 파일 생성

# 저장 데이터 생성
url = 'https://github.com/bong-ju-kang/data/blob/master/claim.xlsx?raw=true'
df = pd.read_excel(url, sheet_name='Sheet1')

# 저장 위치 정의 및 파일 생성 및 저장
save_url ='/content/claim.parquet'
df.to_parquet(save_url)
```

그림 4-4 포맷별 저장 크기

똑같은 데이터를 실제 저장한 크기를 보면 약 3배 정도 차이가 있음을 알 수 있다. 파케이 파일은 read_parquet 함수를 이용한다. read_parquet의 기본 형식은 read_parquet(path,...)이다.

```
# PARQUET 파일 읽기
url = 'https://github.com/bong-ju-kang/data/blob/master/claim.parquet?raw=true'
df = pd.read_parquet(url)
df.info()
-------------------------------------------------------------------------------
<class 'pandas.core.frame.DataFrame'>
RangeIndex: 10300 entries, 0 to 10299
Data columns (total 23 columns):
 #   Column         Non-Null Count  Dtype
```

```
---  ------         --------------  -----
 0   id             10300 non-null  int64
 1   child_driv     10300 non-null  int64
 2   age            10293 non-null  float64
 3   children       10300 non-null  int64
 4   yoj            9752 non-null   float64
 5   income         9730 non-null   float64
 6   house_val      9725 non-null   float64
 7   status         10298 non-null  object
 8   gender         10300 non-null  object
 9   edu_level      10300 non-null  object
 10  job            9635 non-null   object
 11  distance       10300 non-null  int64
 12  car_use        10300 non-null  object
 13  vehicle_val    10300 non-null  int64
 14  vehicle_type   10300 non-null  object
 15  clm_freq       10300 non-null  int64
 16  revoked        10300 non-null  object
 17  mvr_pts        10300 non-null  int64
 18  claim_amount   10300 non-null  int64
 19  vehicle_age    9661 non-null   float64
 20  claim_ind      10300 non-null  int64
 21  area           10300 non-null  object
 22  state_code     10300 non-null  object
dtypes: float64(5), int64(9), object(9)
memory usage: 1.8+ MB
```

2.2.6 기타 포맷 파일

표 4-1은 앞서 정의된 포맷을 포함한 다양한 포맷의 파일을 읽고 쓰는 메소드를 정리하였다.

표 4-1 포맷별 읽기/쓰기 메소드

포맷 유형	내용	읽기	쓰기
text	CSV	read_csv	to_csv
text	Fixed-Width Text File	read_fwf	
text	JSON	read_json	to_json
text	HTML	read_html	to_html
text	LaTeX		Styler.to_latex
text	XML	read_xml	to_xml
text	Local clipboard	read_clipboard	to_clipboard
binary	MS Excel	read_excel	to_excel
binary	OpenDocument	read_excel	
binary	HDF5 Format	read_hdf	to_hdf
binary	Feather Format	read_feather	to_feather
binary	Parquet Format	read_parquet	to_parquet
binary	ORC Format	read_orc	
binary	Stata	read_stata	to_stata
binary	SAS	read_sas	
binary	SPSS	read_spss	
binary	Python Pickle Format	read_pickle	to_pickle
SQL	SQL	read_sql	to_sql
SQL	Google BigQuery	read_gbq	to_gbq

연습 문제

1 'https://github.com/bong-ju-kang/data/blob/master/HFWS_2021.csv?raw=true'으로 정의된 파일을 읽어서 데이터프레임을 생성한 후 모양(shape), 열 레이블, 열별 데이터 유형을 살펴보자. 단, 인코딩 방식은 'euc-kr'으로 지정한다.

2 'https://github.com/bong-ju-kang/data/blob/master/hfws2021.zip?raw=true'으로 정의된 파일은 zip 파일이다. 해당 zip 파일의 내용 중 HFWS_2021.csv 파일을 읽어서 데이터프레임을 생성한 후 모양을 살펴보자. 단, 인코딩 방식은 'euc-kr'으로 지정한다.

3 'https://github.com/bong-ju-kang/data/raw/master/claim.sas7bdat' 파일을 읽은 후 내용 일부를 출력해보자. 단, read_sas 함수를 사용하고 인코딩 방식은 'euc-kr'으로 지정한다.

4 앞 문제에서 생성된 데이터프레임을 이용하여 'claim_from_sasfile.csv' 파일을 생성해보자. 단, 인코딩은 'utf-8'으로 지정하며 현재 디렉토리에 저장한다.

5 앞 문제에서 저장한 csv 파일을 읽어서 모양을 출력해보자.

03 데이터프레임 연산자

데이터프레임의 연산자(operator)는 대괄호([])에 의한 색인 연산과 "객체명." 이후에 지정하는 속성 또는 메소드 등을 의미한다.

3.1 열과 행 선택

다중 열은 리스트 형식으로 선택한다. 즉, 특정 열을 선택하고자 할 때는 df[['column_index_1', ..., 'column_index_n']] 형식을 이용한다.

```
# 다중 열 선택: 리스트 방식
vars = ['age', 'status', 'claim_ind']
df[vars].head(3)
```

```
     age     status   claim_ind
0    67.0    z_No     0
1    26.0    NaN      0
2    71.0    Yes      0
```

1개의 열만을 선택하는 경우에는 다음과 같이 2개의 방법이 있지만 각 결과의 모양이 다르기 때문에 이후 연산에 주의해야 한다.

```
# 한 개 열 선택 시 결과 모양(shape)
df[['age']].shape, df['age'].shape
```

```
((10300, 1), (10300,))
```

“[]” 안에 정수값만을 넘겨주는 경우에는 행 우선 원칙이 적용되어 넘파이 조각내기 또는 팬시 인덱스 역할을 한다.

```
# 행 우선: 조각내기
df[:3]
```

	id	child_driv	age	children	yoj	income	house_val	status	gender	edu_level	...
0	6.921625e+09	0	67.0	0	14.0	53841.0	359229.0	z_No	Mal	Bachelors	...
1	1.227899e+09	0	26.0	1	13.0	16999.0	265527.0	NaN	Fem	z_High School	...
2	1.950524e+09	0	71.0	0	17.0	NaN	323918.0	Yes	Mal	<High School	...

3.1.1 loc 메소드

다중 열 또는 다중 열과 행을 동시에 선택하고 하는 경우에는 loc 메소드를 사용한다. loc 메소드는 행 또는 열의 레이블과 논리 배열로 선택하고자 하는 경우에 사용된다. loc[where, columns] 형식이다. 여기서 where는 행 선택을 위한 조건이며 columns는 열 레이블이다. where는 데이터의 일부를 추출하는 조건을 입력해야 한다. 예를 들어 행 레이블인 경우에는 행의 색인 값을 입력해야 한다. 이때 색인을 무엇으로 정의하는지에 따라 그 값을 다양하게 정의할 수 있다. 일반적으로 넘파이에서 사용하는 각종 색인을 이용하여 선택하는 방법이 그대로 적용된다. columns는 열 이름으로 정의해야 한다. 문자열, 문자열을 원소로 하는 리스트 등이다.

```
# 다중 열과 다중 행 선택: .loc, :n
vars = ['age', 'status', 'claim_ind']
df.loc[:2, vars]
```

	age	status	claim_ind
0	67.0	z_No	0
1	26.0	NaN	0
2	71.0	Yes	0

여기서 주의할 사항은 “:2”의 의미는 색인 번호가 2까지임을 나타낸다는 것이다. 이렇듯 넘파이 배열에서 색인을 이용하는 방법과 차이점이 있으니 유의해야 한다. 즉 df.loc[3:5,]는 색인번호 3에서 5까지 모든 열에 대하여 출력하는 것을 의미한다.

```
# 다중 열 선택: .loc, 논리 표현식
vars = ['age', 'status', 'claim_ind']
df.loc[df.age > 50, vars].head(3)
```

	age	status	claim_ind
0	67.0	z_No	0
2	71.0	Yes	0
3	68.0	Yes	0

“df.age>50”은 논리 표현식이며 조건을 충족하는 행만 가져오게 된다.

```
df.age > 50
```

```
0     True
1    False
2     True
```

```
3          True
4         False
          ...
10295      True
10296     False
10297      True
10298      True
10299      True
Name: age, Length: 10300, dtype: bool
```

3.1.2 iloc 메소드

다중 열과 행을 선택하는 또 다른 방법은 정수 기반의 색인 탐색 방법인 iloc 메소드를 이용하는 것이다. iloc 메소드의 기본 형식은 iloc[row_index, col_index]이다. 여기서 row_index, col_index는 정수값 색인이다.

```
# 다중 열/행 선택: .iloc
df.iloc[:3, [0, 1, 3]]
```

	id	child_driv	children
0	6.921625e+09	0	0
1	1.227899e+09	0	1
2	1.950524e+09	0	0

iloc 메소드를 사용할 때는 정수값만 사용해야 한다. 여기서 ":3"은 넘파이 조각내기와 같은 형식이며 [0, 1, 3]은 팬시 색인과 동일하다.

3.1.3 select_dtypes 메소드

다중 열을 선택할 때 데이터 형에 따라 선택할 수도 있다.

```
# 다중 열 선택: 데이터 형 기준으로
df.select_dtypes(include='object')
```

	status	gender	edu_level	job	car_use	vehicle_type	revoked	area
0	z_No	Mal	Bachelors	None	Private	Family	No	Highly Urban/ Urban
1	NaN	Fem	z_High School	Clerical	Private	unknown	No	Highly Urban/ Urban
2	Yes	Mal	<High School	Teacher	Private	Minivan	No	Highly Urban/ Urban
3	Yes	Fem	PhD	Doctor	Private	unknown	Yes	Highly Urban/ Urban
4	z_No	Fem	Bachelors	Teacher	Commercial	Sports Car	No	Highly Urban/ Urban
...	...	...	...	...	...	...	...	...

그림 4-5 출력 결과 일부 캡처

3.2 열 순서 변경

열 순서는 추출할 때 원하는 순서로 선택하면 된다.

```
# 열 순서 변경
df[['age', 'status']].head(3)
```

	age	status
0	67.0	z_No
1	26.0	NaN
2	71.0	Yes

3.3 열 이름 변경

열 이름은 rename 메소드 또는 columns 속성을 통하여 변경이 가능하다.

```
# 열 이름 변경: 특정 몇 개만
old_names = df.columns
col_names = {'yoj': 'year_on_job', 'age':'holder_age'}
df.rename(columns=col_names)

df.columns
---------------------------------------------------------------------
Index(['id', 'child_driv', 'age', 'children', 'yoj', 'income', 'house_val',
       'status', 'gender', 'edu_level', 'job', 'distance', 'car_use',
       'vehicle_val', 'vehicle_type', 'clm_freq', 'revoked', 'mvr_pts',
       'claim_amount', 'vehicle_age', 'claim_ind', 'area', 'state_code'],
      dtype='object')
```

이름을 변경할 때는 사전 데이터 형을 이용해서 "old_name":"new_name" 형식으로 사용한다.

```
# 원래 이름 복귀
df.columns = old_names
df.columns
---------------------------------------------------------------------
Index(['id', 'child_driv', 'age', 'children', 'yoj', 'income', 'house_val',
       'status', 'gender', 'edu_level', 'job', 'distance', 'car_use',
       'vehicle_val', 'vehicle_type', 'clm_freq', 'revoked', 'mvr_pts',
       'claim_amount', 'vehicle_age', 'claim_ind', 'area', 'state_code'],
      dtype='object')
```

3.4 열 데이터 형과 변경

판다스에서 어떠한 데이터 형이 있는지 간략히 살펴보자.

```
# 열 데이터 형
data = pd.DataFrame(
    {
        "A": np.random.rand(3),
        "B": 1,
        "C": "object",
        "D": pd.Timestamp("20010102"),
        "E": pd.Series([1.0] * 3).astype("float32"),
        "F": False,
        "G": pd.Series([1] * 3, dtype="int8"),
        "H": pd.Series(['a', 'b', 'c'], dtype='string'),
        "I": pd.Series(['aa', 'bb', 'cc'], dtype='category')
    }
)
data
----------------------------------------------------------------
A B        C D      E          F   G     H    I
0 0.828483 1 object 2001-01-02 1.0 False 1    a    aa
1 0.100237 1 object 2001-01-02 1.0 False 1    b    bb
2 0.498175 1 object 2001-01-02 1.0 False 1    c    cc
```

data의 각 열은 어떠한 데이터 형인지 살펴보자.

```
# 판다스 데이터 형
data.dtypes
----------------------------------------------------------------
A float64
B int64
C object
D datetime64[ns]
E float32
F bool
G int8
H string
I category
dtype: object
```

결과를 보면 정수, 오브젝트, 나노 초(ns: nano second) 기준의 날짜시간, 실수, 논리 정수, 문자열, 범주 등을 확인할 수 있다. 정수값의 기본은 int64, 실수값의 기본은 float64이다. 문자열이거나 문자와 숫자의 혼합인 경우는 기본이 object이며 이를 명확히 구분하고자 할 때는 string 데이터 형으로 전환한다. 범주형 데이터 중 순서가 있는 경우에는 특별히 category로 지정하여 관리한다.

데이터 형은 astype 메소드를 통하여 변경할 수 있다. astype의 기본 형식은 astype(dtype)이다. 여기서 dtype은 데이터 형 또는 사전으로 정의된 {열 이름: 데이터 형}이다. 데이터 형은 넘파이 기반으로 정의된 데이터 형, 파이썬 데이터 형 등을 모두 사용할 수 있고 알아서 판다스 데이터 형으로 전환한다.

```
# 변경 대상 열의 데이터 형 확인
df['id'].dtype
```

```
dtype('float64')
```

```
# 데이터 형 변경: 실수에서 정수로
df['id'].astype(np.int64)
```

```
0        6921625014
1        1227899219
2        1950523925
3        1743448001
4        7371333285
            ...
10295    8068100757
10296    6562279366
10297    3349511446
10298    2128130395
10299    1680683365
Name: id, Length: 10300, dtype: int64
```

```
# 데이터 형 변경: 사전 이용
df.astype({'id':'int64'})['id']
```

```
0        6921625014
1        1227899219
2        1950523925
3        1743448001
4        7371333285
            ...
10295    8068100757
10296    6562279366
10297    3349511446
10298    2128130395
10299    1680683365
Name: id, Length: 10300, dtype: int64
```

텍스트를 저장할 때는 일반적으로 "object" 데이터 형을 사용한다. 그러나 명시적으로 문자열, 즉 텍스트임을 표시하고자 할 때는 "string" 데이터 형을 사용한다. string 데이터 형으로 변경하고자 할 때는 다음의 2가지 방법을 이용한다.

```
# string 데이터 형 변경: 방법1
df['status'].astype('string')
```

```
0        z_No
1        <NA>
2         Yes
3         Yes
4        z_No
         ...
10295     Yes
10296     Yes
10297     Yes
10298     Yes
10299     Yes
Name: status, Length: 10300, dtype: string
```

```
# string 데이터 형 변경: 방법2
df['status'].astype(pd.StringDtype())
-------------------------------------------------------------
0          z_No
1          <NA>
2           Yes
3           Yes
4          z_No
           ...
10295       Yes
10296       Yes
10297       Yes
10298       Yes
10299       Yes
Name: status, Length: 10300, dtype: string
```

결과를 보면 StringDtype()의 별명으로 'string'이 사용되고 있음을 알 수 있다.

3.5 열 생성과 삭제

신규로 열을 생성하는 형식은 df['신규생성열']=값이다. 여기서 값은 시리즈, 넘파이 배열 등 다양한 값이 정의될 수 있다.

```
# 열 생성
df['status_null_yn'] = df['status'].isna()
df['status_null_yn'].head()
-------------------------------------------------------------
0    False
1     True
2    False
3    False
4    False
Name: status_null_yn, dtype: bool
```

```
# 컬럼 삭제
del df['status_null_yn']
'status_null_yn' in df.columns
---------------------------------------------------------------------------
False
```

3.6 데이터 요약

판다스의 강력한 기능 중의 하나는 데이터를 요약하는 것이다. 즉, 통계학의 기초라고 할 수 있는 기술통계량(descriptive statistics)을 구하는 것이다. 통계학 관점에서 보면 행은 관측값(observation)이며 열은 변수(variable)라고 볼 수 있다. 데이터 요약은 각 변수에 대하여 기술통계량을 구하는 것으로 정의할 수 있다. 관련된 메소드는 아래의 표로 정리하였다.

표 4-2 데이터 요약 메소드

메소드	내용
describe	범주형 데이터는 건수, 유일값 건수 등이 출력됨. 연속형 데이터는 평균값, 표준편차값, 최솟값, 최댓값 등이 출력됨
unique	유일값 출력
value_counts	유일값별로 건수 출력
max, min, quantile	최댓값, 최솟값, 분위값 출력
sum, mean, std, var	합계값, 평균값, 표준편차값, 분산값 출력

3.6.1 describe

describe 메소드는 데이터에 대한 기술통계량을 구하고자 할 때 사용한다.

```
# 디폴트는 연속형 데이터
df.describe()
```

	id	child_driv	age	children	yoj	income
count	1.030000e+04	10300.000000	10293.000000	10300.000000	9752.000000	9730.000000
mean	4.537007e+09	0.170000	53.797921	0.720971	13.473954	62436.569270
std	3.054959e+09	0.507381	13.172204	1.116310	4.109358	47461.614467
min	1.130032e+07	0.000000	5.000000	0.000000	3.000000	560.000000
25%	2.135318e+09	0.000000	45.000000	0.000000	12.000000	28468.000000
50%	3.964367e+09	0.000000	54.000000	0.000000	14.000000	54308.000000
75%	6.280446e+09	0.000000	63.000000	1.000000	16.000000	86975.500000
max	2.020000e+10	4.000000	103.000000	5.000000	26.000000	367590.000000

그림 4-6 출력 일부 캡처

연속형 데이터에 대하여 건수, 평균, 표준편차, 최솟값, 25% 분위수, 50% 분위수, 75% 분위수, 최댓값이 출력된다.

```
# 범주형 데이터
df.describe(include=['object', 'string', 'category'])
```

	status	gender	edu_level	job	car_use	vehicle_type	revoked	area	state_code
count	10298	10300	10300	9635	10300	10300	10300	10300	10300
unique	2	2	5	11	2	8	2	2	10
top	Yes	Fem	z_High School	Teacher	Private	unknown	No	Highly Urban/ Urban	Bayern
freq	6187	5545	2950	2288	6512	2883	9039	8228	5122

그림 4-7 출력 결과

범주형 데이터는 건수, 유일 건수(unique), 고빈도 범주값(top), 고빈도 범주값 건수(freq)가 기본으로 출력된다. 범주형 데이터는 "object", "string", "category" 데이터 형 등이 대상이며 원래 범주형이지만 숫자로 자동 변환된 데이터도 있을 수 있기 때문에 데이터 형을 확인 후 범주형 데이터 형식으로 변환하여 그 결과를 살펴본다.

3.6.2 unique

unique 메소드는 데이터 형이 연속이나 범주를 따지지 않고 유일한 값을 출력한다.

```
# 유일값 출력: 연속형 변수
df['age'].unique()
---------------------------------------------------------------------
array([ 67.,  26.,  71.,  68.,  32.,  60.,  49.,  58.,  23.,  62.,  50.,
        55.,  34.,  63.,  39.,  51.,  27.,  52.,  42.,  45.,  61.,  69.,
        47.,  43.,  85.,  66.,  57.,  41.,  40.,  70.,  64.,  46.,  48.,
        54.,  29.,  44.,  33.,  72.,  65.,  77.,  59.,  79.,  83.,  35.,
        73.,  56.,  37.,  53.,  38.,  78.,  31.,  30.,  76.,  74.,  36.,
        97.,  80.,  25.,  28.,  nan,  75.,  19.,  84.,  24.,  14.,  81.,
        82.,  13.,  90.,  20.,  95.,  86.,  21.,  22.,  87.,  93.,  11.,
        92.,  16.,   9.,  88.,  96.,  18.,   6.,  91.,  17.,  94.,  89.,
        15.,  12.,  98.,  10.,   8.,   7.,   5., 103.])
---------------------------------------------------------------------
# 유일값 출력: 범주형 변수
df['status'].unique()
---------------------------------------------------------------------
array(['z_No', nan, 'Yes'], dtype=object)
```

결과를 보면 결측값 기호인 "nan"을 포함하여 유일값을 출력해주고 있다. 만약 변수 형이 다른 경우에는 결측값 기호가 다르게 표현됨에 주의해야 한다.

```
# 유일값 출력: 변수 변환 후 결측값 표시
df['status'].astype('string').unique()
---------------------------------------------------------------------
<StringArray>
['z_No', <NA>, 'Yes']
Length: 3, dtype: string
```

```
# 유일값 출력: 변수 변환 후 결측값 표시
df['status'].astype('category').unique()
----------------------------------------------------------------
['z_No', NaN, 'Yes']
Categories (2, object): ['Yes', 'z_No']
```

결과를 보면 결측값을 표현할 때 데이터 형에 따라, nan, <NA>, NaN으로 표현함을 알 수 있다.

3.6.3 value_counts

value_counts 메소드는 변수의 유일값과 유일값별 건수를 보여준다. value_counts의 기본 형식은 value_counts(normalize=False, sort=True, ascending=False, bins=None, dropna=True)이다. 여기서 normalize는 각 범주에 대하여 전체 건수에 대한 비율로 표현할지 아니면 건수로 표현할지를 지정하며 sort는 각 범주값의 건수 기준으로 정렬 여부를 지정한다. ascending은 정렬 시 내림차순(ascending) 여부를 지정하며 bins는 연속형 데이터에 대하여 등간격으로 몇 등분할 것인지를 지정한다.

```
# 범주형 데이터의 유일 값과 건수: 기본 출력
df['status'].value_counts()
----------------------------------------------------------------
Yes      6187
z_No     4111
Name: status, dtype: int64
```

해당 범주형 변수가 가질 수 있는 모든 유일한 값에 대하여 건수를 출력해주고 있다. 그런데 기본 출력에는 만약 해당 변수가 결측값을 갖고 있다 하더라도 결측값을 출력하지 않는다. 결측값까지 포함하여 모두 출력하고자 하는 경우에는 해당 옵션을 사용해야 한다.

```
# 결측값 포함 출력
df['status'].value_counts(dropna=False)
-----------------------------------------------------------------------
Yes       6187
z_No      4111
NaN          2
Name: status, dtype: int64
```

개별 범주 값의 전체에 대한 비율을 보고자 하는 경우에는 해당 옵션을 전달해 준다.

```
# 비율 보기
df['status'].value_counts(dropna=False, normalize=True)
-----------------------------------------------------------------------
Yes       0.600680
z_No      0.399126
NaN       0.000194
Name: status, dtype: float64

# 다중 열인 경우
df[['status', 'car_use']].value_counts(dropna=False)
-----------------------------------------------------------------------
status  car_use
Yes     Private       3940
z_No    Private       2570
Yes     Commercial    2247
z_No    Commercial    1541
NaN     Private          2
dtype: int64
```

다중 열인 경우에는 각각의 범주 값의 조합에 대하여 건수를 출력한다. 이때 각 건수를 표현하는 행 레이블은 2개 이상의 값으로 구성된 다중색인(MultiIndex)을 구성하고 있다.

```
# 다중 색인 확인
df[['status', 'car_use']].value_counts(dropna=False).index
-----------------------------------------------------------------
MultiIndex([( 'Yes',     'Private'),
            ('z_No',     'Private'),
            ( 'Yes', 'Commercial'),
            ('z_No', 'Commercial'),
            (   nan,     'Private')],
           names=['status', 'car_use'])
```

3.6.4 crosstab

범주형 자료인 경우에 많이 사용하는 분할표(contingency table)는 다음과 같이 crosstab 함수를 이용하여 생성한다. crosstab의 기본 형식은 crosstab(index, columns, ...)이다. 여기서 index는 행으로 쓰이는 시리즈 또는 배열을 지정하며 columns는 그룹화를 위한 열 시리즈 또는 배열이다.

```
# 분할표 생성
pd.crosstab(df['status'], df['car_use'], margins=True)
-----------------------------------------------------------------
car_use        Commercial      Private All
status
Yes    2247     3940      6187
z_No   1541     2570      4111
All    3788     6510      10298
```

여기서 margins는 행과 열에 대한 주변 합(margin sum)을 의미한다.

3.6.5 sum, mean, var, std, min, max, median

연속형 변수에 대하여 가장 기본적인 요약 통계량은 해당하는 메소드를 호출하는 것이다.

```
# 연속형 변수 요약
x = df['income']
x.sum(), x.mean(), x.var(), x.std(), x.min(), x.max(), x.median()
---------------------------------------------------------------------
(607507819.0,
 62436.569270298045,
 2252604847.775283,
 47461.61446659061,
 560.0,
 367590.0,
 54308.0)

# 자유도(dof) 지정하기: n-ddof
df['income'].var(), df['income'].var(ddof=0)
---------------------------------------------------------------------
(2252604847.775283, 2252373336.4856863)
```

분산이나 표준편차를 구할 때 데이터 건수나 (데이터 건수 -1)로 나누는 경우가 있다. 통계학에서는 이를 자유도(dof: degree of freedom)라고 정의한다. 디폴트, 즉 기본은 (데이터건수-ddof)으로 정의하며 이때 ddof=1이다. 만약 데이터 건수로 나누는 값이 필요한 경우에는 ddof=0와 같이 전달인자를 정의해주어야 한다.

```
# 다중 변수
df[['age', 'income']].mean()
---------------------------------------------------------------------
age          53.797921
income    62436.569270
dtype: float64
```

변수가 2개 이상인 경우에는 각각의 변수 이름을 색인으로 하여 결과값이 출력된다.

3.6.6 quantile

연속형 변수일 때는 백분위에 해당하는 분위수를 구하는 경우가 많다. 전달인자로 분위수를 구하기 위한 확률값을 지정해주어야 한다. 여기서 확률값은 0과 1 사이의 값으로 지정해준다. quantile 메소드의 기본 형식은 quantile(q=0.5)이다. 여러 확률값을 지정하고자 하는 경우에는 배열 형식으로 지정한다.

```
# 분위수 구하기: 10% 등분위수
df['income'].quantile(q=np.arange(0, 1.1, 0.1))
```

```
0.0       560.0
0.1      4970.7
0.2     22810.2
0.3     33780.4
0.4     44018.2
0.5     54308.0
0.6     65838.4
0.7     78516.9
0.8     96467.4
0.9    124227.3
1.0    367590.0
Name: income, dtype: float64
```

결과를 보면 최솟값은 560, 최댓값은 36759이며 데이터 값 기준으로 오름차순으로 나열했을 때 매 10%에 해당하는 경계값이 출력되었다.

3.7 연산 사슬

연산의 사슬화(chaining)는 연속하여 메소드를 적용하는 것을 의미한다. 즉, 연산을 사슬처럼 적용하는 것을 의미한다. 연산 사슬을 적용하기 위해서는 이전 연산을 적용한 결과물의 객체가 무엇인지 확인한 후 해당 객체에 적용할 수 있는 연산, 즉 메소드를 적용하면 된다. 예를 들어 범주형 변수만 선택한 후 널 값이 있는지 여부를 판단해보자. 이때 범주형 변수만을 선택한 경우의 결과는 데이터프레임 객체이기 때문에 연속하여 데이터프레임 메소드를 적용할 수 있다. 즉, "객체.메소드" 형식을 연속으로 적용할 수 있는 것이다.

```
# 연산 사슬: 메소드 적용 결과
type(df.select_dtypes(include='object'))
------------------------------------------------------------------
pandas.core.frame.DataFrame
```

첫 번째 메소드를 적용한 결과 데이터프레임 객체가 생성되었으며 따라서 관련된 모든 메소드를 적용할 수 있다.

```
# 연산 사슬: 두 번째 연산
df.select_dtypes(include='object').isnull()
------------------------------------------------------------------
```

	status	gender	edu_level	job	car_use	vehicle_type	revoked	area	state_code
0	False	False	False	False	False	False	False	False	False
1	True	False	False	False	False	False	False	False	False
2	False	False	False	False	False	False	False	False	False
3	False	False	False	False	False	False	False	False	False
4	False	False	False	False	False	False	False	False	False
...	...	...	...	...	...	...	...	...	...
10295		False	False	False	False	False	False	False	FalseFalse
10296		False	False	False	True	False	False	False	FalseFalse
10297		False	False	False	False	False	False	False	FalseFalse
10298		False	False	False	False	False	False	False	FalseFalse
10299		False	False	False	False	False	False	False	FalseFalse

10300 rows × 9 columns

두 번째 연산을 적용한 결과 여전히 논리 데이터를 갖는 데이터프레임 객체이다.

```
# 연산 사슬: 세 번째 연산
df.select_dtypes(include='object').isnull().sum()
```
```
status           2
gender           0
edu_level        0
job            665
car_use          0
vehicle_type     0
revoked          0
area             0
state_code       0
dtype: int64
```

세 번째 연산은 열별로 합을 구하는 것이고 따라서 논리값이 참인 경우의 건수, 즉 널 값인 경우의 건수가 출력된다.

최종적으로 출력된 결과는 시리즈 객체이므로 시리즈 클래스의 메소드를 이용하여 연속적으로 적용할 수 있다.

```
# 연산 사슬: 네 번째 연산
df.select_dtypes(include='object').isnull().sum().sum()
```
```
667
```

연산 사슬을 적용하는 또 하나의 예를 살펴보기로 하자.

```
# 연산 사슬: 결측값을 가진 변수는 제거됨
df.select_dtypes(include='object').max()
```
```
gender                         Mal
edu_level            z_High School
```

```
car_use                      Private
vehicle_type                 unknown
revoked                          Yes
area           z_Highly Rural/ Rural
state_code               Thueringen
dtype: object
```

결과를 보면 처음부터 결측값을 갖는 열인 status, job이 생략되어 계산된다. 만약에 결측값을 포함하여 함수를 적용하고자 한다면 convert_dtypes 메소드를 이용하여 object 데이터 객체에서 동일한 데이터 유형으로 바꾼 후 적용해야 한다. convert_dtypes는 object 데이터 형을 어떤 데이터 형으로 전환한 것인지를 정하는 메소드다.

```
# 연산 사슬: 데이터 형을 바꾼 후 적용
df.select_dtypes(include='object').convert_dtypes(convert_string=True).max()
```

```
status                          z_No
gender                           Mal
edu_level              z_High School
job                          Teacher
car_use                      Private
vehicle_type                 unknown
revoked                          Yes
area           z_Highly Rural/ Rural
state_code                Thueringen
dtype: object
```

데이터 형을 바꾼다는 것은 일률적인 object 데이터 형에서 분화되어 string 데이터 유형으로 변환되었다는 의미이다.

```
# 데이터 형의 변환 결과
df.select_dtypes(include='object').convert_dtypes(convert_string=True).info()
------------------------------------------------------------------------------
<class 'pandas.core.frame.DataFrame'>
RangeIndex: 10300 entries, 0 to 10299
Data columns (total 9 columns):
 #   Column        Non-Null Count  Dtype
---  ------        --------------  -----
 0   status        10298 non-null  string
 1   gender        10300 non-null  string
 2   edu_level     10300 non-null  string
 3   job           9635 non-null   string
 4   car_use       10300 non-null  string
 5   vehicle_type  10300 non-null  string
 6   revoked       10300 non-null  string
 7   area          10300 non-null  string
 8   state_code    10300 non-null  string
dtypes: string(9)
memory usage: 724.3 KB
```

결측값을 처리하는 또 하나의 방법은 fillna 메소드를 사용한다.

```
# 연산 사슬
df.select_dtypes(include='object').fillna('').max(skipna=False)
------------------------------------------------------------------------------
status                            z_No
gender                             Mal
edu_level                z_High School
job                            Teacher
car_use                        Private
vehicle_type                   unknown
revoked                            Yes
area            z_Highly Rural/ Rural
state_code                  Thueringen
dtype: object
```

3.8 연산 적용 축

연산을 적용하는 축은 전달인자를 통하여 바꿀 수 있다. 일반적으로 디폴트는 0축이다. 즉, 행 색인 방향이다. 연산을 적용하는 축이란 해당 축을 따라서 연산을 적용한다는 것을 의미한다. 즉, 0축을 따라서 연산을 한다는 것은 0축이 없어진다는 것을 의미한다. 만약 0축과 1축으로 구성되어 있고 0축을 따라서 연산을 하게 되면 0축은 사라지고 1축을 구성하는 원소별로 연산의 결과가 나타나게 되는 것이다.

```
# 디폴트 연산 적용 축
df.sum(numeric_only=True)
```

```
id              4.673117e+13
child_driv      1.751000e+03
age             5.537420e+05
children        7.426000e+03
yoj             1.313980e+05
income          6.075078e+08
house_val       4.054339e+09
distance        8.077200e+05
vehicle_val     1.612994e+08
clm_freq        1.862900e+04
mvr_pts         3.298700e+04
claim_amount    1.864962e+07
vehicle_age     9.948800e+04
claim_ind       2.746000e+03
dtype: float64
```

결과를 보면 0축을 따라서 합을 구하기 때문에 각 열별로 합계를 구하는 것이다. 결과는 행이 사라지고 열 레이블, 즉 열 이름별로 결과 값이 생성되었다.

```
# 연산 적용 축 바꾸기: 각 관측값마다 결측값의 개수 합하기
df.isna().sum(axis=1)
```

```
0        0
1        1
2        1
3        1
4        0
        ..
10295    0
10296    1
10297    0
10298    0
10299    0
Length: 10300, dtype: int64
```

결과를 보면 각 색인 값별로 합을 구하고 있음을 알 수 있다.

3.9 넘파이 배열 전환

시리즈 객체는 간단히 values 속성 또는 to_numpy 메소드를 통하여 넘파이 배열로 전환할 수 있다. 물론 데이터프레임 객체도 동일한 방법으로 넘파이 배열로 전환되지만 이때는 각 행이 하나의 데이터로 전환되므로 큰 의미가 없다. 따라서 넘파이 배열 전환은 동일한 데이터 형을 갖는 시리즈 객체의 전환이 의미가 있다. to_numpy의 기본 형식은 to_numpy(dtype)이다. 여기서 dtype은 넘파이 배열의 데이터 형을 지정한다.

```
# values 속성
df['id'].values[:2]
```

```
array([6.92162501e+09, 1.22789922e+09])
```

```
# to_numpy 메소드
df['id'].to_numpy(dtype=np.int64)[:2]
```

```
array([6921625014, 1227899219])
```

3.10 리스트 전환

시리즈는 to_list 메소드를 통해 리스트로 전환할 수 있다.

```
# to_list
df['status'].to_list()[:2]
```

```
['z_No', nan]
```

3.11 문자열 변환 및 적용

시리즈는 str 접근자(accessor)를 이용하여 각 원소를 문자열로 전환할 수 있다. 이때 각 원소를 문자열로 전환하였기 때문에 문자열에 적용되는 함수를 각 원소마다 적용할 수 있다. 즉 벡터화 표현이 가능하다. 일종의 벡터화된(vectorized) 문자열 함수이다. 접근자의 의미는 조건을 충족하는 데이터를 임시저장장치에 기억해 놓는 것(cached)을 말한다. 따라서 이후의 메소드를 통하여 원소별로 적용이 가능하다.

```
# str 접근자
df['edu_level'].str.upper()[:3]
```

```
0          BACHELORS
1      Z_HIGH SCHOOL
2       <HIGH SCHOOL
Name: edu_level, dtype: object
```

str 접근자가 edu_level 모든 원소 각각을 문자열로 임시 저장 후 원소별 upper 메소드를 적용하였다. 결과는 시리즈이며 따라서 시리즈 객체 메소드를 연속하여 적용할 수 있다.

3.12 표본추출

데이터프레임에서 일부 데이터만 추출하는 표본추출(sampling) 메소드는 sample이다. sample의 기본 형식은 sample(n, frac, replace=False, weights, random_state, axis, …)이다. 여기서 n은 정의된 축을 따라 추출되는 표본 개수이며, frac는 추출 표본 비율을 의미한다. 따라서 n과 frac는 동시에 사용할 수 없다. replace는 복원추출 여부를 지정한다. 기본은 비복원추출이다. weights는 각 추출되는 데이터의 가중값을 표현하는 배열이나 문자열이다. random_state는 난수 씨앗값이며 axis는 적용 축이다. 건수와 비율로 추출하는 예를 살펴보자.

```
# 건수 추출
df[['age', 'status']].sample(n=5, random_state=123)
```

```
      age     status
6790  59.0    Yes
```

```
6172  58.0    Yes
3991  73.0    z_No
2700  69.0    Yes
7914  66.0    z_No
```

```
# 비율 추출: 1%
df[['age', 'status']].sample(frac=0.01, random_state=123)
```

```
      age     status
6790  59.0    Yes
6172  58.0    Yes
3991  73.0    z_No
2700  69.0    Yes
7914  66.0    z_No
...   ...     ...
8262  67.0    z_No
662   46.0    z_No
5316  61.0    z_No
5144  38.0    Yes
7878  59.0    Yes
103 rows × 2 columns
```

연습 문제

```
# [claim] 데이터
url = 'https://github.com/bong-ju-kang/data/blob/master/claim.csv?raw=true'
df = pd.read_csv(url)
```

1 df의 열 레이블을 확인해보자.

2 df의 열 데이터 형을 확인해보자.

3 df의 모든 열에 대하여 기술통계량 값을 구해보자.

4 df의 object 데이터 형을 갖는 열을 모두 선택하여 결측값의 개수가 어떻게 되는지 확인해보자.

5 앞 문제에서 결측값의 개수가 1개 이상인 데이터에 대하여 결측값을 포함한 유일값의 건수를 구해보자.

6 df에서 age 열이 50 이상인 데이터 건수를 구해보자.

7 df에서 age 열이 50 이상이고 gender가 'Mal'인 데이터 건수와 전체에 대한 비율을 구해보자.

8 df의 age 열이 갖는 유일한 값의 개수를 구해보자. 단, 결측값도 유일값으로 간주한다.

9 df의 object 데이터 형을 갖는 열을 모두 선택하여 string 데이터 형으로 전환 후 새로운 데이터프레임 df2를 생성해보자.

10 df의 object 데이터 형을 갖지 않는 열을 모두 선택하여 중간값을 구해보자.

11 df의 income 열에 대하여 0%, 10%, …, 90%, 100% 확률값의 분위수를 구해보자.

12 df의 마지막의 5개의 행을 출력해보자.

13 df의 age < 30 인 ['status', 'income'] 열을 추출해보자.

14 df['age']와 df[['age']]의 차이점은 무엇인가?

15 df['age'].dtypes의 결과와 df[['age']].dtypes의 결과를 비교해보자. 어떻게 수정하면 오류를 해결할 수 있을까?

16 df의 ['age']을 정수값 배열로 전환해보자.

17 s = pd.Series(['I am a boy', 'You are a girl'])인 시리즈 s에 대하여 각 원소를 문자열로 전환 후 문자열 중 최대 문자열의 길이를 구해보자.

18 df의 각 행에서 결측값이 있는 열이 하나라도 있는 경우의 건수를 구해보자. 즉, 하나라도 있으면 1이고 아니면 0일 때 1의 건수를 구해보자.

19 df의 각 열 중에 임의로 3개를 추출한 후 선택된 열을 출력해보자. 단, 씨앗번호는 123이다.

04 색인 관리

시리즈나 데이터프레임 객체는 각각의 색인을 갖고 있다. 행 또는 열 레이블을 표현하기도 하고 시리즈 간 또는 데이터프레임 간의 결합을 위하여 사용된다. 결합을 하기 위해서는 사전에 색인 구조가 어떻게 되었는지를 살펴보고 필요한 경우 색인 변경 등의 작업을 진행해야 한다.

4.1 색인 조회

```
# 데이터 생성
df1 = pd.DataFrame({'x': np.arange(5),
                    'date': pd.date_range(start='2004-11-03', periods=5)})
df2 = pd.DataFrame({'y': np.arange(5),
                    'date': pd.date_range(start='2004-11-05', periods=5)})
print(df1)
print(df2)
```

```
x        date
0   0 2004-11-03
1   1 2004-11-04
2   2 2004-11-05
3   3 2004-11-06
4   4 2004-11-07
```

```
   y        date
0  0 2004-11-05
1  1 2004-11-06
2  2 2004-11-07
3  3 2004-11-08
4  4 2004-11-09
```

2개의 데이터프레임에 대하여 각각의 디폴트 색인을 확인해보자.

```
# 행 색인
df1.index, df2.index
```

```
(RangeIndex(start=0, stop=5, step=1), RangeIndex(start=0, stop=5, step=1))
```

```
# 열 색인
df1.columns, df2.columns
```

```
(Index(['x', 'date'], dtype='object'), Index(['y', 'date'], dtype='object'))
```

4.2 색인 변경

기본 색인은 범위색인(RangeIndex)이다. 데이터를 날짜별로 관리하고자 하는 경우에는 색인 자체를 변경할 필요가 있다. 색인 변경은 set_index 메소드를 사용한다. set_index의 기본 형식은 set_index(keys, drop=True, append=False, inplace=False, ...)이다. 여기서 keys는 레이블이나 배열을 의미한다. drop은 열로 사용여부를 지정하고, append는 기 존재하는 색인에 추가 여부를 결정하며 현재 데이터프레임에 수정여부를 지정한다. 기본 형식을 보면 keys로 지정된 열에 대하여 열로 사용하지 않고 기존 색인에 추가하지 않는다. 즉 기존 색인은 사라지며 현재 데이터프레임을 수정하지 않는다는 것이다.

```
# 색인 변경
print(df1.set_index('date'))
-----------------------------------------------------------------------
            x
date
2004-11-03  0
2004-11-04  1
2004-11-05  2
2004-11-06  3
2004-11-07  4
```

set_index 메소드를 이용하여 색인을 date로 변경하였다. 이렇게 변경된 색인은 영구 변경이 아니다. 즉 색인 정보를 확인해보면 변경 전과 동일함을 확인할 수 있다.

```
# 변경 후 결과
df1.index
-----------------------------------------------------------------------
RangeIndex(start=0, stop=5, step=1)
```

영구 변경을 하고자 하는 경우에는 inplace 전달인자 값을 조정해주어야 한다.

```
# 영구 변경
df1.set_index('date', inplace=True)

# 변경 후 결과
df1.index
-----------------------------------------------------------------------
DatetimeIndex(['2004-11-03', '2004-11-04', '2004-11-05', '2004-11-06',
               '2004-11-07'],
              dtype='datetime64[ns]', name='date', freq=None)
```

결과를 보면 DateTimeIndex와 같이 날짜시간 색인으로 변경되어 있다. 원래 색인으로 원상 복귀하고자 하면 reset_index 메소드를 사용한다.

```
# 색인 원상복구
df1.reset_index(inplace=True)
df1.index
------------------------------------------------------------
RangeIndex(start=0, stop=5, step=1)
```

4.3 색인기반 연산

시리즈나 데이터프레임은 색인을 갖고 있기 때문에 색인이 없을 때의 연산과는 차이가 있다. 이를 확인해보자.

```
# 색인 변경 후 시리즈 만들기
s1 = df1.set_index('date')['x']
s2 = df2.set_index('date')['y']
print(s1)
print(s2)
------------------------------------------------------------
date
2004-11-03    0
2004-11-04    1
2004-11-05    2
2004-11-06    3
2004-11-07    4
Name: x, dtype: int64
date
2004-11-05    0
2004-11-06    1
```

```
2004-11-07    2
2004-11-08    3
2004-11-09    4
Name: y, dtype: int64
```

각각의 시리즈는 date라는 색인을 갖게 된다. 2개의 시리즈에 대하여 덧셈 연산을 해보자.

```
# 색인기반 연산: + 연산 적용
s1 + s2
-----------------------------------------------------------------
date
2004-11-03    NaN
2004-11-04    NaN
2004-11-05    2.0
2004-11-06    4.0
2004-11-07    6.0
2004-11-08    NaN
2004-11-09    NaN
dtype: float64
```

연산을 적용한 결과 자동으로 동일한 색인 값을 찾아서 더하기 연산을 하고 있음을 알 수 있다. 이런 의미에서 시리즈와 데이터프레임 연산에서는 색인, 특히 행 색인에 대한 특별한 처리가 필요함을 알 수 있다. 만약 색인 값이 유일하지 않고 2개 이상인 경우의 연산은 어떻게 되는지 확인해보자.

```
# 시리즈 생성: 색인 값이 유일하지 않은 경우
s1 = pd.Series(index=list("aabf"), data=np.arange(4))
s2 = pd.Series(index=list("cabaabb"), data=np.arange(7))
```

```
print(s1)
print(s2)
---------------------------------------------------------------------
a    0
a    1
b    2
f    3
dtype: int64
c    0
a    1
b    2
a    3
a    4
b    5
b    6
dtype: int64
```

각 시리즈의 색인 값은 유일하지 않다. 이때 + 연산이 어떻게 작용하는지 결과를 살펴보자.

```
# + 연산
s1 + s2
---------------------------------------------------------------------
a    1.0
a    3.0
a    4.0
a    2.0
a    4.0
a    5.0
b    4.0
b    7.0
b    8.0
c    NaN
f    NaN
dtype: float64
```

결과를 보면 s1과 s2에 중복되는 색인 값은 s1의 모든 값에 대하여 s2의 모든 값을 연산(+)하고 있음을 알 수 있다. 한쪽만 갖고 있는 색인 값에 대해서는 상대 시리즈에서 피연산자 값이 없으므로 결측값이 출력된다.

연습 문제

```
# [claim] 데이터
url = 'https://github.com/bong-ju-kang/data/blob/master/claim.csv?raw=true'
df = pd.read_csv(url)
```

1 df에서 age>50인 데이터만 추출한 경우의 행 색인값을 구해보자. 원래 df의 색인값과 어떤 차이가 있는지 설명해보자.

2 df에서 age>50인 데이터를 추출 후 색인값이 정상적으로 0부터 시작하는 RangeIndex로 만들어보자.

3 `df[df['age']<=50]['income']+df[df['age']>50]['income']`의 결과 중 결측값이 아닌 데이터 건수가 몇 개인지 확인해보자.

05 group by: 분할-적용-결합

평균값을 구할 때 표본 전체에 대하여 구하는 경우도 있지만 지역, 성별 등으로 계산해야 되는 경우도 있다. 이때 적용되는 기본 방법이 분할(splitting)-적용(applying)-결합(combining)이다. 즉, 표본을 지역별로 분할하고 각각의 평균값을 구한 후 결합하여 결과값을 출력하는 것이다. 일종의 연속적인 연산, 즉 메소드를 적용하는 것과 동일하다. 이때 주요한 연산이 데이터를 분할하는 것인데 이는 groupby 메소드를 이용하여 구한다. 그룹화를 통하여 적용, 즉 집계(aggregation), 변환(transformation), 여과(filtering) 등의 작업을 보다 쉽게 적용할 수 있다. 그룹화는 groupby 메소드를 이용한다. groupby 메소드의 기본 형식은 groupby(by, axis=0, ...)이다. 여기서 by는 어떤 열을 기준으로 그룹화를 할 것인지를 지정하며 axis는 그룹화 이후 메소드의 진행 방향, 즉 축 방향을 지정한다. 기본은 0축을 따라서 진행한다.

5.1 분할 객체

데이터프레임이 분할된 경우 그 결과 객체가 무엇인지 확인해보자.

```
# 그룹화 클래스
grp = df.groupby('claim_ind')
type(grp)
```

```
pandas.core.groupby.generic.DataFrameGroupBy
```

결과를 보면 DataFrameGroupBy 객체이다. 따라서 이후에 적용되는 메소드는 모두 이 객체에 속한다.

5.2 분할과 집계

가령 클레임 여부에 따른 소득 평균값의 차이가 있는지 확인해보기 위해서는 먼저 클레임 여부에 따라 그룹을 분할하고 난 후 각각의 그룹에서 평균값을 구한 후 결합하여 결과를 만들어 내야 한다. 집계 메소드는 aggregate 또는 별명인 agg를 이용한다. agg의 기본 형식은 agg(func, axis=0, …)이다. 여기서 func는 적용 집계함수를 의미하며 axis는 집계함수를 적용하는 축을 의미한다.

```
# 집계 예
df.groupby('claim_ind')['income'].agg('mean').astype(np.int64)
----------------------------------------------------------------
claim_ind
0     66529
1     51248
Name: income, dtype: int64
```

결과를 보면 먼저 claim_ind 값별로 분할한 후 각 그룹별로 집계함수인 mean을 적용한 후 그 결과를 모아서 시리즈로 출력하였다. 시리즈의 행 색인은 groupby 열임을 알 수 있다. 통계적으로는 단지 평균의 차이만 아니라 관련된 표준편차도 확인해볼 수 있다. 이때는 적용하는 연산을 추가하면 된다.

```
# 다중 적용 연산 예
group = df.groupby('claim_ind')
group['income'].agg(['mean', 'std']).astype(np.int64)
----------------------------------------------------------------
```

```
            mean       std
claim_ind
0           66529      48525
1           51248      42463
```

다중 열을 적용하고자 한다면 분할된 데이터프레임에 대하여 다중 열을 선택하고 난 후 연산을 적용하면 된다.

```
# 다중 열, 다중 적용 연산 예
group = df.groupby('claim_ind')
group[['income', 'yoj']].agg(['mean', 'std']).astype(np.int64)
------------------------------------------------------------------
           income     yoj
           mean       std       mean     std
claim_ind
0          66529      48525     13       3
1          51248      42463     13       4
```

각각의 열에 대하여 서로 다른 연산을 적용하고자 한다면 사전 데이터 형식으로 적용한다.

```
# 다중 열, 서로 다른 적용 연산 예
group = df.groupby('claim_ind')
group.agg({'yoj': [np.mean, np.std], "income": lambda x: np.std(x,
ddof=1)}).astype(np.int64)
------------------------------------------------------------------
           yoj      income
           mean     std        <lambda>
claim_ind
0          13       3          48525
1          13       4          42463
```

5.3 분할과 변환

그룹화를 한 후 각 그룹별로 변환을 적용할 수 있다. 예를 들어 전체 평균이 아니라 각 그룹별 평균값을 차감하는 경우가 있다. 이와 같은 경우에는 반드시 그룹화를 한 후, 즉 데이터를 분할한 후 적용해야 한다. 변환은 transform 메소드를 적용한다. transform의 기본 형식은 transform(func, axis=0, …)이다. func는 변환함수이며 axis는 변환함수가 적용할 축을 의미한다.

```
# 변환 예
group = df.groupby('claim_ind')
group['yoj'].transform(lambda x: x-x.mean())[:3]
------------------------------------------------------------------------
0    0.361946
1   -0.638054
2    3.361946
Name: yoj, dtype: float64
```

프로그램은 먼저 그룹별로 데이터를 분할하고 transform 메소드에 의하여 디폴트 축인 0축을 따라서 각 데이터 값에서 평균을 뺀 값을 출력하라는 것이다. 여기서 평균은 그룹별로 계산한 것이다.

```
# 시계열 변환의 예
index = pd.date_range("1/1/2021", periods=365)
ts = pd.Series(np.random.RandomState(123).normal(size=365), index)
ts
------------------------------------------------------------------------
2021-01-01   -1.085631
2021-01-02    0.997345
2021-01-03    0.282978
2021-01-04   -1.506295
```

```
2021-01-05   -0.578600
                ...
2021-12-27   -0.401414
2021-12-28    0.673491
2021-12-29   -0.413757
2021-12-30    0.675963
2021-12-31   -0.986804
Freq: D, Length: 365, dtype: float64
```

```
# 월별 최댓값 대비 차이
group = ts.groupby(lambda x: x.month)
transformed = group.transform(lambda x: x-x.max())
transformed
```

```
2021-01-01   -3.291561
2021-01-02   -1.208585
2021-01-03   -1.922952
2021-01-04   -3.712225
2021-01-05   -2.784530
                ...
2021-12-27   -2.457882
2021-12-28   -1.382976
2021-12-29   -2.470224
2021-12-30   -1.380504
2021-12-31   -3.043271
Freq: D, Length: 365, dtype: float64
```

각 월별로 그룹을 구성하고 그룹별로 데이터에서 최댓값을 차감한 결과를 확인할 수 있다.

5.4 분할과 여과

filter 메소드를 통하여 각 그룹별로 조건을 충족하는 데이터를 추출할 수 있다. filter 메소드는 데이터프레임에 적용되는 메소드인 filter가 있고 DataFrameGoupby에 적용되는 filter가 있다. 여기서는 후자를 의미한다. 기본 형식은 filter(func, dropna=True, …)이다. 여기서 func는 적용 함수이며 dropna는 결측값 적용 여부를 결정한다.

```
# 여과 예
overall_mean = df['yoj'].mean()
group = df.groupby('edu_level')
group['yoj'].filter(lambda x: x.mean() > overall_mean)

0        14.0
3         NaN
4        15.0
8         NaN
9        13.0
         ...
10291    13.0
10292    19.0
10295    12.0
10296    12.0
10298    10.0
Name: yoj, Length: 5834, dtype: float64
```

filter 메소드의 전달인자는 반드시 함수이어야 한다. 함수의 결과를 충족하는 행을 출력한다. 결과 행 색인을 이용하여 이후의 작업을 추가로 진행할 수 있다.

연습 문제

```
# [claim] 데이터
url = 'https://github.com/bong-ju-kang/data/blob/master/claim.csv?raw=true'
df = pd.read_csv(url)
```

1 df의 claim_ind의 그룹별로 income의 평균과 표준편차를 구해보자.

2 df의 claim_ind의 그룹별로 income을 표준화를 해보자. 여기서 표준화는 x를 (x–x.mean())/x.std()으로 변환하는 것을 의미한다.

3 df의 edu_level의 그룹별 income 평균값이 전체 평균값보다 큰 그룹을 추출해 보자.

06 결측값 처리

결측값은 데이터 값 자체가 없거나, 데이터를 서로 결합 또는 연결하는 과정에서 데이터 값이 없는 것이다. 변수 또는 열에 결측값 발생 시 일반적으로 분석에서 해당 행은 삭제된다. 또는 결측값 자체가 발견되지 않아 분석 결과에 영향을 줄 수도 있다. 따라서 결측값을 처리한다는 것은 결측값의 발견, 제거 또는 새로운 값으로 대체하는 것을 의미한다. 새로운 값으로 대체할 때는 특정한 값으로 대체하거나 데이터의 순서에 의거하여 전진 채움 또는 후진 채움 방법을 사용할 수 있다.

6.1 결측값 발견

결측값의 발견은 isna 메소드를 사용한다. isnull 메소드는 isna의 별명으로 사용하는 것이므로 이를 이용해도 된다.

```
# 결측값의 발견
df.isna().head()
```

	id	child_driv	age	children	yoj	income	house_val	status	gender	edu_level	...
0	False	False	False	False	False	False	False	False	False	False	...
1	False	False	False	False	False	False	False	True	False	False	...
2	False	False	False	False	False	True	False	False	False	False	...
3	False	False	False	False	True	False	False	False	False	False	...
4	False	False	False	False	False	False	False	False	False	False	...

5 rows × 23 columns

그림 4-8 결측값 확인(일부 캡처)

6.2 결측값 표기

결측값은 NaN, <NA>, NaT 등으로 표기된다.

```
# 결측값 표기: 숫자 데이터
index = df['age'].isna()==True
df.loc[index, 'age']
```

```
293     NaN
1315    NaN
1649    NaN
3747    NaN
4363    NaN
4552    NaN
5225    NaN
Name: age, dtype: float64
```

결측값은 NaN으로 표기된다.

```
# 결측값 표기: 문자 데이터
index = df['status'].isna()==True
df.loc[index, 'status']
-------------------------------------------------------------------
1    NaN
6    NaN
Name: status, dtype: object
```

문자 결측값도 NaN으로 표기된다.

```
# 결측값 표기: 데이터 형 변환
pd.Series([1, 2, np.nan, 4])
-------------------------------------------------------------------
0    1.0
1    2.0
2    NaN
3    4.0
dtype: float64
```

결측값을 np.nan으로 입력하면 정수값 데이터임에도 불구하고 자동으로 실수값 데이터 형으로 바뀌어 있음을 알 수 있다. 이를 방지하기 위하여 판다스에서는 대문자로 시작하는 새로운 데이터 형을 추가하였다.

```
# 결측값 표기: 데이터 형 변환 없음
pd.Series([1, 2, np.nan, 4], dtype=pd.Int64Dtype())
-------------------------------------------------------------------
0       1
1       2
2    <NA>
3       4
dtype: Int64
```

새로운 데이터 형을 추가하는 경우에 결측값은 <NA>로 표기된다. 표기와 상관없이 발견은 isna 메소드를 사용한다.

```
# None 결측값: 숫자인 경우 np.nan과 동일한 효과
pd.Series([1, 2, None, 3, np.nan])
--------------------------------------------------------------------
0    1.0
1    2.0
2    NaN
3    3.0
4    NaN
dtype: float64
```

결측값으로 None을 사용할 수 있다.

```
# None 결측값: 문자인 경우 표기가 다르지만 결측값
srs = pd.Series(['1', '2', None, '3', np.nan])
srs
--------------------------------------------------------------------
0       1
1       2
2    None
3       3
4     NaN
dtype: object
```

object 데이터인 경우에는 None을 그대로 사용한다.

```
# 날짜시간 형인 경우
pd.Series([np.nan]).astype('datetime64[ns]')
--------------------------------------------------------------------
0   NaT
dtype: datetime64[ns]
```

날짜시간 형인 경우에는 결측값이 NaT으로 표기된다.

6.3 결측값 계산

결측값이 있는 행과 열에 대하여 집계 계산은 어떻게 하는지 살펴보자.

```
# 결측값 계산
x = pd.Series([1., np.nan, 2, 3])
y = pd.Series([np.nan])
---------------------------------------------------------------------------
x.sum(), y.sum(), x.sum(skipna=False), y.sum(skipna=False)

(6.0, 0.0, nan, nan)
```

결측값 이외의 값이 있는 경우에는 디폴트로 결측값을 제거하고 난 후 계산된다. 그러나 결측값만 있는 경우에는 계산 결과에 주의해야 한다. 이를 정확히 하기 위해서는 skipna 인자에 논리값을 전달해주어야 한다. 변수별 또는 관측값별 결측값 건수는 다음의 프로그램으로 확인한다.

```
# 변수별 결측값 건수 확인
df.isna().sum()
---------------------------------------------------------------------------
id               0
child_driv       0
age              7
children         0
yoj            548
income         570
```

```
house_val        575
status             2
gender             0
edu_level          0
job              665
distance           0
car_use            0
vehicle_val        0
vehicle_type       0
clm_freq           0
revoked            0
mvr_pts            0
claim_amount       0
vehicle_age      639
claim_ind          0
area               0
state_code         0
dtype: int64
```

```
# 관측값별 결측값 건수
df.isna().sum(axis=1)
```

```
0        0
1        1
2        1
3        1
4        0
        ..
10295    0
10296    1
10297    0
10298    0
10299    0
Length: 10300, dtype: int64
```

6.4 결측값 채우기

결측값을 채우는 메소드는 fillna이다. fillna의 기본 형식은 fillna(value, method=None, axis, inplace=False, ...)이다. 여기서 value는 채우는 값, method는 전진 채움(ffill), 후진 채움(bfill), 채우지 않음(None)이 있다. axis는 적용대상 축이며 inplace는 현재 객체에 바로 적용할 것인지 여부이다. 결측값을 채우는 방법 중 가장 간단한 방법은 특정 조건을 만족하는 결측값에 대하여 일정한 값, 즉 상수값을 채우는 것이다.

```
# 상수값 채우기
fill_value = df['income'].median()
df['income'][:4], df['income'][:4].fillna(fill_value)
```

```
(0     53841.0
 1     16999.0
 2         NaN
 3    115546.0
 Name: income, dtype: float64,
0     53841.0
 1     16999.0
 2     54308.0
 3    115546.0
 Name: income, dtype: float64)
```

결과를 보면 3번째 행의 값(색인번호는 2)이 대체되어 있음을 알 수 있다. 결측값을 갖는 행 자체를 제거할 수도 있다. 이때 열별로 결측값의 행 위치가 서로 다른 경우에는 모든 데이터가 제거될 수도 있으니 주의해야 한다.

특정한 값으로 채우는 방법 이외에 주변의 값을 이용하여 채우는 방법이 있다.

```
# 전진 채움: ffill
x = pd.Series([1., np.nan, 2, 3])
x.fillna(method='ffill')
---------------------------------------------------------------
0    1.0
1    1.0
2    2.0
3    3.0
dtype: float64
```

전진 채움의 결과를 보면 직전의 값으로 결측값을 채우고 있음을 알 수 있다.

```
# 후진 채움: bfill
x = pd.Series([1., np.nan, 2, 3])
x.fillna(method='bfill')
---------------------------------------------------------------
0    1.0
1    2.0
2    2.0
3    3.0
dtype: float64
```

후진 채움의 결과를 보면 직후의 값으로 결측값을 대체하고 있음을 알 수 있다.

```
# 결측값 처리: 제거
len(df), len(df.dropna()), len(df.dropna())/len(df), len(df['income'].dropna())
---------------------------------------------------------------
(10300, 7653, 0.7430097087378641, 9730)
```

모든 결측값을 갖는 행을 제거하면 원래 데이터에 비해 74% 정도만 이후의 작업에 사용할 수 있다. 그러나 특정 열만 제거하는 경우에는 훨씬 더 많은 데이터를 이용할 수 있다.

연습 문제

```
# [claim] 데이터
url = 'https://github.com/bong-ju-kang/data/blob/master/claim.csv?raw=true'
df = pd.read_csv(url)
```

1 df의 age 열의 결측값 여부를 파악해보자. 결측값이 있는 행 번호를 출력해보자.

2 df의 age 열의 결측값을 평균값으로 대체해보자.

3 df의 age 열의 결측값을 중간값으로 대체해보자.

4 df의 age 열의 결측값이 있는 행이면 1, 아니면 0을 갖는 넘파이 배열을 생성한 후 합을 구해보자.

07 데이터 정돈

데이터프레임은 분석에 사용할 수 있게 잘 정돈된(tidy) 모양이 아닐 수 있다. 잘 정돈되었다는 것은 분석을 위하여 관측값과 변수로 올바르게 위치하는 것을 의미한다. 예를 들어 지역별 소득금액 데이터는 변수가 지역, 소득금액이고 각 관측값은 특정 지역의 소득이어야 한다. 그런데 만약 변수 위치에 각 지역별 소득이 놓였다고 가정해보자. 그러면 변수가 서울지역소득, …, 제주지역소득 등으로 구성될 것이다. 이를 잘 정돈되지 않은 데이터라고 한다. 이러한 데이터는 적절한 모양 변경이 필요하다. 즉, 분석을 위하여 관측값(observation)과 변수(variable)를 잘 정의하는 과정이다. 모양을 변경하는 대표적인 함수 또는 메소드는 `melt`, `pivot_table`이 있다.

7.1 데이터 녹이기

다음과 같은 데이터가 있다고 하자.

```
# 주어진 데이터
tdf = pd.DataFrame({'lot1': [0.1, 0.2, 0.7],
                    'lot2': [0.3, 0.1, 0.9],
                    'parameter': ['para1', 'para2', 'para3']})
tdf.head()
```

```
    lot1   lot2   parameter
0   0.1    0.3    para1
1   0.2    0.1    para2
2   0.7    0.9    para3
```

데이터를 보면, lot*parameter별로 어떤 값을 측정한 것이다. 이때 'lot1', 'lot2'는 데이터 값에 해당하는 것이지 변수 명으로 사용할 수는 없다. 가령 lot별로 측정된 값이 차이가 있는지를 보고자 한다면, 즉 통계분석 중에서 분산분석 등을 하고자 한다면 값으로 존재해야 한다. 예를 들어 lot 변수의 값으로 있어야 한다. 이와 같이 분석 목적에 맞는 데이터를 정돈하는 과정이 반드시 필요하다. 즉, 가로 형식에서 세로 형식으로 전환하는, 즉 피벗(pivot)을 해제해야 한다. 이를 위하여 melt 함수를 이용한다. melt 함수의 기본 형식은 melt(frame, id_vars=None, value_vars=None, var_name=None, value_name='value', …)이다. 여기서 frame은 데이터프레임이며 id_vars는 신원확인(identificaion) 변수, value_vars는 피벗 해제(unpivot)를 위한 변수이다. var_name은 변수 열로 사용하고자 하는 열이며 value_name은 값(value) 열의 이름을 지정하는 것이다.

어떠한 전달인자도 없이 그대로 melt 함수를 적용해보자.

```
# 데이터 녹이기: melt

# variable, value로 정돈
pd.melt(tdf)

    variable   value
0   lot1       0.1
1   lot1       0.2
2   lot1       0.7
3   lot2       0.3
4   lot2       0.1
5   lot2       0.9
```

```
6   parameter   para1
7   parameter   para2
8   parameter   para3
```

결과를 보면 가로형 데이터가 세로형 데이터로 변환되었으며 모든 데이터는 변수(variable)와 값(value)으로 구분되어 정리된다.

다시 원래 tdf로 돌아가보자. 데이터를 보면, parameter는 제대로 값을 갖고 있고 변수로 잡힌 lot1, lot2가 문제가 된다. 즉, 이 2개의 변수를 피벗 해제(변수에서 값으로: value_vars)할 필요가 있다. 해당 변수의 역할이 바뀌면 이를 표현하는 피벗 해제된 변수들의 변수이름(var_name)과 값을 표현하는 변수이름(value_name)이 필요하다.

```
# 각 parameter변수와 lot변수별로 값을 정의하고자 함
melt_df = pd.melt(tdf, id_vars=['parameter'],
                  value_vars=['lot1', 'lot2'],
                  value_name='value',
                  var_name='lot_id')
melt_df

   parameter  lot_id  value
0  para1      lot1    0.1
1  para2      lot1    0.2
2  para3      lot1    0.7
3  para1      lot2    0.3
4  para2      lot2    0.1
5  para3      lot2    0.9
```

이러한 데이터 구조로 변경이 되면 parameter별 또는 lot_id별로 측정된 값의 차이 여부를 분석해볼 수 있다.

```
# 추가 분석
melt_df.groupby('lot_id').agg(['mean', 'std'])
```

```
          value
          mean        std
lot_id
lot1      0.333333    0.321455
lot2      0.433333    0.416333
```

7.2 데이터 피벗

피벗(pivot)은 회전을 위한 축 지점을 의미한다. 하나의 지점은 그 지점을 표시하기 위한 축에 의하여 결정된다. 데이터 관점에서 보면 피벗은 행과 열이 만나는 지점이므로 행렬 기준점이라고 볼 수 있다. 피벗팅(pivoting)은 행렬 기준점을 정하는 행위라고 볼 수 있기 때문에 행렬 축을 정하는 것이라고 할 수 있다. 한글로 표현하자면 회전 기준축 정하기라고 정의할 수 있다. 그러나 기준 축을 정하는 것에만 국한되지 않고 기준 축을 정한 후 만나는 셀에 대하여 표시할 값도 정하는 것까지 포함된다. 피벗은 pivot, pivot_table 함수를 이용한다. 그런데 pivot_table의 특수한 경우가 pivot이므로 pivot_table만 다루기로 한다. pivot_table의 기본 형식은 pivot_table(data, values=None, index=None, columns=None, aggfunc='mean', fill_value=None, margins=False, dropna=True, …)이다. 여기서 data는 데이터프레임, values는 집계할 열, index는 행 기준이 되는 열, columns는 열 기준이 되는 열을 지정한다. aggfunc는 피벗화(pivoting)가 된 후 셀의 값을 지정한다. 기본으로는 평균값이다. fill_value는 셀에서 결측값이 있는 경우의 대체할 값이며 margins는 행과 열 주변의 부분합과 전체 합을 출력할지 여부를 지정한다.

피벗 해제된 데이터를 다시 피벗화를 해보자.

```
# pivot을 통하여 원래 데이터로 복귀
pd.pivot_table(melt_df, index=['parameter'], columns=['lot_id'],
               values='value', aggfunc='sum')
-----------------------------------------------------------------------
lot_id     lot1  lot2
parameter
para1      0.1   0.3
para2      0.2   0.1
para3      0.7   0.9
```

피벗을 하기 위해서는 기준이 되는 행(index)과 열(columns)을 정의해야 한다. 또한 교차 지점의 셀에 대한 값(value)을 정하고 만약 1개 이상의 값이 중복되는 경우에는 어떤 통계량(aggfunc)을 사용할지를 정한다.

결과를 보면 parameter가 색인으로 되어 있다. 이를 열로 변환하기 위해서는 다음과 같은 추가 작업이 필요하다.

```
# 색인을 열로 복귀
pd.pivot_table(melt_df, index=['parameter'], columns=['lot_id'],
               values='value', aggfunc='sum').reset_index()
-----------------------------------------------------------------------
lot_id parameter   lot1    lot2
0      para1       0.1     0.3
1      para2       0.2     0.1
2      para3       0.7     0.9
```

연습 문제

```
# [claim] 데이터
url = 'https://github.com/bong-ju-kang/data/blob/master/claim.csv?raw=true'
df = pd.read_csv(url)
```

1 df의 income의 평균값(정수값으로 표현)을 edu_level을 행으로, claim_ind를 열로 하여 피벗화를 해보자. 이때 피벗 테이블을 pt이라고 한다.

2 pt의 클래스를 확인해보자.

3 pt의 행 색인을 열로 옮겨보자. reset_index 메소드를 이용한다. 결과 데이터프레임을 ptd이라고 하자.

4 ptd의 피벗을 해제해보자. 단, edu_level은 그대로 유지하고 피벗 해제된 열의 값 이름은 value으로 한다.

5 df의 age의 평균값(정수값으로 표현)을 claim_ind를 색인으로 하여 피벗화를 해보자.

6 df의 income의 평균값을 (index, columns)가 (job, claim_ind)로 피벗화를 해보자.

7 df의 income의 평균값을 (index, columns)가 (revoked, claim_ind)로 피벗화를 해보자.

08 데이터 결합

데이터 결합은 판다스의 데이터프레임 객체 간의 결합을 의미한다. 일반적으로 알려져 있는 inner, outer, left, right 결합(join)을 할 수 있다. 지원하는 함수는 merge, concat 등이 있으며 메소드는 join, align 등이 있다. 이때 결합을 하기 위해서는 키(key)가 필요한데, 판다스에서는 디폴트로 행 레이블인 색인(index)이 이에 해당한다. 만약 다른 키를 주고자 한다면 이를 명시해야 한다. 이후 예에 사용될 데이터를 먼저 생성해보기로 하자.

```
# 재현성을 위한 씨앗값 지정
np.random.seed(123)

# 데이터 생성
df1 = pd.DataFrame({'x': np.random.randn(5),
                    'date': pd.date_range(start='2004-11-03', periods=5)})
df1
```

```
    x           date
0   -1.085631   2004-11-03
1   0.997345    2004-11-04
2   0.282978    2004-11-05
3   -1.506295   2004-11-06
4   -0.578600   2004-11-07
```

```
# 재현성을 위한 씨앗값 지정
np.random.seed(123)

# 데이터 생성
df2 = pd.DataFrame({'y': np.random.random(5),
                    'date': pd.date_range(start='2004-11-05', periods=5)})
df2
```

```
   y         date
0  0.696469  2004-11-05
1  0.286139  2004-11-06
2  0.226851  2004-11-07
3  0.551315  2004-11-08
4  0.719469  2004-11-09
```

1축을 따라서 결합하는 경우에는 merge 함수를 사용한다. merge 함수의 기본적인 형식은 merge(left, right, how='inner', on=None, left_on=None, right_on=None, left_index=False, right_index=False, …, copy=True, …)이다. left, right는 데이터프레임 또는 시리즈이며 how={'left', 'right', 'outer', 'inner', 'cross'} 중의 하나이다. 기본은 'inner'이다. 각각의 결합방식은 이후 절에서 하나씩 설명하기로 한다. on은 결합하는 키 열을 지정한다. 지정하지 않으면 행 색인을 사용한다. left_on은 왼쪽 데이터프레임에서 사용하는 결합 키 열을 지정한다. right_on은 오른쪽 데이터프레임에서 사용하는 결합 키 열을 지정한다. left_index는 결합 시 왼쪽 행 색인을 사용할지 여부를 결정한다. right_index도 이와 유사하다. copy는 양쪽 테이블을 복사하여 진행할 것인지에 대한 여부이다.

8.1 내부 결합

내부(inner) 결합은 색인 또는 지정된 열의 값이 동일한 경우에만 출력하는 방식이다.

```
# 내부(inner) 결합
pd.merge(df1, df2, on='date', how='inner')
----------------------------------------------------------------
   x          date        y
0  0.282978   2004-11-05  0.696469
1  -1.506295  2004-11-06  0.286139
2  -0.578600  2004-11-07  0.226851
```

결과를 보면 결합 키가 date이므로 양쪽에서 동일한 키 값만 결합하여 출력하고 있다. 이러한 결과는 메소드를 통해서도 처리할 수 있다.

```
# 메소드 처리
df1.merge(df2, on='date', how='inner')
----------------------------------------------------------------
   x          date        y
0  0.282978   2004-11-05  0.696469
1  -1.506295  2004-11-06  0.286139
2  -0.578600  2004-11-07  0.226851
```

색인과 색인의 결합을 하고자 한다면 다음과 같이 처리한다.

```
# 색인 대 색인 결합
df1.set_index('date').merge(df2.set_index('date'), left_index=True, right_
index=True, how='inner')
----------------------------------------------------------------
            x          y
date
2004-11-05  0.282978   0.696469
2004-11-06  -1.506295  0.286139
2004-11-07  -0.578600  0.226851
```

8.2 왼쪽 결합

왼쪽 결합(left join)은 왼쪽 데이터의 색인 또는 지정된 열을 기준으로 하여 결합한다.

```
# 왼쪽(left) 결합
pd.merge(df1, df2, on='date', how='left')
-----------------------------------------------------------------
    x           date          y
0   -1.085631   2004-11-03    NaN
1   0.997345    2004-11-04    NaN
2   0.282978    2004-11-05    0.696469
3   -1.506295   2004-11-06    0.286139
4   -0.578600   2004-11-07    0.226851
```

위 표를 보면 df1의 데이터에서 키가 일치하는 값만 df2에서 취해서 만들었음을 알 수 있다.

8.3 오른쪽 결합

오른쪽 결합(right join)은 오른쪽 데이터의 색인 또는 지정된 열을 기준으로 하여 결합한다.

```
# 오른쪽(right) 결합
pd.merge(df1, df2, on='date', how='right')
-----------------------------------------------------------------
    x           date          y
```

```
0  0.282978   2004-11-05  0.696469
1  -1.506295  2004-11-06  0.286139
2  -0.578600  2004-11-07  0.226851
3  NaN        2004-11-08  0.551315
4  NaN        2004-11-09  0.719469
```

결과를 보면 df2의 결합 키인 date 값은 모두 나열이 되어 있고 관련된 df1의 데이터 값을 취하여 결합한 것임을 알 수 있다.

8.4 외부 결합

외부 결합(outer join)은 결합하는 데이터의 지정된 열 또는 색인에 대한 모든 합집합을 만들고 각각의 데이터를 결합한다.

```
# 외부(outer) 결합
pd.merge(df1, df2, on='date', how='outer')
-----------------------------------------------------------------
   x          date        y
0  -1.085631  2004-11-03  NaN
1  0.997345   2004-11-04  NaN
2  0.282978   2004-11-05  0.696469
3  -1.506295  2004-11-06  0.286139
4  -0.578600  2004-11-07  0.226851
5  NaN        2004-11-08  0.551315
6  NaN        2004-11-09  0.719469
```

결과를 보면 양쪽의 모든 키 값과 관련된 값을 배열하고 있음을 알 수 있다.

8.5 행방향 결합

행방향 결합(union)은 결합 방식이 위에서 아래로 결합하는 것이다. 즉, 0축을 따라서 결합하는 것을 의미한다. 내부, 외부, 왼쪽, 오른쪽 결합이 열방향 결합과 대비된다. 행방향 결합을 위해서는 concat 함수를 사용한다. 해당 함수는 행방향 결합 이외에도 위에서 열거된 각종 결합 기능을 지원한다. concat 함수의 기본 형식은 concat(objs, axis=0, join='outer', …)이다. 여기서 objs는 시리즈나 데이터프레임 객체들을 순서열로 지정한다. axis는 결합 축을 의미하며 axis=0는 0축을 따라서 결합하는 것을 의미한다. join는 결합 방식을 의미한다.

```
# 행방향 결합 (0축을 따라 그대로 연결)
pd.concat([df1, df2], axis=0)
```

```
   x          date        y
0  -1.085631  2004-11-03  NaN
1  0.997345   2004-11-04  NaN
2  0.282978   2004-11-05  NaN
3  -1.506295  2004-11-06  NaN
4  -0.578600  2004-11-07  NaN
0  NaN        2004-11-05  0.696469
1  NaN        2004-11-06  0.286139
2  NaN        2004-11-07  0.226851
3  NaN        2004-11-08  0.551315
4  NaN        2004-11-09  0.719469
```

결과를 보면 df1과 df2가 갖고 있는 모든 열을 정의한 후 위에서 아래로, 즉 0축으로 데이터를 쌓고 있다.

8.6 중복 키 결합

결합 시에 키 값이 중복되면 어떻게 처리하는지 내부 결합인 경우만 확인해보기로 하자.

```
# 중복 키 데이터 구성
df3 = pd.DataFrame({'key': list('aacf'), 'x': np.arange(4)})
df4 = pd.DataFrame({'key': list('abcc'), 'y': np.arange(4)})
print(df3)
print(df4)
```

```
key  x
0  a  0
1  a  1
2  c  2
3  f  3
  key  y
0  a  0
1  b  1
2  c  2
3  c  3
```

df3는 키 값 중 "a"가 중복되고 df4는 "c"가 중복된다. 이런 경우에 내부 결합을 해보자.

```
# 중복 키 내부 결합
pd.merge(df3, df4, on='key', how='inner')
```

```
    key    x    y
0   a      0    0
```

```
1    a    1    0
2    c    2    2
3    c    2    3
```

결과를 보면 서로 결합한 키 값은 "a", "c"이고 각각은 중복되어 있다. 중복된 모든 값을 일단 나열하고 각각에 대하여 중복되지 않은 곳은 해당 값을 반복하여 배열하고 있다. 즉, "a"에 대하여 x는 정상적으로 배열하고 y값은 중복되어 배열하고 있다.

8.7 isin과 결합

isin 메소드는 데이터프레임 또는 시리즈의 원소가 지정된 값에 속하는지 여부를 반환하는 메소드다. 기본 형식은 isin(values)이다. 여기서 values는 반복가능값, 시리즈 등이 될 수 있다. 즉, 객체의 원소 값이 values에 속하는지 여부를 판단한다.

```
# isin 메소드
df1['date'].isin(['2004-11-03', '2004-11-07'])
-----------------------------------------------------------------
0     True
1    False
2    False
3    False
4     True
Name: date, dtype: bool
```

결과를 보면 df1['date'] 객체의 원소값이 isin에서 정의된 값 리스트에 속하는지 여부를 판단하고 있다.

이를 이용하여 데이터 결합을 할 수 있다.

```
# isin 이용: 오른쪽 결합
df2[df2['date'].isin(df1['date'])]
```

	y	date
0	0.696469	2004-11-05
1	0.286139	2004-11-06
2	0.226851	2004-11-07

연습 문제

```
# [claim] 데이터
url = 'https://github.com/bong-ju-kang/data/blob/master/claim.csv?raw=true'
df = pd.read_csv(url)
```

1 df의 id열의 데이터 형을 정수로 변환한 후 이름을 id2으로 하고 df의 열로 추가해보자.

2 df에서 age > 50 조건을 만족하는 데이터를 df2, claim_ind 값이 0인 조건을 만족하는 데이터를 df3이라고 할 때 df2, df3를 id2 키로 내부 결합한 후 데이터 건수를 확인해보자.

3 df에서 age > 50 조건을 만족하는 데이터를 df2, claim_ind 값이 1인 조건을 만족하는 데이터를 df4라고 할 때 df2, df4를 id2 키로 내부 결합한 후 데이터 건수를 확인해보자.

```python
# 데이터 생성
df1 = pd.DataFrame({'a': np.random.RandomState(1).randn(5),
                    'date': pd.date_range(start='2004-11-03', periods=5)})
df2 = pd.DataFrame({'b': np.random.RandomState(12).randn(5),
                    'date': pd.date_range(start='2004-11-05', periods=5)})
df3 = pd.DataFrame({'a': np.random.RandomState(123).randn(10),
                    'date': pd.date_range(start='2004-11-03', periods=10)})
df4 = pd.Series(pd.date_range(start='2004-11-01', periods=30), name='date')
```

4 df1과 df3를 행 색인으로 내부 결합 해보자.

5 df1과 df3를 행 색인으로 내부 결합 해보자. 단, df3의 a열을 c 이름으로 변환 후 내부 결합 해보자.

6 df2와 df3를 date 열을 기준으로 내부 결합 해보자.

7 df1과 df3를 date 열을 기준으로 내부 결합 해보자.

8 df4와 date 열을 기준으로 df1을 왼쪽 결합 해보자.

9 df4와 date 열을 기준으로 df1, df2, df3을 왼쪽 결합 해보자.

09 데이터 시각화

판다스는 자체적으로 시각화(visualization)를 위한 메소드를 갖고 있다. 대표적인 시각화 메소드인 plot에 대하여 알아보기로 하자.

plot(플롯)은 그래프(graph)와 동일한 의미이며 선 도표(line chart), 산점도(scatter plot), 막대 도표(bar chart) 등을 생성할 수 있다. plot의 함수 또는 메소드의 기본 형식은 plot (x=None, y=None, kind, ax=None, subplots=False, sharex= True, sharey=False, ..., figsize, ... , title, ...) 이다. 여기서 x는 데이터프레임 열 이름 또는 위치 번호이며 이는 y도 유사하다. kind는 다음의 표에 그리고자 하는 그래프의 종류를 지정한다. ax는 맷플롯립의 축 객체(axes object)명을 지정한다. subplots는 지정된 y 각각에 대하여 그래프를 생성할 것인지 여부를 지정한다. sharex는 x축 공유여부, sharey는 y축 공유여부를 지정한다. figsize는 인치 단위로 하여 그래프의 폭과 높이를 튜플로 지정한다.

표 4-3 plot의 KIND 전달인자 종류

KIND	내용	비고
line	선 도표	plot.line 형식도 가능
bar	막대 도표	plot.bar
barh	수평 막대 도표	plot.barh
hist	히스토그램	plot.hist
box	상자 그림	plot.box
kde, density	커널밀도추정 플롯	plot.kde
area	면적 도표	plot.area
pie	원 도표	plot.pie
scatter	산점도	plot.scatter
hexbin	육각형 격자도	plot.hexbin

9.1 선 도표

선 도표(line chart)를 생성하기 위하여 필요한 데이터를 생성해보자.

```
# 주식 데이터 가져오기
url = 'https://github.com/bong-ju-kang/data/raw/master/samsung_stock.csv'
stock = pd.read_csv(url)
stock.head()

   Date        Open    High    Low     Close   Adj Close    Volume
0  2000-01-04  6000.0  6110.0  5660.0  6110.0  4651.738281  74195000
1  2000-01-05  5800.0  6060.0  5520.0  5580.0  4248.231445  74680000
2  2000-01-06  5750.0  5780.0  5580.0  5620.0  4278.686523  54390000
3  2000-01-07  5560.0  5670.0  5360.0  5540.0  4217.779785  40305000
4  2000-01-10  5600.0  5770.0  5580.0  5770.0  4392.885742  46880000
```

주식 데이터이므로 시가, 고가, 저가, 종가 등이 일자별로 수록되어 있다. 종가 대 일자 선도표를 생성해보자. 일자별 선 도표를 생성하기 위해서는 데이터의 Date 변수를 판다스의 날짜 유형으로 변경해주어야 한다. 물론 변경하지 않아도 되지만 날짜 유형으로 변경되어야 이후 그래프 모양 등이 정상적으로 출력되기 때문에 가급적 변경 작업을 진행한다.

```
# 일자 변수를 날짜 유형으로 바꾸기
stock['Date'] = pd.to_datetime(stock['Date'])
```

그래프 생성은 맷플롯립 패키지에 의존하므로 다음의 패키지를 설정해주어야 한다.

```
# 맷플롯립 패키지 설정
import matplotlib.pyplot as plt
```

```
# 선 도표 그리기
fig, ax = plt.subplots(figsize=(7, 5), dpi=300) # 해상도 높이기
stock.plot(x='Date', y='Close', ax=ax)
```

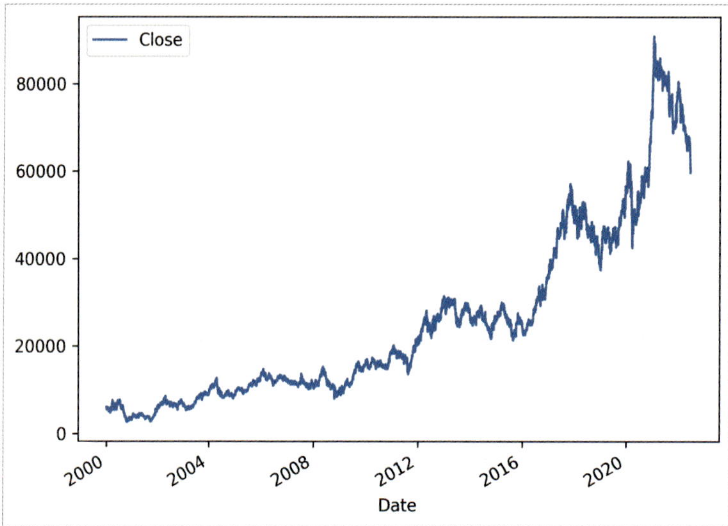

그림 4-9
주식 데이터의 선도표

프로그램에서 해상도를 높이기 위한 코드는 맷플롯립 패키지에서 자세하게 다루기로 하고 이 절에서는 plot 메소드에 집중해보기로 하자. 선 도표이므로 x, y를 설정해주어야 하기 때문에 plot 메소드에서 이를 전달인자로 지정해주었다.

```
# 다중 선도표 그리기
fig, ax = plt.subplots(figsize=(7, 5), dpi=300) # 해상도 높이기
stock[-100:].plot(x='Date', y=['High', 'Low', 'Close'], ax=ax)
```

그림 4-10은 x축은 공유하면서 y 변수가 복수 개인 선도표이다.

그림 4-10
다중 선도표

9.2 히스토그램

히스토그램(histogram)은 연속형 변수의 분포를 살펴보기 위하여 반드시 보아야 하는 그래프이다.

```
# 히스토그램
fig, ax = plt.subplots(figsize=(7, 5), dpi=300) # 해상도 높이기
df['income'].plot.hist(ax=ax)
```

결과를 보면 정규분포와는 거리가 있어 보이며 꼬리가 긴 분포임을 알 수 있다. 히스토그램도 비교를 위한 다중 히스토그램을 생성할 수 있다. 이때 앞서 다루었던 groupby 메소드를 이용한다.

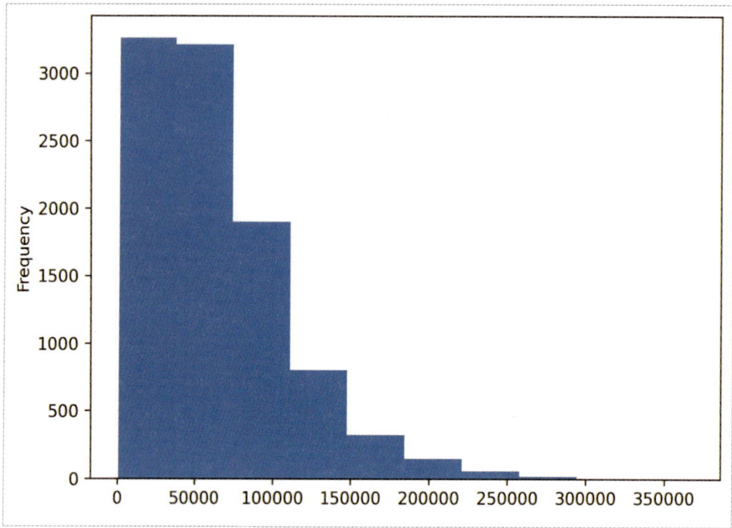

그림 4-11
소득 히스토그램

```
# 다중 히스토그램
fig, ax = plt.subplots(figsize=(7, 5), dpi=300) # 해상도 높이기
df.groupby('gender')['income'].plot.hist(ax=ax, alpha=0.5)
ax.legend() # 범례 표시
```

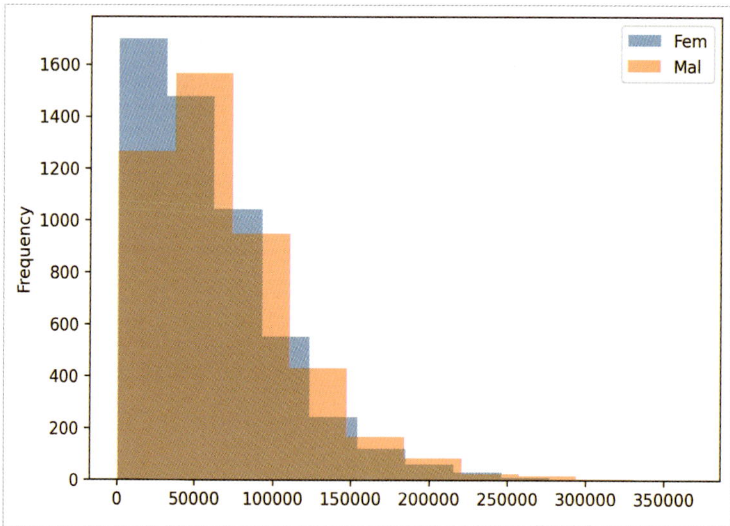

그림 4-12
다중 히스토그램

프로그램에서 alpha는 투명도를 조절하는 전달인자이다. 값이 클수록 투명도가 높아진다.

9.3 막대 도표

막대 도표(bar chart)는 범주형 변수의 분포를 보기 위한 그래프이다. 즉, 각 범주값별로 도수(frequency) 또는 상대 도수(relative frequency)가 사전에 계산되어 있어야 한다.

```
# 막대 도표
fig, ax = plt.subplots(figsize=(7, 5), dpi=300) # 해상도 높이기
df['edu_level'].value_counts().plot.bar(ax=ax)
```

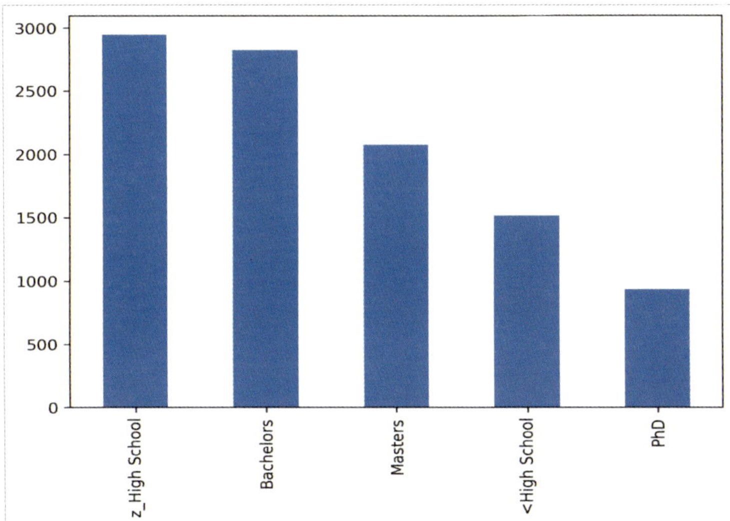

그림 4-13 교육수준별 막대 도표

value_counts 메소드는 범주형 변수의 건수를 계산해주기 때문에 이를 이용하여 막대 도표를 생성할 수 있다. 프로그램에서는 plot 메소드에서 kind='bar'를 이용하지 않고 추가적으로 bar 메소드를 호출하였다. x축의 값을 공유할 수 있으면

y값은 다양하게 설정할 수 있다. 이를 이용하여 다중 막대 도표를 생성할 수 있다.

```
# 다중 막대 도표
fig, ax = plt.subplots(figsize=(7, 5), dpi=300) # 해상도 높이기
df.groupby('edu_level')['income'].aggregate(['median', 'mean', 'max',
'std']).plot.bar(ax=ax)
```

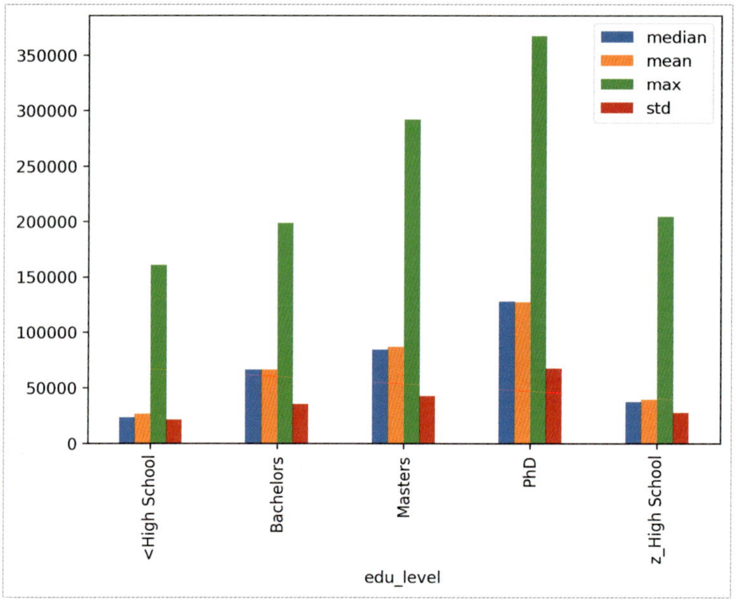

그림 4-14
다중 막대 그래프

결과 그래프는 비적층(unstacked) 막대 도표이다. x축의 값에 여러 y값을 적층(stacked)해서 생성할 수도 있다.

```
# 다중 막대 도표
fig, ax = plt.subplots(figsize=(7, 5), dpi=300) # 해상도 높이기
df.groupby('edu_level')['income'].aggregate(['mean','std']).plot.bar(ax=ax,
stacked=True)
```

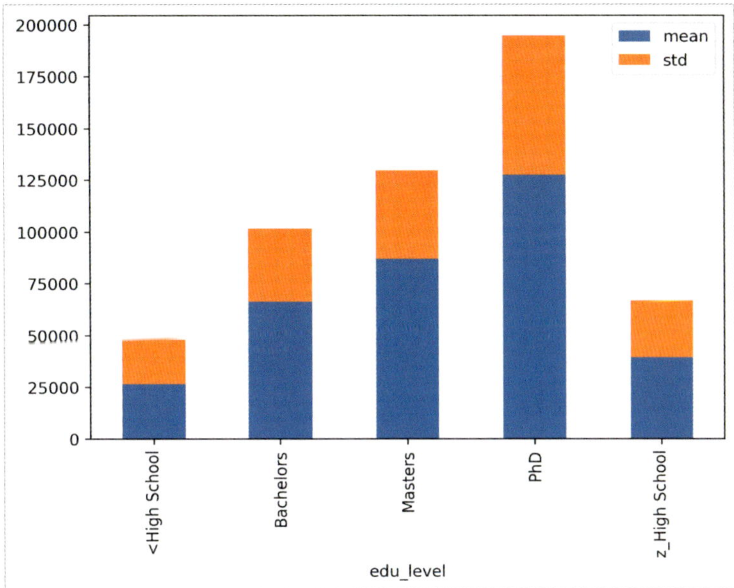

그림 4-15
적층 막대 그래프

9.4 산점도

산점도(scatter plot)는 연속형 변수 간의 상관관계를 살펴보는 시각화 기법이다.

```
# 산점도
fig, ax = plt.subplots(figsize=(7, 5), dpi=300) # 해상도 높이기
df.plot.scatter(x='yoj', y='income', ax=ax, s=5)
```

프로그램에서 s는 표식 기호의 크기를 의미한다. 산점도를 보고 변수 간의 직선적 관계 또는 곡선적 관계가 있는지 아니면 서로 관련이 없는지를 판단한다.

연속형 변수 중 관심있는 모든 변수에 대하여 상호 간의 산점도를 동시에 볼 수 있는데 이를 산점도 행렬(scatter plot matrix)이라 한다.

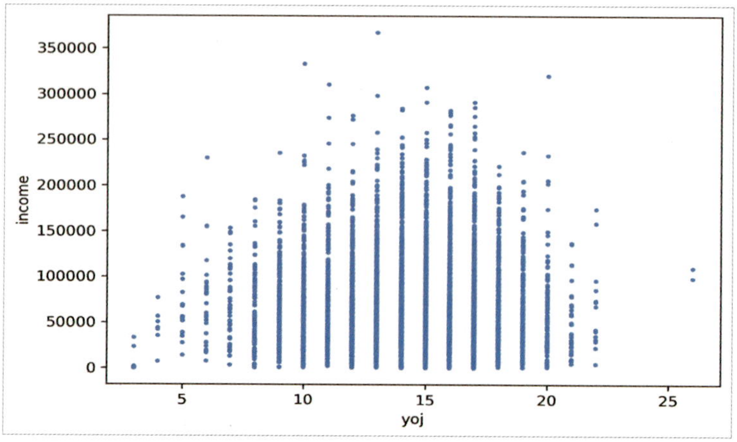

그림 4-16
산점도

```
# 산점도 행렬
fig, ax = plt.subplots(figsize=(7, 7), dpi=300) # 해상도 높이기
pd.plotting.scatter_matrix(df[['mvr_pts', 'house_val', 'claim_amount']],
ax=ax, s=5)
```

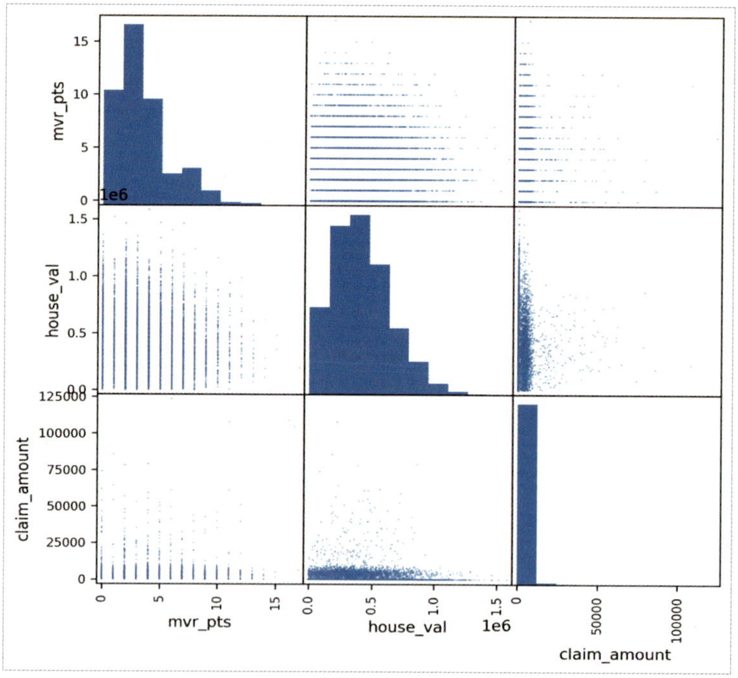

그림 4-17
산점도 행렬

산점도 행렬의 대각 셀은 자기 자신의 히스토그램을 생성한다. 하나의 셀에서 x축과 y축에 각각 수직선으로 연결했을 때 나타나는 축 이름이 각각 x축, y축의 이름이 된다.

9.5 육각형 격자도

육각형 격자도(hexagonal bin plot)는 산점도의 단점을 일부 보완하여 x, y로 구성된 전체 평면을 육각형 격자로 세분화한 후 각 격자의 데이터 건수를 표현한 것이다. 산점도에서는 점 하나가 1개 이상인지를 구분할 수 없지만 육각형 격자도에서는 이를 구분하고 또한 자연스럽게 x-y 분포도 확인할 수 있다.

```
# 육각형 격자도
fig, ax = plt.subplots(figsize=(7, 5), dpi=300) # 해상도 높이기
df.plot.hexbin(x='yoj', y='income', ax=ax, gridsize=15)
```

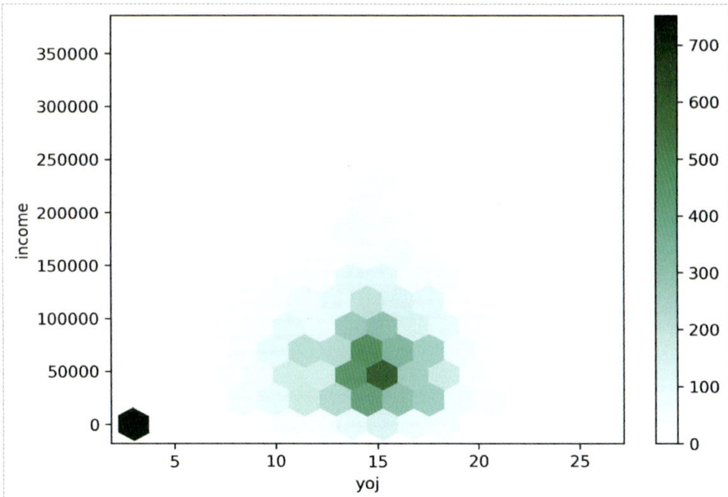

그림 4-18 육각형 격자도

프로그램에서 `gridsize`는 x축을 등간격으로 몇 개로 나눌지를 지정하는 전달인자이다.

연습 문제

```python
# [claim] 데이터
url = 'https://github.com/bong-ju-kang/data/blob/master/claim.csv?raw=true'
df = pd.read_csv(url)

url = 'https://github.com/bong-ju-kang/data/raw/master/005380.KS.csv'
hmc = pd.read_csv(url)
```

1 df의 age의 히스토그램으로 분포를 살펴보자.

2 df의 house_val의 히스토그램으로 분포를 살펴보자.

3 df의 edu_level의 막대 도표로 분포를 살펴보자.

4 df의 claim_ind의 막대 도표로 분포를 살펴보자. 이때 y축의 높이는 전체 건수에 대한 비율로 정의한다.

5 df의 claim_ind의 값에 따른 그룹별로 income의 히스토그램을 생성해보자. 단, 한 개의 그래프로 표현한다.

6 df의 mvr_pts와 age 간의 산점도를 그려보자.

7 df의 mvr_pts와 age 간의 육각형 격자도를 그려보자.

8 hmc의 Date 변수를 판다스 datetime 데이터 형으로 변환해보자.

9 hmc의 변환된 Date 변수와 Close 변수를 이용한 선 도표를 그려서 추세를 확인해보자.

참고문헌

1. https://pandas.pydata.org/pandas-docs/stable/index.html
2. https://pandas.pydata.org/getting_started.html
3. https://pandas.pydata.org/pandas-docs/stable/user_guide/index.html#user-guide
4. https://pandas.pydata.org/docs/user_guide/basics.html#basics-dtypes
5. https://pbpython.com/pandas_dtypes.html
6. https://pandas.pydata.org/docs/reference
7. [KANG-ML]

   강봉주(2019), 파이썬으로 실무에 바로 적용하는 머신러닝, 에이콘출판사
8. [KANG-BASICS]

   강봉주(2020), 파이썬 기반의 AI를 위한 기초수학, 확률 및 통계, 자유아카데미
9. [KANG-AUTOML]

   강봉주(2020), SAS Viya 기반의 실무에 바로 적용하는 AutoML, 자유아카데미

CHAPTER

5

맷플롯립 패키지 이해

01 개요

맷플롯립(matplotlib)은 넘파이와 함께 파이썬 언어의 그림을 생성하는 라이브러리이다. 이 중에서 pyplot 모듈은 상업용 패키지인 MATLAB과 같은 인터페이스를 제공하며, 가장 많이 사용된다. 이제 pyplot 모듈을 사용하여 데이터, 그래프 준비, 그래프 생성, 그래프 수정, 그래프 저장, 그래프 보기의 전 과정을 살펴보도록 하자. pyplot을 사용하기 위하여 사전에 해당 모듈을 적재해야 한다.

```
import matplotlib.pyplot as plt
```

일반적으로 많이 사용하는 별명으로 plt를 사용한다.

02 그래프 준비

그래프를 준비한다는 것은 생성될 그래프의 공간을 정의하고, 어느 위치에 그래프를 그릴지 정의하는 것을 의미한다. 그래프가 그려지는 공간을 피겨(figure)라고 표현하며 축(axis)은 피겨라는 캔버스의 한 영역이다. 그림 영역 정도로 생각하면 적절할 것이다. 피겨는 여러 개의 축을 포함할 수 있다. 여기서 축은 넘파이, 판다스의 축과는 다른 의미이다. 그림을 그리기 위해서는 사전에 디폴트로 정의되어야 할 사항이 많이 있는데 피겨 크기, 폰트, 색깔 등이 여기에 해당한다. 이를 확인할 때는 다음의 방법을 이용한다.

```
# 디폴트 인자 확인
plt.rcParams # 전체 확인
plt.rcParams.keys # 검색을 위한 키 확인
plt.rcParams['figure.figsize']
----------------------------------------------------------------
[6.0, 4.0]
```

rcParams에는 모든 전달인자의 기본값을 확인할 수 있다. 그런데 워낙 많은 값이 있어서 특정 전달인자 값을 확인하고자 할 때는 키 값을 검색한 후 해당 키의 전달인자 값을 확인할 수 있다. 키 중의 하나인 피겨의 크기를 지정하는 전달인자인 figure.figsize 값을 확인하였다. 피겨의 크기의 기본 단위는 인치(inch)이다. 인치당 100 픽셀(dpi=100)이면 픽셀*100이다. 즉, 6.0은 dpi=100인 경우에는 600 픽셀을

의미한다. 여기서 dpi는 인치당 픽셀수(dots per inch)이다. 피겨와 그림영역의 의미를 알아보자.

```
# figure, axis 인스턴스 생성, 2x2 영역으로 분할
fig, ax = plt.subplots(figsize=(7, 7), nrows=2, ncols=2)

# 2번째 행의 2번째 열의 그래프
ax[1,1].plot([1, 2, 3], [1, 2, 2])
plt.show()
```

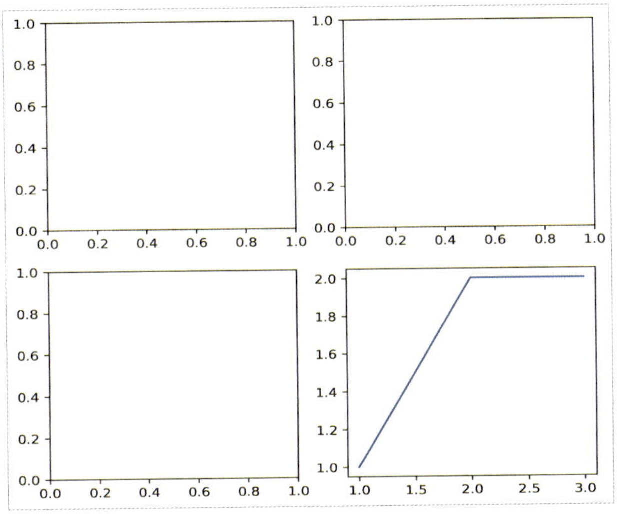

그림 5-1
Figure와 axis의 관계

프로그램에서는 subplots 함수를 이용하여 피겨, 그림영역 인스턴스를 동시에 생성하였다. 이때 생성된 그림영역은 1개가 아닌 4개이며 이 중에 4번째 위치에 적절한 그림을 생성하였다. 즉, 피겨는 캔버스라고 생각할 수 있고 각각의 영역에 독립적으로 그림영역을 이용하여 그림을 생성한다고 볼 수 있다.

연습 문제

1 `rcParams` 클래스를 확인해보자.

2 `rcParams` 키를 확인해보자.

3 `keys_df = pd.DataFrame(plt.rcParams.keys())` 형식으로 데이터프레임을 생성해보자.

4 `keys_df`에서 'figure' 문자가 들어 있는 모든 키워드를 찾아보자.

5 figure.dpi의 값을 구해보자.

6 figure.dpi의 값을 200으로 변경해보자. 변경 후 해당 값을 출력해보자.

7 lines.markersize 값을 출력해보자.

8 3개의 그림영역을 행으로 갖는 피겨를 생성해보자.

03 그래프 생성

그래프를 그리기 위해서는 반드시 피겨가 생성되어야 한다. 생성하는 방법은 figure, subplot, subplots 등과 같은 함수를 이용한다. 이 중 많이 사용하는 함수는 subplots이므로 이를 다루기로 한다. subplots 함수의 기본 형식은 subplots(nrow=1, ncol=1, *, sharex=False, sharey=False, ..., **fig_kw)이다. 여기서 nrows, ncols는 그림영역의 개수를 지정한다. nrows=2, ncols=2이라면 그림영역은 총 4개의 영역으로 구분된다. sharex, sharey는 논리값으로 각각 x축과 y축을 공유할 것인지 여부를 지정한다. **fig_kw는 피겨에 전달되는 키워드기반 전달인자가 전달된다. rcParams 속성에 대부분 정의되어 있다.

subplots 함수가 호출되고 나면 반환되는 것은 한 개의 피겨와 설정된 그림영역 배열이다. 여기서 그림영역 배열은 1개일 수도 있고 nrows, ncols에 정의된 개수만큼 매우 많을 수도 있다. 이때 그래프의 전달인자(argument) 값을 구체적으로 지정하지 않으면 기본값으로 그래프를 생성할 수 있다.

3.1 선 도표

피겨와 그림영역이 정의되고 나면 하나의 그림영역에 선 도표 또는 선 그래프를 그릴 수 있다. 선 도표는 그림영역의 plot 메소드를 이용한다. plot 메소드의 기본 형식은 plot(*args, ..., **kwargs)이다. 여기서 *args는 위치 전달인자를 의미한다.

위치 전달인자의 순서는 x, y, fmt이다. 여기서 x, y는 배열 형식의 데이터이며 fmt는 그래프의 형식이다. 예를 들어 'ro'는 빨간 원 기호를 의미한다. 관련된 속성은 그래프 수정에서 자세히 다루기로 한다. **kwargs는 키워드 기반 전달인자로서 Line2D 클래스의 속성값을 지정할 수 있다. 이는 선 속성 절에서 자세히 다루기로 한다.

```
# 데이터 생성
x = np.arange(100)
y = np.random.RandomState(123).normal(0, 1, 100)

# 디폴트 선 그래프
fig, ax = plt.subplots()
ax.plot(x, y)
plt.show()
```

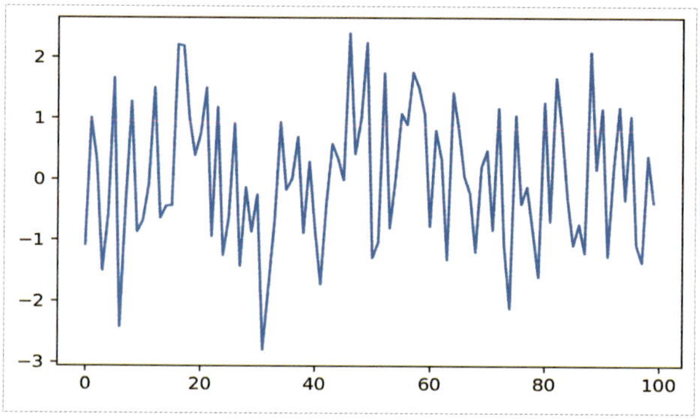

그림 5-2
디폴트 선 그래프

몇 가지 키워드 기반 전달인자를 추가하고 복수 개의 그래프를 생성해보자.

```
# 복수 개의 선도표
z = np.random.RandomState(123).rand(100)

# 키워드 기반 전달인자 추가
fig, ax = plt.subplots(dpi=300)
ax.plot(x, y,  label='xy')
ax.plot(x, z, ls=':', label='xz')
ax.legend()
plt.show()
```

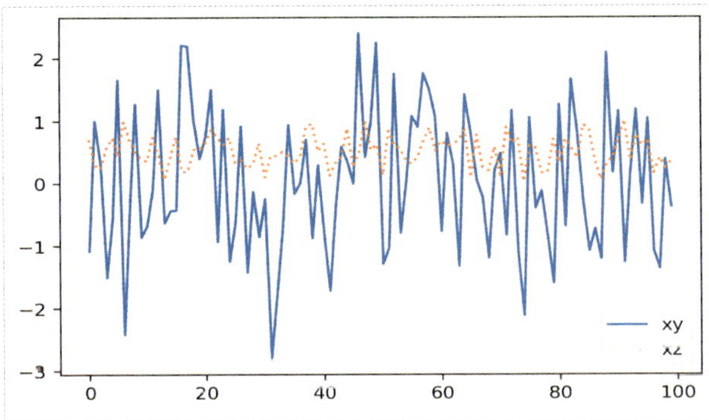

그림 5-3
디폴트 선 도표 수정

결과를 보면 그림영역 자체가 똑같이 ax로 정의하였기 때문에 그림이 같은 공간에 출력되었다. ls 전달인자를 통하여 선 스타일을 지정하였고 label을 통하여 각 그림에 이름을 부여하여 범례에 표시하였다.

3.2 산점도

산점도는 그림영역의 scatter 메소드를 이용한다. scatter 메소드의 기본 형식은 scatter(x, y, s=None, c=None, marker=None, ..., alpha=None, ...)이다. 여기서 x, y는 1차원 배열 형식이고, s는 실수값이나 1차원 배열 형식이며 표식(marker)의 크기이다. c는 배열 형식의 표식의 색깔이다. 만약 n개의 숫자열을 입력으로 지정하면 자동으로 색깔변환(color mapping) 과정을 거치게 된다. 이때 결과 색깔변환 형식은 cmap 전달인자를 이용하여 지정할 수 있다. 즉, 표식을 표현하는 의미의 숫자열이 있는 경우 cmap 이름을 지정하기만 하면 이를 모든 점의 색깔로 표현할 수 있다. 모든 색깔변환 리스트는 다음의 프로그램으로 확인할 수 있다.

```
# 색깔 목록 보기
plt.colormaps()
```

```
['Accent', 'Accent_r', 'Blues', 'Blues_r', 'BrBG', 'BrBG_r', 'BuGn', 'BuGn_r', 'BuPu', 'BuPu_r', 'CMRmap', 'CMRmap_r', 'Dark2', 'Dark2_r', 'GnBu', 'GnBu_r', 'Greens', 'Greens_r', 'Greys', 'Greys_r', 'OrRd', 'OrRd_r', 'Oranges', 'Oranges_r', 'PRGn', 'PRGn_r', 'Paired', 'Paired_r', 'Pastel1', 'Pastel1_r', 'Pastel2', 'Pastel2_r', 'PiYG', 'PiYG_r', 'PuBu', 'PuBuGn', 'PuBuGn_r', 'PuBu_r', 'PuOr', 'PuOr_r', 'PuRd', 'PuRd_r', 'Purples', 'Purples_r', 'RdBu', 'RdBu_r', 'RdGy', 'RdGy_r', 'RdPu', 'RdPu_r', 'RdYlBu', 'RdYlBu_r', 'RdYlGn', 'RdYlGn_r', 'Reds', 'Reds_r', 'Set1', 'Set1_r', 'Set2', 'Set2_r', 'Set3', 'Set3_r', 'Spectral', 'Spectral_r', 'Wistia', 'Wistia_r', 'YlGn', 'YlGnBu', 'YlGnBu_r', 'YlGn_r', 'YlOrBr', 'YlOrBr_r', 'YlOrRd', 'YlOrRd_r', 'afmhot', 'afmhot_r', 'autumn', 'autumn_r', 'binary', 'binary_r', 'bone', 'bone_r', 'brg', 'brg_r', 'bwr', 'bwr_r', 'cividis', 'cividis_r', 'cool', 'cool_r', 'coolwarm', 'coolwarm_r', 'copper', 'copper_r', 'cubehelix', 'cubehelix_r', 'flag', 'flag_r', 'gist_earth', 'gist_earth_r', 'gist_gray', 'gist_gray_r', 'gist_heat', 'gist_heat_r', 'gist_ncar', 'gist_ncar_r', 'gist_rainbow', 'gist_rainbow_r', 'gist_stern', 'gist_stern_r', 'gist_yarg', 'gist_yarg_r', 'gnuplot', 'gnuplot2', 'gnuplot2_r', 'gnuplot_r', 'gray', 'gray_r', 'hot', 'hot_r', 'hsv', 'hsv_r', 'inferno', 'inferno_r', 'jet', 'jet_r', 'magma', 'magma_r', 'nipy_spectral', 'nipy_spectral_r', 'ocean', 'ocean_r', 'pink', 'pink_r', 'plasma', 'plasma_r', 'prism', 'prism_r', 'rainbow', 'rainbow_r', 'seismic', 'seismic_r', 'spring', 'spring_r', 'summer', 'summer_r', 'tab10', 'tab10_r', 'tab20', 'tab20_r', 'tab20b', 'tab20b_r', 'tab20c', 'tab20c_r', 'terrain', 'terrain_r', 'twilight', 'twilight_r', 'twilight_shifted', 'twilight_shifted_r', 'viridis', 'viridis_r', 'winter', 'winter_r']
```

위의 cmap 리스트의 원소값을 이용하여 색깔변환 결과를 살펴보자.

```
# 색깔변환 결과 보기
x = y =  np.arange(16)
X, Y = np.meshgrid(x, y)
Z = X*Y

cmap_num = 100
```

```
cmap_name = plt.colormaps()[cmap_num]
fig,ax = plt.subplots(dpi=200)
plt.imshow(Z, cmap=cmap_name)
plt.title(f'cmap: {cmap_name}')
plt.show()
```

프로그램에서 이미지 보기를 위한 imshow는 이미지보기 절에서 다루기로 한다. 결과는 숫자값이 gist_gray의 변환을 통과한 후 색깔을 보여준다. marker는 표식 기호를 의미한다. rcParams['scatter.marker']를 통해서 기본 표식 기호를 확인할 수 있다. 기본은 'o', 즉 원이다. 많이 사용하는 표식 기호는 ".", ",", "o", "v", "^", "<", ">", "8", "s", "p", "P", "*", "h", "H", "+", "x", "X", "D", "d" 등이 있다. alpha는 투명도의 정도를 지정하는 데 사용된다. 0에 가까우면 투명도가 높고 1에 가까우면 투명도가 낮다.

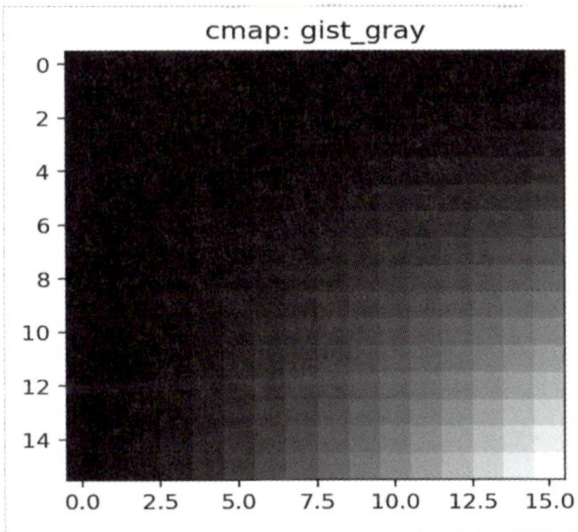

그림 5-4
색깔변환 결과

먼저 기본 산점도를 확인해보자.

```
# 디폴트 산점도
fig, ax = plt.subplots(dpi=300)
ax.scatter(x, y)
plt.show()
```

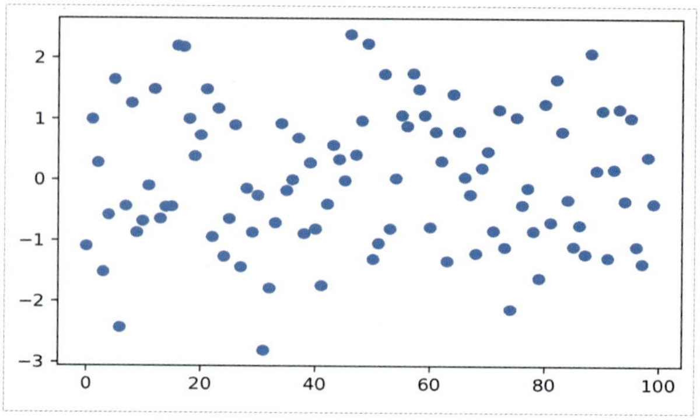

그림 5-5
디폴트 산점도

색깔 변환과 표식기호의 일부를 수정하여 출력해보자.

```
# 색깔, 표식기호 등의 수정
fig, ax = plt.subplots(dpi=300)
ax.scatter(x, y, c=z, s=4, marker='s', cmap='Greys')
plt.show()
```

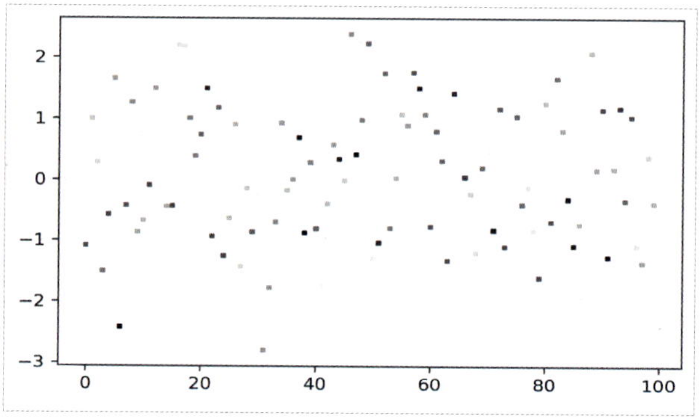

그림 5-6
색깔변환, 크기, 표식 변경 산점도

3.3 히스토그램

연속형 데이터 형의 분포를 살펴볼 수 있는 히스토그램을 살펴보기로 하자. 히스토그램은 hist 메소드를 이용한다. hist의 기본 형식은 hist(x, bins=None, range=None, ..., histtype='bar', orientation='vertical', color=None, ...)이다. 여기서 x는 1차원 배열 형식이며 bins는 연속형 변수의 등분의 개수를 의미한다. rcParams['hist.bins']로 기본값을 확인할 수 있다. 기본값은 10이다. 정수값이 아니라 숫자열을 입력한 경우는 각 계급구간(bin)의 경계값을 의미한다. range는 계급구간의 범위를 지정한다. histtype은 히스토그램의 유형(type)을 지정한다. 'bar'는 전통적인 막대형식의 히스토그램이며 'barstacked'는 적층막대, 'step'은 선 플롯(line plot)을 의미한다. 선 플롯은 계단형 막대 그래프로 이해하면 된다. orientation은 수평, 수직을 지정한다. 먼저 디폴트 히스토그램을 살펴보기로 하자.

```
# [claim] 데이터
url = 'https://github.com/bong-ju-kang/data/blob/master/claim.csv?raw=true'
df = pd.read_csv(url)

# 기본값 그래프
fig, ax = plt.subplots(nrows=2, dpi=100)
ax[0].hist(df['mvr_pts'])
ax[1].hist(df['mvr_pts'], histtype='step')
plt.show()
```

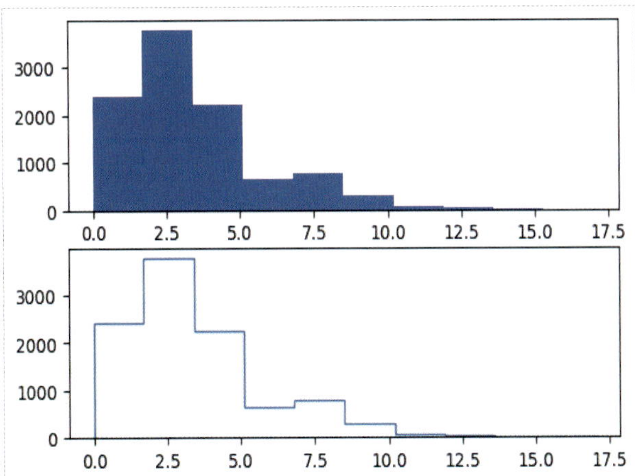

그림 5-7
2가지 유형의 기본값 히스토그램

히스토그램 유형이 'bar', 'step'인 기본값 히스토그램이다.

계급구간을 보다 더 세분화하고자 하는 경우에는 bins 옵션을 이용하며 x값의 범주형인 경우에는 막대 도표로 생성할 수 있다.

```
# 계급구간 세분화, 막대 도표
fig, ax = plt.subplots(nrows=2, dpi=100)
ax[0].hist(df['mvr_pts'], bins=20)
ax[1].hist(df['edu_level'], histtype='step')
plt.show()
```

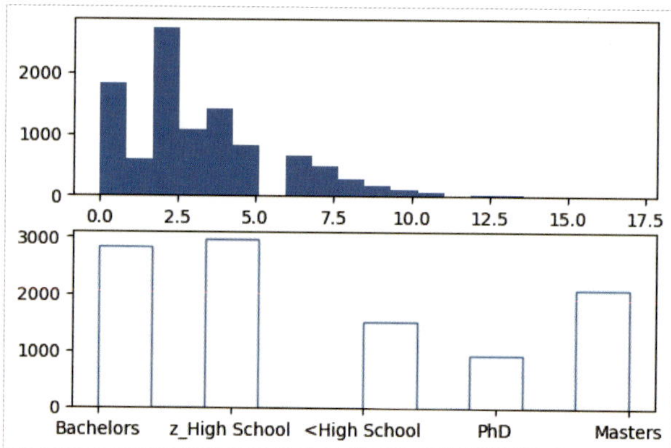

그림 5-8
계급구간 세분화 히스토그램과 막대 도표

결과 그래프를 보면 bins 전달인자에 의하여 계급구간이 세분화된 것을 확인할 수 있다. 연속형 변수가 아닌 경우에도 hist 메소드를 사용할 수 있으며 이런 경우에는 막대 도표(bar chart)와 동일한 결과를 얻을 수 있다. 막대 도표는 bar 메소드를 이용할 수도 있다.

3.4 막대 도표

범주형 데이터의 분포를 살펴볼 때 가장 많이 사용하는 시각화 기법이 막대 도표이다. 막대 도표는 그림영역의 bar 메소드를 사용한다. bar 메소드의 기본 형식은 bar(x, height, width=0.8, bottom=none, ..., **kwargs)이다. 여기서 x는 실수값 또는 배열 형식으로 x 좌표를 정의한다. height는 막대의 높이를 의미하며 실수값 또는 배열 형식이다. width는 막대의 폭이며 기본값은 0.8이다. bottom은 막대의 바닥을 나타내는 좌표이며 기본값은 0이다. bottom 전달인자는 적층 막대 도표를 출력할 때 적층(stacked)하는 배열이 앞 배열 위에 적층하기 때문에 이때 바닥은 앞 배열의 값이 된다.

```
# 기본값 그래프
x = df['edu_level'].value_counts().sort_index()
fig, ax = plt.subplots(dpi=200)
ax.bar(x.index, height=x.values)
plt.show()
```

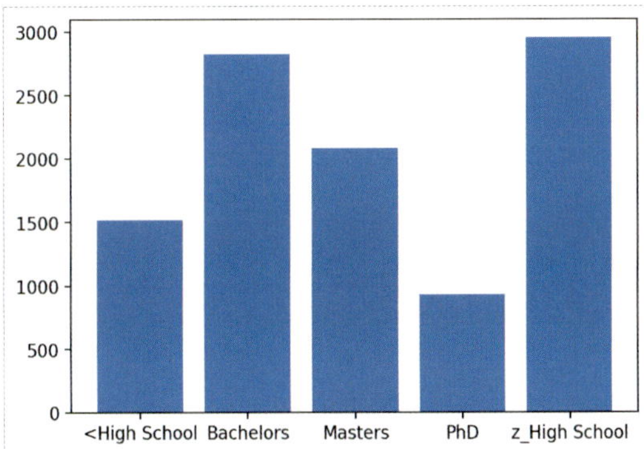

그림 5-9
기본값 막대 도표

기본값 막대 도표 위에 적층 막대 도표를 생성해보자. 예를 들어 기본값 막대 도표 위에 보험금청구(claim_ind=1)를 각 그룹별로 얼만큼 했는지를 보는 것이다.

```
# 적층 막대 도표
x = df['edu_level'].value_counts().sort_index()
```

```
y = df[df['claim_ind']==1]['edu_level'].value_counts().sort_index()
fig, ax = plt.subplots(dpi=200)
ax.bar(x.index, height=x.values, width=0.5, label='total count')
ax.bar(y.index, height=y.values, width=0.5, bottom=x.values, label='claim_
ind=1')
ax.legend()
plt.show()
```

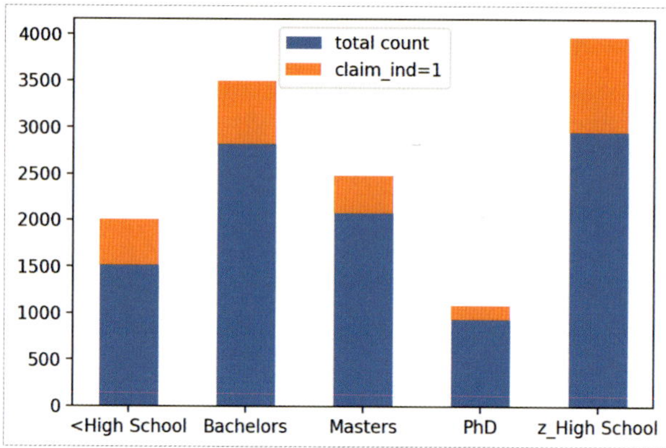

그림 5-10
적층 막대 도표

3.5 이미지 보기

이미지 데이터는 3가지 채널인 RGB 색의 조합에 의하여 하나의 픽셀의 색이 결정된다. 이때 각각의 채널의 값은 0에서 255 사이의 값을 갖는다. 아래의 이미지 데이터는 1개의 채널에 0은 흰색, 1은 검은색을 표시하는 값이다. 이러한 데이터를 이미지로 어떻게 출력하는지 살펴보기로 하자. 이미지 데이터를 출력하기 위해서는 imshow 메소드를 이용한다. imshow의 기본 형식은 imshow(X, cmp=None, ...) 형식이다. 여기서 X는 배열 형식의 데이터이다. 차원은 (M, N), (M, N, 3), (M, N, 4)이다. (M, N)차원은 이미지의 행 수와 열 수를 가리킨다. RGB 데이터는 (M, N, 3)이 된다. 어떠한 값이 들어오더라도 0~255 사이의 값으로 적절히 변환된다.

```python
# 이미지 데이터
img_data =[[0, 0, 0, 0, 0, 0, 0, 0, 0],
           [0, 0, 1, 1, 1, 1, 0, 0, 0],
           [0, 0, 0, 0, 0, 0, 1, 0, 0],
           [0, 0, 0, 0, 0, 0, 1, 0, 0],
           [0, 1, 1, 1, 1, 1, 0, 0, 0],
           [0, 0, 1, 1, 1, 1, 1, 0, 0],
           [0, 0, 0, 0, 0, 0, 1, 0, 0],
           [0, 0, 0, 1, 1, 1, 0, 0, 0],
           [0, 0, 1, 1, 1, 0, 0, 0, 0]]

# 인스턴스 생성
fig, ax = plt.subplots(figsize=(3,3), dpi=100)

# 이미지 출력
ax.imshow(img_data, cmap='binary')
plt.show()
```

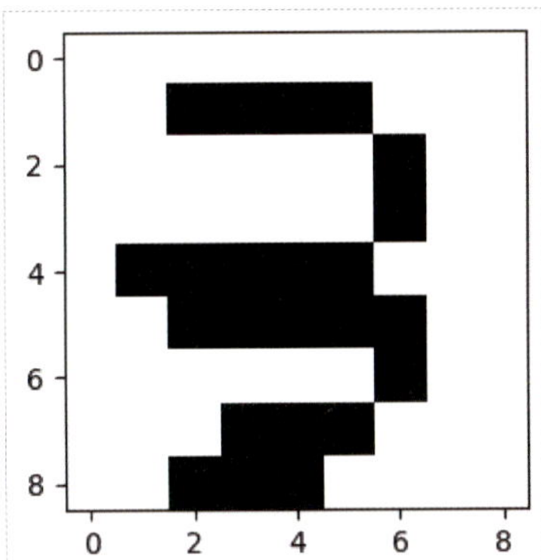

그림 5-11
이미지 출력

이미지 생성 및 출력에 대한 보다 자세한 사항은 이미지 데이터 분류를 참조한다.

연습 문제

```
url = 'https://github.com/bong-ju-kang/data/raw/master/005380.KS.csv'
hmc = pd.read_csv(url)

# [claim] 데이터
url = 'https://github.com/bong-ju-kang/data/blob/master/claim.csv?raw=true'
df = pd.read_csv(url)
```

1 hmc 데이터를 생성하고 열 이름을 확인해보자.

2 hmc의 Date를 판다스 datetime 형식으로 변환해보자.

3 hmc의 Date와 Close를 이용하여 선 도표를 생성해보자. 단 figsize=(7, 5)이며 dpi=300이다.

4 hmc의 Close에 대하여 히스토그램을 생성해보자. 단 figsize=(7, 5)이고 dpi=300이며 hist 전달인자는 bins=20으로 정한다.

5 df의 vehicle_type에 대한 막대 도표를 생성해보자.

6 df의 vehicle_type에 대한 막대 도표 위에 claim_ind=1인 데이터에 대하여 vehide_type별 건수를 적층해보자. 단, bottom=0으로 정한다.

7 df의 age를 x, claim_ind를 y, income을 c(색깔)로 한 산점도를 생성해보자. 단, 표식 기호는 사각형, 크기는 4, 색깔변환 기준은 Greys로 한다.

04 그래프 수정

그림영역 인스턴스에 그래프가 생성되기 때문에 이 절에서는 그림영역 인스턴스에 대한 수정을 어떻게 할 것인지를 정의해본다. 그래프에 대한 선택 사항을 지정하지 않은 경우에는 기본값으로 그래프가 생성되는 것을 확인하였다. 이때 기본값을 수정하고 추가적으로 이해를 돕기 위한 장식을 그래프 수정(customization)이라고 한다.

4.1 색깔 속성

색깔(color)은 모든 그래프의 선, 표식 기호 등에서 기본값으로 지정되어 있거나 지정해야 할 값이다. 색깔을 지정하는 방법은 다음의 표로 정리하였다.

형식	예	
RGB, RGBA(red, green, blue, alpha) 튜플 실수값(0과 1 사이)	(0.1, 0.3, 0.5)	(0.1, 0.3, 0.5, 0.5)
대소문자 구분 없는 RGB, RGBA 문자열	'#0f0f0f'	'#0f0f0f08'
회색조 값으로 [0, 1] 사이의 값의 문자열 표현	'0'은 까만색 '0.8'은 밝은 회색	'1'은 하얀색
기초 색깔에 대한 1 문자 표현	'b'는 파란색 'r'은 빨간색 'm' 자주색(magenta) 'k'는 검은색(key)	'g'는 녹색 'c'는 청록색(cyan) 'y'는 노란색 'w' 흰색

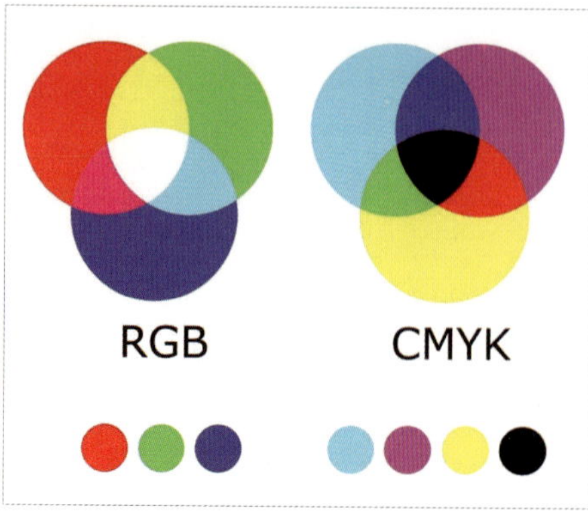

그림 5-12
기본 색과 조합

하나의 그래프에 다양한 선을 사용하는 경우에는 각 선의 색깔을 다르게 표현해야 한다. 이때 순환되는 색깔은 rcParams["axes.prop_cycle"]을 통하여 확인할 수 있다.

```
# 색깔 순환
plt.rcParams["axes.prop_cycle"]

'color'
'#1f77b4'
'#ff7f0e'
'#2ca02c'
'#d62728'
'#9467bd'
'#8c564b'
'#e377c2'
'#7f7f7f'
'#bcbd22'
'#17becf'
```

4.2 선 속성

선은 plot, histogram, bar 등의 많은 그래프 유형에서 등장한다. 이러한 선에는 다음과 같은 주요한 속성이 있다.

인자	내용	비고
color	색깔	"black", "blue", "#ffaabb", …
alpha	투명도	0에서 1 사이의 숫자
lw, linewidth	선 두께	숫자
ls, linestyle	선 종류	실선:"–", 파선:"—", 점선: ":", 일점쇄선: "–." 등
marker	데이터 점의 표식 기호	"+", "o", "*", "s", ".", "1", "2", … 등
markersize	표식 두께	숫자
markerfacecolor	표식 색깔	
markeredgewidth	표식 모서리 두께	
markeredgecolor	표식 모서리 색깔	

이 중에서 표식 기호와 선 종류는 많이 다루기 때문에 조금 더 살펴보기로 하자. 가능한 표식기호는 다음과 같이 사전으로 정의되어 있다.

```
# 가능한 표식 기호
from matplotlib.lines import Line2D
Line2D.markers

{'': 'nothing',
 ' ': 'nothing',
 '*': 'star',
 '+': 'plus',
 ',': 'pixel',
 '.': 'point',
 0: 'tickleft',
 '1': 'tri_down',
 1: 'tickright',
 10: 'caretupbase',
 11: 'caretdownbase',
 '2': 'tri_up',
 2: 'tickup',
 '3': 'tri_left',
 3: 'tickdown',
```

```
 '4': 'tri_right',
 4: 'caretleft',
 5: 'caretright',
 6: 'caretup',
 7: 'caretdown',
 '8': 'octagon',
 8: 'caretleftbase',
 9: 'caretrightbase',
 '<': 'triangle_left',
 '>': 'triangle_right',
 'D': 'diamond',
 'H': 'hexagon2',
 'None': 'nothing',
 None: 'nothing',
 'P': 'plus_filled',
 'X': 'x_filled',
 '^': 'triangle_up',
 '_': 'hline',
 'd': 'thin_diamond',
 'h': 'hexagon1',
 'o': 'circle',
 'p': 'pentagon',
 's': 'square',
 'v': 'triangle_down',
 'x': 'x',
 '|': 'vline'}
```

프로그램에서는 키 값을 이용하여 지정하면 된다. 선 종류도 다음과 같이 사전으로 정의되어 있다.

```
# 선 스타일
Line2D.lineStyles

{'': '_draw_nothing',
 ' ': '_draw_nothing',
 '-': '_draw_solid',
 '--': '_draw_dashed',
```

```
'-.': '_draw_dash_dot',
':': '_draw_dotted',
'None': '_draw_nothing'}
```

마찬가지로 키 값을 이용하여 지정하면 된다. 이러한 속성을 이용하여 그래프를 수정하는 방법을 알아보자.

```
# 속성 수정
# 데이터 생성
x = np.arange(100)
y = np.random.RandomState(123).normal(0, 1, 100)

# 디폴트 대 수정 그래프
fig, ax = plt.subplots(figsize=(10, 7), nrows=2, ncols=1, dpi=300)

ax[0].plot(x, y)
ax[0].set_title('Default')

ax[1].plot(x, y, color='black', ls='--',
           marker='o', markersize=3, markeredgecolor='red')
ax[1].set_title('Customization')
plt.show()
```

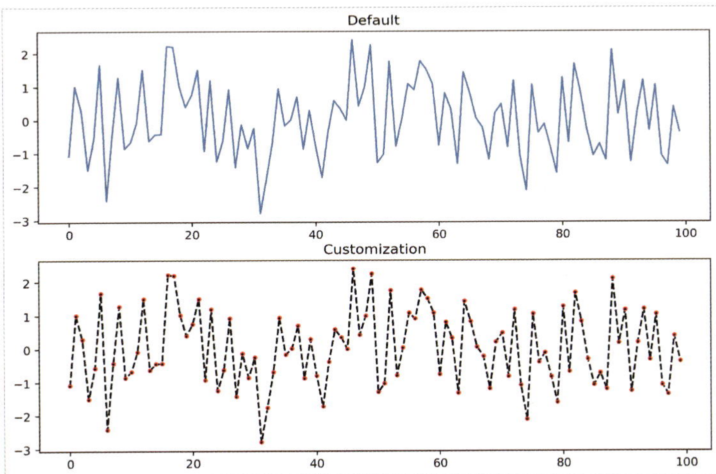

그림 5-13
그래프 선 수정

4.3 범례

범례(legend)는 그래프의 가독성을 높이는 방법 중의 하나이다. 즉, 하나의 그래프에서 여러 개의 결과를 동시에 표현하고자 할 때에는 각 결과에 대한 범례가 필요하다. 다음의 예를 통하여 범례를 사용하는 방법을 익혀보자.

```
# 데이터 생성
x = np.linspace(0, 1, 10)
y1 = x
y2 = x**2

# 그래프 생성
fig, ax = plt.subplots(figsize=(10, 5), nrows=1, ncols=4, dpi=300)
for i in np.arange(4):
  loc_index = i+1
  ax[i].plot(x, y1, label=r'$y=x$')
  ax[i].plot(x, y2, ls='--', label=r'$y=x^2$')
  ax[i].legend(loc=loc_index)
  ax[i].set_title(f"loc={loc_index}")
plt.show()
```

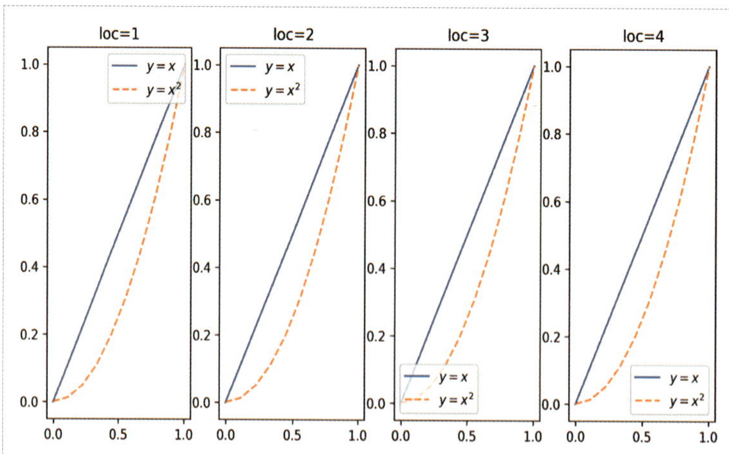

그림 5-14
그래프 범례 추가

그림 5-14를 보면 범례가 우측상단(righttop)에서부터 반시계 방향으로 그 값이 변함을 알 수 있다.

4.4 텍스트 처리와 주석

그래프에는 여러 가지 이유로 다양한 텍스트를 출력해야 하는 경우가 있다. x축 이름, 제목, 특별한 점에 대한 표시 등이 여기에 해당한다. 수학적인 수식을 표현해야 할 때도 있다. 예를 들어 y=x**2와 $y=x^2$을 비교해보자. 후자가 훨씬 더 가독성이 좋다는 사실을 확인할 수 있다. 이러한 수식의 표준 방법은 LaTeX이며 맷플롯립에서도 이 표준을 따르고 있다. 단, 수식은 $와 $ 사이에 입력해야만 올바른 결과를 얻을 수 있다. 구체적인 사용 방법은 예를 통하여 익히도록 하자.

그래프 주석(annotation)을 달기 위해서는 `annotate` 메소드를 사용한다. `annotate`의 기본 형식은 `annotate(text, xy, *args, **kwargs)`이다. 여기서 `text`는 문자열이며 주석을 위한 글이다. xy는 (실수값, 실수값) 형식이며 글이 위치하는 좌표이다. 좌표는 좌표계가 있어야 하는데, 즉 절대적 위치인지 데이터 좌표계를 사용할지 등을 `xycoords`에서 지정한다. 사용 가능한 좌표계는 다음의 표로 정리하였다.

표 5-1 xycoords 전달인자

전달 인자	좌표계
'figure points'	피겨의 좌 하단(0, 0)부터 시작하는 점 좌표
'figure pixels'	피겨의 좌 하단(0, 0)부터 시작하는 픽셀 좌표
'figure fraction'	피겨의 좌 하단(0, 0)에서 우 상단(1, 1)까지의 상대적인 비율
'axes points'	그림영역의 좌 하단(0, 0)부터 시작하는 점 좌표
'axes pixels'	그림영역의 좌 하단(0, 0)부터 시작하는 픽셀 좌표
'axes fraction'	그림영역의 좌 하단(0, 0)에서 우 상단(1, 1)까지의 상대적인 비율
'data'	데이터 좌표계

기본값은 데이터 좌표계이다. 간단한 예로 xy 좌표계의 의미를 살펴보자.

```
# xy 좌표계
x = np.arange(0.1, 77., 0.1)
y = np.log(x)

fig, ax = plt.subplots(figsize=(7, 5), dpi=200)
ax.plot(x, y)
ax.annotate('figure pixels',
            xy=(100, 100), xycoords='figure pixels')
ax.annotate('figure points',
            xy=(200, 200) , xycoords='figure points')
ax.annotate('axes fraction',
            xy=(0.8, 0.8) , xycoords='axes fraction')
ax.annotate('data points',
            xy=(30, 3) , xycoords='data')
plt.show()
```

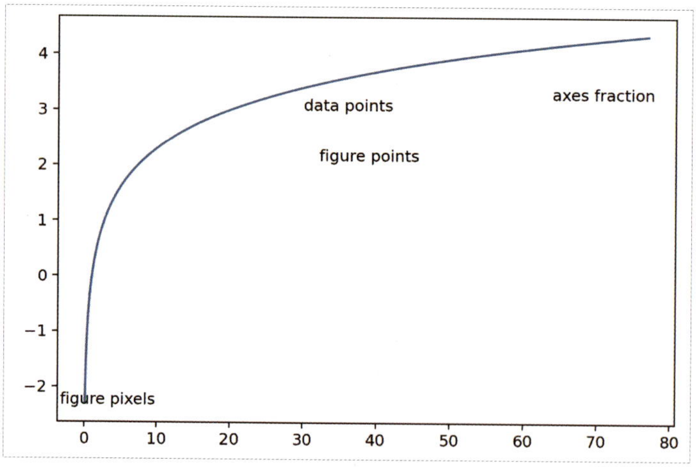

그림 5-15
xy 좌표계 예시

만약 화살표로 글의 위치를 지정하고자 할 때는 시작과 끝을 표현해야 하기 때문에 그 모양이 정의되어야 한다. 즉, "-"인 경우에는 시작과 끝이 없는 무방향이고 "->"이면 좌에서 우로 향하는 유방향이다. 어떤 모양이든 글이 있는 위치와 가리키는 위치가 다르기 때문에 가리키는 위치는 xy 전달인자로, 글이 있는 위치는 xytext 전달인자로 정의한다. 또한 좌표이므로 튜플로 정의한다. 따라서 "->"의 의미는 xytext와 xy 사이를 "->"와 같은 형식으로 연결한다는 의미이다. 당연히 "<-"의 의미는 그 반대이다. xy, xytext는 좌표이므로 각각의 좌표계가 정의되어야 한다. 이는 xycoords, textcoords 전달인자로 정의한다. textcoords는 xycoords와 마찬가지로 다양한 좌표계를 지정할 수 있고 xy 좌표가 지정되고 나면 상대적 위치(오프셋: offset)로 지정할 수도 있다. 값으로는 "offset points", "offset pixels" 등이 있다. xy값에서 얼만큼 벗어나는지를 지정하는 것이다. 화살표 속성은 arrowprops으로 지정한다. arrowprops는 사전형으로 화살표의 각 속성의 값을 지정한다. 예를 들어 화살표 스타일(arrowstyle), 연결 스타일(connectionstyle), 상대적 위치(relpos) 등과 같은 키를 사용하여 값을 정의한다. 먼저 기본값 그래프를 생성해보자.

```
# 데이터 생성
x = np.linspace(0, 2, 10)
y1 = 2*x
y2 = x**2

# 기본값 그래프
fig, ax = plt.subplots(figsize=(7, 5), dpi=300)
ax.plot(x, y1, label=r'$f(x)=2x$')
ax.plot(x, y2, ls='--', label=r'$f(x)=x^2$')
ax.legend(loc='best')

# 주석
ax.annotate(r"$ \frac{d}{dx} x^2 $", xy=(0.5, 1))
plt.show()
```

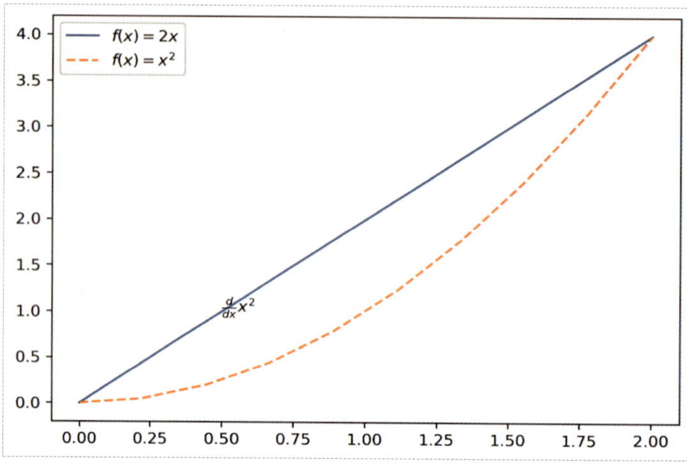

그림 5-16
기본값 주석 첨가

그림 5-16을 보면 $\frac{d}{dx}x^2$의 위치가 직선 위에 있다. 이를 수정하여 글을 도형이 없는 곳에 위치하고 해당 위치는 화살표의 끝으로 지정하고자 한다. 즉, 화살표가 시작하는 곳에 글을 옮기고자 한다.

```
# 데이터 생성
x = np.linspace(0, 2, 10)
y1 = 2*x
y2 = x**2

# 그래프 생성
fig, ax = plt.subplots(dpi=300)
ax.plot(x, y1, label=r'$f(x)=2x$')
ax.plot(x, y2, ls='--', label=r'$f(x)=x^2$')
ax.legend(loc='best')

# 주석
ax.annotate(r"$ \frac{d}{dx} x^2 $", fontsize=14, family="serif",
            xycoords="data", xy=(0.5, 1),
            textcoords="offset points", xytext=(+20, +50),
            arrowprops=dict(arrowstyle="->", connectionstyle="arc3, rad=.5"))
plt.show()
```

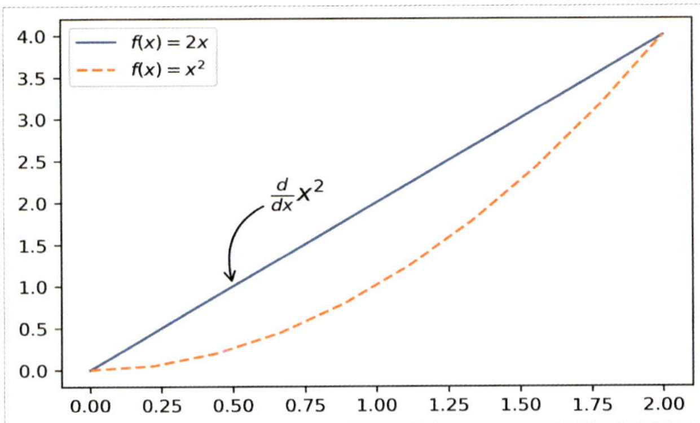

그림 5-17
그래프 주석

프로그램을 보면 xycoords='data'로 사용하여 xy 좌표값을 지정하였고 xytext의 값은 textcoords='offset points'를 사용하여 xy 좌표값의 상대적인 위치로 정하였다. 화살표 속성 중에는 화살표 스타일, 연결 스타일을 사용하였다.

화살표 스타일과 연결 스타일의 예시는 [ADVANCED] 참고문헌에 나와 있는 그림 5-18을 참조한다.

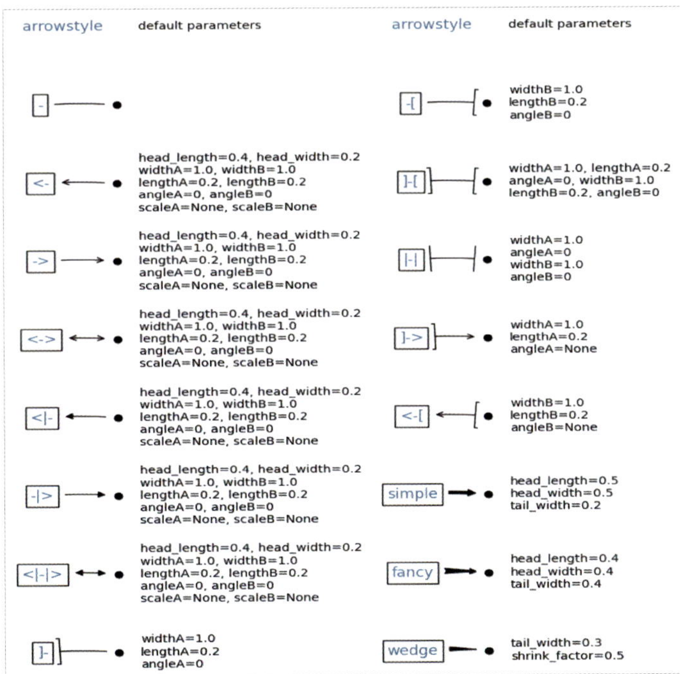

그림 5-18
[ADVANCED] 참고
문헌의 화살표 스타일 예시

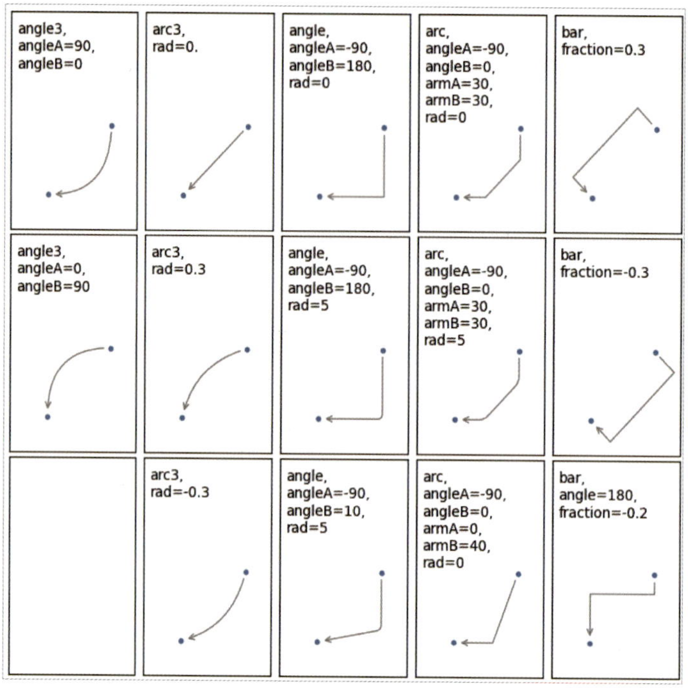

그림 5-19
[ADVANCED] 참고
문헌의 연결 스타일 예시

4.5 그래프 좌표 축

그림영역 인스턴스가 생성된 경우 특별한 좌표 축에 의하여 그래프가 생성된다. 예를 들어 어떤 그래프는 x축과 y축을 갖는 이차원 좌표 축에 의하여 생성된다. 이러한 그래프 축이 어떻게 수정될 수 있는지 알아보도록 하자.

4.5.1 그래프 축 레이블

그래프 축 자체의 레이블과 제목의 추가 및 수정을 예를 통하여 살펴보자. 축 레이블은 그림영역의 메소드인 set_xlabel, set_ylabel를 이용한다. set_xlabel 형식은 set_xlabel(xlabel, label_pad=None, …)이다. 여기서

xlabel은 레이블 문자열이며 label_pad는 레이블과 축 눈금과 눈금 레이블을 포함하는 눈금영역 사이의 여백 길이이며 실수값이다. 단위는 점(point)이며 기본값은 4.0이다.

```
# 데이터 구성
x = np.linspace(0, 200, 500)
y = np.cos(x) * np.exp(-x/100)

# 그래프 생성
fig, ax = plt.subplots(figsize=(8, 5))
ax.plot(x, y, lw=2)

ax.set_xlabel ("x", fontsize=15, fontname='sans-serif', color="blue")
ax.set_ylabel (r"$cos(x)\exp(\frac{-x}{100})$",
               labelpad=20, fontsize=15, color="blue")
ax.set_title("Convergence to Zero", fontsize=16)
plt.show()
```

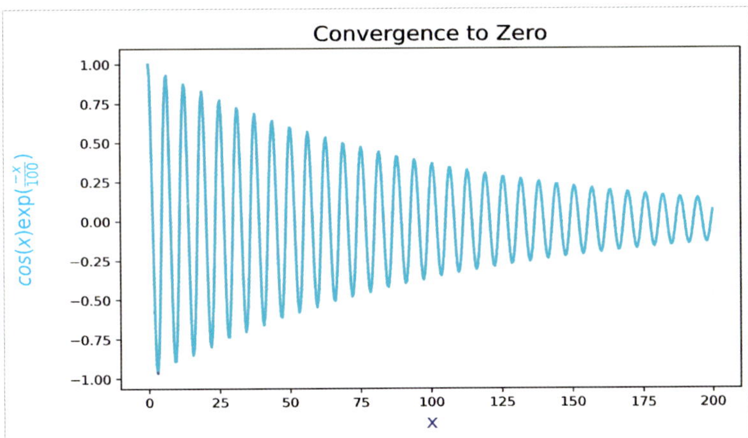

그림 5-20
그래프 축 레이블

4.5.2 그래프 축 범위

그래프 생성 시 데이터 값의 범위와 상관없이 그래프 축의 길이, 즉 그래프 축의 최솟값과 최댓값을 지정할 수 있다. 그림영역의 축의 범위를 정할 때 사용하는 메소드는 axis이다. 기본 형식은 `axis(*args, ... , **kwargs)`이다. 여기서 `*args`는 [xmin, xmax, ymin, ymax]와 같이 실수값을 원소로 갖는 리스트로 지정하는 방법과 논리값 또는 문자열로 지정하는 방법이 있다. 문자열로 지정하는 방법은 표 5-2로 정리하였다.

표 5-2 축 범위 지정 전달인자

문자열	내용
'on' 또는 True	축 선과 레이블 표시
'off'	축 선과 레이블 제거
'equal'	모든 축을 동일한 척도(scale) 적용
'scaled'	차원 변경에 의한 동일 척도 적용
'tight'	모든 데이터 보이도록 범위 최대화
'auto'	자동 척도화(scaling)
'image'	축과 데이터 동일 척도화
'square'	'scaled'와 유사

예를 통하여 살펴보기로 하자.

```
# 데이터 구성
x = np.linspace(0, 200, 500)
y = np.cos(x) * np.exp(-x/100)

# 그래프 생성
fig, ax = plt.subplots(figsize=(10, 4), ncols=4, dpi=300)

ax[0].plot(x, y, lw=2)
ax[0].axis([-5, 35, -1, 1])
```

```
ax[0].set_title("range restriction")

ax[1].plot(x, y, lw=2)
ax[1].axis('tight')
ax[1].set_title("axis('tight')")

ax[2].plot(x, y, lw=2)
ax[2].axis('equal')
ax[2].set_title("axis('equal')")

ax[3].plot(x, y, lw=2)
ax[3].axis('scaled')
ax[3].set_title("axis('scaled')")

plt.show()
```

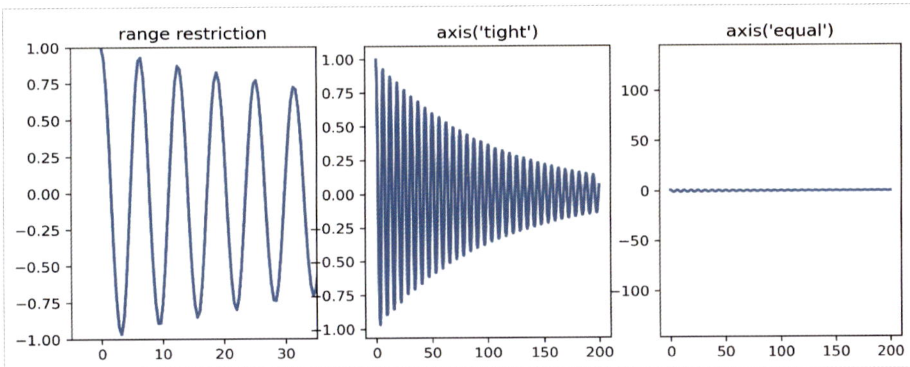

그림 5-21 그래프 축 범위 조정

4.5.3 그래프 축 눈금

그래프 축 눈금(tick)의 위치와 레이블을 어떻게 수정하는지 살펴보자. 축 눈금은 큰(major) 눈금과 작은(minor) 눈금이 있다. 레이블은 디폴트로 큰 눈금에만 표시된다.

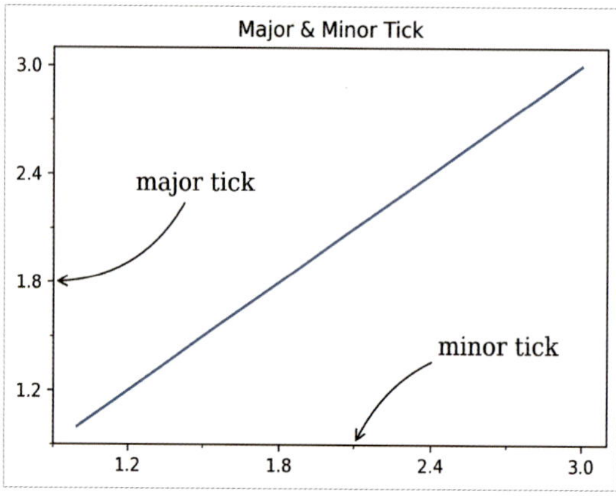

그림 5-22
그래프 축 눈금

그래프에 표시되는 눈금의 개수를 포함한 위치와 눈금의 형식은 matplotlib의 ticker 모듈에 의하여 수정할 수 있다. ticker 모듈 내의 눈금을 위치시키는 클래스 중에 기본값에 해당하는 MaxNLocator를 살펴보기로 하자. MaxNLocator의 형식은 MaxNLocator(nbins=None, **kwargs)이다. 구간을 등분으로 나눈 후 계급 경계값의 개수를 의미하며 정수값이다. 즉, nbins=5이며 해당 구간을 등간격으로 4등분한 후 각 경계값을 눈금으로 사용한다. 기본값은 10이다.

```
# 눈금 수의 조정

# 필요한 패키지
import matplotlib.pyplot as plt
import matplotlib as mpl

# 데이터 구성
x = np.linspace(0, 1, 100)
y = np.sin(x) * np.exp(x)

# 그래프 생성
fig, ax = plt.subplots(dpi=300)
ax.plot(x, y)
```

```
ax.set_title("x axis: Major(5) & Minor Ticks(50)")
ax.xaxis.set_major_locator(mpl.ticker.MaxNLocator(5))
ax.xaxis.set_minor_locator(mpl.ticker.MaxNLocator(50))

plt.show()
```

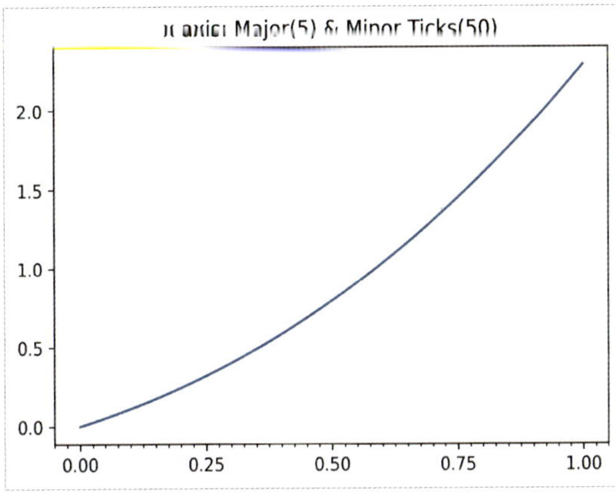

그림 5-23 그래프 축 눈금 개수 수정

눈금을 위치하는 과정을 거친 후 그래프 눈금의 개수와 실제 표현되는 레이블을 수정하고 나면 그림영역의 메소드인 set_xticks와 set_xticklabels를 이용한다. set_xticks의 형식은 set_xticks(ticks, …, minor=False, **kwargs)이다. 여기서 ticks는 눈금을 표시하기 위한 실수값 리스트이며 minor는 눈금이 작은 눈금인지 여부를 정하는 논리값이다. set_xticklabels는 set_xticks가 설정된 후 관련된 레이블을 정의하는 메소드다. 형식은 set_xticklabels (labels, …, minor=False, **kwargs)이다. 여기서 labels는 문자열 리스트이며 레이블 글이다. minor는 레이블을 적용하는 눈금이 작은 눈금인지 여부를 정하는 논리값이다. 예를 통하여 확인해보기로 하자.

```
# 데이터 구성
x = np.linspace(1, 5, 100)
y = np.sin(x) * np.exp(x)
```

```
# 그래프 생성
fig, ax = plt.subplots(figsize=(10, 5), ncols=2)
ax[0].plot(x, y)
ax[0].set_title("default x ticks")

ax[1].plot(x, y)
ax[1].set_title("use set_xticks")
ax[1].set_xticks([2.5, 3, 3.5])
ax[1].set_xticklabels(['x1', 'x3', 'x5'])

plt.show()
```

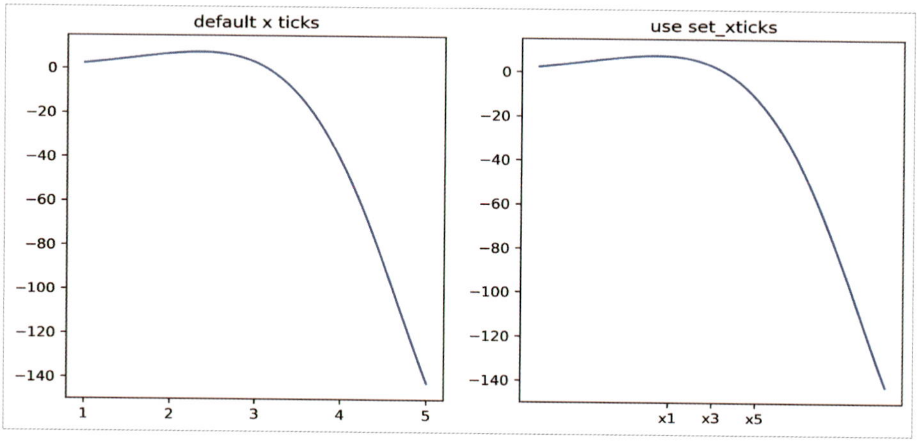

그림 5-24 그래프 축 눈금 수정과 눈금 레이블

4.5.4 그래프 격자

그래프의 가독성을 높이는 방법 중의 하나는 격자(grid)를 생성하는 것이다. 그래프로 표현된 값에 대하여 시각적으로 도움을 준다. 격자의 생성은 그림영역의 grid 메소드를 이용한다. 형식은 grid(visible=None, which='major', axis='both', **kwargs)이다. visible은 None 또는 논리값이다. 키워드 전달인자 값이 지정되면 자동으로 visible=True으로 지정된다. grid를 보여줄지 여부를 결정한다. which는 그리드를 적용할 눈금이 큰지 또는 작은지를 결정한다. 값은 {'major', 'minor', 'both'} 중에 하나를 지정한다. axis는 눈금을 적용할 그래프 축을 지정한다. 값은 {'both', 'x', 'y'} 중에 하나를 지정한다. **kwargs에는 격자선이 선이기 때문에 Line2D 속성값을 지정할 수 있다. 즉, color, linestyle, linewidth 등이다.

```
# 데이터 구성
x = np.linspace(1, 5, 100)
y = np.sin(x) * np.exp(x)

# 그래프 생성
fig, ax = plt.subplots(figsize=(10, 5), ncols=2)
ax[0].plot(x, y)
ax[0].set_title("default")

ax[1].plot(x, y)
ax[1].set_title("major & minor grid")
ax[1].xaxis.set_major_locator(mpl.ticker.MaxNLocator(5))
ax[1].xaxis.set_minor_locator(mpl.ticker.MaxNLocator(20))
ax[1].grid(color="grey", which="major", axis='x', linestyle='-', linewidth=0.5)
ax[1].grid(color="grey", which="minor", axis='x', linestyle=':', linewidth=0.5)
ax[1].grid(color="grey", which="major", axis='y', linestyle='-', linewidth=0.5)

plt.show()
```

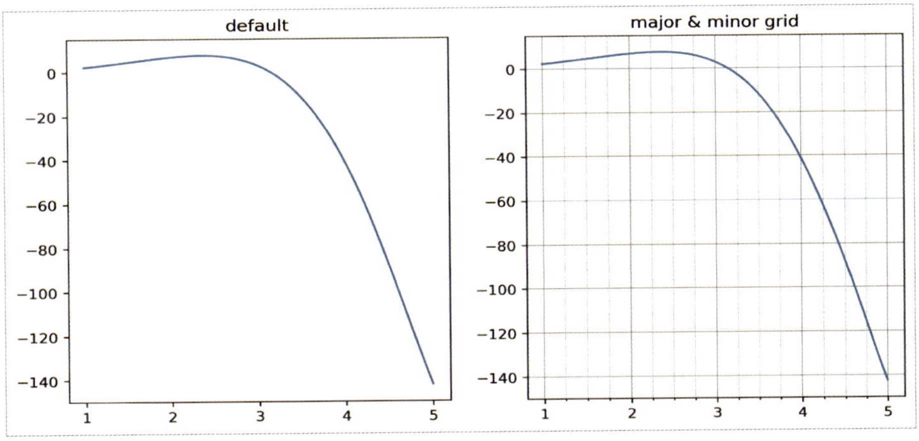

그림 5-25 그래프 격자

4.5.5 쌍둥이 그래프 축

쌍둥이(twin) 그래프 축은 서로 다른 크기(scale)를 갖는 값을 하나의 그래프에서 표현하고자 할 때 사용된다. 예를 들어, 월별 매출실적과 월별 전월대비 매출증가율을 동시에 표현하고자 할 때 쌍둥이로 월 축을 공유하는 것이다. 이때 만약 x축을 쌍둥이로 공유하고자 하면 twinx를 사용하고 y축인 경우는 twiny를 사용한다.

```
# 데이터 구성
month = np.arange('2020-01', '2020-12', dtype='datetime64[M]')
t = np.arange(12)
x = np.random.RandomState(123).normal(1000, 30, 12)
lag1 = np.roll(x, -1)
lag1[len(lag1)-1] = np.nan
y = (lag1-x) / x * 100

# 그래프 생성
fig, ax = plt.subplots()
ax.plot(t, x, color='steelblue')
ax.set_title("sales vs. %increase")
ax.set_xticks(t[[1, 3, 5, 7, 9]])
ax.set_xticklabels(month[[1, 3, 5, 7, 9]])
ax.set_ylabel('sales', color='steelblue')
for label in ax.get_yticklabels():
  label.set_color("steelblue")

# x축 공유
ax2 = ax.twinx()
ax2.plot(t, y, color='orange', marker='o')
ax2.set_ylabel('%increase', color='orange')
for label in ax2.get_yticklabels():
  label.set_color("orange")

plt.show()
```

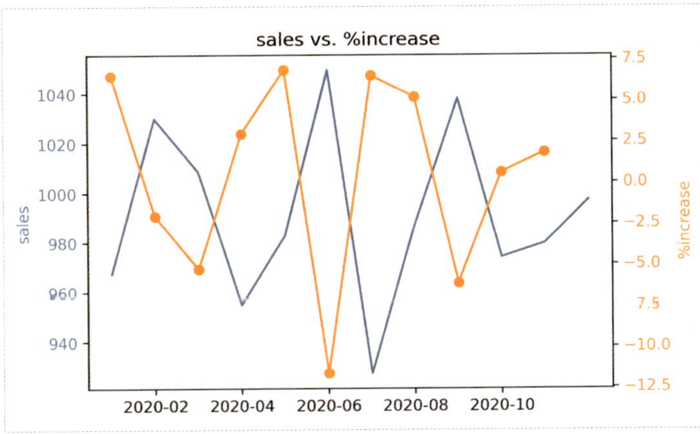

그림 5-26
그래프 쌍둥이 축

```
# 데이터 구성
import pandas as pd

url1 = 'https://github.com/bong-ju-kang/data/raw/master/samsung_stock.csv'
df1 = pd.read_csv(url1)
url2 ='https://github.com/bong-ju-kang/data/raw/master/005380.KS.csv'
df2= pd.read_csv(url2)

# 데이터 결합: 내부 결합
df = df1.merge(df2, on='Date')
df['Date']=pd.to_datetime(df['Date'])
```

1 df의 df['Date']를 x축으로, df['Close_x']를 y축으로 하는 다음의 그림 5-27을 생성해보자. 단, dpi=300이며 타이틀은 그림영역의 set_title 메소드를 이용하고 선 색깔은 steelblue이다.

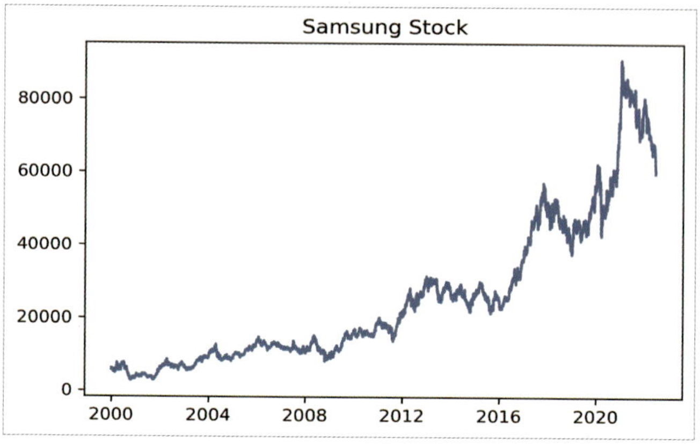

그림 5-27
선 색깔 등 변경된 선 도표

2 그림 5-27에서 그림 5-28과 같이 추가로 주석처리를 해보자. 단, xy 좌표의 x 값은 pd.to_datetime('2020-02-03')이다.

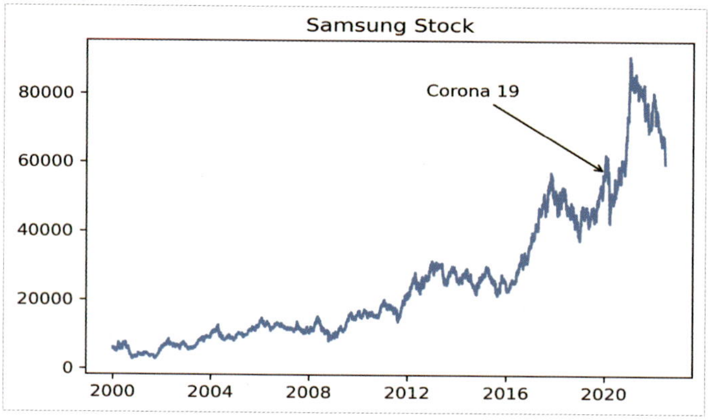

그림 5-28
주석 처리된 선 도표

3 df의 `df['Date']`를 x축으로 `df['Close_x']`를 y축으로 하는 그림 5-29를 생성해보자. 단, dpi=300이며 타이틀은 그림영역의 `set_title` 메소드를 이용하고 선 색깔은 steelblue이다. 추가로 x축은 pd.to_datetime('2020-01-01')부터 pd.to_datetime('2020-06-30')까지이며 y축은 30,000~100,000으로 설정한다. x축과 y축의 눈금 레이블의 글자 크기는 plt.xticks(fontsize=5)으로 정한다.

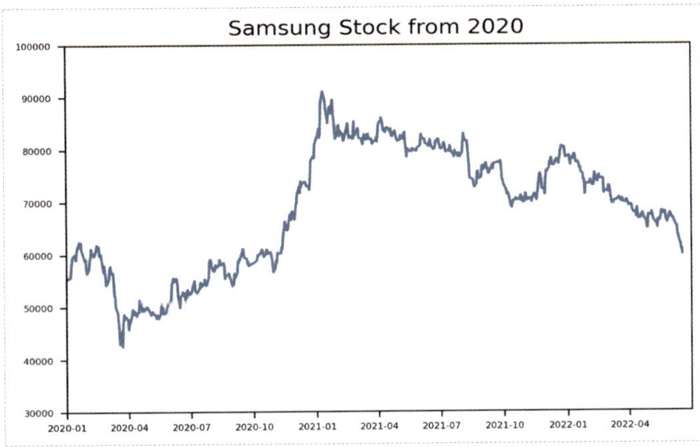

그림 5-29
값 제한된 선 도표

4 df의 `df['Date']`를 x축으로, `df['Close_y']`를 y축으로 하는 그림 5-30을 생성해보자. 단, dpi=300이며 타이틀은 그림영역의 set_title 메소드를 이용하고 선 색깔은 자주색(magenta), 선 종류는 점선이다.

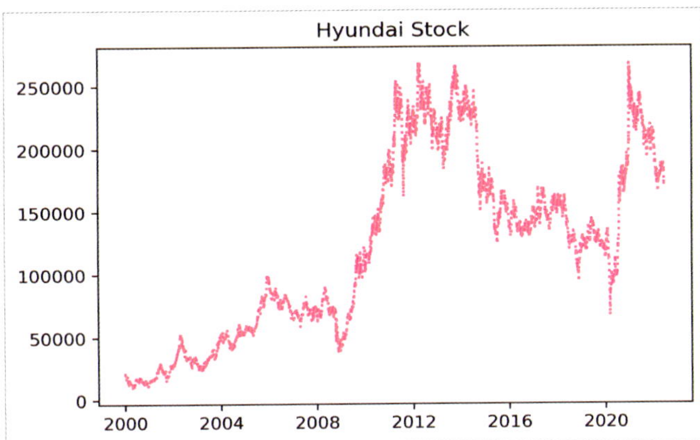

그림 5-30
선 종류 변경된 선 도표

5 df의 `df['Date']`를 x축으로, `df['Close_x']`, `df['Close_y']`를 각각 y축으로 하는 그림 5-31을 생성해보자.

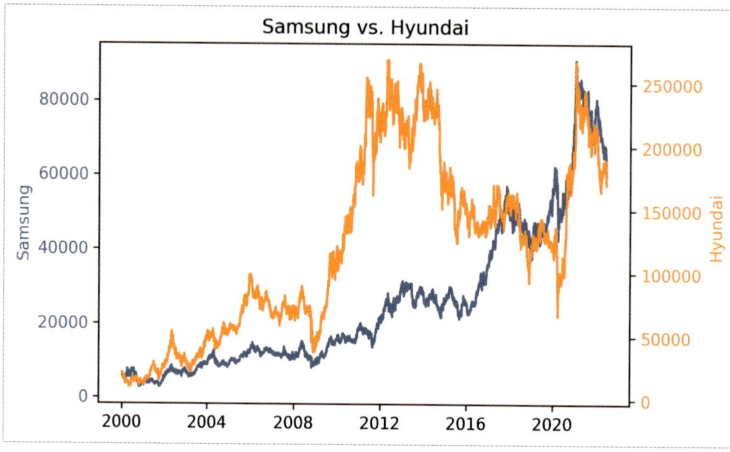

그림 5-31
결과 그래프

6 df의 df['Date']를 x축으로, df['Close_x']를 y축으로 하는 그림 5-32를 생성해보자. 단, dpi=300이며 타이틀은 그림영역의 set_title 메소드를 이용하고 선 색깔은 steelblue이다. 추가로 x축과 y축의 큰 눈금은 19등분하며 plt.xticks(fontsize=5, rotation=90), plt.yticks(fontsize=5)을 적용한다.

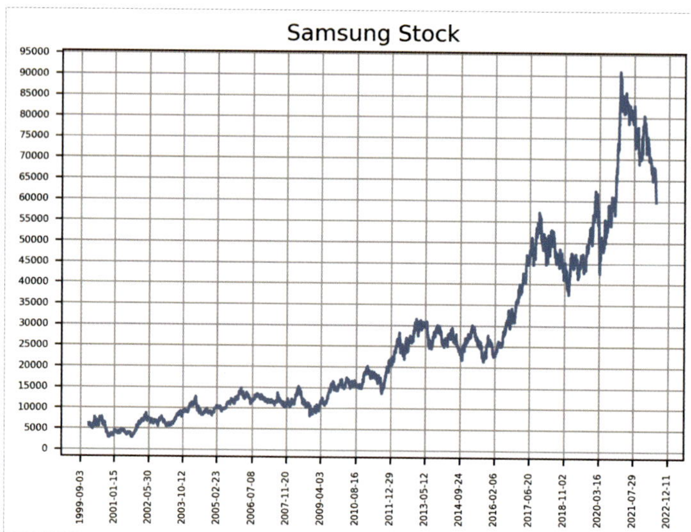

그림 5-32
큰 눈금 수, 눈금 레이블, 격자가 수정된 선 도표

05 그래프 저장

그래프를 저장하기 위해서는 savefig 메소드를 이용한다. 형식은 savefig(*args, **kwargs)이다. *args는 fname, dpi, format, …, bbox_inches 등이 있다. fname은 저장할 이미지 파일의 경로이며 파일의 확장명이 png, jpg, … 등으로 지정되면 해당 형식으로 저장된다. 이런 경우에는 format 전달인자로 지정된 형식이 적용되지 않는다. dpi는 실수값 또는 'figure'이다. dpi는 인치당 픽셀의 수로 해상도를 의미한다. 값이 클수록 해상도가 높다. 'figure'인 경우는 rcParms['figure.dpi']에 지정된 값을 그대로 사용한다. 기본값은 rcParms['savefig.dpi']으로 확인한다. format은 문자열이며 'png', 'jpg', 'svg', … 와 같은 이미지 파일 저장 형식을 지정한다. bbox_inches는 문자열인 'tight'이거나 Bbox 객체이어야 한다. Bbox 객체의 생성은 예에서 살펴보자. bbox_inches는 경계상자(bounding box)의 크기를 지정한다. 경계상자가 사각형이므로 대각의 2점만 지정하면 그림영역의 일부를 지정할 수 있다. 예를 통하여 사용 방법을 익혀보자. 먼저 그래프를 저장하기 위해서는 저장할 위치를 확인한다.

```
# 그래프를 저장하기 위한 경로 확인
import os
base_path = os.getcwd()
base_path
-------------------------------------------------------------------------
/content
```

그래프를 저장하기 위한 해상도는 dpi(dots per inch)를 사용한다.

```
# 그래프 해상도 확인
plt.rcParams['savefig.dpi'], plt.rcParams['figure.dpi']
-----------------------------------------------------------------
('figure', 72.0)
```

피겨 저장을 위한 기본값은 'figure'이므로 추가로 피겨의 해상도를 확인하였다. 현재 해상도는 72이므로 필요한 경우에 해상도를 높이고자 한다면 전달인자 값을 수정해주어야 한다.

그래프 저장 형식의 기본값을 살펴보자.

```
# 그래프 저장 형식 확인
plt.rcParams["savefig.format"]
-----------------------------------------------------------------
png
```

png 형식이므로 이를 변경하고자 하면 확장명 등으로 지정하면 된다. 만약 경계상자를 지정하여 그림영역의 일부를 저장하고자 하면 기본값을 확인해보아야 한다.

```
# 경계상자 영역 정의
plt.rcParams["savefig.bbox"]
```

결과값이 None이므로 Bbox 객체를 생성해보자.

```
import matplotlib as mpl
bbox = mpl.transforms.Bbox([[1, 1], [6, 4]])
bbox
-----------------------------------------------------------------
Bbox([[1.0, 1.0], [6.0, 4.0]])
```

Box의 형식은 2*2의 배열로 정의한다. 즉, [[x0, y0], [x1, y1]] 형식으로, 사각형의 대각선 2점을 정의한 것이다. 단위는 인치이다. 구체적으로 저장하는 과정을 확인해보자.

```
# 데이터 구성
import pandas as pd

url = 'https://github.com/bong-ju-kang/data/raw/master/samsung_stock.csv'
df = pd.read_csv(url)

# 그래프 생성
fig, ax = plt.subplots()
ax.plot(df.index, df['Close'])
plt.show()

# 경계상자, 기본값, 고해상도
fig.savefig(os.path.join(base_path, 'samsung_stock_price_bbox.png'), bbox_
inches=bbox)
fig.savefig(os.path.join(base_path, 'samsung_stock_price.png'))
fig.savefig(os.path.join(base_path, 'samsung_stock_price_high.png'), dpi=300)
```

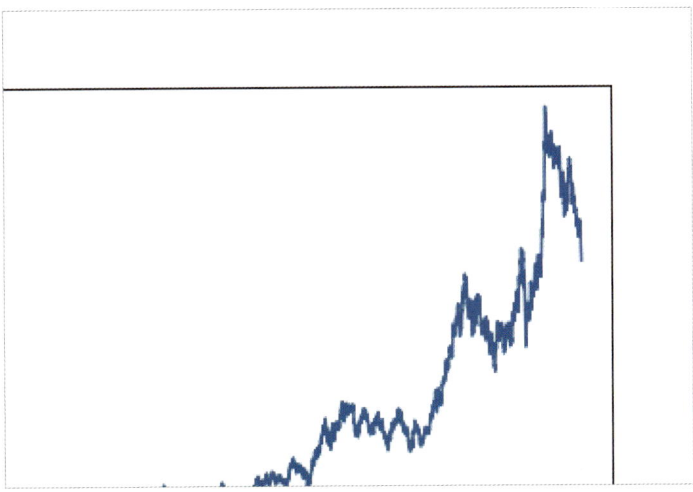

그림 5-33
경계상자 지정
전달인자를 갖는 이미지

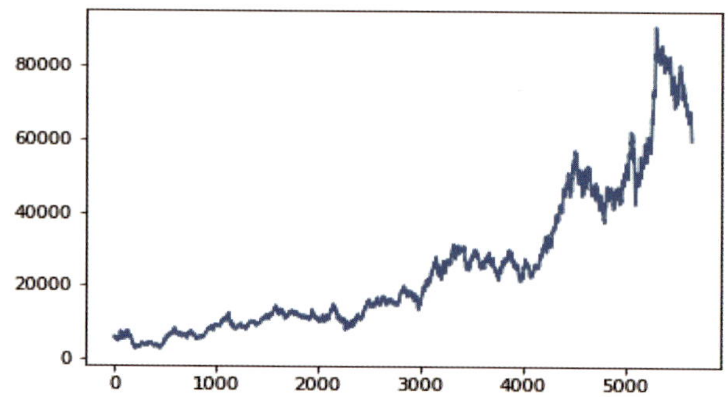

그림 5-34
디폴트 해상도 이미지

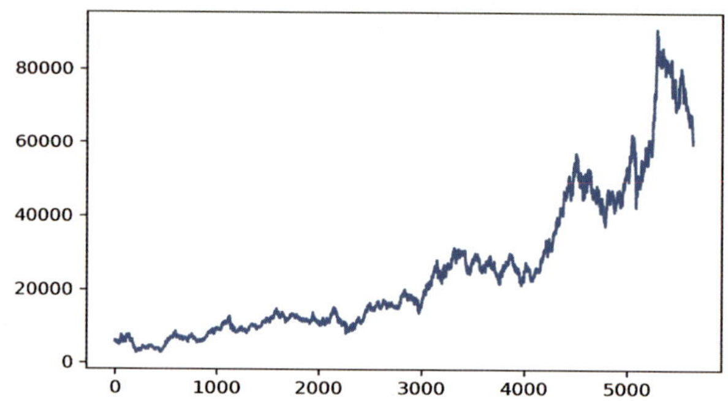

그림 5-35
고해상도 이미지

참고문헌

1. https://matplotlib.org/stable/index.html
2. Robert Johansson 2019, Numerical Python: Scientific Computing and Data Science Applications with Numpy, SciPy and Matplotlib, Apress
3. https://matplotlib.org/stable/tutorials/colors/colormaps.html
4. https://matplotlib.org/stable/tutorials/colors/colors.html
5. [ADVANCED]
   https://matplotlib.org/stable/tutorials/text/annotations.html#plotting-guide-annotation
6. https://matplotlib.org/stable/api/_as_gen/matplotlib.markers.MarkerStyle.html#matplotlib.markers.MarkerStyle
7. https://matplotlib.org/stable/api/_as_gen/matplotlib.patches.ArrowStyle.html
8. [KANG-ML]
   강봉주(2019), 파이썬으로 실무에 바로 적용하는 머신러닝, 에이콘출판사
9. [KANG-BASICS]
   강봉주(2020), 파이썬 기반의 AI를 위한 기초수학, 확률 및 통계, 자유아카데미
10. [KANG-AUTOML]
    강봉주(2020), SAS Viya 기반의 실무에 바로 적용하는 AutoML, 자유아카데미

PART 2

파이썬 응용

CHAPTER 6

웹 스크래핑

01 예제 정의

위키피디아에서 다음의 화면을 살펴보자.

그림 6-1은 전 세계적으로 가장 많이 방문하는 웹사이트 순위이다. 이때 리스트로 표시되는 표를 데이터로 만들어 보자. 표를 보면 마치 판다스의 데이터프레임과 같이 행 색인과 데이터 값이 있다. 즉, 해당 웹페이지를 접근해서 데이터를 추출하여 데이터프레임을 만들기까지의 과정을 살펴보기로 하자.

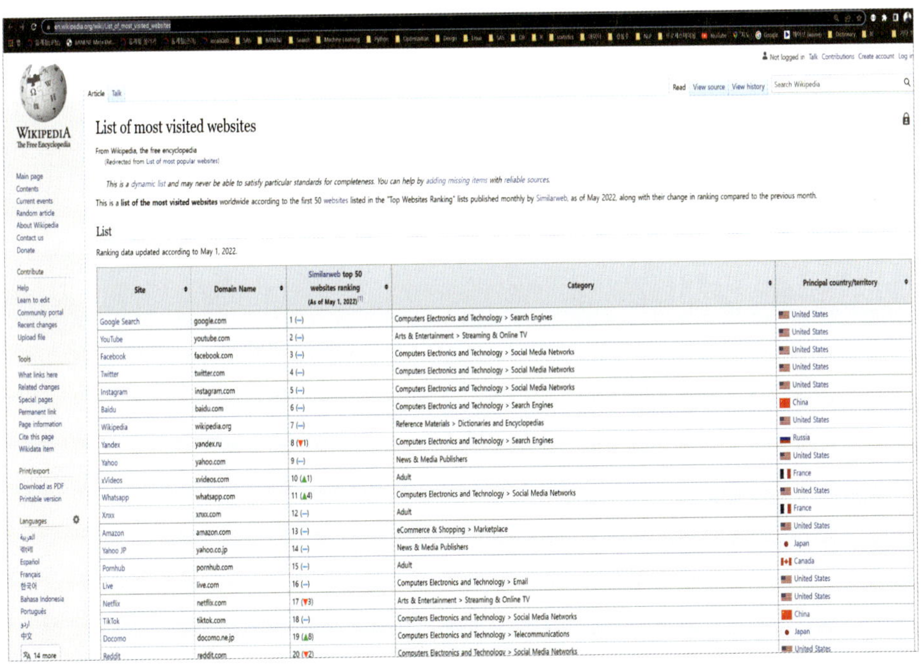

en.wikipedia.org/wiki/List_of_most_visited_websites

Not logged in Talk Contributions Create account Log in

Article Talk

Read View source View history Search Wikipedia

WIKIPEDIA
The Free Encyclopedia

Main page
Contents
Current events
Random article
About Wikipedia
Contact us
Donate

Contribute
Help
Learn to edit
Community portal
Recent changes
Upload file

Tools
What links here
Related changes
Special pages
Permanent link
Page information
Cite this page
Wikidata item

Print/export
Download as PDF
Printable version

Languages
العربية
Español
Français
한국어
Bahasa Indonesia
Português
中文
14 more

List of most visited websites

From Wikipedia, the free encyclopedia
(Redirected from List of most popular websites)

This is a dynamic list and may never be able to satisfy particular standards for completeness. You can help by adding missing items with reliable sources.

This is a **list of the most visited websites** worldwide according to the first 50 websites listed in the "Top Websites Ranking" lists published monthly by Similarweb, as of May 2022, along with their change in ranking compared to the previous month.

List

Ranking data updated according to May 1, 2022.

Site	Domain Name	Similarweb top 50 websites ranking (As of May 1, 2022)[1]	Category	Principal country/territory
Google Search	google.com	1 (–)	Computers Electronics and Technology > Search Engines	United States
YouTube	youtube.com	2 (–)	Arts & Entertainment > Streaming & Online TV	United States
Facebook	facebook.com	3 (–)	Computers Electronics and Technology > Social Media Networks	United States
Twitter	twitter.com	4 (–)	Computers Electronics and Technology > Social Media Networks	United States
Instagram	instagram.com	5 (–)	Computers Electronics and Technology > Social Media Networks	United States
Baidu	baidu.com	6 (–)	Computers Electronics and Technology > Search Engines	China
Wikipedia	wikipedia.org	7 (–)	Reference Materials > Dictionaries and Encyclopedias	United States
Yandex	yandex.ru	8 (▼1)	Computers Electronics and Technology > Search Engines	Russia
Yahoo	yahoo.com	9 (–)	News & Media Publishers	United States
xVideos	xvideos.com	10 (▲1)	Adult	France
Whatsapp	whatsapp.com	11 (▲4)	Computers Electronics and Technology > Social Media Networks	United States
Xnxx	xnxx.com	12 (–)	Adult	France
Amazon	amazon.com	13 (–)	eCommerce & Shopping > Marketplace	United States
Yahoo JP	yahoo.co.jp	14 (–)	News & Media Publishers	Japan
Pornhub	pornhub.com	15 (–)	Adult	Canada
Live	live.com	16 (–)	Computers Electronics and Technology > Email	United States
Netflix	netflix.com	17 (▼3)	Arts & Entertainment > Streaming & Online TV	United States
TikTok	tiktok.com	18 (–)	Computers Electronics and Technology > Social Media Networks	China
Docomo	docomo.ne.jp	19 (▲8)	Computers Electronics and Technology > Telecommunications	Japan
Reddit	reddit.com	20 (▼2)	Computers Electronics and Technology > Social Media Networks	United States

그림 6-1 고빈도 웹사이트 순위

02 예제 풀기

웹 스크래핑(web scraping)은 웹 사이트로부터 데이터를 추출(data scraping)하는 과정(process)을 의미한다. 웹 사이트 또는 해당 사이트의 특정 페이지는 HTTP(hypertext transfer protocol)라는 애플케이션 층의 규약(protocol)을 이용하여 접근하게 된다. 웹 페이지는 HTML 문서로 구성되어 있고 그 문서는 자바 스크립트 등과 같이 다양한 언어와 컴포넌트로 구성되어 있다. 이러한 웹 페이지는 웹 브라우저를 통하여 접근하게 되는데 그 과정은 클라이언트와 서버 구조로 구성되어 있으며, 클라이언트에서 뭔가를 요청(request)하면 그 결과로 서버가 응답(response)하는 구조이다.

파이썬에는 웹 스크래핑을 위한 다양한 패키지가 있지만 다음의 패키지만을 사용하여 진행해보기로 하자.

2.1 필요한 패키지

웹 스크래핑을 위한 기본 패키지는 requests, bs4이다.

```
# 필요한 패키지
import requests
from bs4 import BeautifulSoup as bs
requests.__version__
```

```
2.23.0
```

2.2 웹 데이터 가져오기

특정 웹 페이지에 접속하기 위해서는 www.goole.com과 같이 URL(Uniform Resource Locator), 즉 웹 주소를 알아야 한다. 접속 및 데이터 가져오기는 requests의 get 함수를 이용한다. 기본 형식은 get(url, params=None, **kwargs)이다. 여기서 url은 웹페이지 주소이며 params는 request 시에 전송할 바이트, 튜플로 구성된 리스트 또는 사전이다.

```
# 서버 접근 및 데이터 가져오기
url ='https://en.wikipedia.org/wiki/List_of_most_visited_websites'
r = requests.get(url)
type(r)
```

```
requests.models.Response
```

requests는 서버에 요청을 하는 것인데 이때 사용하는 메소드는 get이다. 서버와 통신을 할 때 서버 쪽 데이터를 변경하고자 하는 경우에는 "PUT" 메소드를 사용하며 데이터 추출은 "GET" 메소드를 사용한다. 추출된 결과를 보면 응답을 뜻하는 Response 클래스이다. 이제 실제 해당 웹 페이지에 가서 개발자 도구를 클릭하여 그 의미를 살펴보자.

그림 6-2와 같이 개발자 도구를 클릭하면 그림 6-3의 화면을 볼 수 있다.

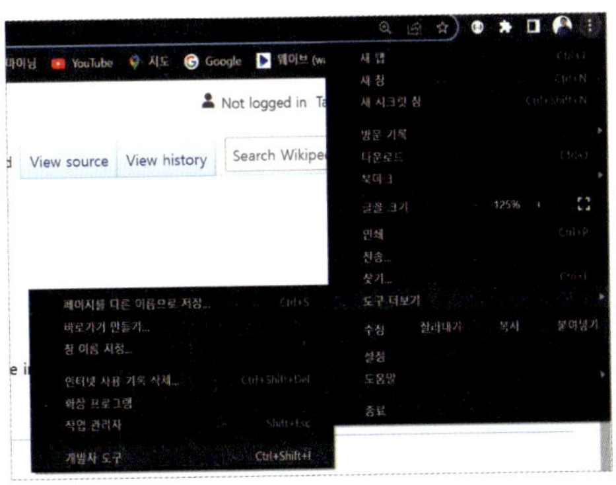

그림 6-2
구글 개발자 도구 클릭 경로전달

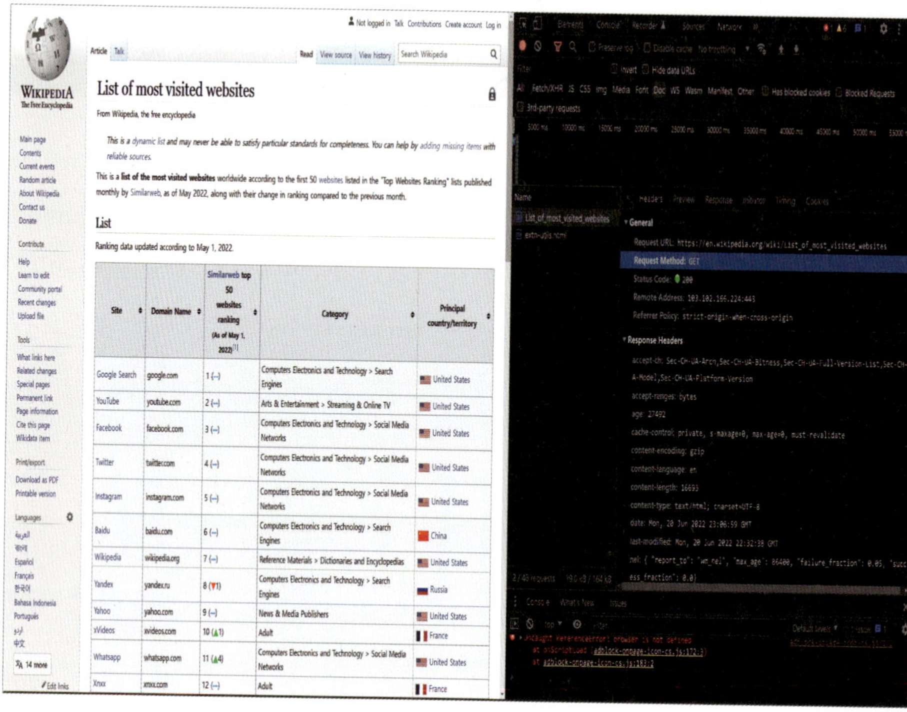

그림 6-3 크롬 웹 브라우저의 개발자 화면(일부 캡처)

상단 메뉴의 "Network"와 중간의 "Doc" 메뉴를 클릭 후 데이터를 추출하고자 하는 웹 페이지를 클릭하면 관련된 정보를 볼 수 있다. 파란색으로 강조된 영역은 웹 페이지의 일반 내용이며 메소드가 "GET"으로 표시되어 있고 접근 상태(status code)가 200으로 성공임이 표시되었다. 그 하단에는 응답(response)에 대한 헤더(header)정보가 표시되어 있다. 이러한 정보를 어떻게 획득할 수 있는지 살펴보자.

```
# 일반 정보
r.status_code
```

```
200
```

```
# 헤더 정보
r.headers
```

```
{'date': 'Mon, 20 Jun 2022 23:06:59 GMT', 'server': 'mw1453.eqiad.wmnet', 'x-content-type-options': 'nosniff', 'content-language': 'en', 'vary': 'Accept-Encoding,Cookie,Authorization', 'last-modified': 'Mon, 20 Jun 2022 22:32:38 GMT', 'content-type': 'text/html; charset=UTF-8', 'content-encoding': 'gzip', 'age': '27047', 'x-cache': 'cp5007 hit, cp5008 hit/11', 'x-cache-status': 'hit-front', 'server-timing': 'cache;desc="hit-front", host;desc="cp5008"', 'strict-transport-security': 'max-age=106384710; includeSubDomains; preload', 'report-to': '{ "group": "wm_nel", "max_age": 86400, "endpoints": [{ "url": "https://intake-logging.wikimedia.org/v1/events?stream=w3c.reportingapi.network_error&schema_uri=/w3c/reportingapi/network_error/1.0.0" }] }', 'nel': '{ "report_to": "wm_nel", "max_age": 86400, "failure_fraction": 0.05, "success_fraction": 0.0}', 'set-cookie': 'WMF-Last-Access=21-Jun-2022;Path=/;HttpOnly;secure;Expires=Sat, 23 Jul 2022 00:00:00 GMT, WMF-Last-Access-Global=21-Jun-2022;Path=/;Domain=.wikipedia.org;HttpOnly;secure;Expires=Sat, 23 Jul 2022 00:00:00 GMT, GeoIP=TW:TPE:Taipei:25.05:121.53:v4; Path=/; secure; Domain=.wikipedia.org', 'accept-ch': 'Sec-CH-UA-Arch,Sec-CH-UA-Bitness,Sec-CH-UA-Full-Version-List,Sec-CH-UA-Model,Sec-CH-UA-Platform-Version', 'permissions-policy': 'interest-cohort=(),ch-ua-arch=(self "intake-analytics.wikimedia.org"),ch-ua-bitness=(self "intake-analytics.wikimedia.org"),ch-ua-full-version-list=(self "intake-analytics.wikimedia.org"),ch-ua-model=(self "intake-analytics.wikimedia.org"),ch-ua-platform-version=(self "intake-analytics.wikimedia.org")', 'x-client-ip': '35.194.155.60', 'cache-control': 'private, s-maxage=0, max-age=0, must-revalidate', 'accept-ranges': 'bytes', 'content-length': '16693'}
```

헤더 정보를 보면 대소문자를 구분하는 키와 값으로 구성된 사전 형식이다. 만약 인코딩 방식을 알고 싶다면 키 값을 이용하여 해당 데이터 값을 가져올 수 있다.

```
# 인코딩 정보
r.headers['content-type']
```

```
text/html; charset=UTF-8
```

웹 페이지 내용은 content 속성을 통하여 확인할 수 있다.

```
# 내용 확인
r.content[:200]
--------------------------------------------------------------------
b'<!DOCTYPE html>\n<html class="client-nojs" lang="en" dir="ltr">\n<head>\
n<meta charset="UTF-8"/>\n<title>List of most visited websites - Wikipedia</
title>\n<script>document.documentElement.className="clien'
```

웹 페이지 내용(content)은 바이트(bytes) 데이터 형이다. 따라서 이후 사용을 위해서는 문자 형으로 변환 후 사용한다. 문자 형으로 전환하는 방법은 바이트를 문자로 전환하는 decode 메소드를 사용하거나 응답 클래스의 text 속성을 이용한다.

```
# 문자열 변환
r.text[:200]
--------------------------------------------------------------------
<!DOCTYPE html>
<html class="client-nojs" lang="en" dir="ltr">
<head>
<meta charset="UTF-8"/>
<title>List of most visited websites - Wikipedia</title>
<script>document.documentElement.className="clien
```

2.3 웹 데이터 변환

실제 가져온 데이터를 보면 모두 문자로만 구성되어 있어서 어떠한 체계적인 모습을 쉽게 파악할 수는 없다. 이때 HTML 문서를 태그(tag) 기반의 나무(tree) 구조를 갖는 파이썬 객체로 변환해주는 패키지가 bs4이다. 보다 쉽게 데이터를 이해하고 추출할 수 있게 도움을 주는 패키지이다. 사용하는 모듈은 BeautifulSoup(이하 bs)이다.

웹 페이지의 추출된 내용을 보고 데이터를 구성하고자 하는 위치를 살펴보자. bs 모듈은 내용을 전달인자로 하여 이후 추출을 쉽게 하기 위하여 태그(tag) 기반으로 웹 페이지를 정리해준다. 예를 들어 특정 태그를 갖는 웹페이지의 한 영역을 입력하면 적절하게 태그 기반으로 잘 정리해준다.

```
content = '''
<img
src="https://s.pstatic.net/static/www/mobile/edit/20220701/
mobile_192613612240.gif"
width="415"
height="160"
class="special_img"
alt="일회용 비닐봉투 없는 날"
/>
'''
bs(content)

<html><body><img alt="일회용 비닐봉투 없는 날" class="special_img"
height="160" src="https://s.pstatic.net/static/www/mobile/edit/20220701/
mobile_192613612240.gif" width="415"/> </body></html>
```

결과를 보면 content라는 웹페이지 내용이 태그 기반으로 정리된 형식으로 출력됨을 알 수 있다. r.content도 웹페이지 내용이므로 동일하게 정리할 수 있다.

```
# soup 객체 생성
soup = bs(r.content, 'html.parser')
soup
```

위에서 설명하였듯 bs 모듈은 내용을 전달인자로 하여 이후 추출을 쉽게 하기 위하여 태그(tag) 기반으로 웹 페이지를 정리해준다. 이때 특정 태그의 모든 하위

```
<!DOCTYPE html>

<html class="client-nojs" dir="ltr" lang="en">
<head>
<meta charset="utf-8"/>
<title>List of most visited websites - Wikipedia</title>
<script>document.documentElement.className="client-js";RLCONF={"wgBreakFrames":false,"w
"All articles containing potentially dated statements","Lists of Internet-related super
"interlanguage","wgULSisCompactLinksEnabled":true,"wgWikibaseItemId":"Q6629082","GEHome
"ext.gadget.charinsert","ext.gadget.extra-toolbar-buttons","ext.gadget.refToolbar","ext
<script>(RLQ=window.RLQ||[]).push(function(){mw.loader.implement("user.options@12s5i",f
<link href="/w/load.php?lang=en&amp;modules=ext.cite.styles%7Cext.uls.interlanguage%7Ce
<script async="" src="/w/load.php?lang=en&amp;modules=startup&amp;only=scripts&amp;raw=
<meta content="" name="ResourceLoaderDynamicStyles"/>
<link href="/w/load.php?lang=en&amp;modules=site.styles&amp;only=styles&amp;skin=vector
<meta content="MediaWiki 1.39.0-wmf.16" name="generator"/>
<meta content="origin" name="referrer"/>
<meta content="origin-when-crossorigin" name="referrer"/>
<meta content="origin-when-cross-origin" name="referrer"/>
<meta content="telephone=no" name="format-detection"/>
<meta content="List of most visited websites - Wikipedia" property="og:title"/>
<meta content="website" property="og:type"/>
<link href="//upload.wikimedia.org" rel="preconnect"/>
<link href="//en.m.wikipedia.org/wiki/List_of_most_visited_websites" media="only screen
<link href="/static/apple-touch/wikipedia.png" rel="apple-touch-icon"/>
```

그림 6-4 BeautifulSoup 객체 출력(일부 캡처)

항목을 추출할 때는 find_all 메소드를 사용한다. 형식은 find_all(name, attrs, ..., string, ..., **kwargs)이다. 여기서 name은 태그 이름을 지정하는 문자열, 정규표현식, 리스트, 함수 등 다양하다. attrs는 태그 내의 CSS(cascading style sheets) 속성을 지정하는 문자열 또는 사전이다. CSS 속성 중에는 class가 있는데 이는 예약어와 동일하므로 해당 속성을 직접 지정할 때는 class_ = 'sister'와 같은 형식으로 지정해야 한다. 아니면 {'class': 'sister'}와 같이 지정한다. 잘 알려진 속성으로는 id, class, style, title, lang 등이 있다. string은 특정 문자열을 찾고자 할 때 사용되며 문자열, 정규표현식, 리스트 등으로 지정한다. name 전달인자와 동시에 사용되는 경우에는 name에 의하여 추출된 결과에서 지정된 문자열을 검색한다. find 메소드도 동일한 전달인자를 갖지만 조건을 만족하는 처음 결과를 반환한다. 예를 들어 meta 태그로 시작하는 모든 내용은 다음과 같이 추출할 수 있다.

```
# 태그(tag)기반 검색
soup.find_all('meta')
```

```
[<meta charset="utf-8"/>,
 <meta content="" name="ResourceLoaderDynamicStyles"/>,
 <meta content="MediaWiki 1.39.0-wmf.16" name="generator"/>,
 <meta content="origin" name="referrer"/>,
 <meta content="origin-when-crossorigin" name="referrer"/>,
 <meta content="origin-when-cross-origin" name="referrer"/>,
 <meta content="telephone=no" name="format-detection"/>,
 <meta content="List of most visited websites - Wikipedia"
property="og:title"/>,
 <meta content="website" property="og:type"/>]
```

meta 태그 중 특정 속성을 만족하는 경우에는 해당 속성을 사전 형식으로 정의해 준다.

```
# 태그+속성 기반 검색
soup.find('meta', attrs={'content': "origin"})
```

```
<meta content="origin" name="referrer"/>
```

이러한 방법으로 원하는 특정 위치를 찾아서 관련된 데이터를 찾을 수 있다.

```
<a class="mw-jump-link" href="#mw-head">Jump to navigation</a>
<a class="mw-jump-link" href="#searchInput">Jump to search</a>
<div class="mw-body-content mw-content-ltr" dir="ltr" id="mw-content-text" lang="en"><div class="mw-parser-output"><p cl
</p>
<style data-mw-deduplicate="TemplateStyles:r1033289096">.mw-parser-output .hatnote{font-style:italic}.mw-parser-output d
<p>This is a <b>list of the most visited websites</b> worldwide according to the first 50 <a href="/wiki/Website" title=
</p>
<h2><span class="mw-headline" id="List">List</span></h2>
<p>Ranking data updated according to May 1, 2022.
</p>
<style data-mw-deduplicate="TemplateStyles:r1093711723">.mw-parser-output .hover-highlight tr:hover td,.mw-parser-output
<table class="wikitable sortable mw-datatable" style="width:100%; font-size:96%;">
<tbody><tr>
<th>Site
</th>
<th>Domain Name
</th>
<th data-sort-type="number"><a href="/wiki/Similarweb" title="Similarweb">Similarweb</a> top 50<br/>websites ranking<br/
</th>
<th>Category
```

그림 6-5 테이블 위치 확인(일부 캡처)

원하는 데이터는 table 태그에 있고 class 속성 값을 갖고 있다. 그림 6-5의 파란색 위치로부터 시작하여 태그가 끝나는 “〈/table〉”까지가 추출하고자 하는 데이터이다.

```python
# 원하는 테이블 가져오기
table = soup.find('table', attrs={'class':"wikitable sortable mw-datatable"})
table
```

```
<table class="wikitable sortable mw-datatable" style="width:100%; font-size:96%;">
<tbody><tr>
<th>Site
</th>
<th>Domain Name
</th>
<th data-sort-type="number"><a href="/wiki/Similarweb" title="Similarweb">Similarweb</a> top 50<br/>web
</th>
<th>Category
</th>
<th>Principal country/territory
</th></tr>
<tr>
<td><a href="/wiki/Google_Search" title="Google Search">Google Search</a>
</td>
<td>google.com
</td>
<td>1 (<img alt="Steady" data-file-height="300" data-file-width="300" decoding="async" height="11" src=
</td>
<td>Computers Electronics and Technology &gt; Search Engines
</td>
<td><span class="datasortkey" data-sort-value="United States"><span class="flagicon"><img alt="" class=
</td></tr>
<tr>
<td><a href="/wiki/YouTube" title="YouTube">YouTube</a>
</td>
```

그림 6-6 테이블 태그 데이터(일부 캡처)

find 메소드는 조건을 만족하는 태그의 시작에서부터 끝까지 내용을 추출해준다. 즉, 〈table〉~〈\table〉의 모든 내용을 의미한다. 내용을 보면 〈th〉로 시작하는 태그가 있다. 테이블 헤더 역할을 하기 때문에 만약 테이블을 데이터로 구성한다면 열 레이블, 즉 변수명으로 사용할 수 있다.

```python
# 공백과 개행 처리하지 않은 결과
columns = [th.get_text() for th in table.find("tr").find_all("th")]
columns
```

```
['Site\n',
 'Domain Name\n',
 'Similarweb top 50websites ranking(As of May\xa01, 2022[update])[1]\n',
 'Category\n',
 'Principal country/territory\n']
```

결과를 보면 "\n" 등과 같은 개행(new line) 문자 등이 섞여 있다. 이를 제거하기 위해서는 tag 객체의 메소드의 전달인자인 "stripe=True"를 이용하거나 문자열의 메소드인 replace를 이용하는 방법이 있다.

```
# 공백, 개행 제거
columns = [th.get_text(strip=True) for th in table.find("tr").find_all("th")]
columns
```

```
['Site',
 'Domain Name',
 'Similarwebtop 50websites ranking(As of May\xa01, 2022[update])[1]',
 'Category',
 'Principal country/territory']
```

데이터 값을 추출하기 위하여 태그 구조를 살펴보면 <tr>로 시작하여 그 안에서 <td> 태그로 각각의 데이터가 있음을 알 수 있다. 앞에서 <tr> 태그 안의 <th> 태그를 이용하여 변수명을 추출하였기 때문에 <tr> 태그는 두 번째, 즉 색인으로는 1부터 시작한다.

```
# 데이터 추출
datasets = []
for row in table.find_all("tr")[1:]:
    dataset = [td.get_text(strip=True) for td in row.find_all("td")]
```

```
    datasets.append(dataset)

datasets[:1]
-----------------------------------------------------------------------
[['Google Search',
  'google.com',
  '1 ()',
  'Computers Electronics and Technology > Search Engines',
  'United States']]
```

프로그램에서 한 줄의 데이터는 dataset 리스트에 저장되고 전체는 datasets 리스트에 저장된다.

```
# 데이터 크기
len(datasets), len(dataset)
-----------------------------------------------------------------------
(50, 5)
```

데이터는 열의 수가 5, 행 수가 50인 데이터임을 확인할 수 있다. 데이터 값을 다 분리하여 리스트로 저장하였으므로 리스트 기반으로 하여 데이터프레임 객체를 구성해보자.

```
import pandas as pd

# 판다스 데이터프레임 변환
df = pd.DataFrame(datasets)
df.columns = columns
df.head()

-----------------------------------------------------------------------
```

	Site	Domain Name	Similarwebtop 50websites ranking(As of May 1, 2022[update])[1]	Category	Principal country/territory
0	Google Search	google.com	1 ()	Computers Electronics and Technology > Search ...	United States
1	YouTube	youtube.com	[illegible] ()	Arts & Entertainment > Streaming & Online TV	United States
2	Facebook	facebook.com	3 ()	Computers Electronics and Technology > Social ...	United States
3	Twitter	twitter.com	4 ()	Computers Electronics and Technology > Social ...	United States
4	Instagram	instagram.com	5 ()	Computers Electronics and Technology > Social ...	United States

결과값을 보면 원하는 정형화된 데이터를 추출했음을 알 수 있다.

참고문헌

1. https://en.wikipedia.org/wiki/List_of_most_visited_websites
2. https://requests.readthedocs.io/en/latest/user/quickstart/
3. https://requests.readthedocs.io/en/latest/api/
4. https://requests.readthedocs.io/en/stable/api/
5. https://www.geeksforgeeks.org/python-requests-tutorial/
6. https://www.geeksforgeeks.org/get-post-requests-using-python/?ref=lbp
7. https://www.crummy.com/software/BeautifulSoup/bs4/doc/
8. https://www.crummy.com/software/BeautifulSoup/bs4/doc/#contents-and-children
9. [KANG-ML]

   강봉주(2019), 파이썬으로 실무에 바로 적용하는 머신러닝, 에이콘출판사
10. [KANG-BASICS]

    강봉주(2020), 파이썬 기반의 AI를 위한 기초수학, 확률 및 통계, 자유아카데미
11. [KANG-AUTOML]

    강봉주(2020), SAS Viya 기반의 실무에 바로 적용하는 AutoML, 자유아카데미

CHAPTER 7

통계 실무

01 예제 정의

통계청은 매년 가계의 자산, 부채, 소득, 지출 등을 통해 재무건전성을 파악하고, 경제적 삶(well-being)의 수준 및 변화 등을 미시적으로 파악하기 위하여 금융감독원 및 한국은행과 공동으로 전국의 2만여 표본가구를 대상으로 가계금융복지를 조사한다. 2021년 가계금융복지(이하 가금복)를 조사하는데, 자산, 부채, 가구 구성은 2021. 3. 31.을 기준으로 하였고, 소득, 지출, 원리금상환액은 2020. 1. 1.~12. 31.을 기준으로 하였다. 즉, 2021년 가계금융복지(이하 가금복) 조사는 전년도의 가금복 상태이다.

그림 7-1은 가금복 조사 결과를 요약한 것이다. 이때 그림의 결과를 생성한 원천 데이터로부터 아래와 같은 다양한 질문이 있을 수 있다.

- 대한민국 전체의 평균 소득은 얼마인가?
- 대한민국 전체의 평균 순자산은 얼마인가?
- 대한민국의 상위 10% 순자산의 평균은 얼마이고 진입 값은 얼마인가?
- 대한민국의 상위 10% 대비 하위 50% 배율은 어느 정도인가?
- 수도권에 살고 있고 1인 가구의 평균 소득은 얼마나 될까?

이러한 질문은 대부분 데이터를 적절히 요약(summary)하는 것만으로도 그 해답을 찾을 수 있다.

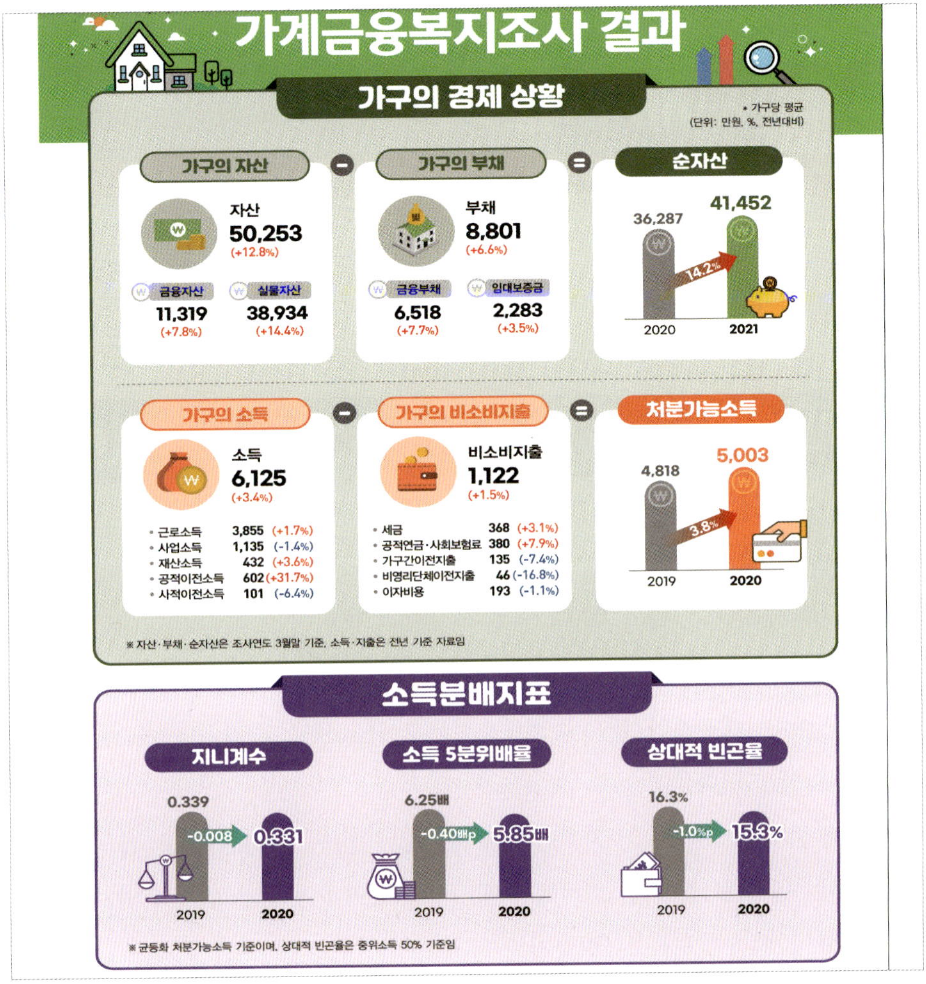

그림 7-1 통계청 가계금융복지 조사 결과(일부 캡처)

02 예제 풀기

2.1 데이터 요약

2.1.1 개요

통계 실무에서 가장 많이 활용되는 통계 방법은 데이터 요약이다. 요약한다는 것은 통계학에서 이야기하는 요약 통계량(summary statistics)을 통하여 데이터를 요약하는 것이다. 대표적인 요약 통계량으로는 평균(mean), 중간값(median), 분위수(percentile) 등이 있다.

그런데 범주형(categorical) 자료인 경우에는 간단히 빈도표(frequency)를 작성하는 것도 요약이라고 한다. 이런 의미에서 데이터를 요약한다는 것은 그 범위가 상당히 넓다고 할 수 있다. 간단히 표현하자면 원(raw) 데이터로부터 조금이라도 열과 행의 크기가 줄어든 형태의 데이터로 표현된다면 요약했다고 생각할 수 있다.

2.1.2 데이터

데이터 요약을 위하여 사용되는 데이터는 "통계청 2021년 가계금융복지조사"이다. 해당 데이터는 통계청 마이크로데이터 서비스(https://mdis.kostat.go.kr/)에 접속하여 다운로드 받을 수 있다.

데이터는 csv 파일 형식으로 다운로드를 받을 수 있다. "설계서/코드집"도 다운로드를 받아 데이터의 코드 값에 대한 이해를 해야 한다.

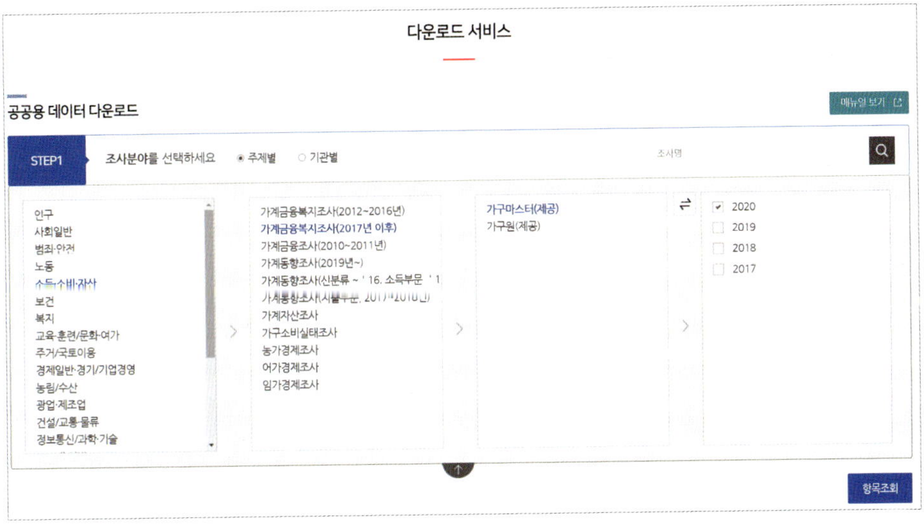

그림 7-2 가계금융복지 조사 데이터 다운로드

다음은 해당 데이터를 다운로드 받아서 깃허브(GitHub)에 저장 후 사용하는 예이다.

```
# 공통 패키지
import numpy as np
import pandas as pd
import matplotlib.pyplot as plt
import matplotlib as mpl

# 데이터 경로 지정
data_path = 'https://github.com/bong-ju-kang/data/blob/master/HFWS_2021.
csv?raw=true'

# 데이터 읽기
df = pd.read_csv(data_path, encoding='euc-kr')
df.head()
```

데이터를 보면 수도권여부 등이 코드값으로 되어 있음을 알 수 있다. 이런 이유에

	조사연도	MD제공용_가구고유번호	가중값	수도권여부	가구주_성별코드	가구원수	노인가구코드	조손가구코드	한부모가구코드	다문화가구(2012년~)	...	원리금상환_가계지출감소항목코드	부채상환가능시기코드	가구주_은퇴여부	가구주_미은퇴_은퇴연령	가구주_미은퇴_최소생활비	가구주_미은퇴_적정생활비	가구주_미은퇴_노후준비상황코드	가구주_은퇴_은퇴연령
0	2021	10000162	1150.979462	G1	2	1	G1	G2	G2	G2	...	NaN	NaN	1	75.0	150.0	200.0	3.0	NaN
1	2021	10000182	1123.682358	G1	1	2	G2	G2	G2	G2	...	NaN	NaN	1	65.0	300.0	400.0	4.0	NaN
2	2021	10000192	1052.427346	G1	2	1	G2	G2	G2	G2	...	2.0	2.0	1	65.0	150.0	250.0	4.0	NaN
3	2021	10000212	844.751428	G2	1	2	G1	G2	G2	G2	...	NaN	NaN	2	NaN	NaN	NaN	NaN	68.0
4	2021	10000222	994.288412	G2	1	1	G2	G2	G2	G2	...	NaN	2.0	1	70.0	150.0	250.0	3.0	NaN

그림 7-3 데이터 보기(일부 캡처)

서 코드값이 무엇을 의미하는지에 대한 데이터 레이아웃 정보 일종의 메타데이터가 필요하다. 코드정보는 엑셀파일에 저장되어 있으므로 이 정보를 읽어보자.

```
# 코드 정보 읽기
url = 'https://github.com/bong-ju-kang/data/raw/master/HFWS_LAYOUT_2021.xlsx'

codeinfo = pd.read_excel(url, sheet_name='코드정보', skiprows=1)
codeinfo.head()
```

	코드번호	항목명	코드	코드의미 및 단위	특이사항
0	1	수도권여부	G1	수도권	
1	1	NaN	G2	비수도권	
2	2	가구주_성별코드	1	남자	
3	2	NaN	2	여자	
4	3	노인가구코드	G1	노인가구 (모든 가구원의 연령이 65세 이상인 가구)	

코드정보 데이터를 보면 코드번호는 똑같은 1이지만 항목명은 "수도권여부", "NaN"

으로 표시되어 있다. 원칙적으로는 동일한 코드번호에 대하여 동일한 항목명, 즉 "수도권여부", "수도권여부"로 표시되어 있어야 한다. 현재는 이렇게 정의되어 있지 않기 때문에 수도권여부의 코드 의미를 파악하기 위해서는 먼저 항목명으로 코드번호를 찾고 해당 코드번호에 속하는 코드 의미를 찾아야 한다.

```
# 코드번호 찾기
code_number = int(codeinfo[codeinfo["항목명"]=='수도권여부']["코드번호"])

# 코드 의미 찾기
codeinfo.loc[codeinfo['코드번호']==code_number]
```

	코드번호	항목명	코드	코드의미 및 단위	특이사항
0	1	수도권여부	G1	수도권	
1	1	NaN	G2	비수도권	

결과를 보면 "G1"은 "수도권"임을 알 수 있다.

2.1.3 요약 목적

데이터를 선정하고 요약하고자 하는 것은 특정한 목적이 있기 때문이다. 가금복 데이터를 선정한 이유는 다음과 같은 요약 목적이 있기 때문이다.

- 대한민국 전체의 평균 소득은 얼마인가?
- 대한민국 전체의 평균 순자산은 얼마인가?
- 대한민국의 상위 10% 순자산의 평균은 얼마이고 진입 값은 얼마인가?
- 대한민국의 상위 10% 대비 하위 50% 배율은 어느 정도인가?
- 수도권에 살고 있는 1인 가구의 평균 소득은 얼마나 될까?

대부분의 통계 실무에서는 위와 같은 간단한 질문에 대한 답을 구하기 위하여 적절한 도구를 이용하여 요약한다. 이후 의사결정을 위해서는 통계적인 추론 과정을 거치게 된다.

2.1.4 요약 과정

데이터를 읽었으니 요약 목적에 맞게 요약하는 과정을 살펴보기로 하자.

a. 데이터 구조 이해

데이터 구조는 데이터의 행과 열을 살펴보는 것이다. 통계적으로 보면 관측값(observation)과 변수(variable)를 확인하는 것이다.

```
# 데이터 구조 이해
df.dtypes
----------------------------------------------------------------
조사연도                                    int64
MD제공용_가구고유번호                       int64
가중값                                     float64
수도권여부                                 object
가구주_성별코드                            int64
                                    ...
가구주_미은퇴_적정생활비                   float64
가구주_미은퇴_노후준비상황코드             float64
가구주_은퇴_은퇴연령                       float64
가구주_은퇴_적정생활비충당여부             float64
가구주은퇴_생활비재원마련코드(2014년~)     float64
Length: 160, dtype: object
```

결과를 보면 변수의 개수가 160개이다. 그런데 '…'으로 중간 생략되어 있어서 전체 컬럼명을 정확히 볼 수 없다.

```
# 변수명 전체 확인하기
# 변수명을 배열로 보관
vlabels = df.columns.values
vlabels
------------------------------------------------------------
array(['조사연도', 'MD제공용_가구고유번호', '가중값', '수도권여부', '가구주_성별
코드', '가구원수',
        '노인가구코드', '조손가구코드', '한부모가구코드', '다문화가구(2012년~)', '
장애인가구코드(2012년~)',
        '가구주_교육정도_학력코드', '가구주_교육정도_수학구분코드', '가구주_교육정
도_통합코드', '가구주_동거여부',
        '가구주_산업대분류코드', '가구주_직업대분류코드', '가구주_만연령', '가구
주_10세단위연령코드',
        '가구주_종사상지위코드', '보도용_가구주_종사상지위코드', '가구주_혼인상태코
드', '입주형태코드',
        '입주형태통합코드', '전용면적규모코드', '주택종류통합코드', '부채보유여부',
'소득5분위코드(보완)',
        '보완_소득10분위코드', '소득계층구간코드(보도용)(보완)', '자산총액5분위코드',
'자산총액10분위코드',
        '순자산5분위코드', '순자산10분위코드', '이사여부', '자산', '자산_금융자
산', '자산_금융자산_저축금액',
        '자산_금융자산_저축_적립예치식저축금액', '자산_금융자산_저축_적립예치식저
축_수시적립예치식저축금액',
        '자산_금융자산_저축_적립예치식저축_저축성보장성보험금액', '자산_금융자산_저
축_적립예치식저축_주식채권펀드금액',
        '자산_금융자산_저축_기타저축금액', '자산_금융자산_현거주지전월세보증금', '
자산_실물자산',
        '자산_실물자산_부동산금액', '자산_실물자산_부동산_거주주택금액', '자산_실물
자산_부동산_거주주택이외부동산금액',
        '자산_실물자산_부동산_계약금중도금납입금액', '자산_실물자산_기타실물자산',
'자산_실물자산_기타실물자산_자동차금액',
        '자산_실물자산_기타실물자산_기타금액', '자산_실물자산_기타실물자산_기타_자
동차이외기타실물자산',
        '자산_실물자산_기타실물자산_기타_권리금', '부채', '부채_금융부채', '부채_
금융부채_담보대출금액',
        '부채_금융부채_담보대출_대출용도_거주주택구입금액', '부채_금융부채_담보대출_
```

대출용도_거주주택이외부동산구입금액',

'부채_금융부채_담보대출_대출용도_전월세보증금마련금액', '부채_금융부채_담보대출_대출용도_부채상환금액',

'부채_금융부채_담보대출_대출용도_사업자금마련금액', '부채_금융부채_담보대출_대출용도_생활비마련금액',

'부채_금융부채_담보대출_대출용도_기타용도금액',

'부채_금융부채_담보대출_대출기관_은행금액(2010년은 농수협 중앙회 제외)',

'부채_금융부채_담보대출_대출기관_저축은행금액', '부채_금융부채_담보대출_대출기관_비은행금융기관금액',

'부채_금융부채_담보대출_대출기관_보험회사금액', '부채_금융부채_담보대출_대출기관_기타기관금액',

'부채_금융부채_담보대출_상환방법_만기일시금액', '부채_금융부채_담보대출_상환방법_원금분할상환금액',

'부채_금융부채_담보대출_상환방법_원리금분할상환금액', '부채_금융부채_담보대출_상환방법_원리금분할일부만기상환금액',

'부채_금융부채_담보대출_상환방법_기타상환방법금액', '부채_금융부채_담보대출_담보형태_거주주택금액',

'부채_금융부채_담보대출_담보형태_거주주택이외부동산금액', '부채_금융부채_담보대출_담보형태_예적금보험펀드채권금액',

'부채_금융부채_담보대출_담보형태_기타금액', '부채_금융부채_담보대출_부동산담보대출금액',

'부채_금융부채_담보대출_부동산이외담보대출금액', '부채_금융부채_신용대출금액',

'부채_금융부채_신용대출_대출용도_거주주택구입금액', '부채_금융부채_신용대출_대출용도_거주주택이외부동산구입금액',

'부채_금융부채_신용대출_대출용도_전월세보증금마련금액', '부채_금융부채_신용대출_대출용도_부채상환금액',

'부채_금융부채_신용대출_대출용도_사업자금마련금액', '부채_금융부채_신용대출_대출용도_생활비마련금액',

'부채_금융부채_신용대출_대출용도_기타용도금액', '부채_금융부채_신용대출_대출기관_은행금액',

'부채_금융부채_신용대출_대출기관_저축은행금액', '부채_금융부채_신용대출_대출기관_비은행금융기관금액',

'부채_금융부채_신용대출_대출기관_보험회사금액', '부채_금융부채_신용대출_대출기관_기타기관금액',

'부채_금융부채_신용대출_상환방법_만기일시금액', '부채_금융부채_신용대출_상환방법_원금분할상환금액',

```
'부채_금융부채_신용대출_상환방법_원리금분할상환금액', '부채_금융부채_신용대출_상환방법_원리금분할일부만기상환금액',
'부채_금융부채_신용대출_상환방법_기타상환방법금액', '부채_금융부채_신용대출_대출종류_신용대출금액',
'부채_금융부채_신용대출_대출종류_마이너스통장금액', '부채_금융부채_신용카드관련대출금액',
'부채_금융부채_외상할부미상환금액', '부채_금융부채_계탄후불입금액', '부채_금융부채_개인직장빌린금액',
'부채_임대보증금', '원리금상환금액', '원리금상환_원금상환금액', '원리금상환_이자지급금액', '순자산',
'보완_경상소득', '보완_경상소득_근로소득', '보완_경상소득_사업소득', '보완_경상소득_재산소득',
'보완_경상소득_공적이전소득', '조사_경상소득_사적이전소득', '보완_경상소득_이전소득', '보완_처분가능소득',
'지출_소비지출비', '지출_소비지출_외식비포함식료품비', '지출_소비지출_주거비', '지출_소비지출_보육료포함교육비',
'지출_소비지출_의료비', '지출_소비지출_교통비', '지출_소비지출_통신비', '지출_소비지출_기타소비지출비',
'보완_지출비', '보완_지출_비소비지출비', '보완_지출_비소비지출_세금',
'보완_지출_비소비지출_공적연금사회보험료', '조사_지출_비소비지출_가구사이이전지출비',
'조사_지출_비소비지출_비영리단체이전지출비', '조사_지출_비소비지출_연간지급이자', '여유자금운용계획코드',
'금융자산투자운용방법코드', '금융자산투자고려사항코드', '거주지주택가격전망코드', '여유자금부동산투자여부',
'부동산투자주목적코드', '투자선호부동산코드', '부동산투자기피사유코드', '1년후금융부채규모전망코드',
'부채증가원인코드', '1년전대비부채증감코드', '부채상환방법코드', '원리금연체여부', '원리금연체사유코드',
'30일이상원리금연체여부', '원리금상환_생계부담정도코드', '원리금상환_생계부담_소득대비상환액비중',
'원리금상환_가계지출감소여부', '원리금상환_가계지출감소항목코드', '부채상환가능시기코드', '가구주_은퇴여부',
'가구주_미은퇴_은퇴연령', '가구주_미은퇴_최소생활비', '가구주_미은퇴_적정생활비',
'가구주_미은퇴_노후준비상황코드', '가구주_은퇴_은퇴연령', '가구주_은퇴_적정생활비충당여부',
'가구주은퇴_생활비재원마련코드(2014년~)'], dtype=object)
```

프로그램에서는 배열로 이름을 보관한 후 출력을 하였다. 특별히 범주형 데이터만 출력하고자 하는 경우에는 다음과 같이 확인한다.

```
# 범주형 데이터만 확인
df.select_dtypes('object').columns
------------------------------------------------------------------
Index(['수도권여부', '노인가구코드', '조손가구코드', '한부모가구코드', '다문화가구(2012년~)',
       '장애인가구코드(2012년~)', '가구주_교육정도_통합코드', '가구주_산업대분류코드', '가구주_직업대분류코드',
       '가구주_10세단위연령코드', '보도용_가구주_종사상지위코드', '입주형태통합코드', '전용면적규모코드', '주택종류통합코드',
       '부채보유여부', '소득5분위코드(보완)', '보완_소득10분위코드', '소득계층구간코드(보도용)(보완)',
       '자산총액5분위코드', '자산총액10분위코드', '순자산5분위코드', '순자산10분위코드'],
      dtype='object')
------------------------------------------------------------------
# 데이터 크기
df.shape
------------------------------------------------------------------
(18187, 160)
```

요약하면 변수는 160개이며 관측값의 개수는 18,187개로 이루어진 정형화된 데이터임을 확인하였다.

b. 데이터 품질

데이터 품질의 정의는 다양하지만 실무적으로는 각 변수가 허용가능한(permissible) 값으로 채워져 있으면 된다. 허용가능한 값에는 결측값(missing value)도 포함된다. 즉, 특별한 조건에서는 결측값도 허용될 수 있다는 것이다. 특이점(outlier)도 허용가능한 범위 내에만 있으면 사실상 문제될 것은 없다. 그러나 연 소득금액 같은 경우, 항상 0보다 큰 값이라 하더라도 대부분 3천만 원 근처에 있는 값인데 특이하게 1,000억이라고 한다면 다시 한번 해당 관측값을 살펴볼 수밖에 없다. 데이터 품질 점검에서는 관심있는 변수에 대하여 다음과 같은 사항을 일차적으로 점검한다.

구분	점검 내용	방법
모든 변수	결측값	결측 관측값 확인
범주형 변수	허용가능 범주값	빈도표, 분포
숫자형 변수	허용가능 값	최솟값, 최댓값, 분포

```
# 데이터 품질: 공통
df.isnull().sum()
```

```
조사연도                          0
MD제공용_가구고유번호               0
가중값                           0
수도권여부                         0
가구주_성별코드                      0
                    ...
가구주_미은퇴_적정생활비                3771
가구주_미은퇴_노후준비상황코드            3771
가구주_은퇴_은퇴연령                 14416
가구주_은퇴_적정생활비충당여부           14416
가구주은퇴_생활비재원마련코드(2014년~)    14416
Length: 160, dtype: int64
```

결과를 보면 중간이 생략되어 있어서 어떤 변수가 결측값을 갖고 있는지 정확한 목록을 만들 수 없다.

```
# 결측값이 1개 이상인 컬럼 확인
df.columns[df.isnull().sum() > 0]
```

```
Index(['가구주_교육정도_수학구분코드', '가구주_산업대분류코드', '가구주_직업대분류코드', '부동산투자주목적코드',
       '투자선호부동산코드', '부동산투자기피사유코드', '부채증가원인코드', '1년전대비부채증감코드', '부채상환방법코드',
       '원리금연체여부', '원리금연체사유코드', '30일이상원리금연체여부', '원리금상환_생계부담정도코드',
       '원리금상환_생계부담_소득대비상환액비중', '원리금상환_가계지출감소여부', '원리금상환_가계지출감소항목코드',
       '부채상환가능시기코드', '가구주_미은퇴_은퇴연령', '가구주_미은퇴_최소생활비', '가구주_미은퇴_적정생활비',
       '가구주_미은퇴_노후준비상황코드', '가구주_은퇴_은퇴연령', '가구주_은퇴_적정생활비충당여부',
       '가구주은퇴_생활비재원마련코드(2014년~)'],
      dtype='object')
```

위에서 열거된 변수 목록이 결측값을 갖고 있기 때문에 해당 변수에 대한 면밀한 검토가 필요하다. 예를 들어 "부동산투자주목적코드"가 어떤 경우에 결측값을 갖는지를 다음과 같이 확인해보자.

```
# 결측값을 갖는 변수에 대한 탐색
df[df['부동산투자주목적코드'].isnull()]
```

	조사연도	MD제공용_가구고유번호	가중값	수도권여부	가구주_성별코드	가구원수	노인가구코드	조손가구코드	한부모가구코드	다문화가구(2012년~)	...	원리금상환_가계지출감소항목코드	부채상환가능시기코드	가구주_은퇴여부	가구주_미은퇴_은퇴연령	가구주_미은퇴_최소생활비	가구주_미은퇴_적정생활비	가구주_미은퇴_노후준비상황코드	가구주_은퇴_은퇴연령	가구주_은퇴_적정생활비충당여부
0	2021	10000162	1150.979462	G1	2	1	G1	G2	G2	G2	...	NaN	NaN	1	75.0	150.0	200.0	3.0	NaN	NaN
2	2021	10000192	1052.427346	G1	2	1	G2	G2	G2	G2	...	2.0	2.0	1	65.0	150.0	250.0	4.0	NaN	NaN
3	2021	10000212	844.751428	G2	1	2	G1	G2	G2	G2	...	NaN	NaN	2	NaN	NaN	NaN	NaN	68.0	3.0
6	2021	10000272	1393.022774	G2	1	4	G2	G2	G2	G2	...	NaN	NaN	1	61.0	300.0	400.0	3.0	NaN	NaN

그림 7-4 결측값 행(일부 캡처)

그림 7-4의 결과를 보면 결측값을 갖는 경우에는 "NaN"으로 출력된다. 해당 관측값에 대하여 원래부터 결측값인지 아니면 입력오류인지 등을 면밀히 살펴보아야 한다.

범주형 변수인 경우에 데이터 품질을 점검하기 위하여 빈도표(frequency table)를 작성해보기로 하자.

```
# 빈도표 작성
df['부동산투자주목적코드'].value_counts().sort_index()
------------------------------------------------------------
1.0    3286
2.0    2115
3.0    1381
4.0     492
5.0    1772
6.0     392
7.0      63
8.0     122
9.0      39
Name: 부동산투자주목적코드, dtype: int64
```

프로그램에서는 sort_index 메소드를 이용하여 색인값별로 정렬을 하였다. 기본 출력은 건수 크기에 따른 내림차순으로 정렬한다. 결과를 보면 결측값이 표현되

```
# 빈도표 작성: 결측값 범주 포함
df['부동산투자주목적코드'].value_counts(dropna=False).sort_index()
------------------------------------------------------------
1.0    3286
2.0    2115
3.0    1381
4.0     492
5.0    1772
```

```
6.0      392
7.0       63
8.0      122
9.0       39
NaN     8525
Name: 부동산투자주목적코드, dtype: int64
```

어 있지 않다. 결측값을 포함하고자 하는 경우에는 다음과 같은 옵션을 추가한다.

또한 각 범주의 전체에 대한 비율을 보고자 하면 다음과 같이 옵션을 추가한다.

```
# 빈도표 작성: 결측값 범주 포함, 비율로 보기
df['부동산투자주목적코드'].value_counts(dropna=False, normalize=True).sort_
index()
------------------------------------------------------------------------
1.0    0.180679
2.0    0.116292
3.0    0.075933
4.0    0.027052
5.0    0.097432
6.0    0.021554
7.0    0.003464
8.0    0.006708
9.0    0.002144
NaN    0.468741
Name: 부동산투자주목적코드, dtype: float64
```

결측값의 비율이 46% 이상임을 알 수 있고 희소 범주(rare category)값이 전체 2% 미만이라고 한다면 7, 8, 9 범주값이 대상일 수 있다. 분석 시에 너무 많은 범주가 있는 경우, 즉 집합크기(cardinality)가 큰 경우에는 희소 범주를 묶어서 하나의 범주로 정의하여 분석할 수 있다. 이때 1.0~9.0의 의미가 무엇인지 살펴보기로 하자.

```
# 코드번호 찾기
code_number = int(codeinfo[codeinfo["항목명"]=='부동산투자주목적코드']["코드번호"])
```

```
# 코드 의미 찾기
codeinfo.loc[codeinfo['코드번호']==code_number]
```

	코드번호	항목명	코드	코드의미 및 단위	특이사항
184	36	부동산투자주목적코드	1	내집 마련	
185	36	NaN	2	가치 상승	
186	36	NaN	3	임대수입	
187	36	NaN	4	창업 또는 사업장(상가.토지 등)마련	
188	36	NaN	5	노후대책	
189	36	NaN	6	가구원용 주택 마련	
190	36	NaN	7	여행 등 여가	
191	36	NaN	8	상속 및 증여	
192	36	NaN	9	기타( )	

결과를 보면 희소 범주는 여행 등 여가, 상속 및 증여, 기타()임을 확인할 수 있다. 그리고 주된 투자 목적이 내집 마련, 가치 상승, 노후 대책 등임을 알 수 있다.

범주형 자료의 분포는 막대 도표로 간단히 살펴볼 수 있다.

```
# 막대 도표로 분포 확인
fig, ax = plt.subplots(dpi=200)
df['부동산투자주목적코드'].value_counts(dropna=False).sort_index().plot.bar()
```

연속형 변수의 데이터 품질은 히스토그램을 살펴봄으로써 확인할 수 있다.

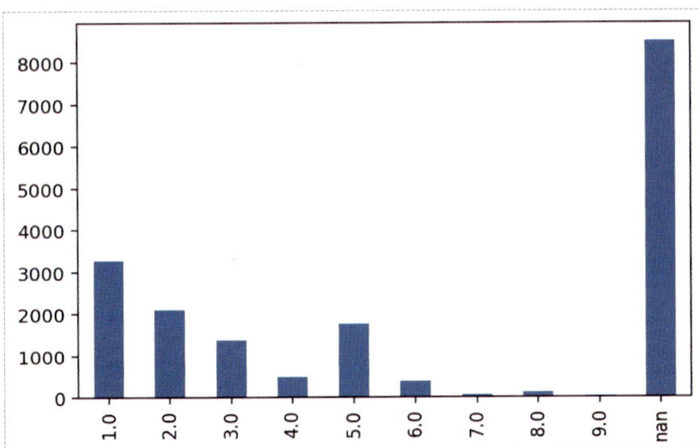

그림 7-5
범주형 변수 막대 도표

```
# 숫자형 변수에 대한 분포 보기
x = df['순자산'] / 10000 # 원래 10,000원 단위이므로 전체는 억 원 단위
fig, ax = plt.subplots(dpi=300)
x.plot.hist(ax=ax, bins=100, label='net asset')

# 중간값 표시
ax.vlines(x.median(), ymin=0, ymax=len(df)/3,  colors='b', linestyles=
'dashed',
          label='median line: ' + str(x.median().round(2)))
# 평균값 표시
ax.vlines(x.mean(), ymin=0, ymax=len(df)/3,  colors='green', linestyles=
'dotted',
          label='mean line ' + str(x.mean().round(2)))

ax.legend()
plt.show()
```

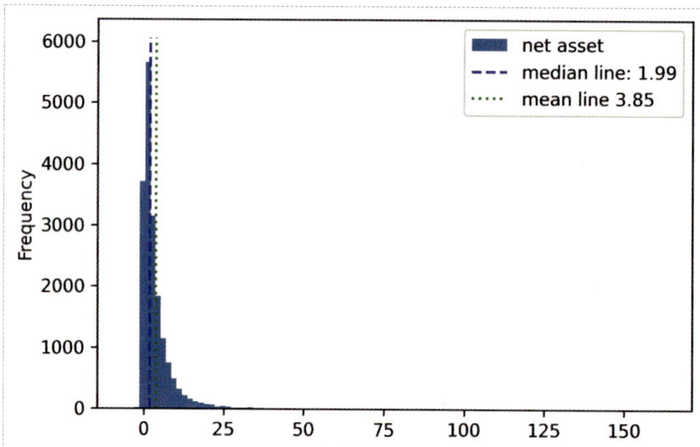

그림 7-6
순자산 히스토그램

그림 7-6은 연속형 변수의 분포를 살펴보는 히스토그램이다. 통계적으로 가장 많이 활용되는 그래프이기도 하다. 그림을 살펴보면 오른쪽이 경사도가 완만한(skewed to the right) 그래프이다. 즉, 대부분의 순자산은 중간값 약 2억 근처에 있지만 매우 큰 순자산을 갖는, 즉 단위가 억 원이므로 150억 원 이상인 가구도 있음을

알 수 있다. 실무에서 금액에 대한 분포를 히스토그램으로 표현하다보면 이러한 유형이 많이 나타나게 된다. 분포상으로 보면 순자산은 음수일 수도 있고 더 나아가 매우 큰 값을 가질 수도 있으므로 데이터 품질상으로는 문제가 되지 않는다. 그럼에도 불구하고 양극단의 값에 대해서는 한 번쯤 확인하는 과정이 필요하다.

c. 비즈니스 질문에 답하기

많은 유튜브에서 가금복 데이터를 인용하는 것을 볼 수 있다. 이 중 대표적인 것이 '나의 순자산의 순위는 얼마나 될까?'와 같은 질문이다. 나의 순자산, 즉 현재 내가 가진 모든 것을 현금화하고 부채를 다 갚은 후 남는 현금의 가치가 얼마인지 말하는 것이다. 먼저 전체 가구에 대한 자산, 부채, 순자산을 살펴보자.

```
# 전체 가구 자산, 부채, 순자산: 단위는 억 원
(df[['자산', '부채', '순자산']]/10000).describe()
```

	자산	부채	순자산
count	18187.000000	18187.000000	18187.000000
mean	4.573597	0.723306	3.850291
std	7.308804	1.832935	6.420455
min	0.000100	0.000000	-6.342700
25%	0.811100	0.000000	0.610000
50%	2.442800	0.070000	1.991900
75%	5.524250	0.745800	4.661500
max	167.425500	67.465000	162.625500

결과를 보면 2021년 3월 조사 기준으로 평균 자산은 4.57억, 평균 부채는 0.72억, 순자산은 3.85억이며 중간값 기준으로는 각각 2.44억, 0.07억, 1.99억이다. 이 결과는 통계청 발표와는 약간의 차이가 나지만 통계청 제공 데이터로 계산했으니 얼추 비슷하다.

그런데 만약 자기소유의 집을 갖고 있는 가구주와 그렇지 않은 가구주의 순자산은 얼만큼 차이가 날까? 먼저 입주형태 코드를 찾아보자.

```
# 입주형태 코드 찾기: "입주형태통합코드"
# 코드번호 찾기
code_number = int(codeinfo[codeinfo["항목명"]=='입주형태통합코드']["코드번호"])

# 코드 의미 찾기
codeinfo.loc[codeinfo['코드번호']==code_number]
```

	코드번호	항목명	코드	코드의미 및 단위	특이사항
91	19	입주형태통합코드	G1	자기집	
92	19	NaN	G2	전세	
93	19	NaN	G3	월세	
94	19	NaN	G4	기타	

입주형태 코드는 탐색 결과 "입주형태통합코드"이며 프로그램은 각 코드의 의미를 파악하였다.

의미 파악 후 입주형태통합코드별로 순자산의 차이가 있는지 확인해보자.

```
# 순자산 구하기
x = df.groupby('입주형태통합코드')['순자산'].aggregate(['mean', 'median'])
/10000
x.round(2)
```

	mean	median
입주형태통합코드		
G1	5.22	3.22
G2	3.29	1.57
G3	0.77	0.23
G4	0.94	0.15

결과를 보면 입주형태가 자가, 전세, 월세로 가면서 순자산 평균값에 많은 차이가

나타남을 확인할 수 있다. 이를 그래프로 표현해보자.

```
# 순자산 비교 그래프
fig, ax = plt.subplots(dpi=300)
x.plot.bar(ax=ax)
ax.set_xlabel('net asset')
ax.set_xticklabels(['Own', 'Jeonse', 'Monthly Rent', 'Others'])
plt.show()
```

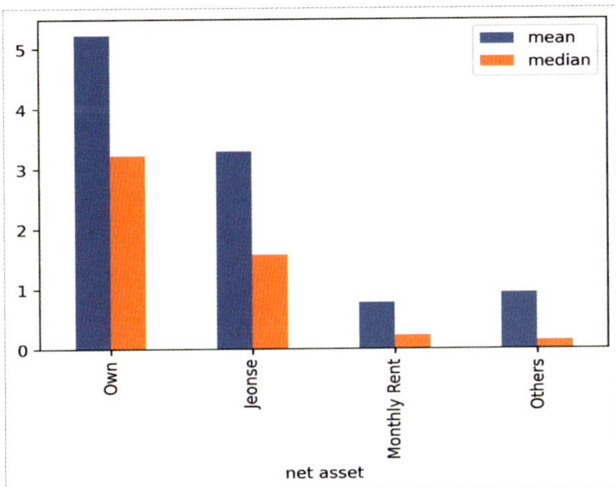

그림 7-7
순자산 비교 막대 도표

이와 유사하게 다음과 같은 질문에 구체적으로 답해보자.

"수도권에 사는 홍길동은 남자이며 전세를 살고 있고 연령대는 40대이다. 자기와 동일한 그룹에 속하는 집단의 평균 순자산이 얼마인지 알고 싶어한다."

이 문제에 답하기 위해서는 "수도권여부", "가구주_성별코드", "입주형태통합코드", "가구주_연령10세단위코드"와 같은 코드 정보를 알고 있어야 한다. "수도권여부"="G1", "입주형태통합코드"="G2"는 알고 있으니 나머지 코드를 살펴보자.

```
# 코드 찾기:
# 코드번호 찾기
code_number = int(codeinfo[codeinfo["항목명"]=='가구주_성별코드']["코드번호"])

# 코드 의미 찾기
codeinfo.loc[codeinfo['코드번호']==code_number]
-----------------------------------------------------------------------------
      코드번호    항목명           코드    코드의미 및 단위    특이사항
   2  2         가구주_성별코드    1       남자
   3  2         NaN              2       여자
```

```
# 코드 찾기:
# 코드번호 찾기
code_number = int(codeinfo[codeinfo["항목명"]=='가구주_10세단위연령코드']["코드
번호"])

# 코드 의미 찾기
codeinfo.loc[codeinfo['코드번호']==code_number]
-----------------------------------------------------------------------------
      코드번호    항목명                  코드    코드의미 및 단위    특이사항
  66  14        가구주_10세단위연령코드    G1      30세 미만
  67  14        NaN                     G2      30~40세 미만
  68  14        NaN                     G3      40~50세 미만
  69  14        NaN                     G4      50~60세 미만
  70  14        NaN                     G5      60세 이상
```

필요한 코드 정보를 확인했으므로 질문에 속하는 집단을 찾고 답을 구해보자.

```
# 홍길동의 속한 집단: 수도권, 남자, 40대, 전세
x = df[
    (df['수도권여부']=='G1')
    &
```

```
    (df['가구주_성별코드']==1)
    &
    (df['가구주_10세단위연령코드']=='G3')
    &
    (df['입주형태통합코드']=='G2')
]['순자산'].aggregate(['mean', 'median', 'std'])/10000
x.round(2)
```

```
mean       4.81
median     2.60
std        6.30
Name: 순자산, dtype: float64
```

결과를 보면 해당 집단은 평균은 4.8억, 중간값은 2.6억 정도이고 표준편차는 6.3억으로 매우 넓게 분포되어 있음을 알 수 있다. 따라서 평균값과 중간값 차이가 크다는 사실을 확인할 수 있다. 해당 집단의 분포를 히스토그램으로 확인해보자.

```
# 분포 확인
x = df[
    (df['수도권여부']=='G1')
    &
    (df['가구주_성별코드']==1)
    &
    (df['가구주_10세단위연령코드']=='G3')
    &
    (df['입주형태통합코드']=='G2')
]['순자산']/10000

fig, ax = plt.subplots(dpi=300)
x.plot.hist(ax=ax, bins=30, label='')
ax.set_xlabel('net asset')

# 중간값 표시
ax.vlines(x.median(), ymin=0, ymax=len(x)/3,  colors='b', linestyles=
'dashed', label='median line')
```

```python
# 평균값 표시
ax.vlines(x.mean(), ymin=0, ymax=len(x)/3,  colors='green', linestyles=
'dotted', label='mean line')
ax.legend()
plt.show()
```

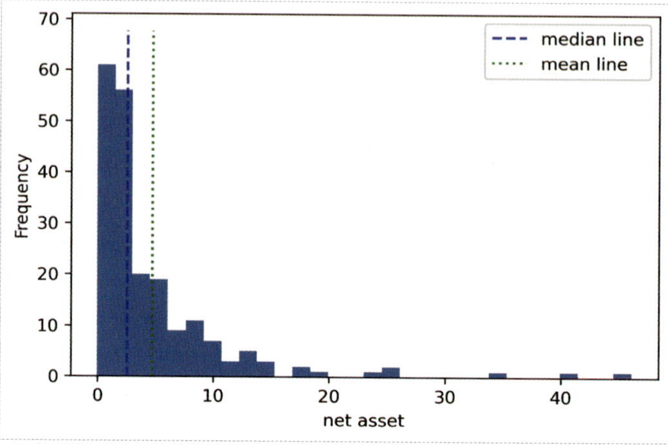

그림 7-8
특정 그룹 순자산 히스토그램

그런데 만약 나의 자산이 9천만 원이라면 하위 또는 상위 몇 %에 속하는 것일까? 먼저 내가 속한 집단의 크기를 구해야 한다.

```python
# 조건 정의
query = (
    (df['수도권여부']=='G1')
    &
    (df['가구주_성별코드']==1)
    &
    (df['가구주_10세단위연령코드']=='G3')
    &
    (df['입주형태통합코드']=='G2')
    )
```

```
# True의 합: 조건을 만족하는 건수(집단 건수)
pop_cnt = query.sum()
pop_cnt
```

```
203
```

조건식은 논리식이므로 참인 것의 개수가 조건을 만족하는 건수이다.

이때 이 집단에서 순자산이 9천만 원 이상인 집단의 건수를 구한다는 것은 기존 조건에 추가하면 된다.

```
# 해당 집단의 순자산 9천만 원의 상위 순위
# 추가 조건 추가
specific_cnt = (query & (df['순자산'] >= 9000)).sum()

# 상위 %
pop_cnt, specific_cnt, np.round(specific_cnt/pop_cnt*100, 1)
```

```
(203, 175, 86.2)
```

결과를 보면 9천만 원 이상의 건수가 175건이며 전체 건수 대비 86.2%에 해당한다. 즉, 상위 86.2에 해당하며 하위 13.8에 속한다고 볼 수 있다.

[WIR]의 '세계 자산 불평등 보고서'에 의하면 상위 10%의 자산과 하위 50%의 자산의 점유율을 많이 이야기한다. 우리나라는 어느 정도인지 살펴보기로 하자.

```
# WIR 보고서: 자산 점유율
asset = df['자산'].values /10000

# 전체 자산 금액
total_asset = asset.sum()
```

```
# 소득 1분위(상위10%)와 하위 50% 분위수(경계값)
p50, p90 = np.percentile(asset, q=[50, 90])
p50, p90

# 각각의 자산 총액 및 점유율 비교
a = asset[asset >= p90].sum()
b = asset[asset <= p50].sum()
[p90.round(), p50.round(), total_asset.round(), a.round(), b.round(), (a/
b).round(1)]
-----------------------------------------------------------------
[11.0, 2.0, 83180.0, 36904.0, 8511.0, 4.3]
```

결과를 보면 상위 10% 진입 자산은 11억, 하위 50% 최고 자산은 2억이며 그 점유율 비율은 약 4.3배 정도임을 알 수 있다.

순자산 관점에서 상위 10% 진입 분위수와 해당 집단의 평균 순자산이 얼마인지 확인해보자.

```
# 순자산 상위 10%
net = df['순자산'] / 10000
cutoff = net.quantile(q=0.9)
cutoff.round(), net[net > cutoff].mean().round(1)
-----------------------------------------------------------------
(9.0, 17.5)
```

결과를 보면 진입값은 9억이며 상위 10% 집단의 평균 순자산은 17.5억이다. 이와 같은 방법으로 다양한 비즈니스 목적에 맞는 결과값을 단순한 데이터 요약만으로도 살펴볼 수 있다.

참고문헌

1. https://mdis.kostat.go.kr/index.do
2. https://mdis.kostat.go.kr/extract/extYearsSurvSearchNew.do?curMenuNo=UI_POR_P9012
3. WIR
   https://wir2022.wid.world/?utm_source=email&utm_campaign=RELEASE%20World%20Inequality%20Report%202022&utm_medium=email
4. https://www.yna.co.kr/view/AKR20211207119300081
5. https://en.wikipedia.org/wiki/Data_pre-processing
6. https://towardsdatascience.com/understanding-the-normal-distribution-with-python-e70bb855b027
7. [KANG-ML]
   강봉주(2019), 파이썬으로 실무에 바로 적용하는 머신러닝, 에이콘출판사
8. [KANG-BASICS]
   강봉주(2020), 파이썬 기반의 AI를 위한 기초수학, 확률 및 통계, 자유아카데미
9. [KANG-AUTOML]
   강봉주(2020), SAS Viya 기반의 실무에 바로 적용하는 AutoML, 자유아카데미
10. [KANG-VIYA]
   강봉주(2021), 파이썬과 주피터노트북 기반의 SAS Viya, 자유아카데미

CHAPTER 8

이미지 데이터 분류

01 예제 정의

그림 8-1은 콘크리트(concrete) 건축물과 스틸(steel) 건축물이다.

그리고 이와 유사한 콘크리트와 스틸 하우스 이미지가 있다고 가정해보자. 그림 8-1을 이용하여 어떤 건축물이 콘크리트 하우스인지 스틸 하우스인지를 판별할 수 있을까? 이에 대한 답을 주기 위해서는 이미지가 데이터화되는 과정과 데이터를 통한 학습 과정 등이 정의되어야 하며, 최종적으로는 새로운 이미지에 대한 예측 과정 등의 정보가 있어야 한다.

그림 8-1 콘크리트 하우스와 스틸 하우스

02 예제 풀기

2.1 이미지 데이터 이해

이미지 데이터는 파일 확장명이 jpg, png 등으로 다양하다. 이러한 이미지 데이터는 red, green, blue의 삼원색을 기반으로 하여 색을 표시한다.

빨간색은 16진법으로 "0xff0000"으로 표현되어 있다. 이는 빨간색은 "0xff"이고 나머지 녹색과 파란색은 "0x00"라는 의미이다. "0xff"는 10진수로는 255 = 15*16+15*1을 의미한다.

```
# 16진수를 10진수로
int('0xff',16), int('0x00', 16)

(255, 0)
```

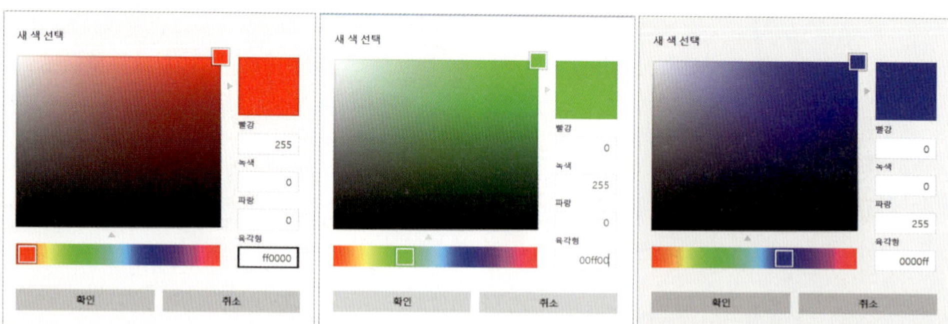

그림 8-2 삼원색과 16진수 코드값

즉, 빨간색은 빨간색을 표시하는 영역이 255이고 나머지는 0으로 표현된 색이라고 생각할 수 있다.

그림 8-3은 특정 색인 살구색에 빨간색, 녹색, 파란색이 적절히 조합됨을 알 수 있다. 즉, 그림의 예는 (R, G, B) = (216, 169, 115)로 표현할 수 있다는 것이다.

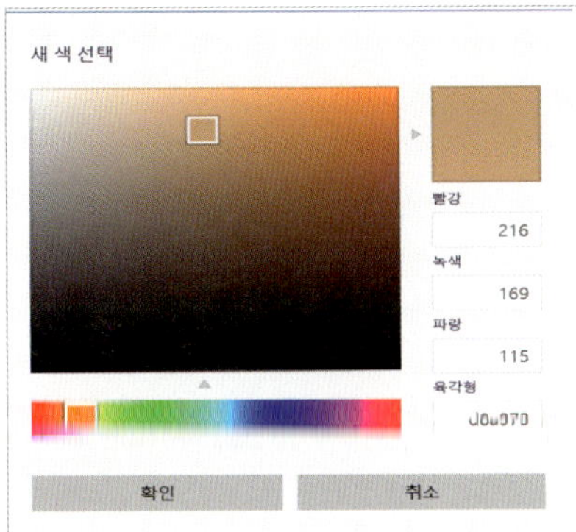

그림 8-3
특정 색의 표현 예

이미지에 대한 이야기를 할 때는 해상도(resolution)를 많이 언급한다. 해상도는 이미지를 표현하는 화소(pixel)의 수를 의미한다. 화소는 그림 원소(element)를 의미하며 1024×768, 1600×1200 등으로 표현한다. 메가(mega) 화소라는 것은 해상도의 곱이 백만 이상인 것을 의미한다. 1600×1200은 1.9 메가 화소이다. 색깔은 그림 원소, 즉 픽셀 단위로 표현하는 것을 의미한다. 이미지는 가로×세로의 적절한 픽셀로 구성되어 있으며 하나의 픽셀은 R, G, B의 값으로 각각 표현된다. 이때 R, G, B를 채널(channel)이라 부른다. 넘파이 배열로 보게 되면 이미지는 (세로 픽셀 크기, 가로 픽셀 크기, 채널 수) 형식의 크기를 갖는다고 볼 수 있다. 이미지를 읽고 이미지 데이터 형식을 살펴보기로 하자.

```
# 필요한 패키지

# !pip install opencv-python
import cv2

# 구글 colab에서는 cv2.imshow()를 사용하지 못함: 아래는 대안
from google.colab.patches import cv2_imshow

# 이미지 모델링
import tensorflow as tf
```

```
# 기본 패키지
import matplotlib.pyplot as plt
import os
import glob
import numpy as np
```

cv2는 이미지 처리를 위한 패키지이다. cv2 패키지는 디폴트가 아니므로 먼저 콜랩에서 다음과 같이 설치를 해주어야 한다.

```
!pip install opencv-python
```

cv2는 이미지 데이터를 읽어서 넘파이 배열로 변환시켜주는 패키지이며 특별히 성능이 좋다.

```
# 이미지 파일 읽기
ipath = "/content/drive/MyDrive/img_data/image_sample.jpg"
img = cv2.imread(ipath)
type(img), img.shape
---------------------------------------------------------------
(numpy.ndarray, (3456, 4608, 3))
```

이미지 파일이 로컬에 있다면 간편하게 이미지를 읽을 수 있다. 콜랩인 경우는 특정 디렉토리에 파일을 업로드할 수 있기 때문에 이를 이용한다. 경로를 지정한 후 imread 메소드를 통하여 이미지 변환을 수행한다.

결과를 배열하면 결과 객체는 넘파이 배열이며 각 채널별로 3456×4608(높이×폭)의 이미지이다. cv2 패키지의 imshow가 콜랩에서 작동하지 않으므로 이미지를 보기 위해서는 구글에서 제공하는 cv2_imshow 패키지를 이용한다.

```
# 이미지 보기
cv2_imshow(img)
```

그림 8-4
이미지 보기

cv2는 색깔 순서를 BGR로 저장한다. 일반적인 RGB로 저장하고자 하면 색변환을 해주어야 한다.

```
# 색깔 변환
changed_img = cv2.cvtColor(img, cv2.COLOR_BGR2RGB)
cv2_imshow(changed_img)
```

그림 8-5
색 변환 예시

그림 8-6
RGB 변환 후 타 패키지 예시

그림 8-5는 RGB 배열로 전환 후 BGR 채널로 이미지를 보는 경우의 예시이다. 즉, 원래 이미지와는 색깔이 차이가 있음을 알 수 있다. 다른 패키지에서는 변환된 형식의 배열을 넘겨주어야 정상적으로 보인다.

```
# 다른 패키지
plt.imshow(changed_img)
```

그림 8-6을 보면 타 패키지에서는 정상적으로 출력됨을 알 수 있다.

2.2 이미지 데이터 변환

이미지 데이터 학습을 위해서는 적절한 개수의 이미지 표본이 필요하다. 이미지 표본의 크기는 이후 예측을 위한 정확도에도 영향을 주기 때문에 가급적 많은 표본을 확보할 필요가 있다. 예제에서는 훈련 표본의 크기를 콘크리트, 스틸 하우스 각

그림 8-7 콘크리트 하우스 이미지 예

각 16개씩 총 32개의 이미지로 시작하며 평가를 위한 이미지도 각 3개씩 총 6개를 준비하였다.

데이터는 콜랩에서 사용하기 위하여 콜랩 서버에 업로드하였다.

```
# 훈련용 이미지 데이터 구성

# 시작 디렉토리 지정
base_dir = '/content/drive/MyDrive/img_data/conc_steel'

# 시작 디텍토리로부터 상대적인 디렉토리 지정
dir_path1 = os.path.join(base_dir, 'img_train/concrete')
dir_path2 = os.path.join(base_dir, 'img_train/steel')

# 지정된 디렉토리로부터 이미지 데이터 구성
imgs_concrete = [cv2.imread(file) for file in glob.glob(dir_path1 + "/*.jpg")]
imgs_steel = [cv2.imread(file) for file in glob.glob(dir_path2 + "/*.jpg")]

# 리스트의 길이, 각 원소의 모양 확인
len(imgs_steel), len(imgs_concrete), imgs_steel[0].shape, imgs_concrete[0].
shape
--------------------------------------------------------------------
(16, 16, (474, 474, 3), (480, 473, 3))
```

훈련용 데이터는 각각이 디렉토리에서 파일명을 읽어서 imread 메소드를 통하여 이미지 데이터로 변환되었다. 이때 최종 결과는 리스트이며 각각의 이미지는 넘파이 배열이다. glob 메소드는 특정 디렉토리의 파일명을 리스트로 구성해준다.

```
# glob 메소드
glob.glob(dir_path1 + "/*.jpg")
```

```
['/content/drive/MyDrive/img_data/conc_steel/img_train/concrete/511f45cd94b5343dee3fb9bbfd63b6ba.jpg',
 '/content/drive/MyDrive/img_data/conc_steel/img_train/concrete/4c8c9ed0c74f5c278f629f1bfcd21d98.jpg',
 '/content/drive/MyDrive/img_data/conc_steel/img_train/concrete/9f635f34b5c619dbe60c474b235892b0.jpg',
 '/content/drive/MyDrive/img_data/conc_steel/img_train/concrete/1ed860ac181991f3adc76db376b25f8a.jpg',
 '/content/drive/MyDrive/img_data/conc_steel/img_train/concrete/770727c525ff113f91558fc558505d46.jpg',
 '/content/drive/MyDrive/img_data/conc_steel/img_train/concrete/1c3762e0e5af028e48fc9368b6c8f98d.jpg',
 '/content/drive/MyDrive/img_data/conc_steel/img_train/concrete/4cb3d55cb74a104eb03edd949041347a.jpg',
 '/content/drive/MyDrive/img_data/conc_steel/img_train/concrete/e23fa6ed26a94c2ba8c689b2c40c4904.jpg',
 '/content/drive/MyDrive/img_data/conc_steel/img_train/concrete/7965dd27229d76696cc93024bdb8596f.jpg',
 '/content/drive/MyDrive/img_data/conc_steel/img_train/concrete/4db9f9a145138733f22a25410cdcd5de.jpg',
 '/content/drive/MyDrive/img_data/conc_steel/img_train/concrete/8ff4e17f6a9fbb1222710b0b3ebab357.jpg',
 '/content/drive/MyDrive/img_data/conc_steel/img_train/concrete/6713837beb3048b48d7d84eca0c0333d.jpg',
 '/content/drive/MyDrive/img_data/conc_steel/img_train/concrete/357f3f7561d8c86a53dcd30a0b0f4e3d.jpg',
 '/content/drive/MyDrive/img_data/conc_steel/img_train/concrete/07623f334e5c435500079deb0c7886da.jpg',
 '/content/drive/MyDrive/img_data/conc_steel/img_train/concrete/94d5d0af1d662b010fd06ec09ea095d9.jpg',
 '/content/drive/MyDrive/img_data/conc_steel/img_train/concrete/87c7efaffb2f6e5ccdecc96cea686d95.jpg']
```

훈련용 데이터와 동일하게 이후 평가를 위한 평가용 데이터도 구성한다.

```
# 평가용 이미지 데이터 구성
dir_path1 = os.path.join(base_dir, 'img_test/concrete')
dir_path2 = os.path.join(base_dir, 'img_test/steel')

imgs_concrete_test = [cv2.imread(file) for file in glob.glob(dir_path1 + "/*.jpg")]
imgs_steel_test = [cv2.imread(file) for file in glob.glob(dir_path2 + "/*.jpg")]

len(imgs_steel_test), len(imgs_concrete_test), imgs_steel_test[0].shape,
imgs_concrete_test[0].shape
```

```
(3, 3, (598, 474, 3), (710, 474, 3))
```

이미지가 각각 3개임을 확인할 수 있다.

2.3 크기 조정

이미지 데이터 각각은 다음과 같이 그 크기가 일정하지 않다.

```
# 다양한 크기
imgs_concrete[0].shape, imgs_concrete[1].shape
```

```
((480, 473, 3), (711, 474, 3)
```

학습을 위해서는 이미지 크기를 동일하게 해주어야 한다.

```python
# 훈련용 데이터 크기 조정

axis0_max = 64
axis1_max = 64

imgsSized = []
for img in imgs_steel:
  imgSized = cv2.resize(img,(axis0_max, axis1_max))
  imgsSized.append(imgSized)

for img in imgs_concrete:
  imgSized = cv2.resize(img,(axis0_max, axis1_max))
  imgsSized.append(imgSized)

# 훈련 데이터 최종 구성
X_train = np.array(imgsSized, dtype=np.float64)/255 # 표준화 포함

len(imgsSized), X_train.shape
----------------------------------------------------------------------
(32, (32, 64, 64, 3))
```

결과를 보면 총 32개의 이미지가 64×64 크기의 이미지를 갖고 있음을 알 수 있다. 만약 이미지 크기가 동일하지 않으면 하나의 다차원 배열로 정의를 할 수 없게 된다. 그렇기에 크기를 동일하게 해주어야 하는 것이다.

표준화를 위해서 각각의 이미지를 최댓값인 255로 나누어 주었다. 데이터 표준화를 하는 이유는 이후 학습을 위한 알고리즘의 빠른 성능 등을 위하여 필요한 조건이다. 표준화를 위한 다양한 방법이 있지만 0보다 큰 값들이기 때문에 최댓값 표준화를 시행하였다.

```python
# 축소된 이미지 보기
cv2_imshow(X_train[0]*255)
```

그림 8-8
축소된 이미지

프로그램에서 255를 곱한 것은 255로 나누어 준 것을 원상복귀하기 위함이다. 마찬가지로 평가용 데이터도 크기 조정을 해둔다.

```
# 평가용 데이터 크기 조정

axis0_max = 64
axis1_max = 64

imgsSized_test = []
for img in imgs_steel_test:
  imgSized = cv2.resize(img, (axis0_max, axis1_max))
  imgsSized_test.append(imgSized)

for img in imgs_concrete_test:
  imgSized = cv2.resize(img, (axis0_max, axis1_max))
  imgsSized_test.append(imgSized)

# 평가용 데이터 최종 구성
X_test = np.array(imgsSized_test, dtype=np.float64)/255 # 표준화 포함

len(imgsSized_test), X_test.shape
```

```
(6, (6, 64, 64, 3))
```

2.4 레이블 변수 정의

이미지 데이터가 변환되었기 때문에 각 이미지가 콘크리트와 스틸 하우스를 구분할 수 있는 레이블이 필요하다. 콘크리트 하우스를 1로, 스틸 하우스를 0으로 레이블을 준다. 레이블은 분석적인 용어로는 목표변수가 된다. 즉, 목표변수의 참값을 지정하는 것을 의미한다.

```
# 훈련용 레이블 변수 정의
y_train = np.ones(len(X_train))
y_train[:int(len(y_train)/2)] = 0
y_train
```

```
array([0., 0., 0., 0., 0., 0., 0., 0., 0., 0., 0., 0., 0., 0., 0., 0., 1.,
       1., 1., 1., 1., 1., 1., 1., 1., 1., 1., 1., 1., 1., 1., 1.])
```

전체가 32개이므로 앞 16개의 이미지는 0으로, 뒤는 1로 레이블 값을 지정하였다. 즉, 0은 스틸 하우스, 1은 콘크리트 하우스로 지정한 것이다. 동일하게 평가용 레이블도 정의한다.

```
# 평가용 레이블 정의
y_test = np.ones(len(X_test))
y_test[:int(len(y_test)/2)] = 0
y_test
```

```
array([0., 0., 0., 1., 1., 1.])
```

2.5 모델 정의

이미지 분류 문제에서 많이 사용하는 모델은 합성곱 신경망(convolution neural net)이다. 이에 대한 자세한 내용은 [KANG-ML]을 참조한다. 합성곱 신경망은 합성층(convolution layer)과 결합층(pooling layer)을 합쳐 합성층을 구성하고 이를 연속적으로 적용한 후 최종적으로 일반적인 신경망 구조인 완전연결(fully connected) 신경망 층과 연결하는 구조이다. 물론 이후 최종적으로 출력층(output layer)과 연결된다.

그림 8-9는 [CNNIMAGE]에서 인용한 것이며 차, 트럭, 밴 등의 이미지를 입력으로 한 이미지 분류를 시각적으로 표시한 것이다. 그림에서 보듯이 합성곱 층이 연속으로 적용되는 특징 학습(feature learning)을 거친 후 일반 신경망을 통하여 분류 알고리즘이 적용됨을 알 수 있다. 이와 유사하게 적용해보기로 하자.

```
# 모델 정의를 위한 패키지
from tensorflow.keras import layers
from tensorflow.keras import Model

# 입력 형식 정의
img_input = layers.Input(shape=(64, 64, 3))
```

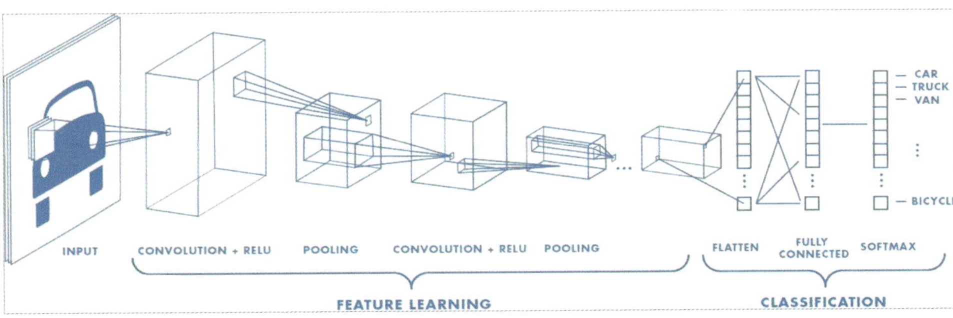

그림 8-9 합성곱 신경망 이해 예시

```
# 합성곱층 1: 3x3 필터 16개, 결합층 2x2 필터
x = layers.Conv2D(16, 3, activation='relu')(img_input)
x = layers.MaxPooling2D(2)(x)

# 합성곱층 2: 3x3 필터 32개, 결합층 2x2 필터
x = layers.Conv2D(32, 3, activation='relu')(x)
x = layers.MaxPooling2D(2)(x)

# 합성곱 층 3: 3x3 필터 32개, 결합층 2x2 필터
x = layers.Conv2D(64, 3, activation='relu')(x)
x = layers.MaxPooling2D(2)(x)

# 평탄화(flattening)
x = layers.Flatten()(x)

# 완전 연결층(노드: 256)
x = layers.Dense(256, activation='relu')(x)

# 출력층
output = layers.Dense(1, activation='sigmoid')(x)

# 최종 모델
model = Model(img_input, output)
```

그림은 함수 정의 방식, 즉 f(x) 방식으로 모델을 정의하였다. 즉, 입력과 출력을 함수 형식으로 엮은 것이다.

입력은 하나의 이미지의 모양을 지정해주어야 한다. 일반적으로 데이터 형식은 (배치 크기, 높이, 폭, 채널) 형식이다. 배치 크기는 이후 모델 적합 시에 지정되므로 여기서는 하나의 이미지 모양만 정의하면 된다.

합성곱 층은 필터 개수, 필터 크기, 필터 후 결과값에 대한 활성함수, 결합층의 필터와 필터 결과값을 지정해준다. 프로그램에서는 3개의 합성곱 층을 통과한 후 그 결과값을 일렬로 늘여 놓는 평탄화 작업을 거친 후 이를 입력으로 하는 완전연결 신경망 층을 연결하였다. 신경망 층의 모든 값은 하나의 출력층 값으로 모인 후 0과 1를 구분할 수 있는 로지스틱 활성함수를 적용하였다. 1에 가까울수록 콘크리트 하우스라고 예측한다.

```
# 모델 요약
model.summary()
```

```
Model: "model_1"
_________________________________________________________________
 Layer (type)                Output Shape              Param #
=================================================================
 input_3 (InputLayer)        [(None, 64, 64, 3)]       0

 conv2d_4 (Conv2D)           (None, 62, 62, 16)        448

 max_pooling2d_6 (MaxPooling  (None, 31, 31, 16)       0
 2D)

 conv2d_5 (Conv2D)           (None, 29, 29, 32)        4640

 max_pooling2d_7 (MaxPooling  (None, 14, 14, 32)       0
 2D)

 conv2d_6 (Conv2D)           (None, 12, 12, 64)        18496

 max_pooling2d_8 (MaxPooling  (None, 6, 6, 64)         0
 2D)

 flatten_2 (Flatten)         (None, 2304)              0

 dense_4 (Dense)             (None, 256)               590080

 dense_5 (Dense)             (None, 1)                 257

=================================================================
Total params: 613,921
Trainable params: 613,921
Non-trainable params: 0
_________________________________________________________________
```

모델의 결과를 보면 각 층별로 출력되는 모양과 추정해야 하는 모수(weight, parameter)가 요약되어 있다. 연속적인 합성곱 층을 통하여 점차 출력 모양이 64×64에서 6×6로 줄어들었고 대신에 채널이 필터 수로 변경되어 3에서 64로 늘었다. 최종적으로 추정해야 하는 모수는 613,921개이다.

```
# 모델 컴파일
from tensorflow.keras.optimizers import RMSprop

model.compile(loss='binary_crossentropy',
              optimizer=RMSprop(lr=0.001),
              metrics=['acc'])
```

컴파일(compile)은 모델 적합을 하기 위하여 최종적으로 정의되어야 하는 사항을 결정하고 이를 엮는 역할을 한다. compile 메소드를 통하여 비용함수와 모수를 추정하기 위한 알고리즘, 모델의 성능을 판단할 수 있는 기준을 정의한다. 모델 기준으로 정확도(accuracy)를 지정하였다.

2.6 모델 적합

```
# 모델 적합
history = model.fit(
    # 데이터 지정
    x=X_train, y=y_train,
    # 검증 데이터 비율 지정
    validation_split=0.2,
    # 데이터 섞기 지정
    shuffle=True,
```

```
    # 모수 갱신을 위한 데이터 건수 지정
    batch_size=2,
    # 전체 데이터 이용 횟수 지정
    epochs=10
    )
```

```
Epoch 1/10
13/13 [==============================] - 1s 35ms/step - loss: 0.8305 - acc:
0.5600 - val_loss: 0.8994 - val_acc: 0.0000e+00
Epoch 2/10
13/13 [==============================] - 0s 24ms/step - loss: 0.6546 - acc:
0.6800 - val_loss: 0.6594 - val_acc: 0.7143
Epoch 3/10
13/13 [==============================] - 0s 22ms/step - loss: 0.6618 - acc:
0.7200 - val_loss: 1.3044 - val_acc: 0.0000e+00
Epoch 4/10
13/13 [==============================] - 0s 21ms/step - loss: 0.6620 - acc:
0.6800 - val_loss: 0.5501 - val_acc: 1.0000
Epoch 5/10
13/13 [==============================] - 0s 23ms/step - loss: 0.5009 - acc:
0.8000 - val_loss: 0.4914 - val_acc: 1.0000
Epoch 6/10
13/13 [==============================] - 0s 21ms/step - loss: 0.5260 - acc:
0.7600 - val_loss: 0.9836 - val_acc: 0.4286
Epoch 7/10
13/13 [==============================] - 0s 23ms/step - loss: 0.4044 - acc:
0.9200 - val_loss: 1.4524 - val_acc: 0.5714
Epoch 8/10
13/13 [==============================] - 0s 21ms/step - loss: 0.3576 - acc:
0.8400 - val_loss: 2.8294 - val_acc: 0.0000e+00
Epoch 9/10
13/13 [==============================] - 0s 24ms/step - loss: 0.2256 - acc:
0.9600 - val_loss: 0.7171 - val_acc: 0.7143
Epoch 10/10
13/13 [==============================] - 0s 22ms/step - loss: 0.2062 - acc:
0.9200 - val_loss: 0.9469 - val_acc: 0.7143
```

훈련에 참여하는 데이터 건수는 검증데이터 건수를 제외해야 하므로 총 32개 중에서 6개를 뺀 26개이다. 배치 크기가 2이므로 13개의 배치가 실행되며 전체 데이터를 1번 사용하게 되는데 이를 1 에포크(epoch)라고 한다. 결과를 보면 10개의 에포크가 실행되었으며 각 에포크마다 검증 데이터의 손실함수 값과 정확도가 출력되었다. 최종적으로 정확도는 0.7143, 즉 71.4%이다. 모델 성능을 그래프로 시각화 해보자.

```
# 모델 적합 결과
# 정확도 정보
acc = history.history['acc']
val_acc = history.history['val_acc']

# 손실함수 정보
loss = history.history['loss']
val_loss = history.history['val_loss']

# 에포크
epochs = range(len(acc))

# 그래프 확인
fig, ax = plt.subplots(dpi=300)
ax.plot(epochs, acc, label='train')
ax.plot(epochs, val_acc, label='validation')
ax.legend()
ax.set_xticklabels([str(s) for s in epochs])
plt.title('Training and validation accuracy')
plt.show()
```

결과를 보면 훈련 데이터 정확도도 일정하게 수렴되지 않았고 검증 데이터도 마찬가지이므로 에포크를 늘리거나 데이터가 조금 더 필요함을 알 수 있다.

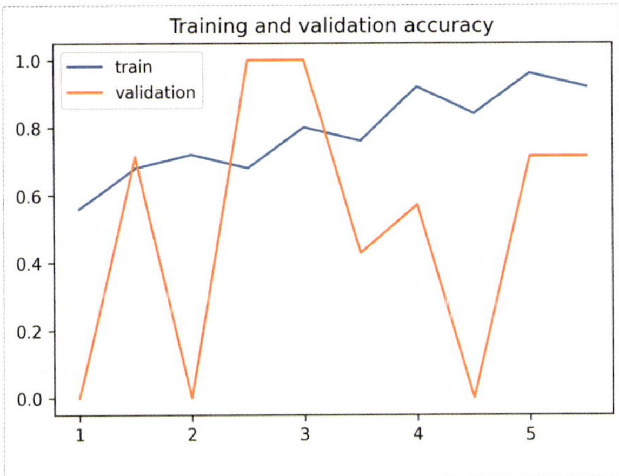

그림 8-10
모델 정확도 선도표

2.7 모델 평가

우선적으로 훈련 데이터는 어떻게 평가했는지 살펴보기로 하자.

```
# 훈련 데이터 예측 결과
model.predict(X_train)

array([[6.16911054e-03],
       [1.29344165e-02],
       [1.99347734e-04],
       [2.81367481e-01],
       [3.07285786e-03],
       [4.50640917e-04],
       [3.09151411e-03],
       [2.69830227e-04],
       [1.64270401e-04],
       [7.54001737e-03],
```

```
       [5.35005033e-02],
       [1.12405419e-03],
       [2.76228786e-03],
       [1.02526009e-01],
       [1.93339586e-03],
       [6.85518980e-03],
       [9.67588305e-01],
       [8.19323838e-01],
       [9.52633739e-01],
       [9.74721372e-01],
       [9.31936502e-01],
       [9.54478264e-01],
       [8.58880341e-01],
       [9.49026704e-01],
       [9.54955578e-01],
       [4.90530431e-02],
       [8.35272789e-01],
       [7.60992169e-01],
       [8.82027030e-01],
       [8.17460179e-01],
       [8.07132721e-02],
       [7.28763759e-01]], dtype=float32)
```

결과 배열 값 중 16번째까지는 0, 즉 스틸 하우스를 예측한 것이므로 0에 가까운 값이어야 하고 나머지는 1에 가까운 값이어야 한다. 스틸 하우스는 대부분 예측이 정확했으나 콘크리트 하우스는 끝에서 7번째 값이 가장 예측도가 떨어진다. 해당 이미지를 살펴보자.

```
# 오류가 있는 데이터
cv2_imshow(imgs_concrete[-7])
```

그림 8-11은 스틸 하우스로 예측된 이미지이다. 아마도 데이터 건수가 너무 작아

그림 8-11
잘못 분류된 훈련용 이미지

서 발생한 일이라고 볼 수 있다. 평가용 이미지는 어떻게 분류하는지 살펴보자.

```
# 평가 데이터 모델 적합
model.predict(X_test)

array([[1.3425675e-01],
       [3.8280785e-03],
       [4.1643843e-01],
       [1.7669797e-04],
       [5.7582468e-01],
       [4.9926582e-01]], dtype=float32)
```

평가용 이미지 결과를 보면 스틸 하우스는 전부 0.5보다 작으므로 모두 제대로 평가하였고 콘크리트 하우스는 끝에서 3번째가 완전히 틀린 결과를 보여주었다. 어떤 이미지인지 살펴보자.

```
# 오류 평가 이미지
cv2_imshow(imgs_concrete_test[-3])
```

그림 8-12
잘못 분류된 평가용 이미지

이와 같은 방법으로 결과에 대한 해석 등을 할 수 있다.

참고문헌

1. [CNNIMAGE]

   https://towardsdatascience.com/a-comprehensive-guide-to-convolutional-neural-networks-the-eli5-way-3bd2b1164a53

2. https://www.pinterest.co.kr/search/pins/?q=steel%20house&rs=typed&term_meta[]=steel%7Ctyped&term_meta[]=house%7Ctyped

3. https://www.pinterest.co.kr/search/pins/?q=concrete%20house&rs=typed&term_meta[]=concrete%7Ctyped&term_meta[]=house%7Ctyped

4. [KANG-ML]

   강봉주(2019), 파이썬으로 실무에 바로 적용하는 머신러닝, 에이콘출판사

5. [KANG-BASICS]

   강봉주(2020), 파이썬 기반의 AI를 위한 기초수학, 확률 및 통계, 자유아카데미

6. [KANG-AUTOML]

   강봉주(2020), SAS Viya 기반의 실무에 바로 적용하는 AutoML, 자유아카데미

CHAPTER

9

텍스트 데이터 분류

01 예제 정의

다음과 같은 텍스트 데이터가 있다고 하자.

> "저축성 보험인 줄 알았는데 보장성 보험이네요. 계약 취소 땜에 전화했어요."

보험사의 콜센터 상담을 할 때 고객이 언급한 내용이다. 보험사에서는 콜센터 상담원이 생산성, 즉 한 개의 콜을 받고 마무리할 때까지의 시간을 높이기 위하여 많이 노력한다. 이러한 생산성을 높이기 위하여 고객과 상담 중에 고객의 음성을 글로 변환하여(STT: speech to text) 키워드를 추출하고 상담에 도움이 될 만한 자료 등을 제공한다. 상담이 끝나고 나면 자동으로 상담을 요약하고 상담을 자동 분류해준다. 이러한 모든 활동의 근간이 되는 것은 글(text)을 적절하게 분해하여 숫자 데이터로 전환하는 것이다. 고객의 소리를 어떻게 숫자 글 데이터로 전환할 수 있을까?

02 예제 풀기

2.1 숫자 글 데이터 이해

글을 숫자 데이터로 바꾼다는 것은 어떤 의미일까?

> "저축성 보험인 줄 알았는데 보장성 보험이네요. 계약 취소 땜에 전화했어요."

위와 같은 글을 숫자로 바꾸기 위해서는 적절하게 분해될 필요가 있다. 즉, 문장 전체를 어떠한 숫자로 바꾸는 것 자체는 의미가 없으며, 원소 단위로 숫자화 해야만 질문-답, 번역 등에 사용할 수 있는 구조가 된다. "저축성 보험"이라는 글을 저축 + 성 + 보험으로 분해한다고 하면 각각을 [1, 0, 0], [0, 1, 0], [0, 0, 1]과 같이 숫자 데이터로 변환할 수 있을 것이다. 분해할 수 있는 최소 단위를 토큰(token)이라고 한다면 3개의 토큰이므로 크기가 3인 원핫인코딩(one hot encoding) 벡터로 바꿀 수 있다. 원핫인코딩 방식은 해당 토큰이 있으면 1, 아니면 0을 할당하는 방식이다. 그런데 글이 구, 절, 문장, 문서, 말뭉치(corpus) 등으로 확장하게 되면 토큰의 수가 많아지게 된다. 실로 엄청난 크기의 벡터가 될 수밖에 없다. 이러한 단점을 보완하기 위해서 각 토큰마다 유일한 숫자를 부여하는 것이다. 즉, 위의 예의 글을 [1, 2, 3]으로 변환하는 것이다. 물론 새로운 토큰이 나타난다면 정수 숫자를 늘리면 되는 것이다. 이때 분석하는 목적에 따라 글의 모든 토큰에 숫자를 부여하는 것이 아니라 적절히 명사만 추출해서 숫자를 부여할 수도 있다.

숫자화하는 또 하나의 방법은 글을 적절히 분해한 후 각 토큰을 예를 들어 [0.32, 0.7, 0.9, 0.01, 0.9]와 크기가 5인 실수형 벡터로 구성하는 것이다. 이렇게 구성하게 되면 글의 토큰 수가 100이면 100×5 행렬로 글 자체가 숫자화될 수 있는 것이다.

2.2 글 데이터 분해

글 데이터를 분해한다는 것은 토큰으로 분리하는 것을 의미한다. 이때 토큰을 무엇으로 정의하는지가 중요하다. 영어는 공백 등으로만 분해하여 각각을 토큰으로 해도 큰 문제는 없다. 그런데 한글의 경우 띄어쓰기를 잘 지키지 않고 토큰화(tokenize)하면 문제가 된다. 한글을 분해하는 최소 단위는 일반적으로 형태소(morpheme) 단위이다. 형태소 분석을 위한 패키지는 다음과 같다.

```
# 기본 패키지
import numpy as np
import pandas as pd
import matplotlib.pyplot as plt

import os
import sys

# 추가 패키지
import re

# 한국어 형태소 분석기 중 하나
from PyKomoran import Komoran, DEFAULT_MODEL
```

2.2.1 예제 데이터

형태소 분석을 위한 예제 데이터를 구성해보자.

```
# 보험사 voc 데이터 읽기
url = 'https://github.com/bong-ju-kang/data/raw/master/bnn_textdata_
callcenter_raw2.xlsx'
df = pd.read_excel(url)
df.head()
--------------------------------------------------------------------
   cat  catname  complaint
0  0.0  보험가입  저축성 보험인 줄 알았는데 보장성 보험이네요. 계약 취소 땜에 전화했어요.
1  0.0  보험가입  이 보험가입하면 저축과 보장을 동시에 한다고 해서 가입했는데 저축성은
                없다고 하네요...
2  0.0  보험가입  사망보장도 되면서 만기 시에 이자까지 붙는 보험이라고 하는데 맞나요?
3  0.0  보험가입  연금저축보험이라고 가입했는데 종신보험과 보장보험이라는데 이거 당장
                해약해주세요
4  0.0  보험가입  보장과 원금도 병행해서 보완해달라고 했는데 완전히 보장성 보험이네요
                청약철회해주세요
```

데이터는 보험사의 민원 데이터이며 "보험가입"과 "보험금청구"로 분류된 2가지 유형의 데이터만 추출한 것이다. 보험가입인 경우는 0, 보험금청구인 경우는 1로 분류 숫자를 부여하였다. 여기서 complaint 열에 대하여 토큰화 하는 방법과 숫자로 변환하는 방법을 진행하는 것이다.

2.2.2 토큰화 이전 사전 처리

다음과 같은 글이 있다고 하자.

> "…음 보험금을 그렇게 주기 싫은가요? haha"

이러한 글의 의미를 파악하기 위해서 "...", "?", "haha" 등은 필요하지 않을 수

있다. 즉, 글을 데이터화 하는데 의미 없는 또는 분석 목적에 맞지 않는 데이터는 이후 작업을 진행하기에 앞서 전처리(preprocessing) 과정을 통하여 정제할 수 있다.

```
# 사전 처리 필요성
ex = '...음 보험금을 그렇게 주기 싫은가요? haha'
komoran.get_morphes_by_tags(ex)

['...', '음', '보험금', '을', '그렇게', '주', '기', '싫', '은가요', '?', 'haha']
```

결과는 형태소 분석기를 통하여 형태소(morpheme) 단위로 분해한 것이다. 만약 한글 이외의 문자가 필요하지 않다면 이를 제거하는 과정을 살펴보자. 일반적으로 글은 문자열로 구성되어 있다고 볼 때 특정 규칙을 갖는 문자열 집합을 정의하는 표현식을 정규표현식(re: regular expression)이라고 한다. 정규표현식을 통하여 문자열 규칙 등을 찾아내고 필요한 경우 대체(replace) 등을 하게 된다.

```
# 정규표현식: 한글 이외의 문자 제거
regex_hangul = re.compile("[^ㄱ-ㅎㅏ-ㅣ가-힣 ]", flags=re.IGNORECASE)
```

프로그램에서 "[^ㄱ-ㅎㅏ-ㅣ가-힣]" 정규표현식은 대괄호 "[]" 안의 모든 문자로 시작하지 않는 ("^") 문자열을 의미한다. 따라서 한글로 시작하지 않은 모든 문자열을 의미한다.

```
# 판다스 메소드 이용
pd.Series(ex).str.replace(regex_hangul, '')
```

```
0 음 보험금을 그렇게 주기 싫은가요 dtype: object
```

결과를 보면 한글 이외의 모든 문자가 제거되어 있음을 알 수 있다. 이외에도 글 전체가 공백인 경우 등도 있기 때문에 이를 포함한 사전 처리 과정을 진행해보자.

```
# 전처리

# 한글 이외 제거
df['complaint'] = df['complaint'].str.replace(regex_hangul, "")

# 공백은 NaN 으로 변경: 왜? 공백만 있는 문장은 제거하기 위하여
df['complaint'].replace('', np.nan, inplace=True)  # 공백은 Null 값으로 변경

# 공백만 있는 문장 제거
df = df.dropna(how='any')

# 색인 재정렬
df.reset_index(inplace=True)

df.shape
```

```
(1206, 3)
```

이외에도 중복 글 제거 등 다양한 전처리 과정이 있을 수 있다.

2.2.3 토큰화

전처리 과정을 거친 후 토큰화 과정을 살펴보기로 하자.

```
# 형태소 기반의 토큰화
komoran.get_morphes_by_tags(df.complaint[0])[:10]
```

```
['저축', '성', '보험', '이', 'ㄴ', '주', 'ㄴ', '알', '았', '는데']
```

```
# 명사 기반의 토큰화
```

```
komoran.get_nouns(df.complaint[0])
```

```
['저축', '보험', '보장', '보험', '계약', '취소', '전화']
```

토큰화로 글의 최소 단위인 형태소를 분리한 경우와 명사만으로 분리하는 경우를 예시로 살펴보았다. 형태소인 경우는 지나치게 세분화되었음을 알 수 있다. 이후 예시에서는 명사기반의 토큰화를 이용하기로 하자.

```
# 명사 기반의 토큰화 이용
num_txt = len(df)
res = []
label = [] # 레이블 추가
for j in range(num_txt):
  txt = komoran.get_nouns(df['complaint'][j])
  # 한 글자 제거
  txt = [ x for x in txt if len(x) > 1]
  if len(txt) > 0: # 널 리스트 제거
    res.append(txt)
    label.append(df['cat'][j])
res[:10]
```

```
[['저축', '보험', '보장', '보험', '계약', '취소', '전화'], ['보험', '가입', '저축', '보장', '동시', '가입', '저축'], ['사망', '보장', '만기', '이자', '보험'], ['연급', '저축', '보험', '가입', '종신', '보험', '보장', '보험', '당장', '해약'], ['보장', '원금', '병행', '보완', '보장', '보험', '청약', '철회'], ['지인', '부탁', '만기', '원금', '보장', '이자', '보장', '가입', '확인'], ['저축', '보험', '가입', '중도', '납입', '금액', '해지'], ['납기', '만기', '해지', '원금'], ['은행', '적금', '가입', '상담사'], ['설계사', '적금', '전화', '상담']]
```

프로그램에서 한 글자 명사를 제거하기 위하여 토큰화가 된 각 원소별로 길이를 구한 후 두 글자 이상 되는 토큰만을 선택하였다. 또한 명사가 하나도 없거나 한 글자 명사만 되는 경우는 영(null) 리스트가 되기 때문에 이 또한 제거하였다. 제거된 후 각 상담내용별로 토큰화와 상담분류정보를 리스트로 저장하였다.

2.3 토큰 숫자화

2.3.1 정수값 토큰 구성

전체 서로 다른 토큰의 수는 얼마나 될까? 이는 각 토큰마다 고유 정수 숫자를 부여하기 위하여 필요하다.

```
# 전체 토큰(어휘)의 수
voca=[]
for x in res:
  for j in x:
    voca.append(j)

np.unique(voca).shape
```

```
(968,)
```

전체 토큰의 개수는 968개이다. 즉, 각각의 용어는 968개의 서로 다른 정수값을 가질 수 있다. 이를 이용하여 토큰 이름과 값으로 구성된 어휘집을 만들어 보자.

```
# 어휘집 구성
voca = np.unique(voca).tolist()
voca_dic = dict()

# 어휘 사전에 없는 경우는 1
voca_dic['UNK']=1
```

```
for i, x in enumerate(voca):
  voca_dic[x] = i+2;

# 예시
voca_dic['종신'], voca_dic['가입']
```

```
(747, 8)
```

프로그램을 보면 향후에 어휘집에 없는 용어가 나왔을 때를 대비하여 1을 남겨둔다. 결과를 보면 각각의 토큰 이름과 값으로 구성된 사전이 구성되었음을 알 수 있다. 원래 데이터는 토큰 이름 리스트로 구성되어 있는데 이를 고유 숫자값으로 대체시켜보자.

```
# 정수 고유값 할당

text_to_num = []
max_seq_len = 0 # 토큰 순서열의 최대 길이
for x in res:
  y = [voca_dic[token] for token in x]
  text_to_num.append(y)
  if len(y) > max_seq_len:
    max_seq_len = len(y)

res[1], text_to_num[1], max_seq_len
```

```
(['보험', '가입', '저축', '보장', '동시', '가입', '저축'], [317, 8, 690, 313,
212, 8, 690], 14)
```

어휘집이 사전 형식이며 토큰 이름이 사전의 키 역할을 하므로 값은 사전['키값']이 된다. 프로그램에서는 추가적으로 각 토큰 리스트의 길이 중에 최대 길이가 얼마인지를 계산하였다. 결과를 보면 최대 길이가 14임을 알 수 있다. 이는 가변 길이 순

서 문자열(sequence)이기 때문에 만약 일정하게 순서 문자열을 만든다고 하면 나머지 값은 예를 들어 0 값으로 채워 넣어야 한다. 이를 0 채움(padding)이라 한다. 채움 과정을 살펴보자.

```
# 순서문자열 일정하게 만들기: 0 채움 (padding with 0)
max_seq_len = 20
text_num_padding = []
for x in text_to_num:
  if max_seq_len > len(x):
    y = x + [0]*(max_seq_len-len(x))
  else:
    y = x
  text_num_padding.append(y)

text_num_padding[1]
---------------------------------------------------------------------------
[317, 8, 690, 313, 212, 8, 690, 0, 0, 0, 0, 0, 0, 0, 0, 0, 0, 0, 0, 0]
```

결과를 보면 원래 리스트에 나머지 값은 모두 0으로 채워져 있음을 알 수 있다. 이러한 채움 과정을 통하여 글 데이터는 각 글의 길이가 20으로 일정한 리스트로 정의되었다.

토큰을 고유 정수값으로 구성하는 과정을 살펴보았는데 이를 패키지로 손쉽게 처리하는 과정을 살펴보기로 하자.

```
# 필요한 패키지
import tensorflow as tf
from tensorflow.keras.layers import TextVectorization
```

텐서플로우 패키지를 이용하여 글 벡터화를 위한 첫 번째는 텐서플로우 데이터셋(dataset)을 구성하는 것이다. 텐서플로우 데이터셋을 구성하기 위해서는 앞서 만들었던 리스트를 이용하여 구성하는 방법이다. 이를 위하여 추가로 전환해야 하는 작업이 있다. 원래 입력은 순서 문자열이므로 각 원소는 문자열이어야 한다. 현재 구성된 토큰은 각 원소가 리스트이므로 이를 문자열로 전환하는 작업을 진행해야 한다.

```
# 문자열로 재구성
res_str = [' '.join(text) for text in res]
res_str[:3]
---------------------------------------------------------------------------
['저축 보험 보장 보험 계약 취소 전화', '보험 가입 저축 보장 동시 가입 저축', '사망 보장 만기 이자 보험']
```

글 벡터화를 위한 텐서플로우 데이터셋을 구성해보자.

```
# 텐서플로우 데이터셋 만들기: (input list, target list)
train_ds = tf.data.Dataset.from_tensor_slices((res_str, label))
```

텐서플로우의 텐서(tensor)는 넘파이 다차원 배열의 텐서플로우 버전이라고 생각할 수 있다. 즉, 텐서 조각으로부터 데이터셋을 구성하고 있기 때문에 "from_tensor_slices" 메소드를 사용하고 있는 것이다.

이때 전달인자는 (입력변수값, 목표변수값) 형식이 일반적이다. 결과로 생성된 데이터를 보는 방법은 다음과 같다.

```
# tf 데이터셋 보기
for tokens, label in train_ds.take(1):
  print(tokens)
  print(label)

tf.Tensor(b'\xec\xa0\x80\xec\xb6\x95 \xeb\xb3\xb4\xed\x97\x98 \xeb\xb3\xb4\xec\x9e\xa5 \xeb\xb3\xb4\xed\x97\x98 \xea\xb3\x84\xec\x95\xbd \xec\xb7\xa8\xec\x86\x8c \xec\xa0\x84\xed\x99\x94', shape=(), dtype=string)
tf.Tensor(0.0, shape=(), dtype=float64)
```

프로그램의 take 메소드는 처음부터 몇 개의 데이터를 가져올 것인지를 결정한다. 결과를 보면 텐서플로우의 원소는 2개로 구성되어 있으며 각각은 텐서 객체로 구성되어 있다. 글은 바이트 데이터 형으로 표현하고 있다.

데이터셋이 구성되었으므로 글 벡터화 모델을 정의하고 적합해보자.

```
# 모델 정의 및 적합
vocab_size = 1000
sequence_length = 20

# 모델 정의
token_vector = TextVectorization(
    max_tokens=vocab_size,
    output_mode='int',
    output_sequence_length=sequence_length)

# 모델 적합
token_vector.adapt(train_ds.map(lambda text, label: text))
```

모델을 정의하기 위해서는 하나의 글이 몇 개의 토큰으로 구성되었는지, 즉 순서열 길이를 지정하고 순서열을 구성하는 토큰의 최대 개수를 지정한다. 모델 적합에서 map 함수를 적용했는데 map 함수의 의미는 하나의 행이 text, label로 구성된 데이터를 입력으로 하여 text 값만을 반환한다는 것이다. 즉, 목표변수 값은 삭제한다는 의미이다.

적합된 token_vector의 내용을 살펴보기로 하자. token_vector가 갖고 있는 어휘집은 get_vocabulary 메소드를 통하여 확인할 수 있다.

```
# 토큰 벡터: 어휘 예시
token_vector.get_vocabulary()[:5]
-----------------------------------------------------------------
['', '[UNK]', '가입', '보험', '보장']
```

결과를 보면 널 토큰은 0, 미상의 문자열은 1, '가입'은 2, … 와 같이 정수값을 지정해주고 있음을 알 수 있다. 이러한 어휘집을 이용하여 구체적인 변환 예를 살펴보자.

```
# 토큰 벡터: 매핑 예시
print(res_str[1])
token_vector(res_str[1])
-------------------------------------------------------------------
보험 가입 저축 보장 동시 가입 저축
<tf.Tensor: shape=(20,), dtype=int64, numpy=
array([  3,   2,  92,   4, 295,   2,  92,   0,   0,   0,   0,   0,   0,
         0,   0,   0,   0,   0,   0,   0])>
```

예상한 대로 각 토큰별로 유일 정수값을 할당하고 하나의 글이 토큰의 길이가 20이므로 부족한 토큰은 0으로 채움(padding)을 하였다.

2.3.2 실수값 토큰 벡터 구성

각 토큰별로 유일한 정수값을 구성하였다. 이를 바탕으로 하여 각 토큰별로 실수값 벡터를 구성할 수 있다. 하나의 토큰으로 k차원의 실수값 벡터를 구성하는 것을 임베딩(embedding)이라 한다. 즉, k차원의 벡터 공간의 한 점으로 집어넣는 것을 의미한다. 하나의 토큰의 차원은 어떻게 될까? 예제에서는 어휘의 크기가 1000개이므로 정수값은 0부터 999까지의 값이 생성될 수 있다. 즉 토큰의 값이 36이라면 차원이 1000인 벡터의 36번째 값만 1이고 나머지는 1인 원핫인코딩 벡터라는 의미이다. 즉 차원이 1000인 한 점이다.

일반적으로 임베딩이라고 하면 고차원 벡터를 저차원 벡터로 원핫인코딩과 같이 희박(sparse) 벡터에서 밀집(dense) 벡터로 변환하는 것을 의미한다. 36인 정수값이 입력으로 사용된다는 것이 아님을 주의해야 한다. 정수값으로 구성된 배열이 5차원으로 임베딩 된다는 것은 20×1000 각 토큰이 5차원 실수 벡터로 변환되는 것을 의미하기 때문에 20×5 크기로 변환된다는 뜻이다.

```
# 필요한 패키지
from tensorflow.keras import Sequential
from tensorflow.keras.layers import Input, Dense, Embedding,
GlobalAveragePooling1D

# 1000개의 토큰 크기(어휘 개수)으로 구성된 토큰의 5차원 임베딩
embedding_layer = Embedding(input_dim=1000, output_dim=5, input_length=20)
```

프로그램을 보면 Embedding 모듈을 사용하고 있으며 명확하게 어휘크기만큼의 입력 차원이 1000이라고 명시하고 있다. 즉, 1000차원의 한 점을 5차원의 한 점으로 변환해주고 있다.

20개의 토큰 값이 5차원 벡터로 어떻게 구성되는지 살펴보자.

```
# 임베딩 예시
embedding_layer(token_vector(res_str[1]))
-----------------------------------------------------------------
<tf.Tensor: shape=(20, 5), dtype=float32, numpy= array([[-0.02163026,
0.02985397, 0.01876504, -0.00377128, 0.01791884], [-0.04691597, -0.00959432,
0.02483921, -0.03888113, 0.0176076 ], [ 0.02583275, 0.04723302, 0.02592326,
0.03135106, 0.03539678], [-0.03693427, 0.00302551, -0.02152073, 0.00775176,
-0.01316205], [-0.01606167, 0.04898963, 0.03093952, -0.02199548,
-0.04698794], [-0.04691597, -0.00959432, 0.02483921, -0.03888113, 0.0176076
], [ 0.02583275, 0.04723302, 0.02592326, 0.03135106, 0.03539678], [
0.04357423, -0.00075725, 0.0205018 , -0.04373306, -0.04422904], [ 0.04357423,
-0.00075725, 0.0205018 , -0.04373306, -0.04422904], [ 0.04357423,
-0.00075725, 0.0205018 , -0.04373306, -0.04422904], [ 0.04357423,
-0.00075725, 0.0205018 , -0.04373306, -0.04422904], [ 0.04357423,
-0.00075725, 0.0205018 , -0.04373306, -0.04422904], [ 0.04357423,
-0.00075725, 0.0205018 , -0.04373306, -0.04422904], [ 0.04357423,
```

```
-0.00075725,  0.0205018  , -0.04373306, -0.04422904], [ 0.04357423,
-0.00075725,  0.0205018  , -0.04373306, -0.04422904], [ 0.04357423,
-0.00075725,  0.0205018  , -0.04373306, -0.04422904], [ 0.04357423,
-0.00075725, 0.0205018 , -0.04373306, -0.04422904]], dtype=float32)>
```

텐서는 20×5 크기이며 각 토큰을 5차원의 벡터로 구성해주고 있음을 확인할 수 있다. 학습도 하지 않고 이러한 값을 출력할 수 있는 것은 초깃값을 할당받아서 출력했기 때문이다. 머신러닝의 기본 원리 중의 하나는 추정하고자 하는 모수의 초깃값을 주고 비용함수 값을 최소화하기 위해 기울기 하강법(gradient descent)에 의하여 모수값을 지속적으로 갱신하는 것이다.

```
# 변환된 토큰
res_str[1]
-----------------------------------------------------------------------
보험 가입 저축 보장 동시 가입 저축
```

원하는 바와 같이 글을 구성하는 각 토큰이 5차원 벡터로 변환되었다. 물론 이후 모델 과정을 통해서 더 정확한 값이 생산된다.

2.4 텍스트 분류 문제 적용

글을 실수값 벡터로 구성하는 부분을 진행했으니 이제 이를 활용하는 방법에 대해서 알아보자. 제시된 데이터는 목표변수라고 할 수 있는 label이 있다. 즉, 상담 내용이 보험가입 또는 보험금청구 둘 중 하나와 관련된 내용이다. 이를 학습해서 만약 새로운 상담 내용이 추가되는 경우 자동으로 분류할 수 있을까? 출발점은 정수값 토큰으로부터 시작해보자. 왜냐하면 임베딩부터는 모수가 있기 때문에 학습을 통하여 추정해야 하기 때문이다.

```
# 모델 구성
vocab_size = 1000
embedding_size = 5

model = Sequential()
model.add(Embedding(input_dim=vocab_size, output_dim=embedding_size))
model.add(GlobalAveragePooling1D())
model.add(Dense(units=5, activation='relu'))
model.add(Dense(units=1, activation='sigmoid'))

# 모델 요약
model.summary()
```

```
Model: "sequential_16"
_________________________________________________________________
 Layer (type)                Output Shape              Param #
=================================================================
 embedding_20 (Embedding)    (None, None, 5)           5000

 global_average_pooling1d_10  (None, 5)                0
 (GlobalAveragePooling1D)

 dense_20 (Dense)            (None, 5)                 30

 dense_21 (Dense)            (None, 1)                 6

=================================================================
Total params: 5,036
Trainable params: 5,036
Non-trainable params: 0
_________________________________________________________________
```

모델 요약 결과를 보면 임베딩 층(layer)에서는 1000×5개의 모수가 필요하며 5개 노드를 갖는 완전연결 신경망에서는 앞의 5개의 노드와 연결해야 하므로 5×5개와

편향(bias) 5개를 합쳐서 30개의 모수가 필요하다.

GlobalAveragePooling1D는 20×5개의 벡터값을 0축을 따라서 평균값을 구하는 것이다. 즉 필터가 20개가 있는데 이에 대한 평균값을 구하는 것과 유사하다.

임베딩 축이 (None, None, 5)라는 의미는 (배치크기, 토큰순서열크기, 5)이다. 만약 배치크기가 16이고 토큰순서열크기는 20이면 (16, 20, 5)가 되는 것이다. 배치크기는 모델 적합 시 지정되므로 현재는 모르는 상태이며 토큰 순서열 크기는 입력 시 판단되므로 모르는 상태이다. 이런 의미에서 None이 되는 것이다. 이후의 층에서의 None은 모두 배치크기를 의미한다.

```
# 모델 컴파일
model.compile(optimizer='adam',
              loss='binary_crossentropy',
              metrics=['accuracy'])
```

모델 컴파일은 모델 적합을 위한 추가 정보와 함께 모델을 엮은 의미이다.

```
# 입력 벡터 구성
input = token_vector(res_str)
target = tf.constant(label)
type(input), type(target)
------------------------------------------------------------
(tensorflow.python.framework.ops.EagerTensor, tensorflow.python.framework.ops.
EagerTensor)
```

모델 적합을 위한 입력 데이터를 구성하는 과정이다. 토큰 순서열을 정수 벡터로 구성한 후 입력하며 목표 벡터는 label 리스트로 단지 텐서로 변환만 하였다.

```
# 모델 적합
history = model.fit(x = input,
```

```
                    y = target,
                    batch_size=16,
                    epochs=40,
                    validation_split=0.1,
                    verbose=2)
```

```
Epoch 1/10
66/66 - 1s - loss: 0.6420 - accuracy: 0.8036 - val_loss: 0.5313 - val_
accuracy: 0.9487 - 889ms/epoch - 13ms/step
Epoch 2/10
66/66 - 0s - loss: 0.5392 - accuracy: 0.8084 - val_loss: 0.3863 - val_
accuracy: 0.9487 - 149ms/epoch - 2ms/step
Epoch 3/10
66/66 - 0s - loss: 0.4752 - accuracy: 0.8084 - val_loss: 0.2953 - val_
accuracy: 0.9487 - 129ms/epoch - 2ms/step
Epoch 4/10
66/66 - 0s - loss: 0.4497 - accuracy: 0.8084 - val_loss: 0.2682 - val_
accuracy: 0.9487 - 130ms/epoch - 2ms/step
Epoch 5/10
66/66 - 0s - loss: 0.4326 - accuracy: 0.8084 - val_loss: 0.2501 - val_
accuracy: 0.9487 - 149ms/epoch - 2ms/step
Epoch 6/10
66/66 - 0s - loss: 0.4143 - accuracy: 0.8084 - val_loss: 0.2323 - val_
accuracy: 0.9487 - 133ms/epoch - 2ms/step
Epoch 7/10
66/66 - 0s - loss: 0.3927 - accuracy: 0.8084 - val_loss: 0.2214 - val_
accuracy: 0.9487 - 141ms/epoch - 2ms/step
Epoch 8/10
66/66 - 0s - loss: 0.3650 - accuracy: 0.8093 - val_loss: 0.2101 - val_
accuracy: 0.9487 - 143ms/epoch - 2ms/step
Epoch 9/10
66/66 - 0s - loss: 0.3279 - accuracy: 0.8246 - val_loss: 0.1864 - val_
accuracy: 0.9487 - 128ms/epoch - 2ms/step
Epoch 10/10
66/66 - 0s - loss: 0.2914 - accuracy: 0.8646 - val_loss: 0.1618 - val_
accuracy: 0.9658 - 129ms/epoch - 2ms/step
```

모델 적합에서는 입력 데이터, 배치 크기, 에포크 크기, 검증 데이터 비율 등을 전달인자로 하여 실행한다. 결과를 보면 에포크별로 훈련, 검증 데이터의 손실과 정확도 정보가 표현되고 있다.

이를 그림으로 확인해보자. 그림 출력을 위해서 앞 모델을 에포크 40으로 재수행하였다.

```
# 모델 적합 결과
# 정확도 정보
acc = history.history['accuracy']
val_acc = history.history['val_accuracy']

# 손실함수 정보
loss = history.history['loss']
val_loss = history.history['val_loss']

# 에포크
epochs = range(len(acc))

# 그래프 확인
fig, ax = plt.subplots(dpi=300)
ax.plot(epochs, acc, label='train')
ax.plot(epochs, val_acc, label='validation')
ax.legend()
ax.set_xticklabels([str(s) for s in epochs])
plt.title('Training and validation accuracy')
plt.show()
```

데이터가 많지 않음에도 불구하고 검증 데이터 정확도가 95% 이상의 비교적 높은 정확도를 보여주고 있다. 모델 적합 후 평가하고 싶은 상담 내용으로 성능을 확인해보자.

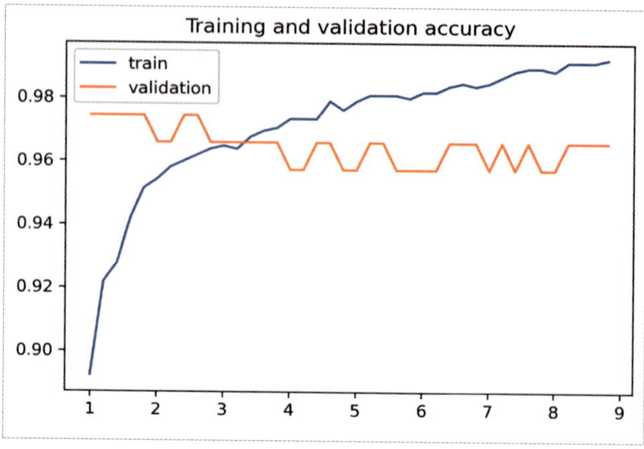

그림 9-1
모델 정확도 선도표

```
# 예제 구성: 보험가입
example = '아무리 생각해도 잘못 가입한 것 같습니다. 취소해주세요'
tokens =[' '.join(komoran.get_nouns(example))]
token_vector(tokens)

# 예측
model.predict(token_vector(tokens))
-----------------------------------------------------------------
array([[0.00929871]], dtype=float32)
```

상담 내용은 "보험가입"과 관련된 내용이다. 결과값은 "보험금청구" 확률이 0.9%이고 보험가입 확률은 99.1%이므로 보험 가입으로 분류된다.

```
# 예제 구성: 보험금
example = '최근에 병원에서 암 진단을 받았습니다. 경계 암이라고 하는데 보험금 지급이 되
나요?'
tokens =[' '.join(komoran.get_nouns(example))]
token_vector(tokens)
```

```
# 예측
model.predict(token_vector(tokens))
```

```
array([[0.9999934]], dtype=float32)
```

결과를 보면 보험금청구 확률이 99.99%이므로 보험금청구로 분류된다. 이와 같은 방식으로 글 데이터가 정수화가 된 이후에는 다양하게 응용할 수 있다.

참고문헌

1. https://en.wikipedia.org/wiki/Regular_expression

2. [KANG-ML]

   강봉주(2019), 파이썬으로 실무에 바로 적용하는 머신러닝, 에이콘출판사

3. [KANG-BASICS]

   강봉주(2020), 파이썬 기반의 AI를 위한 기초수학, 확률 및 통계, 자유아카데미

4. [KANG-AUTOML]

   강봉주(2020), SAS Viya 기반의 실무에 바로 적용하는 AutoML, 자유아카데미

CHAPTER

10

정형 데이터 분류 문제

01 예제 정의

머신러닝의 대부분의 주제는 정형화된(structured) 데이터에 관한 것이다. 예를 들어 자동차보험을 취급하는 보험회사에서 어떤 고객의 보험청구(claim) 확률을 예측하는 문제가 있다고 하자. 만약 과거의 데이터로부터 보험청구를 확인할 수 있는 데이터가 있다고 하면 이를 기반으로 데이터를 학습시킬 수 있다. 이때 과거의 목표변수(target variable)가 있으며 미래의 목표변수 값을 예측하는 문제가 있다고 할 때 목표변수의 값이 범주형인 경우는 분류(classification)문제, 연속형인 경우에는 회귀(regression)문제라고 한다.

이 중 분류문제인 경우에 실전에서는 어떻게 진행되는지 확인해보기로 하자.

02 분석 프로세스

데이터를 분석하는 목적은 어떤 비즈니스 목적을 달성하고자 하는 것이다. 예를 들어 어떤 고객의 보험사기 확률을 예측한다는 것은 해당 고객이 보험금을 청구(claim)했을 때 선량한 고객인지 아니면 보험사기(insurance fraud)를 목적으로 하는지를 구분하기 위해서이다. 즉, 최종적인 목적은 고객이 보험금을 청구했을 때 사기여부를 판별하는 것이며 이를 위한 모델을 구성하고 고객의 보험금 청구를 위한 제반 정보를 입력했을 때 그 정보를 제공해주어야 하는 것이다. 이러한 일련의 과정을 분석 및 배포(deployment) 프로세스라고 한다. 분석된 결과는 입력 데이터와 이를 기반으로 한 모델이지만 이를 실전에 배치하는, 즉 응용프로그램으로 변환하여 보험사기 방지 시스템을 구축하는 것은 또 다른 일이다. 처음부터 실전 적용을 위한 모델을 구성하는 것과 단지 모델만을 생각하는 것과는 차원이 다른 문제이다. 이 책에서는 실전 적용을 일부 고려한 분석을 생각해보기로 하자. 분석 프로세스는 대략적으로 다음의 과정으로 전개된다. 이 중 그림의 4단계 과정은 모델 자체의 성능이 만족할 때까지 반복되는 경우가 많다.

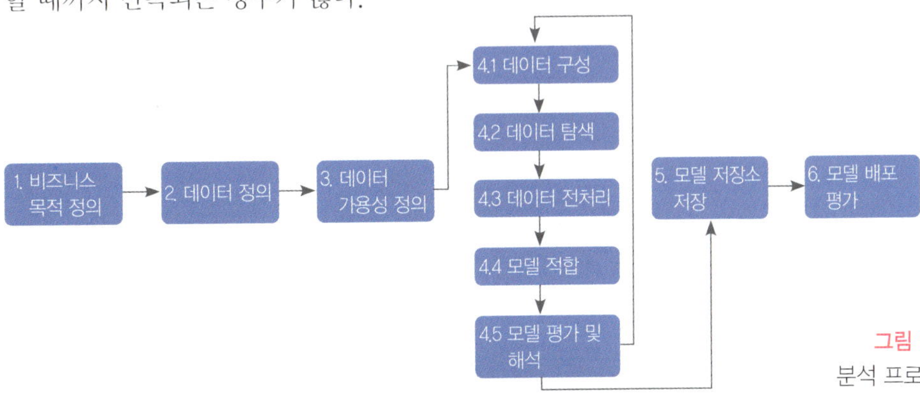

그림 10-1
분석 프로세스

03 데이터 구성

자동차 보험회사에서는 어떠한 속성을 갖는 고객이 보험 청구를 하는지 그 가능성을 예측하고자 한다. 이를 위하여 가용한 모든 데이터를 정의하고 확인한 후 다음과 같은 데이터를 최종적으로 확정하였다. 데이터의 기본 구성은 다음과 같다.

표 10-1 보험청구 데이터 정보

#	변수	유형	설명	한글 설명
1	id	categorical	ID number	식별 번호
2	child_driv	numeric	No of driving children	운전가능 자녀 수
3	age	numeric	Age	나이
4	children	numeric	Number of children	자녀 수
5	yoj	numeric	Years on Job	재직연수
6	income	numeric	Income	수입금액
7	house_val	numeric	Housing value	주택가격
8	status	categorical	Marital Status	결혼 상태
9	gender	categorical	Gender of driver	운전자 성별
10	edu_level	categorical	Highest Education	교육 수준
11	job	categorical	Occupation of driver	운전자 직업
12	distance	numeric	Work distance	직장 거리
13	car_use	categorical	Car use (y/n)	차량 이용 여부
14	vehicle_val	numeric	Vehicle value	차량 가격
15	vehicle_type	categorical	Type of Car	차량 유형
16	clm_freq	numeric	No of claims (10yrs)	10년 내 보험 청구 건수
17	revoked	categorical	License revoked (10yrs)	10년 내 면허취소 건수
18	mvr_pts	numeric	Motor Vehicle Record points	운전자 운전 이력 점수

19	claim_amount	numeric	Claim amount	보험 청구 금액
20	vehicle_age	numeric	Age of Vehicle	차량 연식
21	claim_ind	categorical	Claim flag	보험 청구 여부
22	area	categorical	Home/Work area	지역
23	state_code	categorical	State code	주코드

여기서 과거의 보험 청구 이력, 즉 보험 청구를 한 적이 있는지 여부는 claim_ind 변수로 표시되어 있으며 보험 청구를 한 경우 보험 청구 금액은 claim_amount 변수이다.

실무에서 표 10-1과 같은 데이터를 구성하기 위한 각각의 컬럼, 즉 변수를 만들려면 많은 시간과 브레인스토밍 작업이 필요하다. 각각의 변수를 보면 인구통계학적인 변수, 계약관련 변수, 고객행동 변수 등 다양한 데이터 원천(source)에서 데이터를 수집하여 결합되어 있음을 알 수 있다.

```
# 필요한 패키지
import numpy as np
import pandas as pd
import matplotlib.pyplot as plt

# 데이터 가져오기
url = 'https://github.com/bong-ju-kang/data/blob/master/claim.csv?raw=true'
df = pd.read_csv(url)
df.shape
--------------------------------------------------------------------
(10300, 23)
```

데이터는 행 개수가 10,300건 변수의 개수가 23개이다.

04 데이터 탐색

데이터 탐색은 데이터의 모든 특징을 알아보는 것이다. 즉, 행(row)과 열(column)의 특징을 알아보는 것이다. 이때 열 특징은 변수의 특징이며 행 특징은 각각의 관측값(observation)의 특징이다.

열 특징 중의 대표적인 것은 확률분포(probability distribution)이며 변수의 유형(type)에 따라 히스토그램 또는 막대그래프 등을 통하여 파악할 수 있다. 행 특징은 행의 중복 여부 또는 결측값(missing value) 비율 등이다.

4.1 데이터 형 확인

열 특징을 파악하기 위한 첫 번째 작업은 애초 정의한 대로 데이터 형이 일치하는지 살펴보는 것이다. 즉, 숫자형, 범주형 및 날짜형 등을 확인해야 한다.

```
# 데이터 형, 결측값 확인
df.info()
```

```
<class 'pandas.core.frame.DataFrame'>
RangeIndex: 10300 entries, 0 to 10299
Data columns (total 23 columns):
```

```
 #   Column         Non-Null Count  Dtype
---  ------         --------------  -----
 0   id             10300 non-null  float64
 1   child_driv     10300 non-null  int64
 2   age            10293 non-null  float64
 3   children       10300 non-null  int64
 4   yoj            9752 non-null   float64
 5   income         9730 non-null   float64
 6   house_val      9725 non-null   float64
 7   status         10298 non-null  object
 8   gender         10300 non-null  object
 9   edu_level      10300 non-null  object
 10  job            9635 non-null   object
 11  distance       10300 non-null  int64
 12  car_use        10300 non-null  object
 13  vehicle_val    10300 non-null  int64
 14  vehicle_type   10300 non-null  object
 15  clm_freq       10300 non-null  int64
 16  revoked        10300 non-null  object
 17  mvr_pts        10300 non-null  int64
 18  claim_amount   10300 non-null  int64
 19  vehicle_age    9661 non-null   float64
 20  claim_ind      10300 non-null  int64
 21  area           10300 non-null  object
 22  state_code     10300 non-null  object
dtypes: float64(6), int64(8), object(9)
memory usage: 1.8+ MB
```

데이터프레임의 info 메소드를 통하여 결측값과 데이터 형(type)을 확인할 수 있다. child_driv 변수는 Non-Null, 즉 비 결측값의 개수가 전체 데이터의 개수와 동일하므로 결측값이 없고 변수 유형은 int64이므로 정수값임을 알 수 있다. income 변수는 9,730개의 비 결측값을 갖고 있기 때문에 일부는 결측값을 갖고 있음을 알 수 있고 변수 유형은 flot64이므로 실수값을 갖고 있음을 알 수 있다.

status는 변수 유형이 object이므로 범주형(categorical type)임을 알 수 있다.

4.2 결측값 확인

결측값을 일반적으로 다음과 같이 확인한다.

```
# 결측값 확인
df.isnull().sum()
```

```
id                0
child_driv        0
age               7
children          0
yoj             548
income          570
house_val       575
status            2
gender            0
edu_level         0
job             665
distance          0
car_use           0
vehicle_val       0
vehicle_type      0
clm_freq          0
revoked           0
mvr_pts           0
claim_amount      0
vehicle_age     639
claim_ind         0
area              0
state_code        0
dtype: int64
```

isnull 메소드는 데이터프레임의 모든 열과 행의 값에 대하여 결측값 여부를 확인한다. 그리고 그 결과에 대하여 열별로 합을 구하는 sum 메소드를 적용하여 열별로 결측값 개수를 출력하였다.

결측값은 데이터에서 어떻게 표기가 될까?

```
# 숫자형 데이터의 결측값 표기
df['age'][df['age'].isnull()].head()
--------------------------------------------------------------------------
293     NaN
1315    NaN
1649    NaN
3747    NaN
4363    NaN
Name: age, dtype: float64
```

숫자형 데이터의 결측값은 NaN으로 표기됨을 알 수 있다.

```
# 범주형 데이터의 결측값 표기
df['status'][df['status'].isna()].head()
--------------------------------------------------------------------------
1    NaN
6    NaN
Name: status, dtype: object
```

범주형 데이터도 결측값은 NaN으로 표기된다.

4.3 분포

데이터 탐색에서 가장 중요한 것은 데이터의 분포(distribution) 모양을 확인하는 것이다. 숫자형 데이터는 히스토그램의 대표적인 방법이며 문자형 데이터는 값별로 도수와 막대그래프를 살펴보는 것이다.

```
# 숫자형 데이터: 히스토그램
fig, ax = plt.subplots(dpi=200)
df['income'].hist()
ax.set_xlabel('income')
ax.set_ylabel('frequency')
plt.show()
```

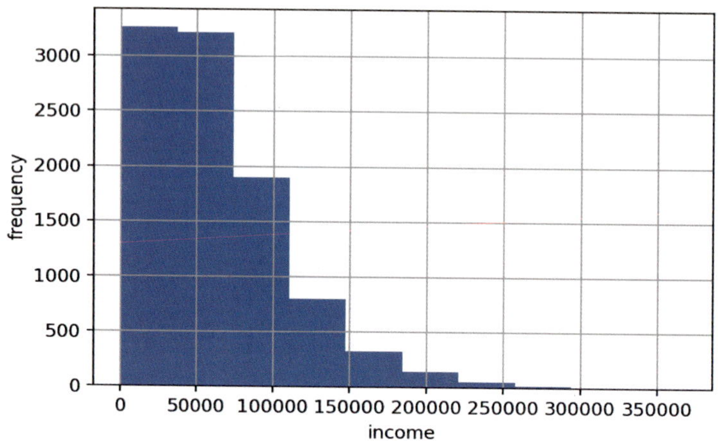

그림 10-2
히스토그램(income)

분포 모양을 보면 왼쪽에 치우친 분포임을 알 수 있다. 대부분의 분석은 종 모양의 대칭적인 정규분포임을 요구하는 경우가 많다. 이런 경우에는 적절한 변환 작업이 필요하다. 대표적인 변환 기법은 박스-칵스(Box-Cox) 변환 또는 여-존슨(Yeo-Johnson) 변환 등이 있다. 이러한 변환의 자세한 내용은 참고문헌 [KANG-AUTOML]을 참조한다. 예를 들어 해당 분포인 경우에 제곱근 변환을 해보자.

```
# 제곱근 변환
fig, ax = plt.subplots(dpi=200)
```

```
df['income'].transform(lambda x: np.sqrt(x)).hist()
ax.set_xlabel(r"$\sqrt{income}$")
ax.set_ylabel('frequency')
plt.show()
```

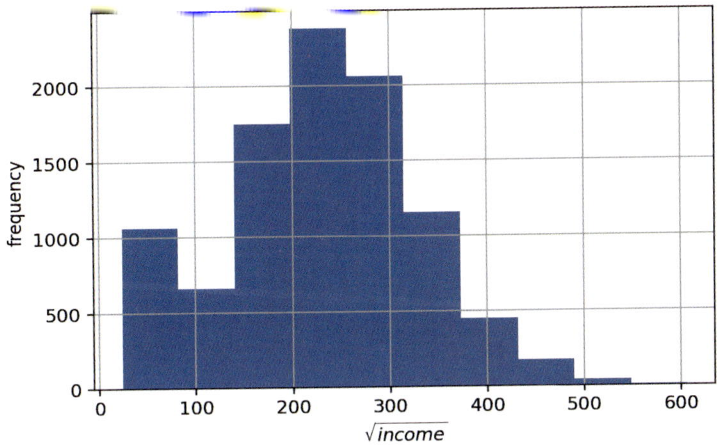

그림 10-3
히스토그램($\sqrt{income}$)

결과를 보면 변환하기 전에 비해 정규분포에 유사함을 알 수 있다.

```
# 범주형 데이터: 빈도표
df['status'].value_counts(dropna=False)
-----------------------------------------------------------------
Yes      6187
z_No     4111
NaN         2
Name: status, dtype: int64
```

결과는 결측값까지 포함한 빈도표(frequency table)이다. 일종의 확률분포라고 할 수 있다. 이를 시각적 표현인 막대그래프(bar graph)로 표현해보자.

```
# 범주형 데이터: 막대그래프
fig, ax = plt.subplots(dpi=200)
df['status'].value_counts(dropna=False).plot.bar()
ax.set_xlabel("status")
ax.set_ylabel('frequency')
```

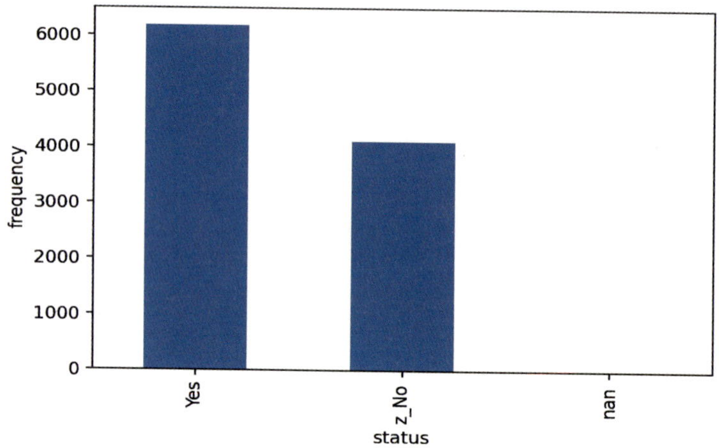

그림 10-4
막대그래프(status)

```
# 범주형 데이터: 상대도수
df['status'].value_counts(dropna=False, normalize=True)
--------------------------------------------------------------
Yes      0.600680
z_No     0.399126
NaN      0.000194
Name: status, dtype: float64
```

4.3.1 희귀 범주 확인

범주형 데이터의 도수(상대도수)와 막대그래프를 통하여 분포를 확인하였다. 이때 상대도수가 매우 작은 경우에는 대부분의 분석에서 문제가 발생할 여지가 많다. 이런 경우에는 적절히 합쳐서 하나의 범주를 구성하는 경우가 많다.

```
# 희귀범주 경우
df['job'].value_counts(dropna=False, normalize=True)
------------------------------------------------------------
Teacher          0.222136
Clerical         0.154369
Professional     0.136214
Manager          0.121845
Nurse            0.100000
Student          0.087282
Home Maker       0.081650
NaN              0.064563
Doctor           0.031165
None             0.000388
Banking          0.000194
Police           0.000194
Name: job, dtype: float64
```

결과를 보면 최소 5% 이하인 "Doctor", "None", "Banking", "Police"이다. 이를 합쳐서 하나의 범주, 예를 들어 "Etc"를 만들 수 있다.

```
# 신규변수 구성
new_job_variable = np.where(df['job'].isin(["Doctor", "None", "Banking",
"Police"]), 'Etc', df['job'])

# 데이터 확인
pd.Series(new_job_variable).value_counts()
------------------------------------------------------------
Teacher          2288
Clerical         1590
Professional     1403
Manager          1255
Nurse            1030
Student           899
Home Maker        841
Etc               329
dtype: int64
```

05 데이터 전처리

데이터 전처리(data preprocessing)는 분석을 위한 입력 데이터를 구성하는 모든 제반 처리 과정을 의미한다. 대표적으로 데이터 품질 확보, 비 연관 변수 삭제, 결측값 처리 등을 의미한다. 전처리 작업을 하기 위해서는 이후 모델 등의 과정에 필요한 데이터 분할 작업이 우선 진행되어야 한다.

5.1 변수 정의

지도학습(supervised learning)인 경우에는 목표변수(target variable)와 목표변수에 영향을 주는 입력변수(input variables)를 정의한다.

```
# 목표변수 정의
target = 'claim_ind'

# 입력변수 정의
x_vars = [x for x in df.columns if x not in ['id', 'claim_amount', target]]
print(f'all x variables: {x_vars}')

# 범주(categorial)변수 정의
cat_x_vars = [x for x in df.columns[df.dtypes=='object'] if x != target]
print(f'categorical x variables: {cat_x_vars}')
```

```
# 숫자형 변수 정의
num_x_vars = [x for x in df.columns[df.dtypes != 'object'] if x not in
['id','claim_amount', target, ]]
print(f'numerical x variables: {num_x_vars}')
------------------------------------------------------------------
all x variables: ['child_driv', 'age', 'children', 'yoj', 'income', 'house_
val', 'status', 'gender', 'edu_level', 'job', 'distance', 'car_use',
'vehicle_val', 'vehicle_type', 'clm_freq', 'revoked', 'mvr_pts', 'vehicle_
age', 'area', 'state_code']
categorical x variables: ['status', 'gender', 'edu_level', 'job', 'car_use',
'vehicle_type', 'revoked', 'area', 'state_code']
numerical x variables: ['child_driv', 'age', 'children', 'yoj', 'income',
'house_val', 'distance', 'vehicle_val', 'clm_freq', 'mvr_pts', 'vehicle_
age']
```

변수 정의 과정을 살펴보면 먼저 claim_amout 변수는 claim_ind 변수 값이 1인 경우, 즉 보험금 청구가 발생한 경우의 보험금 금액이므로 보험금청구 확률을 구하는 입력 변수로 사용할 수 없다. 즉, claim_amount 〉 0인 경우는 claim_ind=1이기 때문에 해당 변수가 사용되면 다른 변수는 아무런 역할을 할 수가 없으며 claim_ind=1의 사후 결과로 나타나는 값이다.

5.2 데이터 분할

머신러닝은 학습(training) 및 검증(validation) 데이터에서 잘 맞는 모델을 만드는 것이 아니라 미지의 평가(test) 데이터에서 잘 맞는, 즉 일반화 오류(generalization)를 작게 하는 모델을 만드는 것이다. 이에 대한 자세한 개념은 참고문헌 [KANG-ML]을 참조한다. 이런 작업을 수행하기 위한 실전 방법은 데이터를 적절히 분할하여 훈련, 검증 및 평가 데이터를 구성하는 것이다. 이때 실전에서는 훈련과 검증을 하나로 정의하여 모델을 구성하는 경우가 많다. 분할 시에 목표 변수가 있는 경우에는 목표변수의 분포가 분할된 데이터에 동일하도록 층화추출(stratified sampling) 방법을 사용한다.

```
# 목표 및 입력변수 데이터 정의
y = df[target].to_numpy().reshape(-1, 1)
X = df[x_vars].to_numpy()
y.shape, X.shape
-------------------------------------------------------------------
((10300, 1), (10300, 20))
-------------------------------------------------------------------
# 훈련, 평가 데이터의 색인 구성
train_index = df.groupby(target).sample(frac=0.8, random_state=123).index
test_index = pd.Index(set(df.index) - set(train_index))
test_index, train_index
-------------------------------------------------------------------
(Int64Index([8192,    2,    3,    4, 8199, 8201,   13,   14,   23,   24,
             ...
             8163, 8165, 8167, 8170, 8175, 8179, 8180, 8184, 8185, 8187],
            dtype='int64', length=2060),
 Int64Index([ 9426,   408,  8631,  2417,  5047,  1419,  4788, 10019,  4251,
              2361,
             ...
              4711,  6996,  2856,  5358,  5845,   374,  4083,  4502,  6037,
               390],
            dtype='int64', length=8240))
```

층화추출을 하기 위해서 우선 데이터를 목표변수 값 기준으로 하여 층화, 즉 그룹으로 나누었고 이후 각각에서 훈련 데이터를 80% 추출하였다. 추출 후 전체 색인에서 추출 색인을 제외하여 평가 데이터를 위한 색인을 구성하였다. 프로그램에서 random_state 전달인자는 무작위 추출을 위한 씨앗값이다.

```
# 분할 데이터 분포 확인
print(df[target].value_counts(normalize=True).round(3))
print(df.loc[train_index, target].value_counts(normalize=True).round(3))
print(df.loc[test_index, target].value_counts(normalize=True).round(3))
---------------------------------------------------------------------
0     0.733
1     0.267
Name: claim_ind, dtype: float64
0     0.733
1     0.267
Name: claim_ind, dtype: float64
0     0.733
1     0.267
Name: claim_ind, dtype: float64
```

결과를 보면 전체 데이터의 1의 분포와 각 추출된 훈련, 평가 데이터의 분포가 동일함을 알 수 있다.

5.3 희귀 범주 처리

희귀 범주(rare category)는 범주형 자료에서 상대 빈도가 매우 낮은 범주를 의미한다. 이런 경우에 몇 가지 희귀 범주를 하나로 합쳐서 분석하는 경우가 많다.

```
# 범주형 변수 별 희귀 범주 여부 확인
rare_cat_x_vars = [x for x in cat_x_vars if any(df[x].value_
counts(normalize=True) <= 0.05)]
print(rare_cat_x_vars)
---------------------------------------------------------------------
['job', 'vehicle_type', 'state_code']
```

만약 희귀 범주를 상대 빈도가 5% 이하라고 하면 범주형 변수 중에 위의 3가지 변수가 희귀 범주를 포함하는 변수라고 할 수 있다.

해당 변수의 희귀 범주들을 묶어서 'ETC_' 범주를 만들어 보자.

```
for x in rare_cat_x_vars:
    rare_cat_values = df[x].value_counts(normalize=True).index[df[x].value_
counts(normalize=True) <= 0.05].tolist()
    df[x][df[x].isin(rare_cat_values)] = 'ETC_'
```

처리된 결과를 확인해보자.

```
# 처리 후 결과 확인
df['vehicle_type'].value_counts(normalize=True)
--------------------------------------------------------------------
unknown        0.279903
Minivan        0.261165
Pickup         0.172039
Sports Car     0.114466
Van            0.089223
Panel Truck    0.082718
ETC_           0.000485
Name: vehicle_type, dtype: float64
```

결과를 보면 5% 미만을 합쳐도 여전히 희소 범주인 경우를 확인할 수 있다. 이런 경우에는 가장 유사한 범주와 합치는 방법도 고려해볼 수 있다.

5.4 결측값 처리

결측값이 있는 경우 우선적으로 해당 결측값이 실제 데이터에서 왜 발생하였는지 그 원인을 규명해야 한다. 만약 특정 변수의 결측값의 개수가 과도하게 많은 경우 예를 들어 50% 이상인 경우에는 분석에 사용 여부를 판단해야 한다. 실전에서는 25% 이상인 경우에 매우 심각한 정도로 보이는데 사용 여부를 결정한다. 사용하기로 결정한 변수에 대해서는 어떤 값으로 대체(imputation)할 것인지 판단한다. 숫자형 변수인 경우에는 평균값(mean) 또는 중간값(median)으로, 범주형 변수인 경우에는 최빈값(mode, most frequent)으로 대체하는 경우가 많다.

5.4.1 범주형 변수 결측값 처리

```
# 범주형 변수의 최빈값
cat_mode_values = df.loc[train_index, cat_x_vars].mode()
print(cat_mode_values.T)
```

```
                                 0
status                         Yes
gender                         Fem
edu_level            z_High School
job                        Teacher
car_use                    Private
vehicle_type               unknown
revoked                         No
area          Highly Urban/ Urban
state_code                  Bayern
```

범주형 변수에 대한 최빈값을 모두 구하였다. 여기서 중요한 것은 현재 훈련 데이터에서 결측값이 없다 하더라도 평가 데이터를 포함한 미래의 데이터에는 결측값이 발생할 여지가 있으므로 사전에 대체할 값을 구하는 과정은 반드시 필요하다는 점이다.

```
# 데이터 복사
df_train_cat_imputed = df.loc[train_index, cat_x_vars]

# 결측값 채우기
for x in cat_x_vars:
  df_train_cat_imputed[x].fillna(cat_mode_values[x], inplace=True)
```

원 데이터를 복사하여 새로운 데이터를 구성하였으며 여기에 직접 결측값을 최빈값으로 대체하였다.

```
# 결측값 처리후 결측값 확인
df_train_cat_imputed.isnull().sum()
-----------------------------------------------------------------
status          0
gender          0
edu_level       0
job             0
car_use         0
vehicle_type    0
revoked         0
area            0
state_code      0
dtype: int64
```

결측값이 새로운 값으로 대체되어 있음을 확인하였다.

위의 과정은 사이킷런(scikit-learn) 패키지의 impute 모듈을 이용하여 해결할 수 있다. 이 모듈을 이용하면 모델 구성까지의 모든 과정을 파이프라인 방식으로 해결할 수 있다. 파이프라인 방식은 이후 절에서 다루기로 하자.

```
# 필요한 패키지
from sklearn.impute import SimpleImputer

# 최빈값 대체 모델 구성
cat_imp = SimpleImputer(strategy='most_frequent')

# 최빈값 대체 모델 적합; 결과는 넘파이 배열
cat_imp.fit_transform(df.loc[train_index, cat_x_vars])
```

```
array([['Yes', 'Fem', '<High School', ..., 'No', 'Highly Urban/ Urban',
        'Bayern'],
       ['Yes', 'Fem', 'PhD', ..., 'No', 'z_Highly Rural/ Rural',
        'Bayern'],
       ['Yes', 'Fem', 'z_High School', ..., 'No', 'Highly Urban/ Urban',
        'Nordrhein-Westfalen'],
       ...,
       ['Yes', 'Mal', 'z_High School', ..., 'No', 'Highly Urban/ Urban',
        'Hessen'],
       ['Yes', 'Mal', 'z_High School', ..., 'No', 'Highly Urban/ Urban',
        'Bayern'],
       ['Yes', 'Mal', 'z_High School', ..., 'Yes', 'Highly Urban/ Urban',
        'Thueringen']], dtype=object)
```

5.4.2 숫자형 변수 결측값 처리

```
# 숫자형 변수 중간값
num_median_values = df.loc[train_index, num_x_vars].median()
print(num_median_values)
```

```
child_driv          0.0
age                54.0
children            0.0
yoj                14.0
```

```
income             53916.0
house_val         390247.0
distance              78.0
vehicle_val        14420.0
clm_freq               2.0
mvr_pts                3.0
claim_amount         323.0
vehicle_age           10.0
dtype: float64
```

```
# 데이터 복사
df_train_num_imputed = df.loc[train_index, num_x_vars]

# 결측값 채우기
for x in num_x_vars:
  df_train_num_imputed[x].fillna(num_median_values[x], inplace=True)
```

범주형 변수의 처리 방식과 동일하다. 단, 결측값의 대체값으로 중간값을 사용하였다.

```
# 결측값 처리 결과 확인
df_train_num_imputed.isnull().sum()
```

```
child_driv     0
age            0
children       0
yoj            0
income         0
house_val      0
distance       0
vehicle_val    0
clm_freq       0
```

```
mvr_pts          0
claim_amount     0
vehicle_age      0
dtype: int64
```

앞 절과 마찬가지로 사이킷런의 impute 모듈을 이용하여 위 과정을 처리할 수 있다.

```
# 중간값으로 대체
num_imp = SimpleImputer(strategy='median')
num_imp.fit_transform(df.loc[train_index, num_x_vars])
```

```
array([[1.000e+00, 4.700e+01, 3.000e+00, ..., 0.000e+00, 2.920e+02,
        7.000e+00],
       [0.000e+00, 4.300e+01, 1.000e+00, ..., 4.000e+00, 3.200e+02,
        1.600e+01],
       [0.000e+00, 1.500e+01, 1.000e+00, ..., 8.000e+00, 3.240e+02,
        3.000e+00],
       ...,
       [0.000e+00, 3.800e+01, 0.000e+00, ..., 3.000e+00, 5.880e+03,
        8.000e+00],
       [0.000e+00, 4.800e+01, 0.000e+00, ..., 9.000e+00, 2.106e+03,
        3.000e+00],
       [0.000e+00, 6.200e+01, 2.000e+00, ..., 4.000e+00, 4.883e+03,
```

5.5 원-핫 인코딩

원-핫 인코딩은 문자값을 갖는 변수를 숫자값을 갖는 변수로 변환하는 방법 중의 하나이다. 예를 들어 어떤 변수(x)가 {'A', 'B', 'C'} 값을 갖는 다음과 같은 데이터가 있다고 해보자.

표 10-2 원 데이터와 원-핫 인코딩 데이터]

x	x_A	x_B	x_C
A	1	0	0
B	0	1	0
C	0	0	1
C	0	0	1

표 10-2와 같이 원-핫 인코딩은 해당 범주가 나타나면 1 아니면 0으로 표현하는 것을 의미한다. 결과를 보면 하나의 변수가 그 변수가 갖고 있는 범주의 개수만큼 증가함을 알 수 있다. 즉, x 변수는 x_A, x_B, x_C로 증가하였다. 이때 처음 변수는 나머지 변수를 모두 0으로 정의한다면 다음과 같이 표현할 수도 있다.

표 10-3 원 데이터와 원-핫 인코딩 데이터(첫 번째 범주값 생략)]

x	x_B	x_C
A	0	0
B	1	0
C	0	1
C	0	1

이는 drop_first=True 옵션으로 정의할 수 있다.

```
# 원-핫 인코딩(one-hot encoding)
df_train_cat_imputed_onehot = pd.get_dummies(df_train_cat_imputed)

# 처리 후 범주형 변수
cat_imputed_x_vars = df_train_cat_imputed_onehot.columns
cat_imputed_x_vars
-----------------------------------------------------------------
Index(['status_Yes', 'status_z_No', 'gender_Fem', 'gender_Mal',
```

```
        'edu_level_<High School', 'edu_level_Bachelors', 'edu_level_Masters',
        'edu_level_PhD', 'edu_level_z_High School', 'job_Banking',
        'job_Clerical', 'job_Doctor', 'job_Home Maker', 'job_Manager',
        'job_None', 'job_Nurse', 'job_Professional', 'job_Student',
        'job_Teacher', 'car_use_Commercial', 'car_use_Private',
        'vehicle_type_Family', 'vehicle_type_Minivan',
        'vehicle_type_Panel Truck', 'vehicle_type_Pickup',
        'vehicle_type_Racing', 'vehicle_type_Sports Car', 'vehicle_type_Van',
        'vehicle_type_unknown', 'revoked_No', 'revoked_Yes',
        'area_Highly Urban/ Urban', 'area_z_Highly Rural/ Rural',
        'state_code_Bayern', 'state_code_Berlin', 'state_code_Brandenburg',
        'state_code_Hessen', 'state_code_Mecklenburg-Vorpomme',
        'state_code_Nordrhein-Westfalen', 'state_code_Rheinland-Pfalz',
        'state_code_Sachsen', 'state_code_Sachsen-Anhalt',
        'state_code_Thueringen'],
       dtype='object')
```

결과를 보면 status 변수의 범주값인 ["Yes", "z_No"] 각각의 값이 status_Yes, status_z_No 변수로 변환되어 있음을 알 수 있다.

이러한 변환도 마찬가지로 사이킷런의 preprocessing 모듈을 통하여 해결할 수 있다.

```
# 필요한 패키지
from sklearn.preprocessing import OneHotEncoder

hot_encoder = OneHotEncoder()
result = hot_encoder.fit_transform(df_train_cat_imputed)
print(result)
-------------------------------------------------------------------------
  (0, 0)	1.0
  (0, 3)	1.0
```

```
(0, 5)      1.0
(0, 11)     1.0
(0, 22)     1.0
(0, 30)     1.0
(0, 31)     1.0
(0, 33)     1.0
(0, 35)     1.0
(1, 0)      1.0
(1, 3)      1.0
(1, 8)      1.0
(1, 20)     1.0
(1, 21)     1.0
(1, 26)     1.0
(1, 31)     1.0
(1, 34)     1.0
(1, 35)     1.0
(2, 0)      1.0
(2, 3)      1.0
(2, 9)      1.0
(2, 11)     1.0
(2, 22)     1.0
(2, 24)     1.0
(2, 31)     1.0
:   :
(8237, 9)   1.0
(8237, 19)  1.0
(8237, 21)  1.0
(8237, 26)  1.0
(8237, 31)  1.0
(8237, 33)  1.0
(8237, 38)  1.0
(8238, 0)   1.0
(8238, 4)   1.0
(8238, 9)   1.0
(8238, 18)  1.0
(8238, 21)  1.0
(8238, 26)  1.0
```

```
(8238, 31)  1.0
(8238, 33)  1.0
(8238, 35)  1.0
(8239, 0)   1.0
(8239, 4)   1.0
(8239, 9)   1.0
(8239, 19)  1.0
(8239, 21)  1.0
(8239, 26)  1.0
(8239, 32)  1.0
(8239, 33)  1.0
(8239, 44)  1.0
```

결과는 대부분의 값이 0인 희박행렬(sparce matrix)이므로 1인 값만 있는 색인을 출력하였다. 즉, (0, 0)의 의미는 행 색인번호가 0이고 열 색인번호가 1임을 표시해 준다.

```
# 첫번째 행 데이터 값
result.toarray()[0, :]
```

```
array([1., 0., 0., 1., 0., 1., 0., 0., 0., 0., 0., 1., 0., 0., 0., 0.,
0., 0., 0., 0., 0., 0., 1., 0., 0., 0., 0., 0., 0., 0., 1., 1., 0., 1., 0.,
1., 0., 0., 0., 0., 0., 0., 0., 0., 0.])
```

희박행렬의 첫 번째 행 결과를 보면 대부분 0임을 확인할 수 있다.

```
# 처리된 후 결과

# 입력변수
print(f'input variables: \n {hot_encoder.feature_names_in_}')
```

```
# 출력변수
print(f'\n output variables: \n {hot_encoder.get_feature_names_out()}')

# 결과 데이터 유형
print(f'\n result.dtype: \n {result.dtype}')
```

```
input variables:
 ['status' 'gender' 'edu_level' 'job' 'car_use' 'vehicle_type' 'revoked'
 'area' 'state_code']

 output variables:
 ['status_Yes' 'status_z_No' 'status_nan' 'gender_Fem' 'gender_Mal'
 'edu_level_<High School' 'edu_level_Bachelors' 'edu_level_Masters'
 'edu_level_PhD' 'edu_level_z_High School' 'job_Banking' 'job_Clerical'
 'job_Doctor' 'job_Home Maker' 'job_Manager' 'job_None' 'job_Nurse'
 'job_Professional' 'job_Student' 'job_Teacher' 'job_nan'
 'car_use_Commercial' 'car_use_Private' 'vehicle_type_Family'
 'vehicle_type_Minivan' 'vehicle_type_Panel Truck' 'vehicle_type_Pickup'
 'vehicle_type_Racing' 'vehicle_type_Sports Car' 'vehicle_type_Van'
 'vehicle_type_unknown' 'revoked_No' 'revoked_Yes'
 'area_Highly Urban/ Urban' 'area_z_Highly Rural/ Rural'
 'state_code_Bayern' 'state_code_Berlin' 'state_code_Brandenburg'
 'state_code_Hessen' 'state_code_Mecklenburg-Vorpomme'
 'state_code_Nordrhein-Westfalen' 'state_code_Rheinland-Pfalz'
 'state_code_Sachsen' 'state_code_Sachsen-Anhalt' 'state_code_Thueringen']

 result.dtype:
 float64
```

출력된 결과를 보면 판다스의 결과와 동일함을 알 수 있다.

5.6 데이터 표준화

범주형 변수의 원-핫 인코딩 과정이 있다면 숫자형 변수인 경우에는 데이터 표준화(standardization) 과정이 있다. 데이터 표준화는 숫자형 데이터의 값을 일정한 범위(range) 내의 데이터로 모두 변환시키는 것을 의미한다. 예를 들어 모든 데이터를 다음과 같이 변환한다고 가정해보자.

$$z = \frac{x - x.\text{min}}{x.\text{max} - x.\text{min}}$$

여기서 x는 원 데이터를 의미한다.

모든 숫자형 데이터는 0보다 큰 값을 갖고 범위(range=max−min)로 나누어졌기 때문에 최댓값을 1을 넘지 않는 동일한 척도(scale)로 변환된다.

```
# 데이터 표준화와 결과

# min-max 표준화
  df_train_num_imputed_scaled = df_train_num_imputed.transform(lambda x:
(x-x.min())/(x.max()-x.min()))

# 표준화 결과
print(df_train_num_imputed_scaled.mean())
print('\n')
print(df_train_num_imputed_scaled.max() )
--------------------------------------------------------------------------
child_driv      0.043416
age             0.497237
children        0.144175
yoj             0.456986
income          0.167684
house_val       0.261061
distance        0.220444
```

```
vehicle_val     0.207276
clm_freq        0.258495
mvr_pts         0.188342
claim_amount    0.019515
vehicle_age     0.374935
dtype: float64


child_driv      1.0
age             1.0
children        1.0
yoj             1.0
income          1.0
house_val       1.0
distance        1.0
vehicle_val     1.0
clm_freq        1.0
mvr_pts         1.0
claim_amount    1.0
vehicle_age     1.0
dtype: float64
```

5.7 데이터 전처리 파이프라인

지금까지의 과정을 살펴보면 숫자형 변수인 경우에는 결측값 처리 후 표준화 과정을 거쳤고 범주형 변수인 경우에는 결측값 처리 후 원-핫 인코딩 작업을 수행하였다. 각각의 과정을 거친 데이터는 하나로 합쳐서 분석에 사용된다.

```
# 데이터 합치기
  df_train_imputed_onehot_scaled_merge = pd.merge(df_train_num_imputed_
```

```
scaled, df_train_cat_imputed_onehot,
                                        how='inner', left_index=True, right_
index=True)
imputed_onehot_scaled_x_vars = df_train_imputed_onehot_scaled_merge.
columns
print(imputed_onehot_scaled_x_vars)
```

```
Index(['child_driv', 'age', 'children', 'yoj', 'income', 'house_val',
       'distance', 'vehicle_val', 'clm_freq', 'mvr_pts', 'claim_amount',
       'vehicle_age', 'status_Yes', 'status_z_No', 'gender_Fem', 'gender_Mal',
          'edu_level_<High School', 'edu_level_Bachelors', 'edu_level_
Masters',
       'edu_level_PhD', 'edu_level_z_High School', 'job_Banking',
       'job_Clerical', 'job_Doctor', 'job_Home Maker', 'job_Manager',
       'job_None', 'job_Nurse', 'job_Professional', 'job_Student',
       'job_Teacher', 'car_use_Commercial', 'car_use_Private',
       'vehicle_type_Family', 'vehicle_type_Minivan',
       'vehicle_type_Panel Truck', 'vehicle_type_Pickup',
       'vehicle_type_Racing', 'vehicle_type_Sports Car', 'vehicle_type_Van',
       'vehicle_type_unknown', 'revoked_No', 'revoked_Yes',
       'area_Highly Urban/ Urban', 'area_z_Highly Rural/ Rural',
       'state_code_Bayern', 'state_code_Berlin', 'state_code_Brandenburg',
       'state_code_Hessen', 'state_code_Mecklenburg-Vorpomme',
       'state_code_Nordrhein-Westfalen', 'state_code_Rheinland-Pfalz',
       'state_code_Sachsen', 'state_code_Sachsen-Anhalt',
       'state_code_Thueringen'],
      dtype='object')
```

그런데 이러한 과정은 입력된 결과의 출력이 다른 곳에서는 다시 입력으로 사용되는 연속적인 과정이므로 일종의 정보 수송관인 파이프라인(pipeline)이라고 생각할 수 있다.

여기까지의 데이터 전처리 과정을 사이킷런의 pipeline 모듈을 이용하여 처리해보자.

```
# 데이터 전처리 파이프라인

# 필요한 패키지
from sklearn.pipeline import Pipeline
from sklearn.impute import SimpleImputer
from sklearn.preprocessing import MinMaxScaler, OneHotEncoder

# 숫자형 데이터 전처리 파이프라인
num_transformer = Pipeline(
    steps=
    [
     ('imputer', SimpleImputer(strategy='median')),
     ('scaler', MinMaxScaler())
    ]
)
```

숫자형 데이터의 결측값 처리는 중간값으로, 표준화는 최소최대 방법으로 정의하였다.

```
# 범주형 데이터 전처리 파이프라인
cat_transformer = Pipeline(
    steps=
    [
     ('imputer', SimpleImputer(strategy='most_frequent')),
     ('encode', OneHotEncoder())
    ]
)
```

범주형 데이터의 결측값 처리는 최빈값을 적용하고 숫자로 변환하는 방법은 원-핫 인코딩을 사용하였다.

```
# 변수 유형별 전처리 하기
preprocess = ColumnTransformer(
    transformers=[
                    ('numeric', num_transformer, num_x_vars),
                    ('categorical', cat_transformer, cat_x_vars)
    ]
)
```

각각의 컬럼, 즉 열별로 정의된 변환을 합쳐서 적용한다. 이때 변환기의 형식은 (name, transformer, columns) 형식이다. 여기서 name은 문자열 형식으로 이해하기 좋은 명칭만 정의하면 된다. 프로그램에서는 숫자형 데이터에 대한 적용 의미에서 'numeric', 문자형 데이터에 대해서는 'categorical'을 지정하였다.

현재까지는 변환 모델만 정의했기 때문에 구체적인 데이터를 적합하여 그 결과를 확인해보자.

```
# 적합 및 결과 보기
preprocess.fit_transform(df.loc[train_index, x_vars])
-----------------------------------------------------------------------
array([[0.25      , 0.42857143, 0.6       , ..., 0.        , 0.        ,
        0.        ],
       [0.        , 0.3877551 , 0.2       , ..., 0.        , 0.        ,
        0.        ],
       [0.        , 0.10204082, 0.2       , ..., 0.        , 0.        ,
        0.        ],
       ...,
       [0.        , 0.33673469, 0.        , ..., 1.        , 0.        ,
        0.        ],
       [0.        , 0.43877551, 0.        , ..., 0.        , 0.        ,
        0.        ],
       [0.        , 0.58163265, 0.4       , ..., 0.        , 0.        ,
        1.        ]])
```

모델의 적합 결과는 넘파이 배열이다. 이 결과와 수작업을 진행한 결과를 살펴보면 아래와 같이 동일함을 알 수 있다.

```
# 수작업 결과와 동일 여부 확인
df_train_imputed_onehot_scaled_merge.values

array([[0.25      , 0.42857143, 0.6       , ..., 0.        , 0.        ,
        0.        ],
       [0.        , 0.3877551 , 0.2       , ..., 0.        , 0.        ,
        0.        ],
       [0.        , 0.10204082, 0.2       , ..., 0.        , 0.        ,
        0.        ],
       ...,
       [0.        , 0.33673469, 0.        , ..., 1.        , 0.        ,
        0.        ],
       [0.        , 0.43877551, 0.        , ..., 0.        , 0.        ,
        0.        ],
       [0.        , 0.58163265, 0.4       , ..., 0.        , 0.        ,
        1.        ]])
```

06 모델 적합

데이터에 대한 전처리 과정을 거친 후 입력을 위한 분석 데이터가 구성되었으면 이를 이용한 모델을 적합해 보자.

머신러닝 분류 모델에 대한 이론적 배경과 다양한 예는 참고문헌 [KAGN-ML]을 참조한다.

분류모델, 특히 0과 1을 분류하는 모델 중 가장 기본 모델은 로지스틱 회귀분석이다. 이외에도 결정나무(decision tree), 랜덤 포레스트(random forest), 그래디언트 부스팅(gradient boosting), 극한 그래디언트 부스팅(Extreme gradient boosting), 경 그래디언트 부스팅(light gradient boosting) 등 다양하다. 적용하는 방법은 대체적으로 동일하기 때문에 기본 모델을 적합하는 방법만 소개하기로 한다.

6.1 분석 파이프라인 연결

앞서 정의한 전처리 파이프라인에 분석 모델 파이프라인을 연결해보자.

```
# 분석 모델과 연결

# 모델 패키지
from sklearn.linear_model import LogisticRegression
```

```
# 파이프라인 연결
clf = Pipeline(
    [
     ('preprocess', preprocess),
     ('model', LogisticRegression())
    ]
)
```

파이프라인은 전처리를 한 후 그 결과를 다음 단계로 넘겨주도록 정의하였다.

6.2 분석 모델 적합

```
# 분석 모델 적합
clf.fit(df.loc[train_index, x_vars], df.loc[train_index, target])
```

연결된 파이프라인 모델에 데이터를 입력하여 적합(fit)하였다. 적합된 모델을 이용하여 예측값을 확인해보자.

```
# 예측 결과 확인: 각각 0, 1 확률
clf.predict_proba(df.loc[train_index, x_vars])
-----------------------------------------------------------------
array([[0.71690274, 0.28309726],
       [0.98643175, 0.01356825],
       [0.71257938, 0.28742062],
       ...,
       [0.56388056, 0.43611944],
       [0.23240437, 0.76759563],
       [0.28290587, 0.71709413]])
```

결과는 2개의 열로 구성된 배열이다. 첫 번째 열은 목표변수의 범주인 "0"을 예측한 확률이며 두 번째 열은 "1"을 예측한 것이다.

07 모델 평가

좋은 모델은 일반화 오류가 작아야 한다. 즉, 평가 데이터에서 보다 높은 성능을 유지해야 한다. 여러 가지 모델을 적합하지 않았기 때문에 여기서는 로지스틱 모델의 훈련 데이터 결과와 평가 데이터로 각 모델 성능을 비교해보기로 하자.

```
# 훈련 데이터의 ROC 곡선 데이터 및 곡선밑면적(AUC) 값 계산

# 필요한 모듈
from sklearn.metrics import roc_curve, roc_auc_score

# ROC 데이터
train_fpr, train_tpr, train_threshold = roc_curve(y_true=df.loc[train_index,
target].values,
                  y_score=clf.predict_proba(df.loc[train_index, x_vars])[:, 1])

# 곡선밑면적
train_auc = roc_auc_score(y_true=df.loc[train_index, target].values,
                  y_score=clf.predict_proba(df.loc[train_index, x_vars])[:, 1])
print(train_auc)
-----------------------------------------------------------------------
0.8080269222144951
```

모델 성능을 보는 지표 중에 특히 이진(binary) 분류 문제에서는 ROC(receiver operating curve) 곡선으로 비교를 한다. ROC 곡선의 X축은 거짓양성률(fpr: false positive rate)이며 Y축은 참양성률(tpr: true positive rate)이다. 일반적으로 거짓양성률은 작으면서 참양성률이 높은 모델이 좋다고 할 수 있다. 즉, 어떤 환자가 암에 걸렸다면 암을 발견할 확률이 높아야 하고 동시에 암에 걸리지 않았다면 오진할 확률을 작게 하는 것이 좋은 모델인 것이다. 이를 그래프상에서 보면 곡선밑면적(AUC: area under curve)이 클수록 좋은 모델이라고 할 수 있다. ROC에 대한 자세한 사항은 참고문헌 [KANG ML]은 참조한다

```
# 평가 데이터의 ROC 곡선 데이터 및 곡선밑면적(AUC) 값 계산

# ROC 데이터
fpr, tpr, threshold = roc_curve(y_true=df.loc[test_index, target].values,
                      y_score=clf.predict_proba(df.loc[test_index, x_vars])
[:, 1])

# 곡선밑면적
auc = roc_auc_score(y_true=df.loc[test_index, target].values,
                    y_score=clf.predict_proba(df.loc[test_index, x_vars])[:,
1])
print(auc)
--------------------------------------------------------------------
0.7981854982104518
```

곡선밑면적 관점에서 보면 각각의 데이터에 대하여 별 차이가 없음을 알 수 있다.

```
# ROC 그래프 그리기
fig, ax = plt.subplots(dpi=200)
ax.plot(train_fpr, train_tpr, label=f'Train Logistic Regression AUC: {train_
auc.round(3)}')
ax.plot(fpr, tpr, label=f'Test Logistic Regression AUC: {auc.round(3)}')
```

```
ax.set_title(f'ROC Curve')
ax.set_xlabel('FPR')
ax.set_ylabel('TPR')
ax.legend(loc='lower right')
plt.show()
```

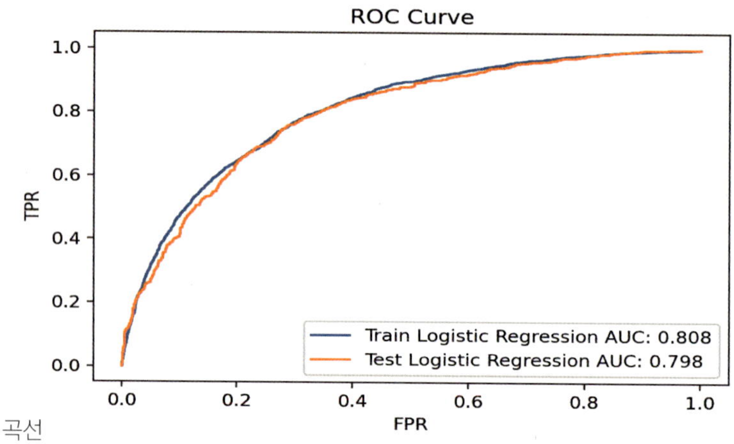

그림 10-5
훈련/평가 데이터 ROC 곡선

그래프를 보더라도 서로 다른 2개의 데이터에 대하여 모델이 거의 일치함을 알 수 있다.

참고문헌

1. https://en.wikipedia.org/wiki/Regular_expression
2. [KANG-ML]

   강봉주(2019), 파이썬으로 실무에 바로 적용하는 머신러닝, 에이콘출판사
3. [KANG-BASICS]

   강봉주(2020), 파이썬 기반의 AI를 위한 기초수학, 확률 및 통계, 자유아카데미
4. [KANG-AUTOML]

   강봉주(2020), SAS Viya 기반의 실무에 바로 적용하는 AutoML, 자유아카데미
5. [KANG-VIYA]

   강봉주(2021), 파이썬 과 주피터 노트북기반의 SAS Viya, 자유아카데미
6. [GMLOPS]

   https://cloud.google.com/architecture/mlops-continuous-delivery-and-automation-pipelines-in-machine-learning?hl=ko

CHAPTER

11

예측

01 예제 정의

주식 종가기준으로 하여 삼성전자 2000년 이후부터 주가를 살펴보자.

```
# 필요한 패키지
from pykrx import stock
import matplotlib.pyplot as plt

# 삼성전자 주가 가져오기
df = stock.get_market_ohlcv_by_date(fromdate="20000101", todate="20221214",
ticker="005930")
df.head()
```

날짜	시가	고가	저가	종가	거래량	거래대금	등락률
2000-01-04	6000	6110	5660	6110	1483967	444233178500	14.85
2000-01-05	5800	6060	5520	5580	1493604	433783381000	-8.67
2000-01-06	5750	5780	5580	5620	1087810	308005325000	0.72
2000-01-07	5560	5670	5360	5540	806195	222717840000	-1.42
2000-01-10	5600	5770	5580	5770	937615	265754492500	4.15

주가 데이터는 시간에 따른 순서열이라고 생각할 수 있기 때문에 시계열(time series) 중의 하나이다. 시각적으로 살펴보자.

```
# 시계열 확인하기
fig, ax = plt.subplots(dpi=200)
df['종가'].plot()
ax.set_xlabel('Day')
ax.set_ylabel('Price')
plt.show()
```

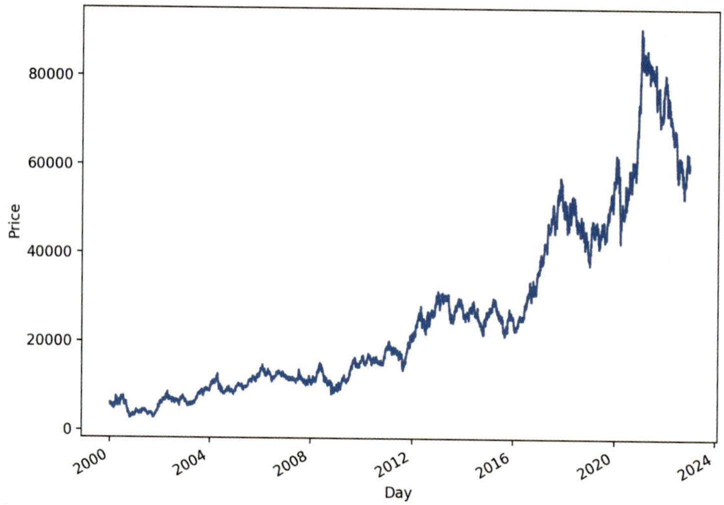

그림 11-1
삼성전자 종가 기준 시계열 그래프

어떻게 삼성전자 주가를 예측할 수 있을까? 즉, 2021년 말까지의 데이터를 이용하여 2022년 주가를 예측할 수 있을까? 아니면 오늘까지의 데이터를 이용하여 내일 주가를 예측할 수 있을까? 이러한 다양한 문제에 대하여 살펴보기로 하자.

02 시계열 데이터 구성

시계열 데이터는 시간의 순서에 의한 배열이라고 생각할 수 있다. 이때 t 시점까지의 과거 데이터를 이용하여 t+1 시점의 값을 예측하는 것을 일컬어 예측한다고 말한다. 그런데 t 시점까지의 데이터를 이용하여 t+5 시점의 값을 예측할 수도 있다. 또한 어떤 시점으로부터 과거의 10개의 데이터를 이용하여 그 시점 이후의 값을 예측할 수도 있다. 즉, 다양한 비즈니스 목적에 의하여 특정 시점에서의 과거 데이터의 크기, 미래 예측 시점 등을 정할 수 있다.

가령 다음과 같은 데이터가 있다고 하자.

```
# 필요한 패키지
from numpy.lib.stride_tricks import sliding_window_view
import numpy as np

# 시계열 데이터 구성
x = np.arange(50*2).reshape(50, 2)
y = x[:, 1][:, np.newaxis]
print(x[:5])
print(y[:5])
```

```
[[0 1]
 [2 3]
 [4 5]
 [6 7]
```

```
 [8 9]]
[[1]
 [3]
 [5]
 [7]
 [9]]
```

데이터는 2개의 변수를 갖는 행렬이고 마지막 변수는 목표변수 값, 즉 예측해야 할 변수이다. 이때 과거 3개의 데이터를 이용하여 미래 1개의 값을 예측한다고 해보자. 예에서는 x의 3개의 행을 이용하여 y의 4번째 값인 7을 예측하는 것이다. 이를 위하여 x 데이터 행렬은 3개씩 묶는 작업이 필요하다.

```
# 입력을 위한 순서열(sequence) 길이
input_seq_len = 3

# 입력 변수 개수
num_inputs = 2

# 예측 목표값 시작 색인값
target_start_index = input_seq_len
```

묶는 작업을 위하여 사전에 정의해야 할 값들이다. 여기서 예측 목표값 시작 색인값은 예측해야 하는 값의 시작 위치를 표시해준다. 즉, 입력 순서열의 크기만큼 진행 후 다음 값을 가져오기 위한 색인값이다.

```
# 목표값 벡터
y_view = y[target_start_index:]
```

```
# 데이터 행렬(이동창뷰 변환)
x_view = sliding_window_view(x, (input_seq_len, num_inputs)).
reshape(-1, input_seq_len, num_inputs)[:len(y_view)]
```

```
print((x_view.shape, y_view.shape))
print(f'\n data matrix: \n {x_view[-5:]}')
print(f'\n y vector: \n {y_view[-5:]}')
```

```
((47, 3, 2), (47, 1))

 data matrix:
 [[[84 85]
  [86 87]
  [88 89]]

 [[86 87]
  [88 89]
  [90 91]]

 [[88 89]
  [90 91]
  [92 93]]

 [[90 91]
  [92 93]
  [94 95]]

 [[92 93]
  [94 95]
  [96 97]]]

 y vector:
 [[91]
 [93]
 [95]
 [97]
 [99]]
```

입력 순서열만큼 묶는 작업은 넘파이의 sliding_window_view, 즉 이동창뷰(sliding window view) 함수를 사용하였다. 입력 데이터 행렬의 결과를 보면 3개씩 한 묶음임을 알 수 있다. 실제 모델에 입력될 때는 평탄화(flatten) 작업을 거친 후, 즉 3행을 하나의 행으로 구성 후 연결된다. y 벡터를 보면 각 묶음으로 예측해야 할 참값으로 구성되었다.

이와 같은 방식으로 시계열 데이터는 구성된다. 실제 데이터를 이용하여 구성해 보자.

```
# 넘파이 변환
X = df['종가'].values
y = df['종가'].values

# 차원 변환
X = X[:, np.newaxis]
y = y[:, np.newaxis]

# 크기 확인
X.shape, y.shape
----------------------------------------------------------------
((5667, 1), (5667, 1))
```

주가 데이터는 종가만을 설명 변수로 사용한다. 또한 y_t를 예측하기 위해서 과거 5개의 종가 데이터인 $y_{t-1}, \cdots, y_{t-5}$ 데이터를 이용하기로 한다.

```
# 데이터 구성을 위한 사전 정의

# 입력을 위한 순서열(sequence) 길이
input_seq_len = 5

# 입력 변수 개수
num_inputs = 1
```

```
# 예측 목표값 시작 색인값
target_start_index = input_seq_len

# 데이터 구성

# 목표변수 벡터
y_view = y[input_seq_len:]

# 데이터 행렬
X_view = sliding_window_view(X, (input_seq_len, num_inputs)).
reshape(-1, input_seq_len, num_inputs)[:len(y_view)]

X_view.shape, y_view.shape
```

```
((5662, 5, 1), (5662, 1))
```

데이터 행렬은 (5, 1) 크기의 이전 값을 갖는 5,662개의 입력변수 값이며 학습에 사용되는 참 값은 동일한 크기의 벡터로 정의하였다.

```
# 데이터 분할
# 80% 훈련 데이터, 20% 평가 데이터 구성
cutoff = int(X_view.shape[0]*0.8)

# 색인 구성
train_index = np.arange(cutoff)
test_index = np.arange(cutoff, len(X_view) )

# 훈련/평가 데이터 구성
train_X = X_view[train_index, :]
train_y = y_view[train_index, :]
test_X = X_view[test_index, :]
test_y = y_view[test_index, :]
```

```
train_X.shape, train_y.shape, test_X.shape, test_y.shape
```

```
((4529, 5, 1), (4529, 1), (1133, 5, 1), (1133, 1))
```

여러 변수가 관여하지 않았기 때문에 특별히 표준화를 실시하지 않아도 된다.

```
# 데이터 표준화
scaled_train_X = train_X
scaled_test_X = test_X
```

03 모델 적합

시계열 모델은 다양하게 적용할 수 있으나 앞서 정의된 모델과 같이 간단한 딥러닝 모델을 적용해보기로 하자. 재귀신경망(recurrent neural network) 적용 등은 참고문헌 [KANG-ML]을 참조한다.

3.1 모델 정의

모델 적용을 위한 패키지는 다음과 같다.

```
# 필요한 패키지
import tensorflow as tf
from keras import layers
from keras import Model
```

모델은 다음과 같이 3개의 은닉층을 갖도록 정의하였다.

```
# 모델 정의
```

```
# 입력층 정의
input = layers.Input(shape=(input_seq_len, num_inputs))

# 평탄화 작업층
hidden = layers.Flatten()(input)

# 완전연결(fully connected)층 1
hidden = layers.Dense(units=64, activation='relu')(hidden)

# 완전연결(fully connected)층 2
hidden = layers.Dense(units=64, activation='relu')(hidden)

# 출력층
output = layers.Dense(units=1, activation='linear')(hidden)

# 모델 결합합
model = Model(input, output)

# 모델 요약
model.summary()
```

```
Model: "model_13"
_________________________________________________________________
 Layer (type)                Output Shape              Param #
=================================================================
 input_14 (InputLayer)       [(None, 5, 1)]            0
 flatten_11 (Flatten)        (None, 5)                 0
 dense_39 (Dense)            (None, 64)                384
 dense_40 (Dense)            (None, 64)                4160
 dense_41 (Dense)            (None, 1)                 65
=================================================================
Total params: 4,609
Trainable params: 4,609
Non-trainable params: 0
_________________________________________________________________
```

3.2 모델 컴파일

```
# 모델 컴파일
model.compile(
    # 손실함수 지정
    loss=tf.losses.MeanSquaredError(),

    # 최적화 알고리즘 지정
    optimizer=tf.optimizers.Adam(),

    # 평가 기준 정의
    metrics=[tf.metrics.MeanAbsoluteError()]
    )
```

컴파일(compile)은 모델 적합을 하기 위하여 최종적으로 정의되어야 하는 사항을 결정하고 이를 엮는 역할을 한다. compile 메소드를 통하여 비용함수와 모수를 추정하기 위한 알고리즘, 모델의 성능을 판단할 수 있는 기준을 정의한다. 모델 기준으로 평균절대값오차(mean absolute error)를 지정하였다.

```
# 모델 적합
history = model.fit(
    # 데이터 지정
    x=scaled_train_X, y=train_y,

    # 검증 데이터 비율 지정
    validation_split=0.2,

    # 데이터 섞기 지정
    shuffle=True,
```

```
    # 모수 갱신을 위한 데이터 건수 지정
    batch_size=16,

    # 전체 데이터 이용 횟수 지정
    epochs=100,

    # 모델 과정 출력 여부 지정
    verbose=False
    )
```

모델 적합은 입력과 참값 데이터를 지정하고 가중치를 한 번 갱신하기 위한 데이터 건수인 배치 크기 등을 지정한다.

```
# 모델 적합 결과
# 정확도 정보
acc = history.history['mean_absolute_error']
val_acc = history.history['val_mean_absolute_error']

# 손실함수 정보
loss = history.history['loss']
val_loss = history.history['val_loss']

# 에포크
epochs = range(len(acc))

# 그래프 확인
fig, ax = plt.subplots(dpi=300)
ax.plot(epochs, acc, label='train')
ax.plot(epochs, val_acc, label='validation')
ax.legend()
ax.set_xticklabels([str(s) for s in epochs])
plt.title('Training and validation accuracy')
plt.show()
```

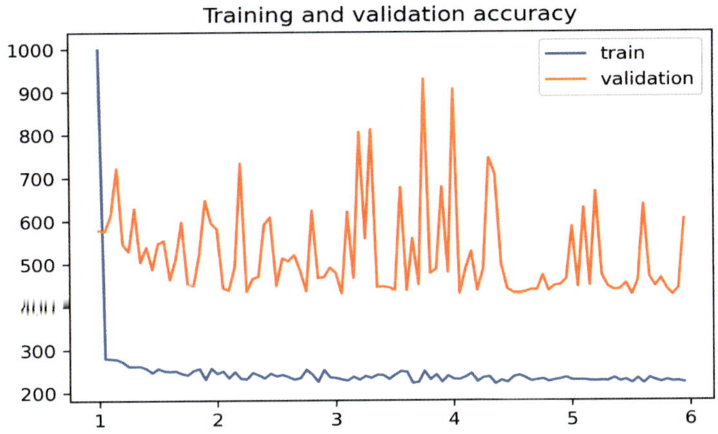

그림 11-2
적합 결과 선 그래프

적합된 결과를 보면 훈련 데이터는 어느 정도 안정화되어 가지만 검증 데이터는 여전히 수렴하지 않음을 알 수 있다. 그러나 적절한 범위 내에서 움직이는 것으로 판단하여 여기서 멈추기로 한다.

04 모델 평가

```
# 훈련 데이터 예측 결과: 일부 보기
model.predict(scaled_train_X)[100:110]
----------------------------------------------------------------
142/142 [==============================] - 0s 1ms/step
array([[6630.2026],
       [7095.045 ],
       [7283.0264],
       [7160.7603],
       [7698.874 ],
       [7131.4873],
       [6865.0024],
       [6825.111 ],
       [7255.156 ],
       [7188.565 ]], dtype=float32)
```

훈련 데이터의 예측 결과 일부를 출력하였다. 이 값과 실제 참값을 비교해보자.

```
# 참값: 일부 보기
train_y[100:110]
----------------------------------------------------------------
array([[7020],
       [7190],
       [7060],
```

```
    [7640],
    [7000],
    [6740],
    [6700],
    [7140],
    [7080],
    [7040]], dtype=int32)
```

이 결과와 앞의 예측 결과를 비교해서 정확한 정도를 파악할 수 있다.

```
# 모델 예측 결과
# 그래프 확인
xticks = df.index[1:len(train_y)+1]
fig, ax = plt.subplots(dpi=300)
ax.plot(xticks, train_y, label='True')
ax.plot(xticks, train_y_predicted, label='Predicted')
ax.legend()
plt.show()
```

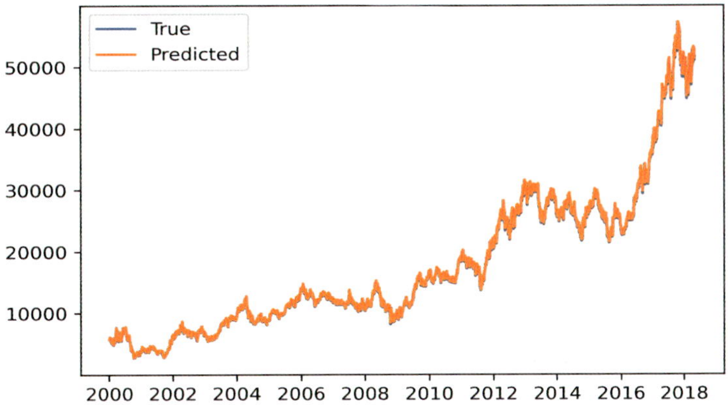

그림 11-3
훈련 데이터 기준 모델 적합 결과

전체적인 경향을 보면 어느 정도 일치함을 알 수 있다. 단, 이 그래프는 훈련 데이터 기준이므로 정확한 평가는 아니다. 평가 데이터 기준으로 하여 결과를 살펴보자.

```
# 평가 데이터 예측
test_y_predicted = model.predict(scaled_test_X)

# 모델 예측 결과: 평가 데이터
# 그래프 확인
xticks = df.index[input_seq_len + len(train_y):]
fig, ax = plt.subplots(dpi=300)
ax.plot(xticks, test_y, label='True')
ax.plot(xticks, test_y_predicted, label='Predicted')
ax.legend()
plt.title('Test Data Evaluation')
plt.show()
```

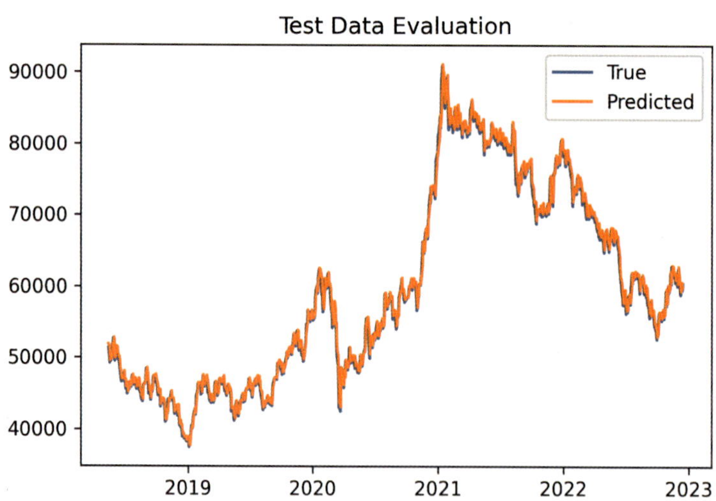

그림 11-4
평가 데이터 기준 모델 적합 결과

거시적으로 보면 많이 일치하는 것처럼 보인다. 보다 미시적으로 살펴보자.

```
# 모델 예측 결과: 일부 보기
# 그래프 확인
xticks = df.index[input_seq_len + len(train_y):][-100:]
fig, ax = plt.subplots(dpi=300)
ax.plot(xticks, test_y[-100:], label='True')
ax.plot(xticks, test_y_predicted[-100:], label='Predicted')
ax.legend()
plt.title('Test Data Evaluation(Recent)')
plt.show()
```

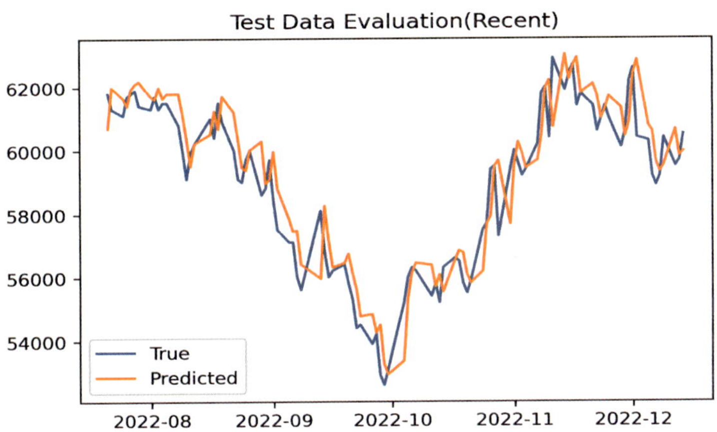

그림 11-5
평가 데이터 기준 모델 적합 결과(최근)

결과를 보면 참값을 오른쪽으로 1만큼 평행이동한 것처럼 보인다. 즉, 미래를 예측할 때 비록 과거의 5개의 데이터를 사용했다 하더라도 최근, 즉 바로 직전 데이터에 많이 의존함을 알 수 있다.

참고문헌

1. https://en.wikipedia.org/wiki/Regular_expression
2. [KANG-ML]

   강봉주(2019), 파이썬으로 실무에 바로 적용하는 머신러닝, 에이콘출판사
3. [KANG-BASICS]

   강봉주(2020), 파이썬 기반의 AI를 위한 기초수학, 확률 및 통계, 자유아카데미
4. [KANG-AUTOML]

   강봉주(2020), SAS Viya 기반의 실무에 바로 적용하는 AutoML, 자유아카데미
5. [KANG-VIYA]

   강봉주(2021), 파이썬 과 주피터 노트북기반의 SAS Viya, 자유아카데미
6. https://www.tensorflow.org/tutorials/structured_data/time_series?hl=ko

CHAPTER

12

객체 탐지

01 예제 정의

그림 12-1에는 노트북, 마이크, 노트 등과 같은 객체(object)가 있다. 만약 이미지가 그림과 같이 주어질 때 AI에서는 이러한 객체를 어떻게 탐지(detection)할 수 있을까? 이러한 문제는 AI에서 객체탐지(object detection) 영역으로 분류된다. 이는 특히 자율주행차에서 많이 응용된다. 실시간으로 차량 주변에 움직이는 모든 객체를 가장 빠르게 인식해야 하기 때문이다.

그림 12-1 객체 탐색을 위한 원본 그림

02 알고리즘

객체 탐지(object detection)는 하나의 이미지에서 사전 정의된 객체를 경계상자(bounding box)와 함께 알아내는 것을 말한다. 경계상자는 객체를 포함하는 가장 작은 사각형을 의미한다.

그림 12-2는 참고문헌 [YOLO]에서 발췌하였으며 객체 탐지의 방법을 시각화한 것이다. 그림을 보면 이미지를 적절한 크기의 격자(grid)로 분할한 후 객체가 있을 가능성이 높은 경계 상자와 각 격자에서 객체의 확률을 독립적으로 계산한 후 결합하여 객체와 경계상자를 표시한 것이다.

이러한 방법은 객체를 탐지하는 다양한 방법 중의 하나인 YOLO(You Only Look

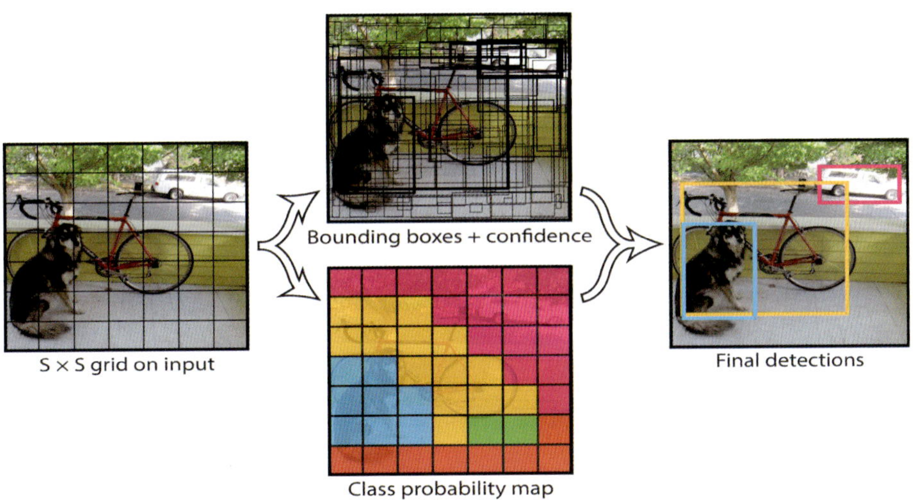

그림 12-2 객체탐지 방법

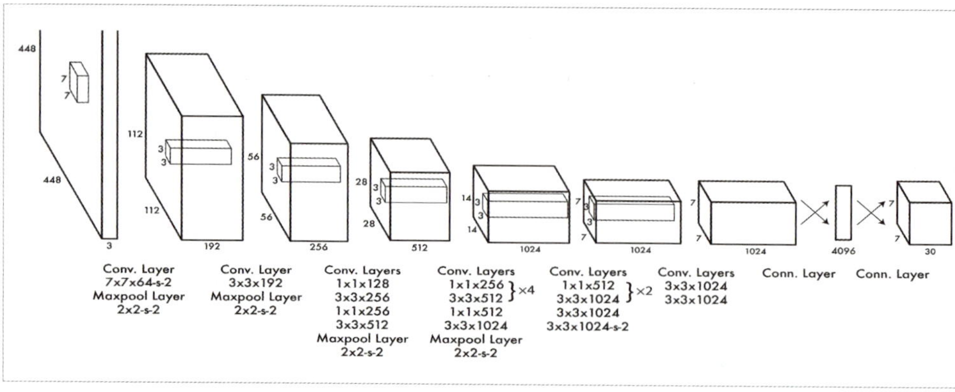

그림 12-3 YOLO 아키텍처

Once)이다. YOLO는 그림을 한 번만 스캔한 후 모든 결과를 알아낸다는 의미이다. 즉, 몇 가지 단계를 거친 후 결과를 알아내는 알고리즘과 비교된다고 볼 수 있다.

알고리즘의 바탕에는 연속적인 합성곱신경망층(convolution layer)과 마지막에는 완전연결층(fully connected layer)으로 구성되어 있다.

그림 12-3은 YOLO의 초기 버전인 YOLOv1의 아키텍처이다. 입력 형식을 보면 448×448×3 이미지임을 알 수가 있다. 즉, 448×448 크기의 컬러(채널=3) 이미지이다. 출력되는 결과는 7×7×30 크기를 갖는 다차원 배열이다. 격자의 개수는 가로 7, 세로 7, 즉 S×S = 7×7=49개의 격자를 의미한다. 이때 각 격자에 대하여 예측해야 할 항목은 사전 정의된 객체들의 확률, 각 경계상자의 중심점(x, y), 폭과 높이(w, h) 그리고 경계상자가 객체를 포함하는지 여부이다.

이런 이유에서 최종 출력 배열은 S×S×(B×5+C)가 된다. 여기서 S는 격자의 개수, B는 경계상자의 개수, C는 객체의 개수가 된다. 즉, 7×7×(2×5+20)이다.

YOLO 알고리즘은 계속 발전하여 버전 7까지 개발되어 있다. YOLO 알고리즘의 장점은 속도가 빠르다는 것이다. 즉, 정확성보다는 속도에 더 초점이 맞추는 경우 YOLO 알고리즘이 많이 선호된다.

YOLO 알고리즘이 학습이 되기 위해서는 학습 데이터가 필요하다. 대표적인 학습 데이터는 COCO(Common Objects in context)이다.

그림 12-4 COCO 이미지 예

COCO는 그림 12-4와 같이 각각의 객체에 대하여 경계상자와 객체명을 기술한 데이터이며 이를 이용하여 객체탐지 알고리즘이 학습을 하고 그 성능을 확인해볼 수 있다. AI가 활성화되기 위해서는 이러한 대규모 AI 학습용 데이터가 많이 필요하게 된다.

COCO는 80개의 사전 정의된 다음의 객체가 있다.

```
person/ bicycle/ car/ motorbike/ aeroplane/ bus/ train/ truck/ boat/
traffic light/ fire hydrant/ stop sign/ parking meter/ bench/ bird/ cat/
```

dog/ horse/ sheep/ cow/ elephant/ bear/ zebra/ giraffe/ backpack/ umbrella/ handbag/ tie/ suitcase/ frisbee/ skis/ snowboard/ sports ball/ kite/ baseball bat/ baseball glove/ skateboard/ surfboard/ tennis racket/ bottle/ wine glass/ cup/ fork/ knife/ spoon/ bowl/ banana/ apple/ sandwich/ orange/ broccoli/ carrot/ hot dog/ pizza/ donut/ cake/ chair/ sofa/ pottedplant/ bed/ diningtable/ toilet/ tvmonitor/ laptop/ mouse/ remote/ keyboard/ cell phone/ microwave/ oven/ toaster/ sink/ refrigerator/ book/ clock/ vase/ scissors/ teddy bear/ hair drier/ toothbrush

이러한 객체를 사전에 학습하여 예측하게 되는 것이다.

03 알고리즘 적용

YOLO 알고리즘을 적용하기 위해서는 사전에 정의된 알고리즘을 학습해서 관련된 모수(parameter)라고 할 수 있는 가중값(weight)을 구해야 한다. 이는 많은 전산자원을 이용하기 때문에 매우 값비싼 작업이다. 따라서 만약 대략 COCO에서 정의된 바와 같은 객체를 감지하는 문제라면 이미 학습된 가중값을 그대로 이용하여 적용하는 것이 바람직하다.

적용 버전은 YOLOv3를 적용하기로 하자. 이때 필요한 정보는 우선적으로 가중값과 추가적으로 모델을 적용하기 위한 구성파일(config file), 객체 클래스를 저장한 텍스트 파일이다.

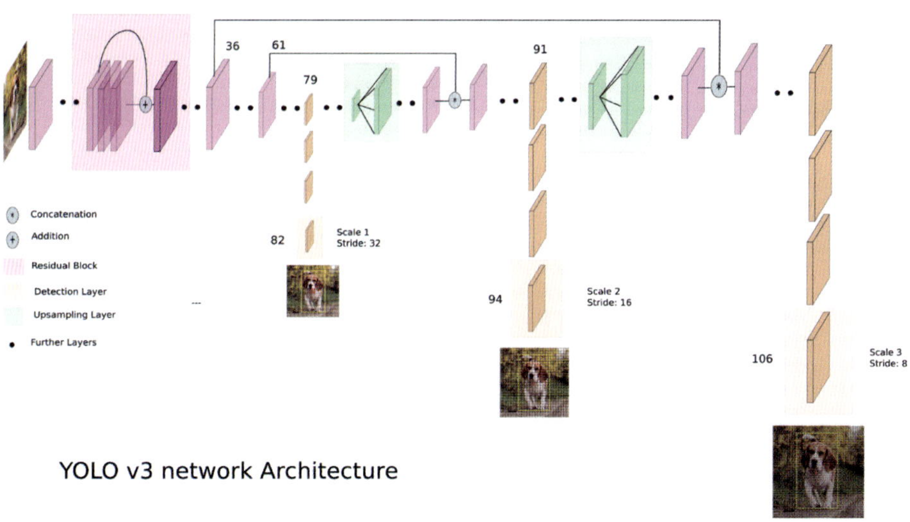

그림 12-5 YOLOv3 아키텍처

그림 12-5는 참고문헌 [YOLOV3]에서 발췌하였다. YOLOv3 아키텍처를 보면 중간에 YOLOv1의 최종 출력과 같이 3개의 중간 산출물이 있다. 각각 82, 94, 106번째 층(layer)이다. 각각은 작은, 중간, 큰 이미지를 검출하는 데 사용된다. 각각의 중간 산출문은 동일하게 각 격자(그리드)에 대하여 경계상자개수 * (5 + 객체 클래스 개수) 만큼의 배열 값을 갖고 있다. 여기서 객체 클래스 개수는 80이다.

```
# 필요한 패키지
import cv2
import numpy as np
from google.colab.patches import cv2_imshow
```

3.1 적용 이미지

객체 탐지 대상이 되는 이미지는 다음과 같다.

그림 12-6 탐지 대상 이미지

3.2 모델 정의

YOLOv3의 정보를 갖고 있는 다음의 깃허브를 복사한다.

```
# 내용은 /content 밑에 복사됨
!git clone https://github.com/pjreddie/darknet

# 가중값 가져오기
!wget https://pjreddie.com/media/files/yolov3.weights

# 저장 공간 정의
weights = '/content/yolov3.weights'

# 객체 클래스명 텍스트
coconames = '/content/darknet/data/coco.names'

# 구성 파일
config = '/content/darknet/cfg/yolov3.cfg'

# 객체 클래스 이름 읽기
with open(coconames, 'r') as f:
    classes = [line.strip() for line in f.readlines()]

# 모델 정의
net = cv2.dnn.readNet(weights, config)
```

사전 훈련된 모델의 가중값, 구성 파일, 클래스명 파일을 원하는 위치에 복사하고 이 파일들을 이용하여 모델을 정의하였다.

3.3 입력 이미지 정의

```
# 입력 이미지 정의 및 변환

# 이미지 파일 읽기
imagefile = '/content/20221214_001421.jpg'
image = cv2.imread(imagefile)

# 이미지 크기 변환
scale = 0.00392
blob = cv2.dnn.blobFromImage(image, scale, (416,416), (0,0,0), True, crop=False)

# 모델입력 정의
net.setInput(blob)
```

정의된 이미지를 읽고 이미지 크기를 모델 입력을 위한 이미지 크기로 변환한 후 모델의 입력임을 지정하였다.

3.4 모델 출력

```
# 출력층 이름 가져오기
def get_output_layers(net):
    layer_names = net.getLayerNames()
    try:
            output_layers = [layer_names[i - 1] for i in net.
getUnconnectedOutLayers()]
    except:
```

```
        output_layers = [layer_names[i[0] - 1] for i in net.
getUnconnectedOutLayers()]
    return output_layers

# 출력층 이름 확인
get_output_layers(net)
```

```
['yolo_82', 'yolo_94', 'yolo_106']
```

사전 훈련된 모델이므로 이미지를 입력하며 결과값을 바로 확인할 수 있다. 결과층은 82, 94, 106번째 층임을 알 수 있다.

```
# 모델 출력값 받기
outs = net.forward(get_output_layers(net))

# 각각의 출력 크기
# ['yolo_82', 'yolo_94', 'yolo_106']
outs[0].shape, outs[1].shape, outs[2].shape
```

```
((507, 85), (2028, 85), (8112, 85))
```

결과를 보면 격자의 개수와 각각의 격자에 대한 출력값임을 확인할 수 있다. 하나의 격자에 대한 결과를 살펴보자.

```
# 출력값 확인
outs[0][50]
```

```
array([2.7457988e-01, 1.3552538e-01, 7.2392184e-01, 3.7907827e-01,
6.2282447e-07, 0.0000000e+00, 0.0000000e+00, 0.0000000e+00, 0.0000000e+00,
0.0000000e+00, 0.0000000e+00, 0.0000000e+00, 0.0000000e+00, 0.0000000e+00,
```

```
0.0000000e+00, 0.0000000e+00, 0.0000000e+00, 0.0000000e+00, 0.0000000e+00,
0.0000000e+00, 0.0000000e+00, 0.0000000e+00, 0.0000000e+00, 0.0000000e+00,
0.0000000e+00, 0.0000000e+00, 0.0000000e+00, 0.0000000e+00, 0.0000000e+00,
0.0000000e+00, 0.0000000e+00, 0.0000000e+00, 0.0000000e+00, 0.0000000e+00,
0.0000000e+00, 0.0000000e+00, 0.0000000e+00, 0.0000000e+00, 0.0000000e+00,
0.0000000e+00, 0.0000000e+00, 0.0000000e+00, 0.0000000e+00, 0.0000000e+00,
0.0000000e+00, 0.0000000e+00, 0.0000000e+00, 0.0000000e+00, 0.0000000e+00,
0.0000000e+00, 0.0000000e+00, 0.0000000e+00, 0.0000000e+00, 0.0000000e+00,
0.0000000e+00, 0.0000000e+00, 0.0000000e+00, 0.0000000e+00, 0.0000000e+00,
0.0000000e+00, 0.0000000e+00, 0.0000000e+00, 0.0000000e+00, 0.0000000e+00,
0.0000000e+00, 0.0000000e+00, 0.0000000e+00, 0.0000000e+00, 0.0000000e+00,
0.0000000e+00, 0.0000000e+00, 0.0000000e+00, 0.0000000e+00, 0.0000000e+00,
0.0000000e+00, 0.0000000e+00, 0.0000000e+00, 0.0000000e+00, 0.0000000e+00,
0.0000000e+00, 0.0000000e+00, 0.0000000e+00, 0.0000000e+00, 0.0000000e+00,
0.0000000e+00], dtype=float32)
```

첫 번째 출력 배열의 51번째 격자의 값을 출력하였다. 처음 4개는 경계상자이고 다섯 번째는 객체존재여부를 나타내는 확률이며 나머지는 80개의 객체클래스 각각의 확률이다. 해당 격자에는 객체가 하나도 없음을 확인할 수 있다.

출력된 결과값으로부터 경계상자와 경계상자 내의 객체 이름을 원래 이미지 위에 표시하는 작업을 진행해보자.

```
# 출력으로부터 경계상자와 객체 찾기

# 클래스 색인
class_ids = []

# 신뢰값
confidences = []

# 경계상자
boxes = []
```

```
# 입력 이미지 크기
Width = image.shape[1]
Height = image.shape[0]

# 모든 출력에 대하여
for out in outs:

    # 각 출력에서
    for detection in out:
        # 80개의 객체에 대한 점수값
        scores = detection[5:]
        # 그 중 가장 큰 색인값
        class_id = np.argmax(scores)
        # 가장 큰 색인값의 점수
        confidence = scores[class_id]
        # 점수값이 0.3보다 크면
        if confidence > 0.3:
            # 원래 이미지에서 상대적인 중심위치
            center_x = int(detection[0] * Width)
            center_y = int(detection[1] * Height)
            # 폭과 높이
            w = int(detection[2] * Width)
            h = int(detection[3] * Height)
            # 중심점
            x = center_x - w / 2
            y = center_y - h / 2
            # 객체 색인 저장
            class_ids.append(class_id)
            # 신뢰점수값 저장
            confidences.append(float(confidence))
            # 상자위치 저장
            boxes.append([x, y, w, h])
```

프로그램에서는 3개의 출력 배열에 대하여 경계상자 정보인 중심점과 중심점으로부터의 폭과 높이를 찾고 각 경계박스에서 최대 신뢰값(confidence)을 주는 객체 색인값과 신뢰값을 찾아서 각각 배열로 저장하였다.

```
# 출력값 확인
print(f'confidences: \n{confidences}\n')
print(f'# of boxes: \n{len(boxes)}\n')
print(f'boxes: \n{boxes}\n')
print(f'object classes: \n{[classes[x] for x in class_ids]}\n')
-----------------------------------------------------------------
confidences:
[0.7551326751708984, 0.9979897141456604, 0.6774527430534363,
0.5343912243843079, 0.5723301768302917, 0.8793019652366638,
0.9784831404685974, 0.9511669874191284, 0.9978532195091248,
0.42301300168037415, 0.4517061412334442, 0.9977145791053772,
0.6840162873268127, 0.5412381291389465, 0.6730701923370361,
0.5096845626831055, 0.9517747163772583, 0.5035037398338318,
0.4271935224533081, 0.36167705059051514, 0.35628432035446167]

# of boxes:
21

boxes:
[[1416.5, 411.5, 1329, 855], [1326.5, 347.5, 1491, 1039], [1484.5, 353.0,
1405, 1044], [313.0, 531.5, 1132, 945], [270.5, 514.0, 1225, 1194], [313.5,
516.5, 1317, 1215], [1350.5, 334.0, 1465, 1248], [283.0, 531.0, 1248, 1418],
[331.5, 554.0, 1317, 1392], [2786.5, 1157.5, 777, 617], [2420.0, 1581.5,
1140, 471], [924.0, 1653.5, 1510, 731], [785.0, 1607.0, 1774, 832], [2403.5,
1660.5, 1213, 429], [2851.0, 1191.0, 638, 472], [2837.5, 1195.5, 655, 557],
[2003.5, 1457.0, 807, 188], [724.0, 2253.0, 826, 224], [134.5, 800.0, 107,
296], [1862.5, 1515.0, 407, 184], [1915.5, 1522.5, 381, 171]]

object classes:
['tvmonitor', 'tvmonitor', 'tvmonitor', 'tvmonitor', 'tvmonitor', 'laptop',
'tvmonitor', 'laptop', 'laptop', 'laptop', 'laptop', 'keyboard', 'keyboard',
'book', 'tvmonitor', 'tvmonitor', 'keyboard', 'cell phone', 'bottle',
'remote', 'remote']
```

결과를 보면 총 21개의 박스를 찾았음을 알 수 있다. 이 결과를 이용하여 기존 이미지에 표시해보자.

```
# 기존 이미지에 표시하기
def draw_prediction(img, class_id, confidence, x, y, x_plus_w, y_plus_h):
    # 객체명 가져오기
    label = str(classes[class_id])
    # 경계상자 색 지정하기(RGB)
    color = COLORS[class_id]
    # 경계상자 그리기
    cv2.rectangle(img, (x,y), (x_plus_w,y_plus_h), color, 2)
    # 경계상자 위에 객체명 표시하기
      cv2.putText(img, label, (x-10,y-10), cv2.FONT_HERSHEY_
SIMPLEX, 3, color, 10)
    return;

# 색 정의
COLORS = np.random.uniform(0, 255, size=(len(classes), 3))

for i in np.arange(len(boxes)):
    try:
        box = boxes[i]
    except:
        i = i[0]
        box = boxes[i]
    x = box[0]
    y = box[1]
    w = box[2]
    h = box[3]
     draw_prediction(image, class_ids[i], confidences[i], round(x), round(y),
round(x+w), round(y+h))

# 출력
cv2_imshow(image)
```

그림 12-7 중첩 경계상자를 갖는 이미지

그림 12-7을 보면 각 출력의 격자에 따라 비슷한 경계상자를 출력해 줌을 알 수 있다. 이때 똑같은 객체를 표시하는 경계상자 중 1개만을 선택해야 하는데 이런 과정을 중첩 경계상자 제거 또는 비 최대값 경계상자 제거(NMS: Non-Maximum Suppression)라고 한다.

```
# 중첩 경계상자 제거
# Non-Maximum Suppression (NMS)
# 임계값 정의
conf_threshold = 0.5
nms_threshold = 0.4

# 비최대 경계상자 제거
indices = cv2.dnn.NMSBoxes(boxes, confidences, conf_threshold, nms_threshold)
```

```
# 출력값 확인
print(f'# of selected boxes: \n {len(indices)}\n')
print(f'selected boxes: \n {[boxes[x] for x in indices]}')
-----------------------------------------------------------------
# of selected boxes:
 7

selected boxes:
 [[1326.5, 347.5, 1491, 1039], [331.5, 554.0, 1317, 1392], [924.0, 1653.5,
1510, 731], [2003.5, 1457.0, 807, 188], [2851.0, 1191.0, 638, 472], [2403.5,
1660.5, 1213, 429], [724.0, 2253.0, 826, 224]]
```

결과를 보면 21개의 중첩 이미지에서 7개만 선택되었음을 알 수 있다.

```
# 원 이미지에 최종 선정된 경계상자 그리기

# 원 이미지 읽기
cv2.imread(imagefile)

# 색 정의
COLORS = np.random.uniform(0, 255, size=(len(classes), 3))

for i in indices:
    try:
        box = boxes[i]
    except:
        i = i[0]
        box = boxes[i]
    x = box[0]
    y = box[1]
    w = box[2]
    h = box[3]
```

```
    draw_prediction(image, class_ids[i], confidences[i], round(x), round(y),
round(x+w), round(y+h))

# 최종 결과 출력하기
cv2_imshow(image)
```

그림 12-8 중첩 경계상자 제거 후 이미지

최종 결과로 출력된 객체 탐지 이미지이다. 결과를 보면 리모컨을 휴대폰으로, 노트를 키보드로 잘못 인식하는 문제 등이 있다. 이러한 문제에도 불구하고 YOLO를 사용하는 이유는 실시간 감지 속도가 탁월하기 때문이다.

이 절에서는 이미 정의되고 훈련된 모델을 가져와서 실제 적용하는 사례를 살펴보았다.

참고문헌

1. https://en.wikipedia.org/wiki/Regular_expression
2. [KANG-ML]

   강봉주(2019), 파이썬으로 실무에 바로 적용하는 머신러닝, 에이콘출판사
3. [KANG-BASICS]

   강봉주(2020), 파이썬 기반의 AI를 위한 기초수학, 확률 및 통계, 자유아카데미
4. [KANG-AUTOML]

   강봉주(2020), SAS Viya 기반의 실무에 바로 적용하는 AutoML, 자유아카데미
5. [KANG-VIYA]

   강봉주(2021), 파이썬 과 주피터 노트북기반의 SAS Viya, 자유아카데미
6. [GMLOPS]

   https://cloud.google.com/architecture/mlops-continuous-delivery-and-automation-pipelines-in-machine-learning?hl=ko
7. [YOLO]

   https://arxiv.org/pdf/1506.02640.pdf
8. https://arxiv.org/pdf/1905.05055.pdf
9. https://pjreddie.com/media/files/yolov3.weights
10. https://pjreddie.com/darknet/yolo/
11. https://towardsdatascience.com/yolo-object-detection-with-opencv-and-python-21e50ac599e9
12. https://github.com/pjreddie/darknet
13. [YOLOV3]

    https://medium.com/towards-data-science/yolo-v3-object-detection-53fb7d3bfe6b

실무에 바로 적용하는

AI 대비 파이썬 기초 입문서

저　　자 강봉주
발 행 인 김지영
발 행 처 자유아카데미
주　　소 경기도 파주시 회동길 37-42
파주출판도시
전　　화 031-955-1321
팩　　스 031-955-1322
홈페이지 www.freeaca.com
전자우편 main@freeaca.com(대표)
editor@freeaca.com(편집)
crm@freeaca.com(영업)
등　　록 제406-2003-017호, 1980. 7. 12
제1판1쇄 2023년 3월 3일 발행

ISBN 979-11-5808-422-6　93000